德国法学与
当代中国

卜元石 著

目 录

前言 …………………………………………………………………… 1

第一编 法教义学

法教义学：建立司法、学术与法学教育良性互动的途径 …………… 3
法教义学与法学方法论话题在德国 21 世纪的兴起与
　　最新研究动向 ………………………………………………… 32
法教义学的显性化与作为方法的法教义学 ………………………… 58
何为体系？论法教义学研究的方法、立场与规范
　　——以民事诉讼法为重点的讨论 …………………………… 101

第二编 法律评注

法律评注：法律知识的集成与法典时代的民法教义学研究 ……… 141
德国法律评注文化的特点及成因 …………………………………… 162
　　附录一：德国主要评注品种清单 …………………………… 191
　　附录二：《德国民法典》第 134 条不同评注品种的比较 …… 197

第三编 法学教育

德国司法考试的难度及其对法学教育的影响分析 ………………… 207
德国法学教育中的案例研习课：值得借鉴？如何借鉴？ ………… 231

第四编 学科文化

德国法学界的现状与发展前景 ……………………………………… 247

附录：德国大学法律系教席设置基本情况 …………………… 256

德国法学学术评价体系
　　——探寻预支信任与问责要求之间的平衡 …………………… 261
法学的学科文化与法学学术中的女性参与
　　——评《法律与事实——法学女教授们》一书 ……………… 280

第五编　德国法学与美国法学

德国法学与美国法学：一个半世纪以来的互动与争锋 ……………… 297
德国法学界反思纳粹时期自身角色的坎坷历程 ……………………… 324

第六编　德国法学与中国

中国法海外研究的样本：德国 ………………………………………… 341
　　附录：1978年以来以中国法为主要内容的德国本土
　　　　　法学博士论文清单 …………………………………… 362
中国法科学生留学德国四十年的回顾与展望
　　——基于博士学位论文的考察 …………………………………… 368
　　附录：留德法学博士名单及论文相关信息一览表
　　　　　（1978—2021） ……………………………………… 399

前　言

德国法学作为大陆法系的代表，在过去二三十年间，在中国被关注的程度逐渐增加，形成了可观的研究力量。从法理学、法史学、法社会学到各个部门法，德国法的知识通过不同的渠道传入中国。尽管德国法不能被简单化为法教义学、法律评注与鉴定式案例教学，但这些在中国法学界热议的话题，确实称得上德国法学机制上最有特色的部分。这几个方面环环相扣，成就了德国法学的发达。

一、传统的学科文化

一个国家法学模式运行的中心是学者，因此认识一国法学，从其学者入手最为直接，形成的印象也更为全面直观。了解德国学者的学术生涯模式、工作与生活状态、人生与事业的追求、学术社区的特点、学术成果的评价与传播、学术地位与学派的形成后，就能更好理解德国法学的各种特色。学者的成长就是熟悉与内化学科文化的社会化过程。什么是好的学者？什么是好的学术？不同的学科文化对此的评判标准是不同的。这种社会化从大学求学期间就已经开始了，德国法学专业的学生从衣着、言谈举止、思维方式都会逐渐趋同，对于现有学科文化不认同的学者或学生，从穿着上就可以觉察出来。但随着德国法学界的代际更替，新一代学者的价值观促使其学科文化变得更为宽松与包容。尽管如此，对于中国学者而言，德国法学教授总体上给人的印象是慢热与拘谨的，注重保持交往的距离。

德国法律系全职长期的教职非常少，全国也不到 800 个，小的系只有十几个人，规模最大的法律系也不过只有三十几个教授，再分到各个部门法，学术圈子之小可谓一目了然。与欧洲很多国家不同，德国法学的学术体系还在 19 世纪所确定的轨迹上继续运行，学者能够追求自己所认为的理想状态，根据自己的兴趣进行研究。法学仅期刊就有近三百种，不用担心成果因为选题、风格、观点而无处发表，可以在不断的写作与思考中进行专业积累，促进思想成熟。但正如有的学者所形容的那样，在德国，学术生涯是一条直线，没有岔路，直线的终点是成为教授，如果年过 40 还没有达到目标，直线通常就画上了句号。容量太小是这一体制最大的局限性，有限的资源被分配给少量的学者，众多有学术理想、能力与热情，受过严格的学术训练的人被排除在外，他们只能将研究作为业余爱好，但发表媒体的多样性，使得实务界完全可以参与法学研究，参与的程度也非常可观。

在德国高校中，教师身份也有多重性，作为学者可以低调谦和、淡泊名利，但高校自治要求教师都要承担行政性工作，社会对此角色的预期要求能为自己的学科、所在的机构争取资源，创造更好的工作条件，起作用的是政治的游戏规则，讲求的是策略，如果寻找政治盟友，进行政治交易，出世的态度反而会被诟病。学术界的政治不比社会上的少，但有些问题能够公开地被言说就是一种进步，也才有了改善的契机，能够为利益之争提供司法保护，即便大多数情况备而不用，使得高校管理在法律所框定的限度内进行，也是法治的体现。

二、 入世的法学模式

法学学术、法学教育都是在给定的社会与政治环境中进行，历史传承的模式在运行过程中会不断经受时间的考验，因此无论对于法教义学、法学教育还是法律评注，德国法学界一直都有大量的批判与反思。为什么要进行法教义学研究？笔者所理解的一个最重要的原因是立法不可能尽善尽美，但实践中出现法律的问题仍然要以制定法为基础来解决，法学研究要把这项工作视为己任，法教义学的目的就是让法条能用起来，用得更为娴熟，更得心应手。立足现行法、以实践为导向的教义法学是德国法学的特长，德国民法学最为顶尖的期刊《民法实务档案》，其名称中强调的竟然是"实务"二字，德国法学的实践倾向由此可见一斑，尽管该期刊的风格与读者群都是纯学术性的；但是从学术自身定位的角度来看，德国法学无疑是更为入世的模式。

法教义学讲求的是穷尽现行法来解决问题，提出的方案还要尽量与已有教义体系一致，研究的过程中还要对制度史进行梳理，就各种不同学说进行分析，越为严谨的研究论证就越为繁复，发表在典藏期刊上的文章与教授资格论文就是教义学研究最高层次的代表。与此同时，大量的法律评注化繁为简，对学术成果进行提炼，集成到同一载体中。在评注中，德国部门法研究的"繁"与"简"也有分工，《施陶丁格民法典评注》与《帕兰特民法典评注》即为两者的极致，前者将百年来德国民法研究成果汇集在洋洋洒洒的一百多卷之中，后者使用无法更为简练的语言把德国民法知识压缩到一册之内，并每年更新。

教义学研究的质量在德国也是判断学者的学术水平的重要标准，但法教义学专业门槛高，阻碍了其他领域学者的介入也是事实。尽管如此，教义学研究会让人感受到逻辑思考的力量与应对智识上挑战的乐趣，从事法教义学的学者也可以在其他领域工作，如法理学、法律史、法社会学；也会参与社会批判类的讨论，甚至成为畅销小说的作者。法学是为了法治服务，通过教义学研究指导法院裁决，也体现了学者的社会责任。但入世过于执着，学术的视野与立场就会受限，更何况随着欧洲法律对德国法秩序渗入的加深，体系思维的根基也在面临挑战，对于教义学的批判也是希望本学科学者在新格局下能够超脱一些。

三、 全局观的法律教育

德国的法学教育也属于务实的模式，讲求的也是法律知识的掌握与法律思维的扎实训练。在德国，法学属于难度大的学科之一，新生入学时老师常说的一句话就是，看看你左边的同学，再看看右边的同学，到你毕业的时候，邻座上的两个同学估计都已弃法学而去了。在第一个学年，几次考试没有通过就能吓跑不少学生。考试评分之严，不断地打击着学生们对自己智力与能力的信心，能坚持下来的学生对学科也产生了敬畏感。整个大学教育就是通过大量案例解析的训练，来培养学生对法律问题的敏感度与思维的条理性。

弗莱堡大学法律系毕业典礼上，学生代表发言的任务由第一次国家司法考试成绩最好的毕业生来承担。在过去十几年笔者所经历的这一环节中，不乏学生的控诉之词，控诉司法考试的不合理，控诉备考的艰辛，控诉学校提供的支持不够，等等，让人会联想到中国有的学校高考后学生撕书的情形。正是因为这种控诉出于排名第一的考生之口，所以更能引起共鸣，也是因与周遭一片喜庆气氛的格格不入，这样的声讨更发人深省。对于这种一考决定命运的考试，各种不满与愤怒很好被理解。不少德国知名作家都学习过法律专业，在其作品中不乏对司法考试的揶揄，最夸张的也许是耶林在《法学的玩笑与认真》一书中说过的："假如俾斯麦当初司法考试落榜，那就没有德意志帝国！当时司法考试一名考官的一票居然能决定整个欧洲的命运。"

我们能够因此认为德国法学教育失败了吗？为什么德国法学教授认为德国法学发达归功于国家司法考试的严格？其原因最精当的解释也许就是德国法理学家 Klaus F. Röhl 所说的"ohne Wissen keine Wissenschaft"（无知识何谈学术），即没有知识的融会贯通，举一反三，何以进行学术研究？德国法律系学生虽然抱怨需要学习的内容太多，但他们一旦在国外留学，就会感觉学习外国法容易太多，反而能真正发现并感恩德国法学教育的长处。德国法学教育强调全局观的法律知识积累，学生对知识的掌握具有高度体系性，即便对于陌生的外国法，运用这种体系思维，也能洞悉制度背后的结构与逻辑。只不过，今天的德国年青一代越来越不认同学习就要吃苦的理念。

四、 德国法学与美国法学

德国法作为大陆法系的代表,其在域外的影响经常会与普通法系的美国相比,但德美两国法学之间的互动也很密切。在梳理两者的关系时,给笔者印象最为深刻的有两处。一处为在第一次世界大战前,德国的法学教科书、《德国民法典》、德国法学教育的严谨、德国学者的博学、德国学者在社会上的地位……德国法学的一切在美国都成了被欣赏与模仿的对象,能被称为"德国式的法学教授"是美国法学学者非常受用的褒奖之词。我们所熟悉的美国学者罗斯科·庞德的著作中会大量引用德文著作,在19世纪末20世纪初赴德留学受到美国法律专业学生的追捧。但随着第一次世界大战的爆发,两个国家所有的交流迅速终结。另一处为主导《美国统一商法典》制定的美国学者卡尔·卢埃林,尽管借鉴德国法,但对此不予表明,并告诫流亡到美国的德国学者,不要透露思想的外国来源,否则就是断绝了其被接受的可能。美国法在其成长过程中曾经以德国法为师,但随着美国世界主导权的获得,第二次世界大战后德国与美国法学的角色发生了掉转。虽然第二次世界大战后德国对美国法的影响微不足道,但在除了英国法的所有外国法之中,恐怕德国法对美国法的影响是最大的。

美国法教义学欠缺,法律知识零散,德国学者对美国法的研究,出于习惯,会比美国本土学者多出一个体系的维度,因此德国学者的相关成果可以为中国学者研究美国法提供一个新的视角。而德国学者主要用英文面向美国读者介绍德国法的著作,也会考虑到两国知识体系的不同,这同样可为中国学者了解德国法增加一个角度。

本书的筹备过程正值《德国基本法》制定70周年与第二次世界大战胜利75周年之际,2019年德国法学界相关的纪念性活动层出不穷。德国所发动的第二次世界大战给欧洲各国人民带来了巨大灾难,第二次世界大战也使得世界学术的领先地位从德国转移到了美国。纽伦堡审判推动了德国社会对于纳粹统治的清算,清除普鲁士强调集体与威权的影响，改造德国的国民性，避免历史悲剧的再次发生。德国法学在第二次世界大战中也扮演了不光彩的角色，对这段历史的批判也非常坎坷，其先驱者也曾被主流法学界所排挤，直到今天，德国大学法学教育也很少触及这一话题。相关的道德伦理问题一直困扰着德国法学界。有人提出这样的问题，第二次世界大战后像拉伦茨那些有历史污点的学者应该怎样做才更为合适？他们后来不是培养了很多知名的法学家吗？他们本人不也为学术做出了很多贡献？难道他们在战后放弃教席，远离学术界，认识、纠正错误并保持沉默，就是对德国法学界更好的选择？如果时空倒转，今天的这一代被放在当时的历史环境，会不会做出类似的举动？

五、 德国法学与中国

法教义学、法律评注与鉴定式案例教学，都是着重法律技术性的一面，法律越复杂，其功效就越大。这些理念进入中国，也是中国法律发展内在的需求所致。中德法学应该以何种方式互动是一个不少学者都关心的问题，从中国的角度来看，以平常心来对待德国法学，两国法学间的交流才会更为有益与持久。无论在哪个国家，现实的不完美都会让人倾向于把心中的愿景投射到别处，但只有了解了事物原本的形态，才能摆脱观念上的痛苦，人才能获得意志上的自由。源于《圣经》的弗莱堡大学校训也就是"Die Wahrheit wird euch frei machen"（真理让人自由）这句话。德国法学有长处，但也有为此付出的代价；有局限，虽然也会寻求改善；有纠结，但最多的是争论。在德国，法学共识的形成也很缓慢，很多时候无法达成意见的完全一致，只能求同存异。中国研究德国法时，对于各种观点，是一家之说，还是主流看法？如果有意将其作为中国法讨论中的论据，还原它在历时性角度学术全景中的准确位置，也是最为关键的一步。在这一意义上，即便仅是引介外国法，想做到准确全面，也非易事。

随着中国法律制度缺失情况的减少，德文文献对于中国部门法学者的帮助主要是在解决问题的思路与线索方面的启发上，借鉴德国体系的视角，可以发现中国法律制度之间更多的关联。即便未来中国法律制度发达健全，这种对域外法的关注也仍必要。无论是扩展视野、避免思维固化，还是纠偏认识，比较法都可以发挥作用。在某种程度上，比较法研究的广度、深度、时效性与准确性，也反映了一个国家法学研究的整体水平。德国法也有很多未解问题，对中国法的研究也很欠缺，对于不存在语言障碍的中国学者，也可以直接介入德国法学界的专业对话。

从德国的角度，在年青一代中培养更多了解中国法律的专业人才，是促进两国法学交流最重要的一环。中国法学要让世界倾听自己的声音，不仅仅是一个话语权的问题，在文献等同的前提下，思想的解释力与说服力同样重要。与德国法学一样，中国的学术体制也存在容量的问题，只不过这种"瓶颈"限制的不是教职数量，而是期刊文章发表的数量。中国学者数量多，才华出众的也很多，如何能释放其所蕴藏的能量，也是值得思考的问题。在未来，当外国的学者开始在中文文献中寻找研究的灵感，掌握了中文就具有了知识获得的优势，中国也像德国马普所一样藏书丰富、能够吸引汇聚世界各地学者的时候，中国法学也就真正走向了世界。但无论是思想的引入还是输出，法学研究的终极目的就是推动社会法治程度的提高，实质法治的实现就是法学研究者不能忘的初心。

六、致　谢

本书大部分内容为近3年所完成，最初的动力源于中国法学近些年的发展。在笔者最初接触教义学的概念时，无法想象在短短的十几年间中国司法判决的公开比例已经远远超过德国。中国法教义学研究成为一种潮流，案例研习课在高校的逐渐推广，大型法律评注的推出也指日可待，变化的速度之快令人感慨，推动这些积极变化的同行之勇气、坚持与付出也令人钦佩。复杂的社会没有简单的答案，很多期望中的变化都是牵一发而动全身，中国法学的面貌是整个学术群体共同塑造的，新的观念，即便是合理的、先进的，真正被群体中大多数人所接受，也会是一个漫长的过程。理性真诚的讨论，无论有多艰难，在这一过程中不可或缺。早在20世纪初，马克斯·韦伯就已经指出知识的过时是知识分子的宿命，但没有认知的新旧更替，就没有进步。

本书共收录15篇论文，其中2/3的内容，已先后在《中德私法研究》《中德法学论坛》《南京大学法律评论》《法学研究》《南京大学学报》《南大法学》《国家与法治研究》等期刊与集刊上发表，在此衷心感谢多位编辑对这些文章的校对与润色，特别是冯珏编审与《法学研究》编辑部就《中国法科学生留学德国四十年的回顾与展望》一文中对于人名、译文名的反复核查，提高了文章的准确性。

本书的一些内容曾以学术报告的形式，在南京大学、清华大学以及中国政法大学与法学界的同行和同学进行交流，从中受益匪浅，对此一并表示真诚的谢意。对于这些已发表的内容，在编辑过程中笔者勘正了原文中已发现的错误，进行了部分补充与更新。为论文写作过程提供过帮助的众多同行，笔者在每篇文章中一一致谢。朱庆育教授通读了本书初稿并提出了宝贵的修改意见，雷磊教授为笔者提出的多个问题都提供了十分详尽的解答，在此表示诚挚谢意。本书的顺利面世，与北京大学出版社蒋浩副总编辑与刘文科编辑、沈秋彤编辑的大力支持密不可分，在此特别感谢。

如果说人与人之间的沟通，是为了被理解与被感动，两个国家的法学之间，何尝不也如此？中德法学交流的繁荣，使得了解德国法的方式也越发多样化，不同人对于德国法的认识、印象也都不同，对同一现象的感知与评价也可能不同。这本书希望展示德国法学的多面性与复杂性，传统带给它的底气和困扰它的当下难题。虽然随着年龄与阅历的增加，笔者对于德国法的感悟有所加深，但在很多细节问题的把握上，难免有谬误与偏颇之处，对于中国法的理解也同样会有不得要领之处，还恳请读者予以指正。

卜元石

2020年8月于德国弗莱堡

第一编

法教义学

法教义学：
建立司法、学术与法学教育良性互动的途径[*]

一、问题的提出

法学应当围绕制定法进行，为什么还会有疑问？什么是法学方法，竟然还不明确？究竟什么是法学，难道还要讨论？这些就是笔者在写这篇文章时忽然觉得无法回避的问题。而之所以对法教义学这一问题产生兴趣，主要是源于几件事情：一是国内近几年以来关于法学研究方法方面的讨论，其中包括对"注释法学"的批判和"社科法学"[1]的出现；二是我在参考美国与德国学术界(这里不考虑从事实务人员所写的文章[2])就中国法研究时，注意到研究方法与研究对象方面的明显差异：一是德国的论文不突出强调方法论。治学的方法一般只有一个即法教义学的方法，也就是通过对法律规范的解释来研究法律。而美国的论文方法则变幻无穷，社会学方法、人类学方法、历史学方法、心理学方法、经济学方法等，如果说得极端一点，美国的法学研究似乎可以运用法学外的任何方法，而法

---

[*] 本文原载田士永、王洪亮、张双根主编：《中德私法研究》(第6卷)，北京大学出版社2010年版。原文在写作过程中受到徐杭博士、郭雳、许德风、田士永教授很多启发，特别感谢王洪亮教授组织的小型研讨会提供了与很多同行交流的平台，从中受益匪浅，在此一并感谢。

[1] "社科法学"的提法，最初源于朱苏力：《也许正在发生：中国当代法学发展的一个概览》，载《比较法研究》2001年第3期。

[2] 在研究方法上，德国的学术文章与实务人员所写的文章并没有太大不同，而在美国这两者的差别是显而易见的。

学自己的方法——法教义学的方法自20世纪20年代起一直处于一种逐渐衰落的状态。[3] 美国与德国的论文的第二点不同在于美国的论文似乎更强调立论,也就是在论文一开始设置一个问题,然后是作者依据某一理论推导出假设,然后进行定性或定量研究,以验证假设是否成立及判断理论的真伪。而德国的论文对于法律概念与法律规范的研究主要不是为了证明某一个理论或是假设,而是解决具体的法律适用问题。

这种研究方法的不同也延伸到研究对象取向上的不同。与欧洲不同,美国从20世纪80年代开始在很多法学院就已经设置了研究东亚各国法律的研究中心。以研究中国法有代表性的美国学者,如哈佛大学的William P. Alford、纽约大学的Jerome Cohen、哥伦比亚大学的Benjamin L. Liebman、伯克利大学的Randall Peerenboom、还有老一代的William C. Jones与Stanley B. Lubman为例:他们关注的话题都集中在中国能否摆脱人治这一中心问题之上。在德国也有学者专门对中国法进行研究,但研究题目集中在中国新颁布的各项新法规或司法解释的内容与体系,主要是对其适用、进步与不足进行评述。[4] 这并不能说明德国对于中国能否形成法治社会未给予足够的关注,而只是德国式法教义学方法在对中国法研究上的运用。

例如,同是研究中国的劳动合同,一个美国学者会花费很大的精力进行实证调查,研究为什么中国会出现拖欠农民工工资的情形。至于说什么是劳动合同与劳务合同的区别,工资请求权是什么性质、能否转让,请求权什么时候因为超过诉讼时效而不能再行使等,都不是他们特别关心的问题。而一个德国学者则首先去看劳动合同的定义、劳动合同成立与生效、撤销、在未达成劳动合同时事实劳动关系中双方的权利义务关系。至于说拖欠工资的问题,他也会提及,但不会是研究的重点,即便为重点

---

[3] 参见Grechenig、Gelter:《法学思维的差异演变——从美国的法律经济分析到德国的法教义学》,RabelsZ 72 (2008),第525页及以下。该文中文翻译参见徐杭,载卜元石主编:《域外中国法评论》(第1辑),上海人民出版社2009年版;沈明:《世道在变》,载苏力主编:《法律书评》(第3辑),北京大学出版社2005年出版。

[4] 具体参见德国专门研究中国法的杂志 *Journal for Chinese Law* 的内容目录。

也只是从规范的角度试图提出法律上改进的可能。[5]

对于任何一个学科,方法的重要性是毋庸置疑的。没有方法的铺垫,法学的意义和价值也同样会变得根基不稳,法学研究努力的方向就会变得不明确。法学在中国是应该更多学习美国,引入其他社会科学及经济学方法,注重研究"活"法,或是法律制度背后的经济学原理,而不是停留在纸面上的法律规范,还是延续一直以来效仿以德国为代表的欧陆式"正统的"法教义学方法,即通过解释法条来研究法律,着眼于概念的辨析与理论的构建的方法?这一争论也是笔者写这篇文章最直接的动因。

二、法教义学的概念

法教义学或法律教义学作为一个学术概念在中国似乎是在近几年才进入人们的视野。[6] 所以直到目前为止,对于法教义学的提法也存有疑义。[7] 先抛开这种概念之争,仅法教义学在近几年才引起注意的这一事实本身就值得回味。因为在苏力1996年出版《法治及其本土资源》之前,部门法研究或多或少都是采取法教义学的方法,只不过一般将其称为理论法学[8]、注释法学、解释法学或是概念法学,对方法本身既没有自觉认识,也没有进行进一步的反思。在前苏力时代,法学文章客观、冷静、

---

[5] 对于美国与德国学者治学方法的不同可参见许德风:《表面的道理与背后的道理》,载苏力主编:《法律书评》(第3辑),北京大学出版社2005年版,第97页。

[6] 相关学术论文包括从法哲学的角度的探讨,参见舒国滢:《德国战后法哲学的发展路向》,载《比较法研究》1995年第4期;舒国滢:《并非有一种值得期待的宣言——我们时代的法学为什么需要重视方法》,载《现代法学》2006年第5期;武秀英、焦宝乾:《法教义学基本问题初探》,载《河北法学》2006第10期;林来梵、郑磊:《基于法教义学概念的质疑—评〈中国法学向何处去〉》,载《河北法学》2007第10期;刘星:《怎样看待中国法学的"法条主义"》,载《现代法学》2007年第2期。民法学的角度,参见许德风:《论法教义学与价值判断——以民法方法为重点》,载《中外法学》2008年第2期。宪法学的角度,参见范进学:《从规范分析宪法学到宪法解释学——中国宪法学研究范式转型之宪政意义》,载《河南省政法管理干部学院学报》2005年第2期。行政法角度的探讨,参见王旭:《中国行政法学研究立场分析——兼论法教义学立场之确立》,载郑永流主编:《法哲学与法社会学论丛》(第11卷),北京大学出版社2007年出版。从刑法学的角度,参见陈兴良:《刑法教义学方法论》,载《法学研究》2005年第2期。

[7] 参见许德风(前引6),脚注15。

[8] 参见尤陈俊:《困境及其超越:当代中国法学研究中的法律人类学》,载郑永流主编:《法哲学与法社会学论丛》(第11卷),第99页。

理性,但同时因为充满了法言法语,所以对于法律学科以外的人不具有可亲近性。苏力之后法学研究在中国进入了一个新的时代。通过苏力,中国的法律人看到了法律文章也可以循循善诱,也可以引人入胜。法学研究也可以接近大众,法学书籍也可以成为畅销书。最重要的是法学也可以运用其他学科的方法。也许是因为这种震撼才产生了探究法学方法论的意识,也许正是因为这种碰撞才使得法教义学浮出水面。

回到法教义学的这一概念本身,即德文中的 Rechtsdogmatik,中文的翻译有几种,除了目前通用的法教义学这样一种翻译方法,还有法解释学、法释义学。法教义学虽然是已经通用的翻译方式,但是它的用词很容易让人将其与教条主义或是法条主义联系在一起。[9] 即便在德文中,教义学(Dogmatik)与教条主义(Dogmatismus)也是共用同一个词根。因此,法教义学在德语中也有一定贬义色彩。[10] 那么法教义学是否就是为人所诟病的、只"追求概念精致",抛弃了"现实的逻辑"[11],以"学术想象代替现实状况"[12]的一种法学呢?

(一)法教义学=狭义上的法学,教义学的方法=法学的方法?

法教义学[13]的具体含义是什么,因为其使用的语境的不同,得出的结论也不尽相同。[14] 在大陆法系法教义学非常发达的德国,对此也没有

---

〔9〕 注释法学、解释法学和概念法学这些概念也在这几年的讨论中常被描绘成一种没有创造性、脱离实际的工匠式劳动。

〔10〕 Großfeld, *Macht und Ohnmacht der Rechtsvergleichung*, 28.(该书中文译本亦已出版——伯恩哈德·格罗斯菲尔德:《比较法的力量与弱点》,孙世彦、姚建宗译,清华大学出版社 2002 年版)。

〔11〕 尤陈俊(前引9),第 99—100 页。

〔12〕 陈柏峰:《法律民族志与当代中国法律社会学的使命》,载郑永流主编:《法哲学与法社会学论丛》(第 11 卷),第 118 页。

〔13〕 Dogma 在希腊语中原意是"确定的看法""具有约束力的学说"之意,后用在哲学与神学中。在神学中指的是不以理性的可证明性为前提存在的、以信仰为支撑的信条;从信仰中 Dogma 获得了约束力。之后该概念才被用在法律中,参见 Rüthers, *Rechtstheorie*(《法学理论》),1999, § 7 Rn. 310 ff.;焦宝乾:《法教义学的观念及其演变》,载《法商研究》2006 年第 4 期。

〔14〕 参见舒国滢(前引6,《德国法哲学》),第 353 页;王旭(前引7),第 232—233 页。

一个统一的定义。简单地说,法教义学至少可以从下面几个方面来理解[15]:

- 法教义学一方面是以现行法律的内容和适用为对象建立的法律知识体系,包括从制定法中、学术研究中以及相关判例中得出的关于现行法的所有理论、基本规则与原则。[16]在这个意义上,可以将各个部门法学的知识体系与其相关的法教义学等同起来[17],即民法＝民法教义学,刑法＝刑法教义学,由此可以说法学(Jurisprudenz[18])就是法教义学或是教义学法学(dogmatische Rechtswissenschaft)。[19] 被大多数人所接受的理论,基本规则与原则就上升成为了法学中的"教义"。
- 法教义学,也就是狭义上的法学(或是原本法学[20]),产生的原因和存在的必要是在于法学是关于现行法的学问,而现行法律是

---

[15] 参见舒国滢(前引 6,《德国法哲学》),第 353 页,援引阿列克西(Alexy)和德莱尔(Dreier)指出法教义学包括三个向度法社会学、法学理论和法哲学是不完全准确的。法教义学于三者其实是一种平行的关系。

[16] Rüthers(前引 13),§ 7 Rn. 312。

[17] 陈兴良(前引 6),第 40 页,以及其中对拉伦茨和阿列克西的引注;林来梵、郑磊(前引 6),第 20 页。

[18] 德文中 Jurisprudenz 与英文中的 Jurisprudence 貌似相同,意义却相差甚远。德文中 Jurisprudenz 常与 Rechtswissenschaft(法学)一词作为同义词来使用,但严格地说 Jurisprudenz 比 Rechtswissenschaft 语义更为狭窄。Jurisprudenz 是法学的核心,是围绕法律文本进行诠释的科学,也可以说是应用法学,实践法学的意思。而 Rechtswissenschaft 则还包含了法哲学、法制史与法社会学等学科。而英文中的 Jurisprudence 则包含法理学与法哲学的意思。相关讨论可参见舒国滢:《走出概念的泥淖——"法理学"与"法哲学"之辨》,载《学术界》2001 年第 1 期;舒国滢:《寻访法学的问题立场——兼谈"论题学法学"的思考方式》,载《法学研究》2005 年第 3 期;郑永流:《法学方法抑或法律方法?》,载郑永流主编:《法哲学与法社会学论丛》(第 5 卷),中国政法大学出版社 2002 年版;许德风(前引 6);王夏昊:《缘何不是法律方法——原本法学的探源》,载《政法论坛》2007 年第 2 期。

[19] 舒国滢(前引 6,《德国法哲学》),第 103 页。法教义学可以说是"正统"的法学,所以在德国所有不从事法教义学的学者一般都对其学术活动与法教义学之间的关系上作出说明。比如 Großfeld(前引 10,第 28 页以下),对比较法与法教义学之间互补关系的论述,以及所有法社会学学者,法哲学家,研究法院管理制度的学者,等等。拉伦茨在其《论作为法学的科学的不可或缺性》(赵阳译,载《比较法研究》2005 年第 3 期)一文中指出法学就是法教义学,但其认为法教义学也包括比较法,法学方法论与法的一般理论的观点,与目前德国法学内部划分的通说不同。

[20] 关于法教义学的起源亦可参见王夏昊(前引 18),第 104 页。

不可能面面俱到,但法官又不能以法无明文规定而拒绝判决,那么法学(也就是法教义学)的任务就是解释制定法,填补其中可能的漏洞,为法官判案提供可供选择的论据。[21]

- 所以法教义学是法学的这一前提,也决定了法学的方法就是法教义学的方法,也就是对现行有效的法律规范进行解释、归类与系统化的方法。[22] 而这种方法必定是在现行法所确立的体系之内（systemimmanent）进行的,也就是说法学不再过问"什么是法","获得对于法的认识是否可能"等法哲学的问题。[23]

法教义学在德国之所以被理解就是法学,与法学作为自主学科的定义有很大关系。[24] 法学是以理解法律规范内容为目的学科。[25] 法学与经济学、社会科学、自然科学不同,其知识不是通过观察或是经验,而是通过对法律文本的解释而获得。法学与自然科学的区别在于,法学对于一个确定的法律问题不总是能提供毫无疑义、十分确定的答案。面对新的案件,法学所能够提供的答案的确定程度可能是有限的。法学从已有的教义出发只能在某种程度上预测一个法律案件可能的判决结果,以及排除那些与现有体系相矛盾、完全站不住脚的结论。但是法教义学可以

---

[21] 参见 Rüthers（前引13）,§ 7 Rn. 313 f。

[22] Raiser, *Rechtssoziologie*（《法社会学》）, 4. Aufl., 2007, 14;对此亦参见舒国滢（前引18,《概念》）,第104页。

[23] Arthur Kaufmann（阿图尔·考夫曼）, *Rechtsphilosophie*（《法哲学》）, 2. Aufl., 1997, 12。

[24] 对于法学作为自主学科的问题,德国讨论的比较少,可能是因为法学与神学、哲学等属于最早起源的古老学科之一。德国讨论比较多的是法学是否是一门科学。从基尔希曼1847年在《作为科学的法学的无价值性》（赵阳译,载《比较法研究》2004年第1期）一文中否定了法学是一门科学开始,几乎所有的法哲学学者都对此有所回应,前引19提到的拉伦茨的文章只是其中之一。考夫曼（前引23第65页）指出,帕斯卡尔在1670年就已经对法学的科学性提出了质疑,其中援引了帕斯卡尔对此问题的经典论述:"向极点靠近三个纬度就会把整个法学弄得乱七八糟,一条子午线就决定了真理……在比利牛斯山这边的是真理,而在那边的却是谬误。"其《法哲学》一书中（原文第66页）也列举了相当多其他学者的相关文章,考夫曼认为不能因为法律涉及的是为价值所决定的规范,就得出其不具有科学性的结论,与之相反,法学有自己的方法、对象、体系,其知识可以检验,所以同样是科学;Rüthers（前引13）,§ 7 Rn. 291 f。大体观点相同;Braun, *Einführung in die Rechtswissenschaft*（《法学导论》）, 3. Aufl., 2007, 357 ff. 是从法学是否有自己的知识体系与方法来论述这一问题,结论倾向认为法学是科学。

[25] Rüthers（前引13）,§ 7 Rn. 302 ff.;类似看法参见范进学:《"法学"是什么？——比较法视域中的"法学"含义诠释》,载《法学论坛》2006年第4期。

把已有的对于法律问题的论证与学说整合到自己的知识体系中,使得法律人在面对新问题时可以从这个体系中提取所需要的知识,所以法教义学可以降低法官在审判时对同一法律条文的不同理解中作出选择所遇到的困难,因而"法教义学能够使判决更加理性化"。[26] 所谓法学的方法实际上可以认为是法教义学的方法,也就是法律解释与漏洞填补的方法。法律解释的方法不仅是法教义学中对于法律进行学理解释的方法,更是法官判决时依循的方法。[27]

在中国关于法学方法论的关注始于20世纪90年代中期[28],其中概念的厘清构成了讨论的一个重点。"法学方法论"是关乎"法律方法""法学方法""法学研究的方法",是"法律学方法论"的同义词?[29] "法学"一词在中文的表述常常给人的感觉是一种形而上的学科,因此"法学方法"也就自然而然地让人联系到是法学治学的方法。这里的确存在中国法学界一个"固有的误解"[30]。在德国法的语境中,法学的方法一般认为是法律解释与法律适用的方法,也是所有法律系一年级学生入门的必修课。法学方法实际上是法教义学的一部分,只是因为在第二次世界大战后的蓬勃发展而逐渐独立出来而形成一门学科分支。而作为学科分支的法学方法论,因为同时探讨法的正当性问题,所以也成了法哲学的一个部分。[31]

中国有学者[32]将法学中的方法问题分成三层次:第一个层次是哲学问题的法学方法论;第二个层次是法学研究者的从事法学研究的方法,如实证的方法,田野调查的方法;第三个层次是法律技术层面的适

---

[26] Großfeld(前引10),第28页。
[27] 这两种解释的性质不完全相同,作为治学方法的法律解释方法更强调解释的合理性,体系性,作为实务的法律解释方法更强调案件的关联性。Kriele, *Theorie der Rechtsgewinnung: entwickelt am Problem der Verfassungsinterpretation*,(《法律获取的原理:从宪法解释的问题说起》)2. Aufl.,1976,320 ff。
[28] 具体研究成果,参见李路、李海涛、沈克非:《法律方法研究文献题录》载 http://www2.scut.edu.cn/juris/publish/news/xueshudashi/2j96a28vn1scn.html,2008年9月5日访问。
[29] 参见林来梵、郑磊:《法律学方法论辩说》,载《法学》2004年第2期。
[30] 林来梵、郑磊(前引29)。
[31] 参见林来梵、郑磊(前引29)。
[32] 参见周永坤:《法学的学科定位与法学方法》,载《法学论坛》2003年第1期。

用法律的方法。也有学者将第二层次与第三层次分别称为法学方法与法律方法。[33] 如果与德国语境的法学方法论相对比,可以发现德国的法学方法不包括中国学者所提到的第二层次。法学研究的方法对于德国法学工作者而言,是一个不言自明的事情,因为狭义上的法学就是以现行法为对象,对于法律进行解释的法教义学,所谓"方法"就是解释的方法(在法学理论研究时当然也会运用社会科学一般的归纳与演绎的方法),"方法论"就是对于不同的解释方式的研究,而不是我们通常所理解的对于传统的法教义学和其他新兴的跨学科方法方面的研究。从德国对于法学的定义和学科划分来看,跨学科的法学研究本来就不是狭义上的法学,跨学科研究所用的方法从来都不是法学方法论所关心的问题。由此可见,这种对于法学方法论的差异理解,主要源于我们在界定法学的内涵与外延上与德国不同。所以我们不要惊讶,一个德语概念进了中国法的语境怎么就模糊难辨了呢?这不是翻译所造成的问题,而是因为在中国对什么是法学,法学之所以作为一个自主学科的根基是什么的问题,都刚刚开始深入讨论。[34] 法学似乎理所当然地包括所有和"法"字沾边的学科:法哲学、法理学、法社会学、法制史,等等。法学的学科分类虽然有国家标准[35],但这种标准的根据是什么,似乎没人考问。[36] 而在解决这一问题之前,讨论法学方法与法律方法并不能真正地以正视听。

"民法问题"是不是"民法学问题"?"法学是否需要实证的方法"?这些问题追问到最后,都会归结为如何界定什么是法学的问题,以及法

---

[33] 参见郑永流(前引18)。

[34] 舒国滢(前引18,《宣言》),对这一问题作了初步的探讨;林来梵、郑磊(前引29,第7页):"我们的'法学'概念是一个宽泛、灵活而非严格的概念:它可以指广义的法学,也可以指狭义的法学;可以指理论法学,也可以指实用法学。"傅欣(《论法学三形态——法哲学、法理学与法社会学》,载法律教育网)将法教义学同法理学等同起来;许章润(《法学自身的品性决定了社会科学方法应用前景的有限性》,载北大法律信息网),认为"就整体而言,法学基本上是一种解释学,一种关于事实与规范互动图景的描述、评价和阐释的技艺","法学主要是由众多部门法学构成的知识家族",这种看法比较接近法学即为法教义学的认识。

[35] 根据中国学科分类标准(820),广义的"法学"分为理论法学、法律史学、部门法学、国际法学、法学其他学科,与学术文献中对于法学学科的划分有一定偏差。

[36] 本文在使用"法学"一词时,沿用这种传统理解的广义上的法学。

学与其他学科如何分工的问题。不对法学学科划分背后的逻辑进行探讨,就可能在现有的学科分类中找不到法学的位置,就可能很难理解法学的理论与概念与社会科学中的理论与概念的不同。其他社会科学的学者可能很难理解[37]法学的学说与理论,比如是否存在物权行为的问题,完全可以从法律概念出发从对法律规范的推导得出,而且对法律的解释似乎也可以"甲说乙说随便说[38]",因此认为"闭门造车"必然脱离实际,实际是源于学科之间的隔阂。

(二)法教义学与法哲学、注释(解释)法学、概念法学、规范法学、实证法学的区别与联系

认真地讨论法教义学时发现,在相关中文文献中与这一概念相近的各种名词实在不胜枚举,其中有一些使用也不统一。在这里不可能对各种法学流派进行详细的梳理,只能选取一些常用的、与法教义学接近的名词进行简要辨析。首先要指出的是法教义学与法哲学的区别在于研究对象的不同。法教义学研究的是现行的法律规范,而法哲学是研究法本身是什么的问题。[39] 法哲学是沟通法政策学与法教义学的桥梁,其核心任务是解决哪些法律是正义的命题。[40]

注释(解释)法学[41]在至今为止的中文文献中指代的实际上就是法教义学。在中文的语境中,也有人把概念法学与注释(解释)法学,即

---

[37] 正如候猛在《社会学人类学对法律研究的介入》中所指出的"不同于规范法学的法律社会学和法律人类学研究,无论是做经验的定性分析,还是做实证的定量分析,都需要遵循研究法律问题的基本步骤:观察社会生活中存在的现象;解释可观察现象中存在的问题;提出前提是真实的并可操作的假说;用经验事实检验假说,反对用非真实的假说,解释并不存在的问题;将假说再提升加以一般化"。在法律经济分析中也需要建模,然后收集数据,通过数据对经济学模型进行检验,进而得出结论。参见周林彬:《中国法律经济学研究中的"非法学化"问题》,载《法学评论》2007 第 1 期。

[38] 石世豪:《甲说乙说随便说——法学上"学说"的性质与其取舍问题》,载《台湾律师月刊》2000 年 9 月号。

[39] 参见陈兴良(前引6),第 40 页。

[40] 参见 http://lexikon.meyers.de/meyers/Rechtsphilosophie,2008 年 9 月 5 日访问。

[41] 德文中与注释(解释)法学中"注释"一词相对应的应该是 Exegese, Auslegung, Erläuterung,在诠释学出现后也可认为是 Hermeneutik。注释(解释)法学的范围包括对于现行法律解释的法教义学,对于学说汇纂以及其他的日尔曼法等历史法律文本的注释,参见孙笑侠:《法学的本相——兼论法科教育转型》,载《中外法学》2008 年第 3 期。

法教义学等同起来。但实际上,概念法学[42],同利益法学[43]与评价法学[44]一方面固然是法哲学的流派,但其主张实际针对的是适用法律的规则。概念法学主张法律条文都是通过概念构建起来的,而概念通过不断的抽象化可以构成概念的金字塔,在具体案件中即便在法律没有明文规定时,法官仍然可以从这一金字塔中推导出如何处理案件的规则。所以概念法学与法教义学交叉于法教义学中解释法律的方法方面。现代意义的法教义学解释法律所使用的方法实际上是建立在概念法学基础之上,同时也融合了利益法学与评价法学思想,从而大大地向前发展了。

对于"规范法学"与"实证法学"的分析就相对困难得多。一是"规范法学"对应的外文概念有两个:legal normativism 和 normative jurisprudence,在中文文献中概念的使用也不一。直接体现在凯尔森的学说有时被认为是实证主义,有时被认为是规范主义。而"实证"一词在中文语境使用的情形也一样,它对应的外文同样有两个:positive 和 empirical。有时"规范法学"与"实证法学"还会被合并在一起使用,即"规范实证法学"[45]。

先说用在"实证法(学)"[46]"分析实证法学""法律实证主义"这些概念

---

[42] 德文:Begriffsjurisprudenz,提出于19世纪中期,主要代表人普赫塔(Puchta)、温德沙伊德(Windscheid)。

[43] 德文:Interessenjurisprudenz,提出于19世纪末活跃至20世纪中期,主要代表人耶林(Ihering),黑克(Heck)。利益法学的出发点是认为每一法律规范都是立法机关对于某一利益冲突作出的选择。所以,法官的任务就是在具体的案件中考察案件涉及了哪些需要进行衡量的利益。之后再考察制定法是否已经对这一利益冲突作出了选择。在法律没有明文规定的情况,允许法官造法。但是法官必须参照立法机关在制定法中在类似情形中对于利益衡量所作出的选择。利益法学承认法律是可能存在漏洞的,在这一点上有别于概念法学。

[44] 德文:Wertungsjurisprudenz,提出于20世纪中期,主要代表人拉伦茨(Larenz),维亚克尔(Wieacker)。评价法学的出发点认为法律以立法机关的利益判断为基础。对于利益的判断构成了法律规范的内容。如果法律没有明文规定,而这一漏洞为立法机关故意所为,比如法律在法律结果方面赋予了法官自由裁量的权力或是在事实构成方面使用不确定的法律概念,法官可以代替立法机关作出决定。行政法中一直讨论的行政行为合理性与合法性的司法审查时也会涉及这一问题。

[45] 孙笑侠(前引41),第419页。

[46] 德文:Rechtspositivismus,英文:legal positivism,实证法创始人奥斯汀,20世纪的主要代表人物凯尔森和哈特。法律实证主义的任务在于确立法学为独立学科与拥有独立研究对象的一种法哲学的流派,参见陈景辉:《独立的法律研究对象之确定——分析法律实证主义本体论之检讨》,载郑永流主编:《法哲学与法社会学论丛》(第7卷),中国政法大学出版社2005年版,第170页。

中"实证",也就是"实在"(positive),能够呈现在外部世界的意思。而实证法学的不同流派都主张法律之所以"实证(在)",是因为法是通过立法机关制定的并在社会中发生影响。[47] 实证法学严格区分法与道德,在这一点上与自然法学截然对立,在肯定法的实在性上又与法律现实主义相对立。但是与法律现实主义相对立不只是"实证法学",还包括 legal normativism 意义上的规范法学,即主张法律是由规范组成的封闭体系。在这一点上与法律现实主义[48]运动中认为法在规范意义上并不存在,而是由一个个偶然的判例或法令等经验组成的看法完全相反。所以,认为凯尔森"纯粹法"的学说是实证主义或是规范主义都有一定的道理。说他是实证主义,因为他把道德从法中完全排除,说他是规范主义,是因为他强调法本身是自足自洽的体系。在中国的讨论中也倾向于把实证法学与规范法学等同起来。[49] 而用在法学语境"实证研究""实证分析""实证调查"中的"实证"(empirical)更多的是一种经验的意思。所谓的实证研究就是通过对研究对象的观察、实验和调查,获取客观材料,从个别到一般,归纳出事物本质属性和发展规律的方法。

那么什么是 normative jurisprudence 意义上的规范法学呢?这里"规范"更多的是解决"好"与"坏"价值判断的意思。所以在这种意义上的规范法学泛指的是关于法的道德性等法哲学问题的讨论,而不是有明确观点的一个法哲学学派。[50]

综上,实证法学和 legal normativism 意义上的规范法学与法教义学的交叉点在于三者的出发点都是法律规范的实在性。但"实证法(学)"更

---

[47] 参见郑永流:《法哲学是什么?》,载郑永流主编:《法哲学与法社会学论丛》(第1卷),中国政法大学出版社1998年版。

[48] 英文:legal realism,又译为现实主义法学。之所以被翻译成现实主义,可能是因为这能够体现其学说所关心的对象不是法律应该怎样(what the law ought to be),而是注重描述法律是怎样的(what the law is)。

[49] 参见林来梵、张卓明:《论权利冲突中的权利位阶——规范法学视角下的透析》,载《浙江大学学报(人文社会科学版)》2003年第6期;林来梵、张卓明:《法律原则的司法适用——从规范性法学方法论角度的一个分析》,载《中国法学》2002年第2期;林来梵、郑磊:《所谓"围绕规范"——úr谈方法意义上的规范宪法学》,载《浙江学刊》2005年第4期。只是在规范法学的操作层面上"规范"的作用究竟如何理解,是将规范为焦点、终点还是出发点,尚存在差异。

[50] 参见 M. D. A. Freeman, *Lloyd's Introduction to Jurisprudence*, 7th ed., Sweet & Maxwell, 2002, pp. 353 ff.。

应被理解为一种法哲学的流派,讨论的是法是什么的宏观哲学问题,而法教义学则着眼于具体法律规范的微观考察。规范法学指引下的、操作层面上的法学可以与法教义学重合。

法的"实证研究"是考察运行状态中的法(law in action),是对法律的动态研究,法教义学的研究对象则为写在纸上的法(law in books),是对法律的静态考察。在德国,并不是没有侧重法律现实运行状态的研究,只是这种研究被从严格意义上的法学中剥离出来,从而在民法中形成了法律事实研究(学)(Rechtstatsachenforschung),在公法中形成了行政(管理)学(Verwaltungslehre),在刑法中形成了犯罪学(Kriminologie),而真正发挥一定影响的只有犯罪学。[51] 这三个学科也可以被认为是法社会学的部门。在德国,法教义学在整个法学谱系中的位置可以参考下图,同时上文所讨论概念的关系也可以图形化为:

法学[52] (Rechtswissenschaft)	(非解释法学)	基础学科	法制史	
			法哲学 规范法学、实证法学是其中流派	1. 法伦理学 2. 法学理论 3. 法学方法论 4. 法哲学史
			法社会学	1. 法律事实研究学 2. 行政(管理)学 3. 犯罪学
			国家理论/比较法学等/立法学/法政策学等	

---

[51] 关于法社会学在德国状况的综述参见 Michael Wrase, *Rechtssoziologie und Law and Society-Die deutsche Rechtssoziologie zwischen Krise und Neuaufbruch*(《法社会学与法与社会运动——在危机与新生之间的德国法社会学》), Zeitschrift für Rechtssoziologie 27(2006), 289—312。

[52] 参见舒国滢(前引6,《宣言》,第6—7页)也将基础学科和教义学法学称为"法学外的法学"与"法学内的法学"。

(续表)

法学[53] (Rechtswissenschaft)	(解释法学)	交叉学科	法政治学,法心理学,法人类学等	
			法律经济学	
		法教义学 (Jurisprudenz) (狭义上的法学)	民法,刑法,程序法,公法等部门法	
			法律解释的方法(法学方法) (概念法学、利益法学、评价法学为不同的方法,同时也是法哲学的流派)	
			对于学说汇纂以及其他的日耳曼法的注释	

(三)法教义学与价值判断

法教义学与价值判断[54]之间的关系最近才在国内民法界的讨论中突显出来[55],但在中文关于法教义学的文献中一直也都有所提及。法教义学与价值判断之间其实并不存在固有的矛盾或是无法跨越的隔阂;与此相反,现行法的制度在大部分情况下已经固定了立法者的价值判断,法教学研究是为了发现这些价值判断并对其合理性进行论证,法官在一目

---

[53] 参见舒国滢(前引6,《宣言》,第6—7页)也将基础学科和教义学法学称为"法学外的法学"与"法学内的法学"。

[54] 我认为,法教义学与价值判断的关系如果进一步上升到法哲学的高度,涉及的实际上是"忠于法律"(Gesetzestreue)和"结果公正"(Gerechtigkeit)之间的关系,而这一问题又牵扯了六个方面:法学方法(juristische Methodenlehre)、法律渊源(Rechtsquellenlehre)、法哲学(Rechtsphilosophie)、认识论(Erkenntnistheorie)、历史哲学(Geschichtsphilosophie)、国家理论(Staatstheorie)。而自由法学与利益法学都是从法学方法的角度对这一问题进行回答的。参见 Kriele, *Grundprobleme der Rechtsphilosophie*(《法哲学基本问题》),2004,42 ff.;也可以将两者关系看成一种法体系性(Rechtssystematik)与个案正义(Einzelfallgerechtigkeit)的关系,参见黄舒芃:《正确之法与框架秩序?》,载 http://publication.iias.sinica.edu.tw/book/book07/book07ch09/files/assets/basic-html/index.html#1(2020年6月19日访问),其实法教义学的根本就是法学的体系性。

[55] 参见许德风(前引6);王轶:《民法价值判断问题的实体性论证规则——以中国民法学的学术实践为背景》,载《中国社会科学》2004年第6期;在行政法领域也有这个方面初步探讨,只是价值判断被定性为社科法学的方法,参见何海波:《中国行政法学研究范式的变迁》,载《行政法的中国之路:应松年教授七秩华诞贺寿文集》,中国法制出版社2005年版。

了然的具体案件中只要适用法律即可,无须过问法律规定背后价值判断的合理性。只有当法律规定不明确,需要进行目的解释来查明法律的内容,或是没有明文规定、法官需要填补法律漏洞时,才需要进行价值判断。比如说,《合同法》第 54 条中规定了受合同一方恶意欺诈而达成的合同,被欺诈方可以撤销合同。那么一般情况下,法官无须考察第 54 条撤销权的规定所隐含的价值判断是否正当,可以直接适用《合同法》第 54 条。但如果涉及第三人欺诈的情况,因为法律没有规定,那么法官才可能需要进行价值判断,判定被欺诈方在这种情况是否仍然享有撤销权。此外,如果在立法者使用如"诚实信用"等具有弹性的一般条款或是如"合理的"等不确定的法律概念时,立法者实际上已经赋予了法官在司法过程中引入价值判断来适用法律的权力。[56] 所以可以说,至少在成文法国家,价值判断通常**完结**于法律的颁布,司法过程中进行价值判断是**例外**,而不是常态,否则立法就失去了意义。但正是这种例外的价值判断,才会使法官在觉得两难的案件中考问法律制度的时效性,对其进行必要的修正,从而才可能成为推动法律发展的一个动力。[57] 如果不去区分**立法过程**和**司法过程**的价值判断,没有认识到司法过程中价值判断的例外性,就可能就会认为背弃法律的明文规定也无须特别前提,就像"泸州遗赠案[58]"、各种"高空坠物案"[59]以及一系列涉及知识产权的案件[60]中所展示的那样。

  这些案例之所以引人注目,不是因为案件涉及的法律问题没有明文规定,而是恰恰相反。法官在有明文规定的前提下,作出了超越法律的判决,而用以进行这种超越的手段就是价值判断。立法、司法和行政,在功

---

[56] 参见许德风(前引 6),对于这一问题的详细论述。

[57] 参见许德风(前引 6);从价值判断在立法与司法中疑难案件中的作用可以说"价值判断问题是民法问题的核心",王轶(前引 54)。

[58] 田士永:《法律行为违背善良风俗中意义要素的分析》,载郑永流主编:《法哲学与法社会学论丛》(第 11 卷),北京大学出版社 2007 年版,第 243 页以下。对笔者观点的批评,参见贺剑:《认真对待案例评析:一个法教义学的立场》,载《比较法研究》2015 年第 2 期。

[59] 周永坤:《高楼坠物案的法理分析——兼及主流法律论证方法批判》,载《法学》2007 年第 5 期。

[60] 崔国斌:《知识产权法官造法批判》,载《中国法学》2006 年第 1 期。

能上有所区分,所以当法官[61]取代了立法者的位置时,我们要问在中国"法官造法"的宪法基础何在?"法官造法"的法定前提何在?造法要遵守的规则是什么?这些问题在中国相关的讨论中并没有深入下去,而最多只是指出外国的做法。[62] 在这些根本问题没解决之前,法官积极超越制定法造法,其实是让人比较担忧的现象。没有合法性与规范化保障的"造法"与"枉法"之间也许就是一线之隔。

进一步说,如果法官必须要进行价值判断的话,那么法教义学要求这种价值判断必须以现行法中已经固定下来的价值评价为根据。也就是说,在上面提及的因第三人欺诈而订立的合同中,如果认为被欺诈人比合同相对方更值得保护的话,那么法教义学要求我们必须论证作出的这种价值判断应该与中国民法已有的价值体系不冲突。**保证体系内部无矛盾性**是法教义学的首要任务。

那么价值判断能不能脱离法教义学中的价值体系,按照经济学的价值体系来进行呢?比如说,允许被欺诈人在合同相对方知情的情况下撤销合同是更符合效率的?能否在价值判断时引入经济学中的福利或是效率作为参考,是大陆法系德国、奥地利、瑞士等国家在试图把法律经济分析方法融合到法教义学、司法实践中讨论最多的一个问题。[63] 目前的结

---

[61] 我们这里不谈最高人民法院的司法解释。
[62] 相关讨论参见张其山:《法官造法的限度及方式》,载《法律方法》(第7卷);张翔:《两种宪法案件:从合宪性解释看宪法对司法的可能影响》,载《中国法学》2008年第3期;赵学升:《法律的发现之探寻(以我国法律漏洞的弥补及法律适用能力的提高为切入点)》,载《法律适用》2006年第5期;刘治斌:《司法过程中的法律发现及其方法论析》,载《法律科学(西北政法学院学报)》2006年第1期;郭庆珠:《从法官找法到法官"造法"逻辑推演的正当性基础及界限——从行政正当程序原则在一起案件中的适用谈起》,载《重庆社会科学》2006年第1期;何家弘:《论法官造法》,载《法学家》2003年第5期;常鹏翱:《"找法"与"造法"的方法——装修他人房屋案件的法律适用》,载《法学与实践》2006年第5期;田成有:《法社会学视野中的法官造法》,载《现代法学》2003年第3期。
[63] 在这一点上许德风在《论法教义学与价值判断——以民法方法为重点》一文虽然没有明确的探讨,但实际上回答了像德国这样的民法教义学为什么天然地排斥法律经济分析,因为来源于经济学的价值"效率"不再以"自由"支撑的德国民法价值体系之内,而"价值的判断仅在其体系内部有意义",将"自由"与"效率"进行比较可能就是"拿苹果和梨比"。《论法教义学与价值判断》一文不仅回答了法教义学与法律经济分析等学科之间所存在的——甚至可以说是固有冲突的内在原因,更是提出了一条解决二者矛盾的道路:价值判断上,实用主义与先验伦理可以并行,多种价值判断来解释一项制度更为合适。但问题是,如果有多种解释,那么最终解释的取舍仍然涉及价值判断。

论是,如果通过不同的法律解释方法可以推导出若干个、从法教义学角度来看无可厚非的结论,那么在对这些结论进行取舍的时候(所谓的法律后果分析——Rechtsfolgenanalyse),可以引入经济分析的方法作为辅助。[64]

(四)法教义学在大陆法系其他国家实践中的体现

如果从法教义学即为狭义的法学的角度出发可以发现,在具体实践中,大陆法系学者的一项最重要的研究任务就是就为已颁布的各项法律撰写法律评注。[65] 比如说民法学者比较熟悉的《施陶丁格民法典评注》,创立于1898年,共82卷,目前已经出版第13个版本。这种评注展示了某一领域学说与判决的集合,很多大陆法系国家与地区,比如德国、瑞士、日本、中国台湾地区等等的法学的发展就是靠这种法律评注来推动。法律评注在某种程度上的不可译性导致国内学术界对此还没有太多感性认识。这种不可译性源于评注中大量引用的判例。要真正理解法律评注的内容必须要把所引用判例的全文另外翻译出来,因为评注中判例的引用通常非常概括,往往只是最关键的判决论证部分。那么什么样的判决可以被收录到法律评注之中?这一问题的答案因情况不同而变化。对于违背善良风俗等一般条款或不确定的法律概念的注释主要是将法律规定具体化,并形成各种案例群。[66] 在法律规定明确的前提下,则一般只有突破了法律条文规定本身的判决才能够被收录进去。法律评注不仅是法学研究的工具,也是法官判案、律师办案必须依赖的工具。法律评注在一代代法律学人中传递下去,法学的知识与理论就是这样扎扎实实地建立在代代相传的延续性研究基础之上。

如果从法教义学中使用的法律解释方法就是法官适用法律之规则的角度来看,法律解释方法的定型化,司法的三段论(大前提、小前提与结

---

[64] 认为只有当制定法中体现了立法者把效率作为立法政策的前提下,才能够在解释法律时运用经济分析的方法。参见 Kirchner/Koch, *Norminterpretation und ökonomische Analyse des Rechts*(《规范解释与法律经济分析》), in: Analyse und Kritik, 11 (1989), 111 ff.; vgl. Eidenmüller, *Effizienz als ein Rechtsprinzip*(《效率作为一项法律原则》), 1995。

[65] 当然法学教科书与关于部门法的专著也都是法教义学的具体实践体现。

[66] 参见[德]卡尔·拉伦茨:《德国民法通论》(下册),王晓晔等译,法律出版社2003年版,第604页以下。

论)提供了保证法律适用前后一致的基础。[67] 而在三段论的第一个阶段"找法"的阶段就是通过对法律进行解释来完成的。而对于法教义学中法律解释的各种方法,如文义解释、目的解释、体系解释、历史解释,国内不仅有梁慧星在1995年出版的《民法解释学》,陈金钊、谢晖在2002年主编的《法律方法》,段匡在2005年出版的《日本的民法解释学》,葛洪义主编的《法律方法与法律思维》(至今已出版三辑),更有德国拉伦茨的《法学方法论》等等,所以这里也就不再进一步讨论。

三、法教义学:建立中国学术与司法的良性互动的法学

中国部门法学中法律概念以及法律规范本身大多是借鉴外国法而产生的。在立法主导法学发展的时代结束以后,学术界的首要任务就是要同化这些外来的法律制度,构建中国自己的部门法知识体系,为中国的司法部门提供现实的知识辅助。而这种同化的过程需要以中国自己的判例为基础对中国现有法律规范进行注释、整合与体系化。这种同化进程的必要**前提**,也是其应达到的**效果**在于实现**司法审判与学术研究的互动与良性循环**。学术研究目的是为法官提供法律适用的指南[68],反过来,法官的司法实践可以为学术研究提供素材并对法律规范学理解释的合理性进行检验。如果没有这种呼应,学术的成果不免会流于孤芳自赏,而司法实践失去了足够的理论支撑。这种互动要求学术研究重视中国已有判决与已有学说的总结,注重学术的延续性,能够不断地汇总研究成果,以定期更新的如法律评注等著作固定下来针对现有规范的知识与认识。

那么中国目前司法与学术是否已经具备了实现这种良性循环的前提了呢?首先,这种前提包括法律的相对稳定性和相对完备性,在法律变化迅速的时代或是法律匮乏的时代,法教义学难以进行;其次,要求法院(至

---

[67] 此点参照陈兴良(前引6),第41页。
[68] 大陆法系特别德国法是之所以是一种以学者为主导的法律体系,因为其法学研究很大一部分是为了司法提供依据,法官审判必须要参考学说。

少)省高院,最高法院系统公开其判决,以便圈定法律条文在实践中提出的问题,使学术研究能够结合实际,能够为司法判决提供理论支撑;最后,司法实践能够借鉴学术研究成果,能够吸收学术界对于司法判决的批判。这几个前提在中国还没有被完全满足。其中一个核心的问题就是中国公开的法院判决数量非常有限。而且如何建立系统化公开法院判决的制度似乎还没有被提到司法改革的议事日程(至少在最高人民法院司法改革的举措中还没有提及)。法院判决的不公开迫使部门法研究只能就理论谈理论,或是局限于引入外国的理论与判例,无法形成以中国法律规范为中心的理论体系,而这样的研究成果必然也不会为司法界所重视。很多对于中国法条主义的批判,其实是没有看到中国部门法研究理论脱离实践背后隐藏的"无米之炊"的无奈与困境。法学学术研究在中国的持续发展需要更多中国自己的判例,而不仅仅是田野调查或是实证研究。如果中国能够逐渐开放对司法判决的管制,可以想象,在"中国问题"[69]意识已经成为学术推动性力量的今天,法学界对于中国自己判决的关注会是一个自然而然地发生的转变,也会成为部门法研究的主流。而法官也才会更有动力去参考这种以中国自己的法律与司法判决为研究对象的学术研究成果,判决的论证也会逐渐专业化。[70] 而且随着中国法官渐进的职业化和法律日益的复杂化与技术化,在司法部门内部也会产生这种从学术研究中获取知识支撑的需求。实际上在目前,最高人民法院就相关法律出版的"理解与适用"类图书,在某种程度上起到的就是一个法律评注替用品的作用。

对于中国形成司法与学术的良性循环,我报有比较乐观的态度。中国社会的长期持续稳定发展要求有一个权威、公正的渠道来释放社会矛盾,避免个体的不公正上升为社会动荡的因素。这种渠道非一个公正的司法部门来担当莫属。而司法的公正要求对审判活动进行监督,一个有效的方式就是通过公开判决来进行。

我能理解即便解决了判决公开的问题,也难免产生法教义学会不会

---

[69] 朱苏力:《面向中国的法学》,载《法制与社会发展》2004年第3期。
[70] 在一部分地区的法院,如江苏高院实际上已经有这方面的努力。

在中国变形走样、会不会导致学术垄断的种种疑问。在有法律评注传统的国家,对于任何部门法的评注从来都不是一个垄断的市场。与之相反,市场的激烈竞争使得单个的学术权威很难垄断一个部门法。我也能理解对于法律评注导致法官思维惰性的担忧。在大陆法系的很多国家,法官离开了法律评注进行判案简直是无法想象。但是这种法官对于法律评注的依赖性,这种"惰性"恰恰是法律评注要达到的目的。因为对于法律规范的适用应该是统一的,不应因法官个体的不同而有差异。只有出现了所谓的"新型案件",即当法律评注在个案中无法为司法实践提供知识体系时,才要求法官运用创造性思维。如前文所述,在成文法国家,法官的作用不应在于替代立法者。

四、法教义学在法学教育中的延伸

虽然东亚三国都大规模继受了德国法,但是在法学教育方面没有一个国家吸收了德国法学教育的特色。也许是一种悖论,德国法学教育的重点实际上是放在案例教学上。[71] 与美国的案例教学不同,德国的案例教学对于学生的参与要求更高。美国的案例教学实际上是只要求学生在教授上课时参与讨论教科书中的法官判决。而在德国,教授同样在上课时讲一些 leading cases,但更重要的是要求学生独立做大量的案例练习题[72],在熟悉法律规范的同时来训练他们对于所学知识在具体案件中通过司法三段论[73]的方法应用。

这种练习课在基本法律领域——民商法、公法和刑法都有开设。德国法学教育的目标明确,就是为了培养未来的法官而服务。德国的两次

---

[71] 参见范剑虹:《民商法中沉默的法律含义——教学案例解析》,载葛永平、孙珺主编:《德国法研究》(第1期),哈尔滨工业大学出版社2007年版。

[72] 对此王泽鉴在其报告《德国民法的继受与台湾民法的发展》(载《比较法研究》2006年第6期)中也有他当年经历的关于民法练习课颇为生动的介绍。王利明在《法学方法论与民法案例分析的基本方法》(载《与民法同行》,法律出版社2006年版)一文对于德国民法案例练习的两种方法也有比较具体的阐述。

[73] 德国的法律因为大量使用参引性条文,所以也使三段论的使用更有必要。对于参引性条文的使用,参见马江:《中国民法典的制定应超越严格体系化思维》,载郑永流主编:《法哲学与法社会学论丛》(第5卷),中国政法大学出版社2002年版,第261页。

司法考试也完全是一种案例考试,没有任何选择题形式的客观题。[74] 可以说德国法律系学生在毕业时至少完成了几百个案例。这种训练使得法律人的思维有序。相比之下,中国目前本科法学教育中这种对于思维的条理性训练还是很少的。

　　行文至此,我们一个自然的反应是,司法三段论这么浅显的方法人人都懂,难道还要投入如此大的精力专门去学?我们部门法的教育不也都是结合案例进行的吗?系统学过法律的人在学习部门法时,难道不是在学习法律知识的同时"顺便"或是"附带"地就学了法律适用规则了吗?[75] 事实并非如此。德国技术合作公司(GTZ)在中国进行法官培训的过程中发现,大部分法官并没有掌握这种方法,而且通过两至三个星期的强化培训,很多人还是无法掌握这种方法。令人惊讶的是这些法官都是各地选派的业务骨干。所以,来自德国的培训教师认为没有方法论训练可能是导致判决质量不稳定的因素之一。即便如此,可能有人对于法律使用规则的专门训练还会抱有怀疑,也会质问,没有自觉运用法律适用的方法是不是会必然导致结果错误?可能从事司法实践的法官会反驳说,在大多数情况下,审判案件更多凭借的是一种用言语难以表达的,在司法实践中形成的法律直觉,而不是机械的三段论方法。[76]

　　三段论的功能当然不能绝对化,三段论不能取代法律直觉、经验或是判断力,而且不能替代疑难案件中的价值判断,也不能对各种解释方法的取舍提供现成的答案。但三段论作为方法上的监督,可以检验借助直觉

---

〔74〕　当然这种考试方法也不能避免应试教育的种种弊端,比如,导致学生只关注司法考试的内容,造成视野的局限性和基础学科的衰落。

〔75〕　有一段颇为风趣和精当的评论,"因为在中国当今的法律语境下,没有多少人会认为法律适用是一门独特的技术、学问和智慧;甚至有人会认为法律的适用就像人用刀砍人一样简单,如时不时地有人会说从事政法工作的人就是掌握刀把子的人"。参见王夏昊(前引18),第143—144页。

〔76〕　就此拉德布鲁赫,对此甚至有一句引用率极高的经典评论:"原来解释就是结果,是解释结果(而不是通过解释得出结果。——引者注)——在结果都已经确定时,才会选择能够解释这一结果的方法,所谓解释的方法事实上就是事后从法律文本中论证之前通过对于法律文本创造性补充已经得出的结果,无论把这种创造性补充称为什么,总是可以找到这样或那样的解释方法——是基于相似性的类推或是倒推,加以论证。" [*Einführung in die Rechtswissenschaft*(《法学导论》), 9. Aufl., 1952, 161]

对案件形成的初步判断是否正确,不至于漏掉相关的法律问题以及过快直奔(可能是错误的)结论,从而保证司法判决论理的逻辑性和严密性。而且通过直觉形成判决在简单的案件可能比较容易进行,在比较复杂的案件中,有序的思维本身就成了一种必需。而且进一步说,如果法官是独立的,只服从于法律与良心,也应当为一定的适用法律规则所约束。

德国技术合作公司参与培训的师资发现,方法的培训在思维形成定式后很难改变。好在这方面我们也已经起步,在刑法与民法方面也都有各种尝试。[77] 可能受过这种系统训练的人都有体会,德国的这种案例教学法对于学生判断力敏锐性的提高能让人终身受益。当然德国的法学教育有德国的问题,但是在本科阶段训练学生在给定案件中将具有法律意义的事实要素从一般性的描述中分离出来,之后运用所学知识解决具体问题,学会在疑难案件中进行价值判断,就各种学说进行讨论,是非常值得吸收与借鉴的。其积极意义除了锻炼思维,更重要的在于为实现司法与学术的良性互动提供人才方面的保证,对于形成规范的法律用语也很有帮助。

当然在引入案例练习课这一问题上也存在一些现实的难题。比如,在中国现有的教育模式下,大学考试的分数对于就业影响不是绝对的,现有的司法考试模式总体上会延续下去,如何能够调动学生参与的积极性?如何在学时固定的情况下,在平衡通识性教育与专业教育之余还挤出时间分配给案例练习课?

五、法教义学对于立法的贡献

本文的标题中没有提及法教义学对于立法的贡献,主要是因为法教义学以现行法为对象,为抽象法律的适用提供具体的解释。但这并不意味着法教义学不能为立法服务,我们很多的法教义学研究都是以立法为

---

[77] 中国政法大学也开始了这方面的试点;陈兴良已经明确指出这一点,参见陈兴良:《刑法案例教程》,中国法制出版社2003年版,"前言"。

导向的。[78] 尽管任何一个国家的立法都很少由法学家来主宰,"力量的逻辑"代替"逻辑的力量"[79]也许更是一种常态,但是法教义学仍然可以为立法作出不可替代的贡献。通过对中国已有法律规范进行系统化,能够发现其中究竟存在哪些矛盾,可以了解如果是通过立法改进,应该从何处入手。这种对制定法的系统化和提供立法的备选也是法教义学的应有之义。[80] 正是因为中国混合继受不同国家的法律的特点,而来自不同国家的法律概念本身就不一定具有兼容性,以及考虑到在移植过程中难以避免的误解与误读,中国现行法律之中存在矛盾的可能性难以排除。再加上活跃的地方立法与司法解释,中国法律规范之间的矛盾不是个别现象,而是大量存在于不同部门法与不同法律之间、上位法与下位法之间、法律与司法解释之间,就是在同一法律之中也存在概念的混淆。这种矛盾与疏漏可以通过法教义学的系统化方法来发现,也可以通过法教义学的解释方法来解决。

比如说民事主体的概念以及与之相关的权利能力的概念,直接牵涉到诉讼法与程序法中的当事人能力的问题,中国目前关于实体法上具有权利能力主体的范围在不同法律中的定义并不一致,在程序上对于当事人能力,《民事诉讼法》《行政诉讼法》《国家赔偿法》《行政复议法》等的规定也不相同。这种重复规定不仅是浪费立法资源,更重要的是这种差别无法对其合理性作出说明。通过整合就比较容易发现哪些是疏漏、哪些需要改进、哪些可以通过解释的办法来解决。

还有比如说撤销权的问题,在《合同法》第 74 条中有规定为了保护

---

[78] 参见何海波(前引 54)认为,"虽然'诠释法学'是中国学者耳熟能详的概念,但它似乎从未主宰过中国当代的行政法学。一部分原因是,中国行政法制建设处在起步阶段,立法严重缺漏导致'无法可释'……与诠释法学的贫弱形成对照的是立法法学的盛行";王轶认为,"到今天为止的中国民法学的研究,总体上体现出来是一种面向立法的民法学研究,也就是说在过去二十余年民法学研究的过程中间,民法学者所从事的研究工作一个最重要的目标是为中国的立法机关制定相应的民事立法,提供必要的参考和建议。这就是我们的民法学研究呈现出来面向立法的民法学研究这样的一个特点";参见王轶:《对中国民法学学术路向的初步思考》(2004 年学术报告),载北大法律信息网。

[79] 王轶(前引 54),第 116 页。

[80] 参见 Rüthers(前引 13),§ 7 Rn. 320;拉伦茨认为,"法学决不像一些人可能认为的那样,在立法的后面跛足跟进,而往往是毋宁走在立法的前面"。(前引 19,第 154 页)

债权人利益的撤销权,在《企业破产法》第 31 条中也有类似的撤销权。在《外商投资企业清算办法》没有废止之前,根据第 28 条规定自清算开始之日前的 180 日内,企业某些处分行为无效,其目的也是在于保护外商投资企业清算中债权人的利益,而纯内资企业的非破产清算中债权人却没有这种权利。这就是一个典型的教义学上的矛盾。因为无论是税务上还是出资时的优惠待遇,可以从吸引外资的角度来正当化这种差别待遇。但是为什么外商独资企业与内资企业的债权人要进行差别对待,对此无法解释。更重要的是,非破产清算以企业的财产能够清偿对外债务为前提,既然债权人以企业现有财产即可以获得清偿,那么规定处分行为无效这种制度的必要性又在何处?

再比如行政法中行政行为的执行力与公定力的关系。一般通说认为行政行为一旦作出告知,对行政相对人就具有了执行力与公定力,行政机关可以强制执行。但同时又规定,行政相对人在 3 个月内可以提起行政诉讼。那么我们就不禁会提出这样一个问题,既然法律给予了行政相对人 3 个月的考虑时间来决定是否寻求法律救济,那么规定行政机关可以立即执行岂不是与这种观念背道相驰。从理论上讲,强制执行必然是以被执行对象穷尽了一般法律救济手段或放弃了法律救济手段为前提,否则就会导致执行回转成为一种常态。当然中国在实践中之所以没有产生很大的问题,是因为行政机关没有执行职权是惯例,行政行为一般通过法院来执行。在法院执行的情形中考虑到了行政相对人行政诉讼期限的这一因素。但是对有执行权的行政机关而言,这种矛盾还继续存在。[81]

六、法教义学与法学研究方法的多样性

如何看待法学研究方法多样化?没有人能否定法律人需要跨学科的知识,也没有人会否定法学方法多样化的积极价值。跨学科的法学研究极大地丰富了传统的对于法的认识,提出了法教义学看不到的问题,为

---

[81] "公定力理论也不应成为改革不停止执行制度的障碍。"参见沈岿:《行政行为公定力与妨害公务》,载《中国法学》2006 年第 5 期。

一些法教义学无法解决的问题提供了答案。在反垄断法这样在很大程度依赖于国家经济政策的领域,即便是以教义学为法学主流的国家,经济分析的手段也是不可或缺的。法学方法中只有研究功能上的长处与局限之分,但没有优劣与先进落后之分。彼此之间应当是一种相互配合,而不是相互竞争的关系。但如果一定要争论谁为主谁为辅的问题,在目前的阶段,**我会倾向于以法教义学为主**。[82] 因为中国是一个成文法国家,制定的法律是法学的基础。更重要的是中国很多部门法还没有在中国法律与法院判决基础上建立自己的知识体系。

法教义学的长处在于能够以已有的法律规范为中心形成一个构架坚固的理论与知识体系。理论不断在司法实践中接受考验,对于司法实践的批判与总结又不断将新的知识与理论添加到这一体系之中。这样法律的发展是渐进地但也是稳固地。这体现在要想在这样的一个理论体系中进行突破,必须有非常令人信服的理由。新的理论必须要不仅能够解释某个个别的问题,更重要的是与所突破的理论相关联的制度不发生矛盾。如果去考察欧洲有民法典的国家在制定民法典以后一百多年来都经历了哪些制度上的突破,这种突破是如何发生的,可以发现提出新的理论,并为司法实践所接受非常困难。[83] 因此,法教义学的方法给人的一般感觉是欠缺创造性。[84] 实际上在很多法律解释适用的问题上,一直存在主流与非主流的观点交替的现象。主流理论随着时间的推移,在不再能令人信服地解释法律时,就有可能为论证更为优越的非主流观点所代替。[85]

---

　　[82] 同样观点,参见孙笑侠(前引41),第422—423页:"我认为至少应该在法律教育过程中,主流或正宗的法学是规范实证的法学……在规范法学的向度,法学着重于法概念及法制度的基本理论,因其教义式的方法,而又被称为'法教义学'……我认为法学的主流与基础是规范法学,规范法学是一切法学的基础。"

　　[83] 比如让与担保发展突破物权法定与物权公示原则,又如精神损害赔偿的问题突破损害的定义。

　　[84] 参见谢晖:《规范解释的创新何以艰难——兼论我国规范法学研究的创新问题》,载《山东大学学报(哲社版)》2000年第6期;德国的法学学者也感叹,在法学知识已经达到高度积累的今天,能够创设新理论的"猎手"(Jaeger)越来越少了,更多的人能作的只是拾遗补阙(Sammler)了。

　　[85] 比如,在民事主体这一问题上,传统的民法在条文中倾向于自然人与法人的"二分法",而对合伙、两合公司、无限公司的民事主体地位没有明文规定过渡到今天的"三分法"。这种看似缓慢的法律演化却保证了法律的相对稳定性。具体参见卜元石、韦西蒙:《第三民事主体的中德比较研究》,载卜元石主编:《域外中国法评论》(第1辑),上海人民出版社2009年版。

交叉学科研究的对象是一种规范与规范效果互动的问题,可以诠释社会现象,可以提供立法建议,但是对于法律概念的厘清和体系的构建帮助不大。而在法学大规模立法已经结束的今天,面临的很多问题是纯粹的整合现有法律规范的问题,是通过跨学科研究也无法解决的问题。如果去深究美国的法学方法为何如此发达,而德国、包括英国在内等欧洲国家仿佛固步自封,承继的是几百年流传下来的法教义学方法,可以发现产生这种差异固然与美国是判例法国家有关[86],但更有其深刻的社会与历史原因。[87] 实际上直到20世纪初期,美国法学(主要由兰代尔倡导[88])的方法与欧陆并无太大区别。但是美国的法律现实主义运动彻底颠覆了传统的治学方式。此外,美国作为一个国家的实用主义取向也是一个很关键的原因。而这种法律现实主义运动在欧陆法圈并没有发生过,欧陆国家对于美国的实用主义取向也抱有一定的怀疑。在德国因为第二次世界大战的缘故,当时的法学研究被迫局限于制定法的研究,不去对法律规范的道德基础进行考量。[89] 第二次世界大战以后有短暂的自然法的复兴,但是很快又回归到其法教义学的传统。[90] 所以欧美法学方法多样化上的差异并不能说明其优劣。更何况美国法学界对于跨学科研究成为法学研究的主流所造成的学术、教育与司法实践的脱离也不乏有批评[91]及反思[92]的声音。

---

[86]　但同是英美法系的英国在方法论上也是一种教义学的传统方法。
[87]　具体参见 Grechenig、Gelter(前引3),第513页以下。
[88]　具体参见孙笑侠(前引41),第430—431页。
[89]　Grechenig、Gelter(前引3),第559页。
[90]　Grechenig、Gelter(前引3),脚注275、284。
[91]　Dolin, *Opportunity Lost*: *How Law School Disappoints Law Students*, *The Public*, *And The Legal Profession*.(《失去的机会:法学院如何让学生、公众与法律实务界感到失望》), 44 California Western Law Review 219, (2007)该文中指出,权威法学期刊的文章越来越抽象,与法律实践的关联越来越少(脚注115),文章能否发表更多的取决于其内容的独特性,而不是学术上的严谨性(脚注117)。
[92]　Feldman, The Transformation of an Academic Discipline:Law Professors in the Past and Future (or Toy Story Too)(一个学科的转变:法学教授的今天与过去), 54 Journal of Legal Education 471, 487-90 (2004),一文回顾了美国法学教育发展的百年历史,指出自哈佛大学(转下页)

七、中国跨学科法学研究的意义

在中国,真正法学跨学科研究才刚刚开始。之前很多的研究局限于对于国外现有理论的介绍与评论。在法学跨学科研究起步之后,一个很现实的问题就是,这种研究的目的是什么?是对立法、司法还是同时对两者进行影响?其在法学上的定位是什么?是准备像法律经济分析在美国一样取代传统的法学方法的主导地位,还是只想成为其补充,还是将二者有机结合起来(当然这种可能是否存在是另外一个问题)?如何将各种方法应用于中国的情况?

如果是为了立法服务,如何将研究成果转化成法律规范就是必须要解决的问题。跨学科研究能够对法律制度的设计提供新的视角。比如法社会学可以检验立法时设定的前提,实际中运行的状态,在社会中产生的效果[93],经济学中分析交易成本的方法,可以解决中国规范层面无法进

(接上页)法学院第一任院长兰代尔(Langdell)开创案例教学法时起,美国法学教授对于自身的角色首先定位于实践中的法律人(lawyer),然后才把自己看成是大学教授(第487页)。兰代尔倡导的案例教学法就是一种教义学的方法(第476页以下),而法教义学使得法学教授实践与学术的双重身份能够很好地结合在一起(第480页)。那时法学期刊上的文章似乎与措辞讲究的上诉书没有太大差异,都是先提出某一方面法律问题,然后找出相关的先例,之后提出解决的建议,一般在结尾都会提出改革某项法律的建议(第483页)。法学研究也是以参与司法实践为导向,以为司法实践提供贡献为目的(第487页)。自1920年法律现实主义运动逐步改变了美国法学研究的方法之后,法学教授一直试图在实践中的法律人与大学教授的双重身份中寻求平衡(第480页)。在跨学科法学研究成为主流的今天,法学教授双重身份之间的张力不断增加,这体现在一方面在司法判决中引用法学期刊文章的数量逐渐下降,另一方面越来越多的学者对于教义学的方法已经失去了信心(第490页),在法学研究中明确不再以影响立法与司法为目的(第489页)。作者认为法学教授必须认识到他们今天的身份就是大学教授,而不再主要是实践中的法律人(第490页)。那么,不是法律专家的法学教授还能干些什么呢?作者提出多少有些惊世骇俗的结论:法学教授可以指导其他学科来进行跨学科研究(第492—494页)。原因是法学教授在跨学科研究方面领先于其他学科,已经积累了很多经验,可以帮助其他学科跨越学科的藩篱。所以法学教授的未来不再是成为法律专家(legal expert),而是成为跨学科专家(interdisciplinary expert)。一些守旧的法学教授,二三流法学院的老师(因为知名法学院的教授大都去作跨学科研究去了)则会继续从事法教义学的研究,坚守法学自己的领地(第495—497页)。

[93] 刘宏恩:《从心理学到法学的学习路:我思我感》,载《法官协会杂志》(第6卷)第2期;在犯罪学方面的发展,参见白建军:《论法律实在证分析》,载《中国法学》2000第4期。

一步讨论的问题,也更可能形成新颖的见解[94]。比如登记簿的公信力、抽象原则与有因原则对于物权交易的影响、宅基地的可转让性、是否应该允许平行进口,在教义学的讨论似乎到了尽头的时候,经济分析和甚至实证的方法可能提供新的思路。当前的立法,也试图建立在经验与实证的基础上,也会有经济学人士参与其中,《劳动合同法》制定前对于《劳动法》的执行状况也作了一定调查,立法时吸收实践部门经验,也是为了考虑法律所要规制的社会关系的实际情况[95],只不过这种活动没有一定的系统性。

中国跨学科法学研究的另外一个作用在于为从外国引进的法律制度的同化,提供经验与实证的支持,避免法教义学研究与实践脱节的问题。在中国这样一个由引进他国法律形成自己法律制度的国家,难以避免出现移植的观念水土不服,以及法律规定与法律现实之间的背离。如果不通过法社会学的方法,就无法准确了解问题的症结所在。在很多情况下因为种种原因,特别对于外国法进行定量和定性研究都是不现实的。但是至少有实证的意识可能也会使法学研究更有价值。[96]

如果是为了司法服务,什么样的研究才能影响判决,才能为法官所接受呢?在这一点上值得思考的是,美国自1976年开始对联邦法院法官进行微观经济学方面的强化训练,到1983年美国1/3的联邦法官都参加过培训[97],一些法律经济分析的推动者被任命成为美国最高法院法官,波斯纳的个人魅力与学术能力等都是法律经济分析最终能够对司法产生影响的重要原因。而其他的跨学科研究也同样在影响司法的道路上做各方

---

[94] 就此可参见许德风:《论现行保证制度的局限及其完善——以成本收益分析为中心》,载《法商研究》2008年第1期;许德风:《论担保物权的经济意义及我国破产法的缺失》,载《清华法学》2007年第3期;冯玉军、李秀君:《权力、权利和利益的博弈——〈城市房屋拆迁管理条例〉的法经济学分析》,载吴敬琏、江平主编:《洪范评论》(第7辑),中国法制出版社2007年版。

[95] 中国法律规范的欠缺多少是因为缺乏实际论证造成的很难量化,很多情况意识形态的影响、参与立法者法律知识欠缺、利益集团的博弈都起一定作用。

[96] 参见常鹏翱:《异议登记的制度建构——法律移植的微观分析》,载《中国法学》2006年06期。

[97] Butler, *The Manne Programs in Economics for Federal Judges*, Case Western Reserve Law Review, Vol. 50 (1999/2000), pp. 351-420.

面的努力。[98] 不谈中国可否复制这一模式,单从法官、法院在中国国家权力体系中的定位,就可以看出跨学科法学研究在中国对于司法的影响很可能是有限的。在成文法国家,"法官判决的合法性不是建诸法官的权威之上,而是以立法者的权威为基础"。[99] 美国的判决可以更多地从法律政策出发,对于判决可能产生的社会影响作出与先例或是制定法相反的判决。抛开在中国法官造法的宪法基础不谈,就是考虑到中国法官现有的教育背景,比较现实和合理的改善判决质量的途径也不是去扩大法官自由裁量权,鼓励法官使用法律经济分析等跨学科的方法超越制定法进行判决,而是为法官提供法律解释的备选可能。所以跨学科的方法影响司法的一个比较现实的可能是在教义学的框架进行,比如在前文所述的教义学的法律后果分析中。[100]

中国跨学科法学研究同样也存在各种困难与局限。局限包括研究对象的局限与研究结果的理论化和普遍化。困难在于著书立说的压力以及研究费用的限制,导致进行田野调查和实证研究也是一件很困难的事。但最主要的还是具有研究能力人员的欠缺。在中国不仅从事跨学科法学研究的人很少,就是连跨越广义法学的内部各个领域(比如在从事法哲学或是法制史研究的同时也进行部门法研究)或是在跨越部门法(比如同时从事实体法与程序法)的研究都很少。各个部门法学疏于沟通与交流是一种常态。进行跨学科研究要求法学毕业生必须经过相应的方法训练,了解其使用方法所归属的社会科学门类的基本知识。而其他社会科学研究人员因缺乏法学知识,导致对于所调查法律现象的确定与调查结果的分析成为一个难题。研究的成果最终转化成法律规范方面的建议,也同样需要对于中国现有法律规范准确完整地把握。[101] 这就要求进

---

[98] 参见戴昕:《心理学对法律研究的介入》,载苏力主编:《法律和社会科学》(第2卷),法律出版社 2007 年出版。

[99] 〔德〕乌尔弗里德·诺伊曼:《法教义学在德国法文化中的意义》,载郑永流主编:《法哲学与法社会学论丛》(第5卷),中国政法大学出版社 2002 年版,第 15 页。

[100] 比如,在各种网上银行失窃案中可以从经济分析的角度来确定在银行与客户均无法证明自己无过错的情况下,谁来承担责任才符合效率。

[101] 周林彬指出,经济学家的参与并不能保证立法更合理,毕竟如何把结果转化成法律规范是法律人的专长(前引 36,第 27 页)。

行法学的跨学科研究的主体,应该以受过系统训练的法律人为主体。在美国从事法律经济分析的主体也是法学院的研究人员。当然,中国法学研究的人数众多,接受多个学科的系统教育因为中国学科设置的灵活性更为可能,所以解决这个问题应该相对容易些。

八、结语

着眼法学的"中国的问题",并不局限于关注制度的形成与法律制度在运作中的状态,而应当包括中国法律规范的理解与中国司法判决的总结批判,以及培养能够准确运用法律的法律人。在这种意义上,法教义学的路在中国不是已经走到头了,而是还在摸索如何上路。学科要合作,但更要分工。没有法教义学,法学何以安身立命?法律人对于其他学科对法律研究的介入尽可以不必怀有敌意,对于法学研究方法的多样性完全可以报以更加开放的态度,但对于法学的自主性却应该有方法的自觉与学科的自信。法教义学是法律人所最擅长的,也是其他社会科学学者无法对法学作出贡献的领域。法律人需要其他学科的知识,但不一定需要其他学科的方法。

也许我们制定的法律与心中的理想状态差距太远了,也许我们想夺回知识界话语权的想法太强烈了,也许我们想摆脱法学落后的心情太迫切了,让我们更想超越制定法,探寻法学在中国前行的途径,却忽略了什么是法学得以立足的根本。

回到制定法,建立以中国法律规范为中心的法教义知识体系,这就是中国立法主导法学时代结束后中国法律人的首要任务。而逐步开放判决就是司法机关为此所能作出的贡献。加强思维训练是法学教育为此所应该做出的准备。

法教义学与法学方法论话题在德国 21 世纪的兴起与最新研究动向[*]

美国法学在世界上的强势地位和巨大影响,使得其他国家的学者在面对源于美国的跨学科法学研究方法时,不得不对自己的法学学术传统进行反思,为继续坚守以往的研究方法小心求证的同时,探讨变革的可能性与必要性。在中国,社科法学与法教义学近几年的碰撞与对话便是明例。[1] 在德国,也不例外。甚至可以说,中国和德国对这两个话题的关注达到了一种罕见的时间上的同步。两国甚至在关注的方式上都有很多相似之处,比如作为部门法学年会上的主题进行讨论[2],召开专门的研讨会,或是权威法学杂志为此话题推出专刊。[3] 如果说,中国的讨论更

---

* 原文发表在《南京大学法律评论》2016 年春季卷。本文产生于德国 DAAD 与中国留学基金委资助的德国弗莱堡大学东亚法研究所与清华大学法学院申卫星教授,王洪亮教授合作的课题:"德国法学方法论在中国的继受。"本文所引用德语文献部分已经被译为德文并发表于方小敏主编:《中德法学论坛》(第 12 辑),法律出版社 2015 年版,以及李昊主编:《北航法律评论》(第 6 辑),法律出版社 2015 年版。

[1] 参见王启梁:《中国需要社科法学吗》;雷磊:《什么是我们所认同的法教义学》;尤陈俊:《不在场的在场:社科法学和法教义学之争的背后》,载《光明日报》2014 年第 16 版。

[2] 德国民法学者学会 2013 年的主题与德国民事诉讼法协会 2014 年的主题都是关于法教义学。

[3] 在中国,比如《法学研究》2011 年第 6 期,2012 年第 1 期、第 4 期、第 5 期,2013 年第 1 期;在德国,《民法实务档案》2014 年第 1—2 合期,第 1—308 页。

多的是围绕着寻找适合自己的研究道路[4],那么在有着悠久的法教义学传统、法学研究非常发达的德国,21世纪在这方面的努力又是因何而起,为什么目标服务的呢?又有哪些学者推动、主导了这一话题的讨论?有哪些有影响力的著作发表?到目前为止得出了哪些结论,这些结论对中国的法学发展又有哪些启示呢?

这篇文章尝试为这些问题进行一个非常初步的解析。之所以这样说,是因为德国这十多年的学术讨论产生了大量的相关文献,涉及法理学、法哲学、法制史以及民法、公法与刑法三大部门法,因为个人专业知识的限制,无法对所有相关话题进行全面、准确的梳理和深入的研究。所以希望以此抛砖引玉,为中国当前关于法教义学和法学方法论的讨论提供一些新的素材、思路,也为今后更为细致的研究作一个铺垫。

与中国不同,在德国法学方法论与法教义学是共性大于特性的两个概念。这是因为,德国语境下狭义的法学就是法教义学,而部门法层面的法学方法按照传统的理解就是法教义学方法。[5] 所以在德国对于法教义学与方法论的讨论往往是交织在一起的。因此,本文主要集中于法教义学的讨论,同时兼顾法学方法方面。

---

[4] 2010年以后的文献,参见陈兴良:《刑法知识的教义学化》,载《法学研究》2011年第6期;冯军:《刑法教义学的立场和方法》,载《中外法学》2014年第1期;张翔:《宪法教义学初阶》,载《中外法学》2013年第5期;李忠夏:《宪法的教义化》,载《法学家》2009年第5期;李忠夏:《中国宪法学方法论反思》,载《法学研究》2011年第2期;薛军:《实证研究与民法方法论的发展》,载《法学研究》2012年第1期;许德风:《法教义学的应用》,载《中外法学》2013年第5期。2010年前的文献,参见卜元石:《法教义学:建立司法、学术与法学教育良性互动的途径》,载田士永、王洪亮、张双根主编:《中德私法研究》(第6卷),北京大学出版社2010年版。关于社科法学发展的总结,参见侯猛:《社科法学的跨界格局与实证前景》,载《法学》2013年第4期。

[5] 参见卜元石:《法教义学:建立司法、学术与法学教育良性互动的途径》,载田士永、王洪亮、张双根主编:《中德私法研究》(第6卷),北京大学出版社2010年版,第6页以下;参见 Waldhoff, Kritik und Lob der Dogmatik: Rechtsdogmatik im Spannungsfeld von Gesetzesbindung und Funktionsorientierung, in: Kirchhof/Magen/Schneider (Hrsg.), Was weiß Dogmatik, 2012, 31.

一、21世纪法教义学与法学方法在德国再度兴起的背景

在德国几百年的法学发展史上曾经发生过若干次关于方法论的激辩。[6] 在20世纪60年代末的时候,德国法学界一些学者再次宣告法教义学已经死亡。[7] 40年过去了,法教义学不仅没有消失,还依然在德国学术界与实务界一统天下。这让人不禁追问,当年是什么原因使得法教义学被判以死刑?现在的学者认为,一个最重要的原因是法学应该如何与其他社会科学互动的问题,成了当年左右两派政党意识形态之争的战场之一。[8] 正因如此,就必须考虑到那个时代的大背景,即20世纪60年代末进行的那场波澜壮阔的学生运动对于传统的颠覆。当时,在德国大学里,不仅大学生,很多激进的教师也参与了这场运动,对一切传统的东西发出挑战。正是在这一年代,个别德国的高校甚至抛弃了德国的传统法学教育,取消了两次国家司法考试,大幅度引入通识教育,压缩法学专业知识与技能的训练。在这一时期对于法教义学的讨伐随着学生运动的终结和社会恢复正常化,也渐渐从法学学术界的视野中淡出了。

法教义学在21世纪的再次兴起最早可以追溯到20世纪90年代。一些法哲学和法理学的学者,特别是其中那些对于比较法比较感兴趣的

---

[6] 德国图宾根大学Jan Schröder教授在德国贝克出版社出版的专著Recht als Wissenschaft(《作为科学的法》)2012年第2版即描述了1500—1933年关于德国法学方法论发展的历史。此外还有Rückert/Seinecke (Hrsg.), Methodik des Zivilrechts - von Savigny bis Teubner, 2012年第2版,这本书在德国相对来说知名度虽然差一些,但对于中国读者来说以各个学派代表人物为中心的叙述方式可能更加吸引人。在公法领域有Michael Stolleis四卷本的Geschichte des öffentlichen Rechts in Deutschland(《德国公法史》)记载了1600—1990年的发展史,该书2014年出版缩减版——Öffentliches Recht in Deutschland: eine Einführung in seine Geschichte (16. - 21. Jahrhundert)[《公法在德国(其16世纪到21世纪 发展史导论)》]。

[7] 当时的代表作为Ulrich Meyer-Cording所著一文,Kann der Jurist heute noch Dogmatiker sein?, 1973(《今天的法律人还能搞法教义学吗?》)。Meyer-Cording在该书中第5页指出,1971年的民法教师协会和国家法教师协会就曾分别讨论过"现代民法的可能性与界限"以及"面对当今行政任务的行政法教义学"等问题。参见Waldhoff (Fn. 5), 21。

[8] Bumke, Rechtsdogmatik: Überlegungen zur Entwicklung und zu den Formen einer Denk- und Arbeitsweise der deutschen Rechtswissenschaft, JZ 2014, 644, 脚注28;Waldhoff (Fn. 5), 21, 脚注19中列举了一些其他的相关文献。

群体,敏锐地感觉到,德国法学与其他社会科学愈行愈远,特别是一些从事法教义学的学者似乎沉湎于对法教义学的自满而不能自拔。这些学者担心,德国法学不仅与其他相邻学科逐渐脱节,而且正在失去与世界接轨的可能性,甚至造成法学家在德国社会整体上的知名度不高。[9] 这种担忧集中表现在 Christoph Möllers 与 Andreas Voßkuhle 于 2003 年在《管理》(*Die Verwaltung*)杂志上发表的一篇题为《在科学国际化语境下的德国国家法学》的文章。[10] Matthias Jestaedt(现任弗莱堡大学法学教授)与 Oliver Lepsius(现任拜罗伊特大学法学教授)则于同年发起了"法兰克地区跨(法学)分支学科论坛",定期邀请学者座谈,到 2013 年为止共举办了 60 多场活动,召开了 2 场学术会议。这之后关于法教义学的反思类著作逐渐增多,直到今天已经成为了法学界的一个热门话题。这些学者如今都已经是德国法学界年青一代的权威,但在当年他们虽然已经是德国法哲学与法理学界耀眼的新星,却还是意气风发的青年[11],也有着年青一代打破固有学术禁锢的勇气。值得注意的是,关于法教义学讨论的发表作品,很多是与科学理论联系在一起的。个中原因,下文也会有详述。

笼统地说,德国法学界对于法教义学的反思,无疑是国际间学术交流的结果。可是美国法学跨学科研究范式早在 20 世纪二三十年代就已经形成,欧洲各国之间、欧美之间的交流也不是什么新鲜事,为什么这一轮对于法教义学的质疑之声刚好出现在世纪之交呢?对此,笔者尚未从现有文献中找到一个系统、确切的答案。根据自己观察、与相关人士的交流,总结现有文献,推测一下,认为可能有这样一些原因。

---

〔9〕 Möllers/Voßkuhle, Die deutsche Staatsrechtswissenschaft im Zusammenhang der internationalisierten Wissenschaften-Beobachtungen, Vermutungen, Thesen, DV 2003, 323, 327.

〔10〕 两人还批评德国没有女权法学等新兴法学分支,Möllers/Voßkuhle(Fn. 9),330。并建议应该放弃德国法学教育中的实践导向,更多地去学一些基础学科,即一些与法律实践没有直接联系的学科。与法国、英国及美国不同,法学在发行量大的日报、杂志出场机会太少。法学杂志只给学法律的人读。他们还认为德国法学高校人才的选拔机制和国家考试成绩的重要性也负面影响了法学研究,Möllers/Voßkuhle(Fn. 9),324。

〔11〕 比如 Möllers 生于 1969 年,1995 年在芝加哥大学获得 LL.M.学位,1999 年师从 Peter Lerche(生于 1928 年)完成博士论文,2004 年应聘为明斯特大学教授;Voßkuhle 生于 1963 年,1992 年同样师从 Peter Lerche 完成博士论文,1999 年被弗莱堡大学法律系聘为教授,现任德国联邦宪法法院院长。

第一,2000年以来德国法学教授中在美国学习过、取得美国LL.M.学位的人日渐增多,而且随着德国法学界的新老更替,获得美国学位的教授也逐渐成了法学界的中坚力量。比如在弗莱堡大学,法律系共有22名教授,其中拥有美国LL.M.学位的达到6名,另外还有3名在英国牛津、剑桥大学学习过。[12] 同样德国法哲学、法理学学者到美国做访问学者的人数增加。这些人中的一部分对美国的法学研究范式产生了浓厚的兴趣,产生了将其引入德国的想法。

第二,在欧洲法律统一的进程中,德国法学界发现法教义学的方法在德国是尤为突出的。而欧洲其他重要国家,如英国与法国,都不存在严格意义上的法教义学概念。因此德国法学学者意识到,德国法教义学的发达可能会造成欧洲内部沟通的障碍,也会阻碍德国法在欧洲法的舞台上发挥自己的影响[13],存在因过度教义学化而被边缘化(Marginalisierung durch Überdogmatisierung)[14]的危险。德国海德堡外国及比较公法马普所所长Armin von Bogdandy认为未来欧洲的知识空间将会追随英美国家的规则,而这种弱者必须服从强者的原则体现在法学上,就是要求欧洲的法学家们必须向美国顶尖法学院看齐[15],因为多数的时候,正是美国的科研模式为欧洲各国之间的对话提供了平台和标杆。Armin von Bogdandy明确指出想要申请到欧盟的科研资助,纯粹单个法教义学问题的项目是没有希望的。[16] 除此之外,在欧洲实体法不断统一,以及欧洲各级法院的积极司法参与,因此创建所谓"欧洲的法学方法"的任务日益紧迫。为了在学术上进一步推动欧洲法律发展,欧洲学者更是效仿美国American Law Institute的先例成立了总部并设在维也纳的European Law Institute。

第三,德国高校政策在新世纪进行了改革,于2005年启动的所谓精

---

[12] 这一趋势可能与美国法学院扩大LL.M.的规模有一定关系。也与德国各种基金会愿意资助有志学术的学生到美国去攻读LL.M.有很大关系。而世界上绝大多数其他国家都不为攻读LL.M.学位提供奖学金,导致这些毕业生为了偿还高额的学费更倾向于选择从事实务工作。

[13] Jestaedt, Wissenschaft im Recht. Rechtsdogmatik im Wissenschaftsvergleich, JZ 2014, 1.

[14] Möllers, § 3 Methoden, in: Hoffmann-Riem/Schmidt-Aßmann/Voßkuhle, Grundlagen des Verwaltungsrechts, Bd. 1, 2. Aufl. 2012, Rn. 37, 脚注288。

[15] Von Bogdandy, Deutsche Rechtswissenschaft im europäischen Rechtsraum, JZ 2011, 3.

[16] Von Bogdandy (Fn. 15), 3.

英计划(也称卓越计划),不再对大学同等资助,而是挑选若干学校、若干项目进行重点扶持。因为媒体宣传等原因,研究是否跨学科成了一个项目申请成功与否的关键因素。[17] 德国在科研项目的资助上,为跨学科项目实行倾斜政策;在大学招聘教授时,是否具有进行跨学科教学研究的能力也成了一个考察的标准,高校的管理层也敦促各个院系进行合作,院际间合作少的如法学院就成了不合群的院系,导致法学院不得不为自己单打独斗的研究作风[18]进行正当化辩解。这种来自外部的压力的绝好例证就是 2012 年年底德国科学委员会发表了一份关于德国法学前景的报告 *Perspektiven der Rechtswissenschaft in Deutschland*(《德国法学前景报告》,下文简称《报告》[19])。这是德国历史上第一次由官方机构对于法学这一学科进行全面的评价。这份报告就建议法学应该增加跨学科研究与教育。德国大学法律系普遍认为,这份报告完全可以成为政客和高校管理层向法律系施压的手段。

二、谁在主导? 又有哪些著作发表?

(一)法教义学

德国近几年以法教义学为题目的著作可以说是层出不穷,呈现老中青三代学者纷纷投身讨论的热烈场面。因为研究对象的关系,法理学与法哲学的学者对于这场讨论的参与是其本分的工作。但德国因为大学教席设置的原因,主攻纯理论的教授也必须承担某一部门实体法的教学与研究任务。因此,对于教义学的讨论很快就波及实体法,更是因为方法论

---

[17] Hilgendorf, Bedingungen gelingender Interdisziplinarität—am Beispiel der Rechtswissenschaft, JZ 2010, 916.

[18] Jestaedt 称其为"故意的、自闭式的自言自语",(Fn. 13),3。

[19] 该报告可以在 www.wissenschaftsrat.de 网站下载,具体内容以及学界的回应介绍,参见卜元石:《德国法学界的现状与发展前景》,载方小敏主编:《中德法学论坛》,法律出版社 2014 年版。

在教席设置上一般与公法、刑法结合在一起[20],而且公法教义学起步晚、难度大、程度低,所以,在德国这个话题总体上公法的学者讨论比较多。在整体的推动上,公法也走在前面。公法先行的另外一个重要原因是,公法与政治学、管理学的联系比民法与其他相邻学科的联系要紧密得多,所以更能感受到跨学科合作的必要性。[21]

这一时期发表的主要作品包括下面的专著与合著:《行政法学中的方法》[22]《法学的特色》[23]《法律科学理论》[24]《公法与科学理论学》[25],以及《行政法基础》第一卷中关于方法论的部分。[26] 值得一提的是,2009 年在波恩召开了题为"教义学有什么能耐?"(Was weiß Dogmatik?)的研讨会,2012 年同名的研讨会文集在德国 Mohr Siebeck 出版社出版。该书汇集了当前德国主流学者对法教义学最新的一些观点。此外,还有一些其他的以教义学为主题的博士论文、教授资格论文、专著和祝寿文集在近十年内出版。[27]

民法推动人之一是弗莱堡大学 Rolf Stürner 教授。他曾经于 2008 年在弗莱堡大学组织了关于法教义学在德国与日本作用比较的研讨会。

---

[20] 根据 Wagner 与 Zimmermann, Vorwort: Methoden des Privatrechts, AcP 2014, 第 6 页的统计,德国共有 83 个教席的教授拥有方法论的教学资格,其中 61 个是公法或刑法教授,22 个是民法教授。值得注意的是,这一教学资格只有在应聘教席时才有意义,实践中学者的研究兴趣并不受教学资格的限制,实际上德国从事方法论研究的一些知名学者都没有相应的方法论教学资格。

[21] Jestaedt, Braucht die Wissenschaft vom Öffentlichen Recht eine fachspezifische Wissenschaftstheorie? in: Funke/Lüdemann (Hrsg.), Öffentliches Recht und Wissenschaftstheorie, 2009, 42.

[22] Schmidt - Aßmann/Hoffmann - Riem (Hrsg.), Methoden der Verwaltungsrechtswissenschaft, 2004.

[23] Engel/Schön (Hrsg.), Das Proprium der Rechtswissenschaft, 2007.

[24] Jestaedt/Lepsius (Hrsg.), Rechtswissenschaftstheorie, 2008. 该书中的法律科学理论(Rechtswissenschaftstheorie)指的是法学各个分支学科彼此之间的关系。

[25] Funke/Lüdemann (Hrsg.), Öffentliches Recht und Wissenschaftstheorie, 2009.

[26] Baer/Hoffmann - Riem/Masing/Voßkuhle (Hrsg.), Grundlagen des Verwaltungsrechts, 2. Aufl., 2012.

[27] Becker, Rechtsdogmatik und Rechtsvergleich im Sozialrecht, 2010; Pöcker, Stasis und Wandel der Rechtsdogmatik: von der rationalistischen Rechtsvorstellung zu einer rechtstheoretisch angeleiteten Dogmatik des Öffentlichen Rechts, 2007; Julian Krüper (Hrsg.), An den Grenzen der Rechtsdogmatik: Kolloquium aus Anlass des 60. Geburtstages von Prof. Dr. Martin Morlok, 2010; Schmidt - Aßmann: Verwaltungsrechtliche Dogmatik, 2013.

2010年该会议文集《法教义学对于法律发展的意义》(*Die Bedeutung der Rechtsdogmatik für die Rechtsentwicklung*)也在德国 Mohr Siebeck 出版社出版,其中部分文章的引用率也比较高。个别文章已翻译成中文。[28] 此外,他于2012年在《法学家》(*JZ*)杂志发表了《现代民法与法教义学的意义》,并在2013年的德国民法教师协会年会、2014年德国民事诉讼法教师年会分别作了题为《民法学与其方法——与法律实践联系太多,与基础学科联系太少吗?》《民事诉讼法中的法教义学思维的意义》的主题发言。2013年德国民法教师年会的主题即为"私法的方法",这是该协会自1951年以后第一次以此为年会主题。[29] 但总体上当代民法学者关注纯粹方法论相对少些,一个重要的原因是70年代威廉·卡纳里斯(Wilhelm Canaris)、卡尔·拉伦茨(Karl Larenz)、沃尔夫冈·费肯杰(Wolfgang Fikentscher)、约瑟夫·埃塞尔(Josef Esser)等著名民法学者已经对民法方法论有过非常透彻、深入的探讨,所以对再次讨论的必要性似乎感觉不是很强烈。[30]

此外,在刑法学方面,在维尔茨堡任教的 Eric Hilgendorf 教授在《法学家》杂志上发表的《跨学科成功的条件》一文中指出跨学科研究未必就是理所当然的,特别在法律高速发展的今天,法学界进一步专业化还来不及,根本没有时间去进行跨学科研究。[31] 真正的跨学科研究需要三个成功条件:对于自身专业的学术标准反思,及早对真正的问题达成共识,还有学术语言明晰的无条件认同。[32] 而另一位刑法学者 Vogel 认为德国刑法虽然一贯注重跨学科性,但还可以走得更远,可以引入刑法的经济分

---

[28] 参见〔德〕沃尔福冈·弗里希:《法教义学对刑法发展的意义》,赵书鸿译,载《比较法研究》2012年第1期;《北航法律评论》2015年第1辑也刊载了部分文章的译文。

[29] Wagner/Zimmermann (Fn. 20), 1.

[30] Lepsius, Themen einer Rechtswissenschaftstheorie, in: Jestaedt/Lepsius (Hrsg.) (Fn. 24), 10 ff.认为公法是客体主导,而民法、刑法相比更是方法主导。民法与刑法涉及的对象比较单一,民法是关于主体间的利益冲突,刑法是客观行为与主观动机的关系,而公法参与的主体众多,包括个人与国家机关、人合主体与区域主体在横向、纵向、民族国家内部、跨国及国际间权力的分配关系,公法既涉及个人与国家间的主观权利问题,又涉及国家与社会之间的关系,所以公法注定不可能只有一个解决问题的视角。因此公法中的方法论纷争要远远多于另外两个部门法。

[31] Hilgendorf (Fn. 17), 918.

[32] Hilgendorf (Fn. 17), 922.

析,刑法与文学、刑法与媒体等新的研究方法。[33]

在法制史领域,德国明斯特大学、科隆大学与波恩大学于 2006 年成立了以"作为科学的法"为主题的研究生院,旨在促进研究方法论发展史的青年学者之间的交流。其中部分研究以关注法律评注和德国法教义学传统的形成为对象,这些研究成果[34]对于中国引入法律评注很有参考价值。

和中国非常相像的是,德国最权威的几个部门法杂志都出版专刊对法教义学的问题进行讨论,如《民法实务档案》2012 年第 1—2 期合刊、2014 年第 1—2 期合刊和其他公法、刑法三大部门法的学术刊物外,德国的《法学家》杂志也起到了推波助澜的作用,比如《法学家》杂志 2012 年第 1 期的主题就为法教义学。

(二) 法学方法论

在方法论方面,德国法学界最热门的话题可以说是"欧洲方法论"。这个话题的集中讨论最早始于 2006 年出版的由 Riesenhuber 教授编辑的研讨会文集《欧洲方法论》,2010 年该书修订版发表。德国汉堡外国与国际私法马普所 2010 年以此为主题召开研讨会。其中的报告集中发表在《拉贝尔外国与国际私法杂志》2011 年第 1 期上。其中包括马普所所长 Holger Fleischer 的《欧洲方法论:现状与前景》,维也纳大学法学教授 Christiane Wendehorst 的《欧洲法典中的方法规范》以及德国波恩大学法学教授 Wulf-Henning Roth 的《欧洲宪法及欧洲方法论》。

此外,法学界出现了一门传统比较法学的新分支,即法学方法比较(rechtsvergleichende Methodenlehre)。这里的法学方法既包括不同国家裁判的风格比较[35],也包括法学研究方法的比较以及法学研究对于法律发

---

[33] Vogel, Strafrecht und Strafrechtswissenschaft im internationalen und europäischen Rechtsraum, JZ 2012, 31.

[34] Kästle/Jansen (Hrsg.), Kommentare in Recht und Religion, 2014; Essen/Jansen(Hrsg.), Dogmatisierungsprozesse in Recht und Religion, 2011.

[35] Rebhahn, Der Urteilsstil des OGH im Vergleich mit den Höchstgerichten Deutschlands, Frankreichs und Englands, in: Fischer – Czermak/Kathrein/Hopf/Schauer (Hrsg.), *FS 200 Jahre ABGB*, 2011, Bd. II, 1539 ff.

展作用的比较。[36] 比如弗莱堡大学法学教授 Hager 出版了《欧洲法律方法》,法兰克福大学法学教授 Maultzsch 出版的《通过民事诉讼解决争端以及形成规范:德国、英国与美国的比较》,以及由两位青年学者编辑的《北欧与德国的法学方法》。值得一提的是,也有学者开始对民法的不同部门之间、以及公法、民法、刑法各个部门法之间方法的差异进行研究。[37]

另外值得注意的是,德国法理学界自 2006 年以来一直在讨论是否可以建立一个新的法学学科门类,即**法律科学理论**(Rechtswissenschaftstheorie)。与法理学不同,法律科学理论的研究对象不是法,而是**法学**本身。这门新兴学科的一个重要任务就是关注法学研究的方法。[38] 这方面现有的研究状况集中汇编在前文所述的《法律科学理论》一书中。

三、讨论哪些问题?

(一)到底什么是法教义学? 法教义学与科学理论的关联

自 19 世纪法教义学产生以来,在几乎所有讨论教义学的文章中,作者都首先试图给教义学作出一个准确的定义。所以,尽管有学者如弗莱堡大学 Rainer Wahl 教授认为关于法教义学的文献匮乏[39],但百年来的

---

[36] Wagner/Zimmermann (Fn. 20),第 3 页,其中针对英国引用 Flohr, Judges and Legal Academics in England. Richter und Universitätsjuristen in England, RabelsZ 77 (2013), 322 ff.;针对法国引用 Helleringer, Judicial Melodies and Scholarly Harmonies-The Music of French Legal Interpretation, RabelsZ 77 (2013), 345 ff.;针对德国引用 Vogenauer, An Empire of Light? II: Learning and Lawmaking in Germany Today, Oxford Journal of Legal Studies 26 (2006), 627 ff.。

[37] Mülbert, Einheit der Methodenlehre? Allgemeines Zivilrecht und Gesellschaftsrecht im Vergleich, AcP 2014, 188 ff.; Lepsius (Fn. 30), 21 ff.; Jahn, Pluralität der Rechtsdiskurse-Sektoralisierung der Methodenlehre. Zum Verhältnis von Rechtswissenschaftstheorie und Rechtstheorie, Jestaedt/Lepsius (Hrsg.) (Fn. 24), 175 ff.; Funke/Lüdemann (Fn. 25), 12;德国公法界已经不再认为公法与民法,一般法与宪法能够适用同样的方法。参见 Lepsius, Was kann die deutsche Staatsrechtslehre von der amerikanischen Rechtswissenschaft lernen?, in: Schulze-Fielitz (Hrsg.), Staatsrechtslehre als Wissenschaft (zugleich DV Beiheft 7), 2007, 325。

[38] Jestaedt (Fn. 21), 19, 22; Funke/Lüdemann (Fn. 25), 5.

[39] Wahl, Rechtsdogmatik und Rechtspolitik im Öffentlichen Recht, in: Stürner (Hrsg.), Die Bedeutung der Rechtsdogmatik für die Rechtsentwicklung, 2009, 121, 脚注 2。

探索,使得德语文献中存在大量的、内容不同的法教义学定义方式。德国波恩大学法学教授 Christian Waldhoff 在其题为《法教义学的赞歌与批评:处于守法与功能导向张力中法教义学》(2012 年)文章中共总结了 14 个比较权威的法学家对法教义学概念的定义。[40] Waldhoff 自己认为,法教义学只能描述其内容,无法给出精确的概念。Jestaedt 在其《科学的法:论法教义学作为法学与法律实践沟通的格式》一文中也认为,应该通过区分法教义学与其他法学门类的差别,来厘清法教义学的概念。[41] 他认为法教义学的实用性决定了它的服务对象是制造法的参与者,包括立法者、行政机关、法院和参与私法法律行为的个人。因此,法教义学具有双重实践导向:即它面向的服务对象是从事法律实践的人,而它的研究对象又是实在法;而这一特性决定了法教义学的科学性一直都为人所怀疑。[42] 这种质疑早在 Julius von Kirchmann 1847 年发表《作为科学的法学的无价值性》[43]就已经开始了。多个德国法学家的名篇也都涉及这一题目,如耶林 1868 年在维也纳所作的教授就职报告《法学是科学吗?》,还有拉伦茨的《论作为科学的法学的不可或缺性》。这些文章也都已经翻译成中文。值得注意的是,这些文章标题中的"法学"一词,原作者们使用的德语是 Jurisprudenz,即狭义法学——法教义学,而不是中国通常所用的 Rechtswissenschaft 一词,即广义上的法学。

因为法教义学是否是一门科学一直都是一个有疑问的问题[44],导致德国法哲学和法理学对于科学理论(Wissenschaftstheorie)非常感兴趣。这是因为,对于法教义学不是科学的指责主要是基于这样一个论据,即法

---

[40] Waldhoff (Fn. 5), 22-26.

[41] Jestaedt, Wissenschaftliches Recht. Rechtsdogmatik als gemeinsames Kommunikationsformat von Rechtswissenschaft und Rechtspraxis, in: Kirchhof/Magen/Schneider (Hrsg.), *Was weiß Dogmatik*, 121.

[42] Jestaedt (Fn. 41), 122;卜元石:《法教义学:建立司法、学术与法学教育良性互动的途径》,载田士永、王洪亮、张双根主编:《中德私法研究》(第 6 卷),北京大学出版社 2010 年版,脚注 24。

[43] 赵阳译,载《比较法研究》2004 年第 1 期。

[44] 法学是否为科学这一问题在德国的讨论,与德语中法学的表述也有一些关系。德语中法学(Rechtswissenschaft)是法律与科学两个词的组合,在很多其他的欧洲语言中,法学和法律是一个词。

教义学不能证伪。[45] 而现实也的确如此,法教义学所谓的通说,也不一定是真理。[46] 既然根据现有的科学理论无法改变法教义学不符合作为一门科学的要求,为了争得法教义学的科学属性,那么就只能去改变科学理论。

当前学界引用比较广泛的仍然是阿列克西的定义。他在《法律论证理论》一书中认为法教义学是"一组与被表述的规范和判例相关,但又与其描述不完全一致的,彼此关联,为一个职业化的法治国家所确定和讨论,并且具有规范性内容。"[47] 国内文献中对这一定义中体现出来的教义学的三个维度:描述—经验性维度、逻辑—分析性维度与规范—实践性维度也已经有不少讨论。[48] 阿列克西的定义与德国法学界公认的法教义学两大特征——**实践导向**和**体系思维**[49] 也是相契合的。所以,简单地说,**法教义学就是司法判决的学术化和法学研究的实践导向**。[50]

(二) 法教义学与法学(法学研究)之间的关系

在德语中,法学的正确表述应该是一个复数概念(Rechtswissenschaften),也就是没有一个单独的法学,而是有多个法学类别。[51] 而法学的分类应该根据其对象,而不是其方法进行。[52] 法教义学本身可以被称为一种实践法学、实用法学[53],并以法律的规范性和效力为对象。[54] 钟情于概念清晰性的德国法学界在最新的讨论中还为法教义

---

[45] Rüthers/Fischer/Birk, *Rechtstheorie*, 7. Auflage, 2013, Rn. 288.
[46] 中文相关讨论,参见姜涛:《认真对待法学通说》,载《中外法学》2011年第5期。
[47] 〔德〕阿列克西:《法律论证理论》,舒国滢译,中国法制出版社2002年版,第317页(德文版第314页)。
[48] 参见陈兴良:《刑法教义学方法论》,载《法学研究》2005年第2期;张翔:《宪法教义学初阶》,载《中外法学》2013年第5期。
[49] Kirchhof/Magen, Rechtliche Notwendigkeit und Grundlage fächerübergreifenden Dialogs - eine systematisierende Übersicht, in: Kirchhof/Magen/Schneider (Hrsg.), Was weiß Dogmatik, 153.
[50] Jestaedt (Fn. 41), 124.
[51] Waldhoff (Fn. 5), 30.
[52] Waldhoff (Fn. 5), 30.
[53] Würtenberger, Grundlagenforschung und Dogmatik aus deutscher Sicht, in: Stürner (Hrsg.), Die Bedeutung der Rechtsdogmatik für die Rechtsentwicklung, 5.
[54] Würtenberger (Fn. 53), 5.

作了进一步的区分。

一种是区分实用教义学(即 Rolf Stürner 所提出的 Gebrauchsdogmatik 或者 Thomas Würtenberger 所提出的 Rechtspraktische Dogmatik)与法学教义学(rechtswissenschaftliche Dogmatik 或是 wissenschaftliche Rechtsdogmatik)。[55] 实用教义学主要是以法律评注、教科书与实用指南以制定法与法官法为准,并服从现行法;法学教义学则除了完成上述任务之外,还考问实用教义学研究成果的正确性和是否正义,并寻找新的体系和新的教义学解决办法。[56] 这种法学教义学的研究成果主要发表在学术类期刊,即所谓的典藏期刊(Archivzeitschriften)上。

另一种是区分法律实践的法教义学(Rechtsdogmatik der Rechtspraxis)和法学学术的法教义学(Rechtsdogmatik der Rechtswissenschaft)。[57] 从内容上看,这种区分与上面第一种区分并没有太大区别。波恩大学教授 Martin Eifert 指出法学与法律实践共享一个对象:即法教义学。但法学不只局限于法教义学,而且使用法教义学方法的法学(dogmatisch arbeitende Rechtswissenschaft)也不应该局限于法教义学。[58] 因为教义学研究不应该仅仅为法律适用服务,更是为了对现有法律提出批评与优化建议,在这个意义上为立法者服务。[59]

如果追问这种对于法教义学内部分支的划分到底有什么意义,就必须要从了解作出这一划分的原因出发,因为这种划分恰恰是 21 世纪围绕法教义学争论的一个结果。产生这一划分有各种原因,其中一个不容忽视的原因说出来可能让我们觉得比较有趣。因为,在中国,偏向德国法的学者一向认为德国法学理论与实践结合得紧密是德国法学的一个长处。

---

[55] Stürner, Das Zivilrecht der Moderne und die Bedeutung der Rechtsdogmatik, JZ 2012, 11-12; Stürner, Die Zivilrechtswissenschaft und ihre Methodik-zu rechtsanwendungsbezogen und zu wenig grundlagenorientiert?, AcP 2014, 15.
[56] Stürner, JZ 2012, 11-12;Würtenberger (Fn. 53), 7.
[57] Kirchhof/Magen (Fn.. 49), 166.
[58] Eifert, Zum Verhältnis von Dogmatik und pluralisierter Rechtswissenschaft, in: Kirchhof/Magen/Schneider (Hrsg.), Was weiß Dogmatik, 87.
[59] Kirchhof/Magen (Fn. 49), 168;Würtenberger (Fn. 53), 7.

但在德国,有个别学者认为[60],如果实务界人士写的东西也算学术,那么还要主要从事学术的大学法学教授干什么?法教义学不过就是为了实务界更好地到学术界抢地盘提供口实,并举例说明,现在的法律评注,出版社一般为了市场销售的考虑,都督促主编吸收一定量的实务界人士参与。为了证明法教义学不是随便什么人都能弄的,就要对法教义学进行细分。实务界和低水平学者搞的,就是实用法教义学,因为他们主要就是归纳现有的内容,而法学法教义学才是真正的学问,因为他们包含原创的内容在内,更注重法律的内在体系性。[61] 前者更像工匠之术,而后者才是一种艺术创作。

虽然法学的正确表述应该是一个复数概念,但是在很多的时候,中国读者会看到德文文献中一般使用的是单数的法学概念,即 Rechtswissenschaft。笔者认为,这是造成即便在德国也存在法学与法教义学关系不清的一个重要原因。因为单数概念的法学,指代并不清楚,传统的理解把其看成狭义的法学,即法教义学,而新的观点又把单数的法学概念作扩大化解释,认为其是包括法理学、法哲学、法社会学等学科在内的广义的法学。[62]

(三)法教义学与法学方法

周永坤曾经指出法学方法的三个向度:哲学上的、法律适用上的和研究上的。[63] 这也解释了为什么在中国法语境下,法学方法、法学研究方法和法律适用方法之间到底是怎样一种关系一直是一个比较令人纠结的问题。但在德语语境中讨论这个问题,会遇到一个困难,即概念对接的问题。德国法学当然也把法学方法视为法哲学与法理学的内容。具体地说,当法学方法涉及正义的问题时,它就是法哲学问题;当涉及的是关于法的抽象理论时,法学方法就是法理学问题。但对法律适用方法与法学

---

[60] Lepsius, Kritik der Dogmatik, in: Kirchhof/Magen/Schneider (Hrsg.), Was weiß Dogmatik, 60.
[61] Stürner (Fn. 55), 12.
[62] Eifert (Fn. 58), 87 ff.; Waldhoff (Fn. 5), 30.
[63] 参见周永坤:《法学的学科定位与法学方法》,载《法学论坛》2003年第1期。

研究方法并不作像中国这样明确的区分。

德语中对于法学方法最常用的表述就是方法(Methoden、Methodik)。与具体部门法结合就会产生民法方法(Methoden des Zivilrechts)、刑法方法和公法方法等概念,但这里的方法仍然没有对法律适用方法——有些人所说的法律方法、法学研究方法——有人所说的法学方法进行区分。最接近中国的法学研究方法的德语应该是 Methoden der Rechtswissenschaften,或者更精确一些 Denk-und Arbeitsweise der Rechtswissenschaft。因为广义法学包括法哲学、法社会学、法心理学等,所以,一般认为这些基础学科使用的就是他们分别所依附学科的方法,而狭义法学使用的就是法教义学方法(dogmatische Methode)。如果再具体到部门法就又会分为民法学方法(Methoden der Zivilrechtslehre, zivilistische Methode)、行政法学方法(Methoden der Verwaltungsrechtslehre 或者 Methoden der Verwaltungsrechtswissenschaft),等等。这里的方法更加对应中国所说的民法研究方法、刑法研究方法,等等。德语文献最近使用得比较多的一个名词 Rechtsmethoden 似乎最贴近中国的法律适用方法和法官裁判的方法。

那么到底什么是法教义学方法呢?法教义学与法学方法又是什么关系呢?可以说德国的主流观点仍然认为,法学方法与法教义学无法严格区分[64];二者对于与法律文本打交道的实践工作都是不可或缺的。[65]因为法教义学是法学的中心,所以法教义学的方法就是法学方法似乎也并没有错,把法教义学理解为法律的实际运用和法学的接口也很恰当。[66]这一点,维也纳大学法学教授 Oberhammer 认为从拉伦茨的《法学方法论》(Methode der Rechtswissenschaft)一书的题目就可以看出来,因为

---

[64] Schmidt-Aßmann, Methoden der Verwaltungsrechtswissenschaft, 2004, 第11页指出传统教义学一般以法学方法论为特征;Jestaedt(Fn. 13),4。

[65] Bumke (Fn. 8), 脚注 35 m.w.N.; Hassemer, Dogmatik zwischen Wissenschaft und richterlicher Pragmatik: Einführende Bemerkungen, in: Kirchhof/Magen/Schneider (Hrsg.), Was weiß Dogmatik, 7; Kirchhof/Magen (Fn. 49), 155, 脚注 19; Oberhammer, Kleine Differenzen-Vergleichende Beobachtungen zur zivilistischen Methode in Deutschland, Österreich und der Schweiz, AcP 2014, 180-181.

[66] Möllers (Fn. 14), Rn. 35.

这本书实际上的对象是司法裁判,而不是法学研究[67],但其仍然称之为法学方法。[68] 根据 Oberhammer 的观点,法学研究与司法实践的方法统一性的理念是德国法圈的特色。[69] 德国联邦宪法法院前副院长 Hassemer 认为法学方法与法教义学都是处于抽象的法律与具体的个案之间的中间层,法学方法与法教义学的成果都体现在书籍、文章、案例和案例评论中;要论区别,只能说法学方法的对象是任何一部法律,而法教义学的对象是特定的法律。[70] 法教义学以某个部门法的内容和结果为研究对象;而法学方法关心的更多是法律在具体问题上的适用。Kirchhoff、Magen 认为方法论中的体系解释也是法解释的一种,而法律解释又必须依靠法教义学已经完成体系化工作的成果。[71] 根据 Schmidt-Aßmann 的观点,法学方法是一种法律体系的使用,而法教义学是法律体系的制造。[72] 还有观点认为,法学方法论实际上是所谓的**后设教义学或元教义学**(*Metadogmatik*),即关于法教义学的教义学。[73] Jansen 更是认为法教义学既是对于现行法的学术研究,也是这一学术研究的成果与对象。[74] 限于篇幅,这里就不再对林林总总的这些观点进行进一步评析。但似乎可以得出这样一个初步的结论:德国语境下的法学方法实际上主要针对的是司法实践,是裁判的方法。但是因为法教义学以司法实践为研究对

---

[67] Oberhammer (Fn. 65),181.

[68] 就所谓的拉伦茨问题,舒国滢也有专门阐述。参见其文章:《法学是一门什么样的学问?——从古罗马时期的 Jurisprudentia 谈起》,载《清华法学》2013 年第 1 期。Rüthers/Fischer/Birk (Fn. 45), Rn. 644,认为拉伦茨选择这一书名,是为了掩盖法学的实践意义以及其与历史和政治的联系。

[69] Oberhammer (Fn. 65), 181.

[70] Hassemer (Fn. 65), 7.

[71] Kirchhof/Magen (Fn. 49),155.

[72] Schmidt-Aßmann, Das allgemeine Verwaltungsrecht als Ordnungsidee, 2006, Kap. 1 Rn. 3.

[73] Oberhammer (Fn. 65),165.

[74] Jansen: Rechtsdogmatik im Zivilrecht, 载 http://www.enzyklopaedie-rechtsphilosophie.net/inhaltsverzeichnis/19-beitraege/98-rechtsdogmatik-im-zivilrecht, Rn. 2. 该文已经被翻译成中文,现有两个版本,分别为吕玉赞(译),载《法律方法》2015 年第 1 期;朱晓喆、沈小军译,载《苏州大学学报(法学版)》2016 年第 1 期。

象与服务对象,所以法教义学的方法与裁判的方法有很大的交集。[75]

在最新的讨论中也逐渐有学者主张把两者分开并认为法学方法就应该是作为学术研究的法教义学的方法;而裁判的方法则不一定是教义学的方法。[76] Oberhammer 认为这种学术与判决一体的理想是无法实现的,因为一个法官一年写的判决可能比一个法学教授一辈子写的文章都多,所以司法实践与法学研究遵循的标准不可能一致。

综上所述,似乎可以看出德国对于法学方法与法教义学之间的关系直到今天也还没有给出一个令中国读者满意的明确答复。最重要的原因可能在于,法教义学的方法对德国法律工作者来说是不言自明的[77],是一种所谓的传承的、却又缺乏明确表达的**隐性知识**。[78] 汉堡法学教授 Bumke 认为也不只存在特定的法教义学方法,因为它一直是不断发展的。[79] 但是法教义学使用的辅助工具包括法律原则、法律制度、理论、类型、指导形象(Leitbild)和关键概念。[80] Jestaedt 认为教义学的工作分为三个步骤:去情景化→一致化→再具体化。通过去情景化的步骤可以将法律问题浓缩为教义学的规范与概念,通过一致化的步骤可以把提炼出来的教义内容建立成一个体系,尽量做到保持这一体系的内部无矛盾,之后通过具体化的步骤在具体的个案中应用这一体系,以保证法律适用的同一性与法律体系的前后一致。[81] 通俗地讲,法教义学就是一种以概念与法律制度为中心的思维方式,既表现在法律系学生、包括法官在内的职

---

[75] Rüthers 指出法学方法最主要的针对对象是法院,而不是法学本身,法学研究与法学方法的交集在于裁判的方法是法学教育、研究和批判的对象。参见 Rüthers/Fischer/Birk(Rn. 45), Rn. 675。

[76] Oberhammer (Fn. 65), 167; von Arnauld, Die Wissenschaft vom Öffentlichen Recht nach einer Öffnung für sozialwissenschaftliche Theorie, in: Funke/Lüdemann (Hrsg.), Öffentliches Recht und Wissenschaftstheorie, 2009, 73 f., 法学(研究)的方法还有待确立,即便教义学的方法也不是明确确定下来的。法学方法首先是为法律适用所服务,所以法学方法并没有把法学研究当成主要服务对象。

[77] 参见刘刚:《德国公法新作介绍四则》,载姜明安主编:《行政法论丛》(第12卷),法律出版社2009年版,第622页。

[78] Bumke (Fn. 8), 642.

[79] Bumke (Fn. 8), 645.

[80] Bumke (Fn. 8), 645.

[81] Jestaedt(Fn. 13), 6.

业法律人对于案例的分析方式上[82],也体现在法学研究通过概念对规范进行的体系化、类型化(比如案例群)上。

(四)法教义学与司法实践的关系

正如前文所述,法教义学与司法实践应该是一种相辅相成的关系,是一种体系的制造与体系的使用之间的积极互动。但这种互动也可能被滥用。Jestaedt指出法教义学的一个危险就在于实践与理论同谋[83],即法教义学降格为只为司法判决作辩护。比如在德国一些学者批评宪法教义学是宪法法院实证主义(Verfassungsgerichtspositivismus)[84],因为现行的法律评注对司法的批评力度不够,宪法法院已经成为"无法无天"的法院。[85] 德国刑法学家Schünemann认为,理想的法教义学可以像栅栏一样把司法独立地"圈起来"[86],从而避免司法独立的滥用。只有这样,法教义学才能实现对司法的必要控制和约束。奥地利侵权法学者Koziol批评德国民法教义学是"极端、脱离实际、前后不一致"的[87];德国法学方法的使用随意性很大[88],不再是道德的捍卫者,简直就是满足客人任何要求的应召女郎。[89] 德国目前对法教义学与司法实践的反思类文章很多,这里就不逐一列举了。

(五)法学理论与法教义学的关系

值得注意的是,德国法学区分法学理论与法教义学,两者是对立存在

---

[82] Stürner, JZ 2012, 11.
[83] Jestaedt (Fn. 41), 130 f.
[84] Würtenberger (Fn. 53), 11, 脚注 31。
[85] Jestaedt/Lepsius/Möllers/Schönberger, Das entgrenzte Gericht-Eine kritische Bilanz nach sechzig Jahren Bundesverfassungsgericht, 2011;对于宪法法院的批评也参见 Schlink, Abschied von der Dogmatik. Verfassungsrechtsprechung und Verfassungsrechtswissenschaft im Wandel, JZ 2007, 157 ff。
[86] Schünemann, Strafrechtsdogmatik als Wissenschaft, in: Schünemann et al (Hrsg.), FS Claus Roxin zum 70. Geburtstag, 2001, 1, 8.
[87] Koziol, Glanz und Elend der deutschen Zivilrechtsdogmatik. Das deutsche Zivilrecht als Vorbild für Europa?, AcP 2012, 1, 3.
[88] Koziol (Fn. 87), 47.
[89] Koziol (Fn. 87), 55.

的。在德国,那种不与司法实践相联系、不以现行法为对象的抽象法学研究被认为是法学理论(Juristische Theorien)研究,与法理学不同,这种理论更应该理解为部门法理论。法学理论不属于教义学,因为不符合应用导向的要求。因此,在德国才会存在宪法理论(Verfassungstheorie)与宪法学教义学(Verfassungsdogmatik)之别。黄卉教授主张中国宪法学不一定以教义学为导向。[90] 这种观点从德国的视角看是一个必然的结论。因为一个部门法如果没有司法判例,也就不可能有法教义学。如果更严格地讲,因为教义学的双重实践导向,即使一个部门法整体上可以形成教义学体系,在不存在司法救济的领域,也不可能产生法教义学[91],而只可能有法律理论存在。也只有理解了这一区分,才会理解为什么德国法学界认为法教义学是德国的特别道路。他们所要求的教义学体现在学术研究与高级法院的互动,而这种互动在其他国家比较罕见。也就是说,没有司法实践参与的理论体系化,不是德国意义上的法教义学。[92] 但是德国也有所谓的法教义学理论(rechtsdogmatische Theorie),即教义学中的理论。这种教义学理论是对于教义学学说的有根据的假设,因此可以认为是学术教义学的内容[93],仍然依附于教义学,比如法人理论、共有理论、竞争理论。这种教义学理论是一种规范性理论[94],与脱离了具体法律规定形成的抽象的理论有所区别。针对法教义学研究一支独大以及法国、美国等国在宪法理论领域更为发达的现状,德国法学界近几年对于理论研究与法教义学研究之间的关系,特别是在公法领域,也有相当多的反思。[95]

---

[90] 参见黄卉:《〈德国宪法案例选释:基本权利总论〉评介》,载黄卉主编:《福鼎法律评论》(创刊号),法律出版社2012年版,第300页。
[91] Eifert (Fn. 58), 90.
[92] Waldhoff (Fn. 5), 31.
[93] 参见 Jansen(Fn. 74), Rn. 16。
[94] Rüthers/Fischer/Birk (Fn.. 45), Rn. 23.
[95] 这本书关注的问题包括理论与教义学间的关系。其大背景是德国目前的法教义学与理论之间很少有交集,一些学者认为,这导致在德国,法教义学中对于理论的重视不够(该书第3页),法学教育中学生对理论重视欠缺(该书第6页),法律评注中对理论与实践的严格分离(该书第7页)。该书第5页也对于理论研究的对象,即抽象问题、规范的解释与方法论问题、正义问题以及规则与原则思维,进行了描述。参见 Lepsius (Fn. 30)。

(六)法教义学是德国法学的"特殊道路","命门"[96]和"最受宠的孩子"[97]？是被低估的德国法学的"商标"[98]？

法教义学的异常发达是德国，或者更准确地说，包括奥地利和瑞士在内的德国法法圈的特色。也可以说，法教义学的发达是德国法享誉世界的一个最重要原因。[99] 但同时，很多德国学者也承认其他国家的法学中都或多或少存在教义学的成分，因为任何一个国家都有对法律进行解释、归纳和体系化的需求。[100] 既然这样，为什么仍然有人认为法教义学是德国法学的"特殊道路"（这一个名词在德国历史上是有特别含义的[101]）呢？最简单的原因是"法教义学"这一表述的不可翻译性。[102] 此外，德国法中对与法教义学的实践导向和体系化要求，使得很多国家的教义学工作不被认为是一种真正的教义学。以这种要求为标准，英美法国家的教义学工作恰恰缺乏了体系化的成分，研究通常只是针对一个特定的法律或法律条文[103]，而在意大利、法国等国，学说是学说，判例是判例，两者截然分开[104]，而且就算有体系化的努力，这种努力也不像德国那样能够贯彻到底。[105] Jansen 则认为德国教义学与其他国家的区别主要就是德国的法学把自己定位为法教义学，而其他国家并非如此。[106]

那么这种德国特色的法教义学传统是如何形成的呢？这一个问题，国内一些文献都有论及[107]，其中一些结合了德国国家法学和行政法

---

[96] Kirchhof/Magen（Fn. 49），脚注1、2。
[97] Jestaedt（Fn. 41），117.
[98] Möllers/Voßkuhle（Fn. 9），321.
[99] Wahl（Fn. 39），121，脚注1；Waldhoff（Fn. 5），37.
[100] Schmidt-Aßmann（Fn. 64），6；Stürner（Fn. 55），12-13；Wahl（Fn. 39），124，脚注5；Waldhoff（Fn. 5），37.
[101] 参见景德祥：《在西方道路与东方道路之——关于"德意志独特道路"的新思考》，载《史学理论研究》2003年第4期。
[102] Jansen（Fn. 74），Rn. 1；Jestaedt（Fn. 41），118；Möllers（Fn. 14），Rn. 37.
[103] Lepsius（Fn. 37），343 ff.；Waldhoff（Fn. 5），31, 37；Stürner, JZ 2012, 13.
[104] Lepsius（Fn. 60），47 ff.
[105] Stürner, JZ 2012, 13.
[106] Jansen（Fn. 74），Rn. 6.
[107] 参见白斌：《论法教义学：源流、特征及其功能》，载《环球法律评论》2010年第3期。

等部门法进行。[108] 其中最根本的原因是德国作为一个统一的民族国家形成的比其他欧洲国家晚得多。诸侯分立的德国适用的法律也千差万别，所以也就产生了通过教义学来统一法律的需求。[109]

德国每个部门法的教义学发展历程之间是有很大差异的。其中**民法教义学可以说是其他部门法的先驱**。直到今天，很多德国民法学者认为，德国公法与刑法仍然没有发展出像民法那样精细的教义学体系。一般认为耶林是**现代**法教义学的奠基人[110]，因为是耶林把教义学与司法实践挂上钩的，并在 1855 年开始构思编辑《当代罗马及德国私法**教义学年刊**》。而耶林之前的历史法学派虽然也使用教义一词，但这里的"教义"是作为"历史"的反义词来使用的。也就是说，耶林认为法教义学的对象是实在法本身，而不是历史法学派所认为的历史形成的法。[111] 19 世纪末随着德国法典化进程的推进，司法领域开始通过判决对法律进行具体化，而这时的法教义学开始加入这一工作。[112]

法哲学家 Wahl 深入分析了德国法教义学中的体系思维（Systemdenken）在构建时代的特色。他认为这一体系思维所指的不是任何一种体系化，而是根基于唯心主义哲学中体系的特别意义和体系思维的重要性；这里的体系包括内部体系和外部体系，并从单个的条文中提取出一般性原则。[113] 因此，当时法教义学被认为是一个封闭的体系，是一个保持客观性与价值中立立场的法学，是一个在具体案件和问题中通过推导可以得出正确结论的体系。[114] 最初的法教义学是一种摆脱了政治、历史与哲学影响的纯粹逻辑思考活动。[115] 但之后，特别在第二次世界大战之后，这一观点不断被修正，拉伦茨尤其指出，今天的法教义学给以价值为

---

[108] 参见李忠夏：《中国宪法学方法论反思》，载《法学研究》2011 年第 2 期；高秦伟：《反思行政法学的教义立场与方法论学说》，载《政法论坛》2008 年第 2 期。

[109] Jansen（Fn. 74），Rn. 4.

[110] Lepsius（Fn. 60），49 f.；Waldhoff（Fn. 5），30.

[111] Waldhoff（Fn. 5），29.

[112] Bumke（Fn. 8），643.

[113] Wahl（Fn. 39），127；［德］卡尔·拉伦茨：《法学方法论》，陈爱娥译，商务印书馆 2005 年版，第 316 页、第 348 页以下。

[114] Wahl（Fn. 39），128.

[115] Schmidt-Aßmann（Fn. 64），11.

导向的思维留有很大空间,为了回答新的法学问题,可以突破或修正原有的概念体系。[116] 所以今天德国法学界形成的共识是,法教义学必须是一种**开放的、与时俱进的体系**。[117]

(七)如何看待法教义学与其他学科的关系

对于法教义学的批评都针对其对其他关联学科的自我封闭。《法教义学:法律上的必要性和跨学科对话的基础》一文的标题表明了德国法学界对此的态度。[118] Voßkuhle 更是在《法教义学有什么能耐》一书中提出了关于法教义学的 12 个具体的论纲。放弃法教义学,就会失去德国法学的强项,即学术与司法的对话以及学术对司法的约束。总体上德国法学界所理解的跨学科,并不是要求法学使用其他学科的方法,而更多的是利用其他学科的知识。[119] 这一点与中国的社科法学是有很大区别的。所以对于德国法学界来说,法教义学是否能与其他学科接轨并不重要,因为法学中除了教义学还存在法制史、法心理学、法社会学等其他基础学科。这些基础学科的方法是源于其他学科。[120] 只要法学基础学科和社会科学接轨,法教义学通过吸收这些边缘学科的知识,也就间接地和社会科学对接[121],从而避免了脱节的问题。但是法教义学与相邻学科间接相对接的前提是,法学教义学能通过司法实践去吸收这些基础学科的知识,将其转化成为法学实践。但是在法律不断专业化的今天,即便在德国这样法教义学发达的国家,对于部门法、特别是新兴的法律部门体系化的难度也大大增加了,能够跨越不同部门法进行教义学研究都非常困难,更不用说引入其他学科的方法与借鉴其他学科的研究成果了。Thomas Würtenberger 甚至指出,德国存在真正教义法学大师的年代已经一去不复

---

[116] Wahl (Fn. 39), 129.
[117] Esser, Vorverständnis und Methodenwahl in der Rechtsfindung, 1970, 89. 但 Meyer-Cording (Fn. 7), 36 ff.;刘星:《法学科学主义的困境》,载《法学研究》2004 第 3 期。
[118] Kirchhof/Magen (Fn. 49), 152-153.
[119] Jestaedt, Perspektiven der Rechtswissenschaftstheorie, in: Jestaedt/Lepsius (Hrsg.)(Fn. 24), 204; Jestaedt (Fn. 21), 33 f.; Schön, Quellenforscher und Pragmatiker-Ein Schlusswort, in: Engel/Schön (Hrsg.)(Fn. 23), 314; von Arnauld (Fn. 76), 82 ff.
[120] Kirchhof/Magen (Fn. 49),166.
[121] Würtenberger (Fn. 53), 10-11.

返了,在那个年代,真正的法学大家可以为法学发展定下基调和方向,而如今,法教义学的成果都已经零散化了。[122]

(八) 结论及前景

在2010年的时候,Wahl认为"一个讨论法教义学的新时期就候在门外"[123]。但也有德国学者私下认为关于教义学与方法论的讨论继续下去意义不大,学术精力更应放在具体制度研究上。这轮关于法教义学与法学方法的讨论是刚刚开始,还是已经达到高潮,也许是一个并不重要的问题。因为这轮讨论实现了支持与反对教义学的两方的目的:对于支持一派来说,法教义学在法学的主导地位再次得到肯定,法教义学不仅没有过时,仍然还是不可或缺的,法学家们回家还可以放心继续写法律评注;对于支持跨学科法学一派来说,他们赢得了更多的发展空间。

要理解这一点,必须要了解德国强大的法教义学传统对于学术空间的影响。要知道,在德国法律系是一个异常保守的学术阵地,特别是在那些有着四五百年历史的大学,更是学术传统的堡垒。它对于有别于传统的事物抱有天然的怀疑态度。在德国很多社会科学院系已经放弃了对于教授资格论文的要求,而法律系还对此特别看重。德国的法学期刊拒绝匿名审稿,德国法学教育拒绝与其他欧洲国家接轨。这种保守性也体现在很多细节方面。德国法学教授作报告总是照本宣科,上课时总是西装笔挺,开会时无论多热的天气,除了极个别的例外,男老师也是西装领带。这不仅有别于美国法学教授那种上课时穿毛衣着牛仔裤,手拿健怡可乐

---

[122] 今天的德国法教义学文章缺乏历史回顾、哲学深度、社会科学的全面视界与政治的前景预测。此外,这种零散化也体现在法律评注的撰写中,每个作者都只负责一部法律的几个条文,以前那种一个负责法律的一个章节的情况越来越少。参见 Würtenberger (Fn. 53), 11; Lepsius (Fn. 30), 5。

[123] Wahl (Fn. 39), 133.

的潇洒派头,也与德国大学其他文科院系老师不拘小节的作风完全不同。[124]

在这种保守的气氛和传统的巨大压力下,衡量学者学术成就的主要标准就是其在教义学上的贡献,从事跨学科研究在德国很长一段时间被认为是没有出路的,是离经背典、不务正业的。[125] 所以,青年学者要克服重重质疑与责难才能为其他的学术范式开辟生存与发展的空间。[126] 所以,这场讨论也为德国的法学研究注入新的活力创造了舆论上的铺垫。现在的德国法学界,法律经济分析虽然还是边缘学科,但是因为制度经济学的繁荣,其被接受程度已经远远超过十年以前。[127] 法兰克福一位公司法教授 2013 年的就职讲演就是以一个数学公式开始的,这在以前也是无法想象的。但随着美国金融危机的爆发,很多学者也意识到,以经济学统领这个社会、把法学让位给经济学挂帅可能会给社会造成灾难性后果。

---

[124] Engel/Schön(Hrsg.)(Fn. 23). 该书的前言最前面的部分写道:"法律人不用英语写作。法律人不发表 discussion papers。法律人不把他们的作品放在网上。法学期刊的文章不是匿名审稿的。法律人不在乎影响因子。法律人研究不需要申请课题资助。法律人没有特别研究领域。法律人不建立模型。法律人不使用数学。法律人不证伪假设。法律人不用统计数据。法律人不进行访谈。法律人不作试验。当然这些说法都有例外存在。但它们描述了德国法学研究的绝大多数情况。"

[125] Jestaedt(Fn. 13),3.

[126] 现任哥伦比亚法学院德裔教授 Katharina Pistor,20 世纪 90 年代中曾经在哈佛大学肯尼迪政府学院学习。当她返回德国,准备在曾经就读的汉堡大学以"法律经济分析"为题目写教授资格论文时,被其导师劝导要慎重。她的这种跨学科的题目可能会被法律系的教授找麻烦。所以,当哈佛肯尼迪政府学院提供给她一个讲师的位置后,她就义无反顾地离开了德国。颇有意味的是,2012 年德国洪堡基金会授予了 Katharina Pistor 以洪堡科研奖,以表彰她在金融市场监管领域跨学科与基础学科研究的贡献。这一奖项因为金额高,被视为学术界的一个殊荣。参见 Flucht der Forscher,http://www.zeit.de/2001/21/200121_braindrain.neu.xml。

[127] Lepsius 认为,法经济分析更适用于民法。因为民法研究中更适合使用多种方法,也可更加容易地利用相邻学科的知识,因为民法的研究对象,即主体之间的关系,是明确的。在民法中请求权思维和关系法是贯穿其体系的特征,而公法中并没有这样的特征存在。公法参与的主体众多,而且受到职权的约束(Lepsius(Fn. 30),9 f.,22 ff)。但 Reimann 却认为民法更强调体系性和方法的纯洁性,反而是经济法更要考量效率、调控等问题(Reimann, Die Propria der Rechtswissenschaft, in:Engel/Schön(Hrsg.)(Fn. 23),98)。

四、对中国的启示

在中国法学界探讨引进德国式法教义学进行得如火如荼的今天，这篇文章的目的在于对德国法教义学的状况给出更为全面的介绍。同六年前一样，笔者仍然认为，尽管与其他社会科学或自然科学的积极互动是必要的，但构建各个部门法的法教义学才是中国法学本土化最重要的途径。德国对于法教义学的反思是基于法教义学异常发达、不可撼动的基础上的[128]，而中国还没有真正意义上的法教义学传统。德国的反思旨在纠偏[129]，而非动摇甚至推翻法教义学的统治地位。而在中国，社科法学表现出来的态度是强势的。无论在研究方法还是法学教育上[130]，社科法学总是首先发难、表示出对"法条法学"的排斥[131]，规范法学更多是出于一种防守的地位。德国对于法教义学的反思都是在对法教义学的肯定的

---

[128] Jestaedt 指出，在德国，正是因为法教义学的绝对统治地位，行政法学、国家法学，就只以研究对象来简称，行政法、公法等等。而且如果一名学者在法教义学方面的成就不高，就无法在德国大学得到认可。所以法学就从一个复数概念简化成了一个单数概念，甚至拉伦茨觉得法学就是法教义学。这也影响了德国的法学的出版传统（Jestaedt (Fn. 41), 119）。Lepsius 认为，德国法教义学在法学中的地位在 20 世纪中不断上升（Lepsius (Fn. 30), 20）。

[129] Würtenberger (Fn. 53)，第 12 页中指出，对实践的重视会导致过度教义学化。比如，Kirchhof/Magen (Fn. 49)，第 158 页举出学术界曾提炼出 13 种私有化的形式，但如果达到其指导实践的目的，必须要减为可以掌握的几种。法教义学在法学教育中的过分强调，导致应试教育与所谓大教科书退出市场，这种大教科书中有关于历史和未来发展趋势的描述，但因为不在考试范围内，所以销量受到很大影响。事实上，这种大教科书一直都是法学教授写给同行看的，针对的读者并不是学生，所以这种观点也未必成立，目前大教科书的中译版有八本，包括（1）［德］卡尔·拉伦茨：《德国民法通论》，王晓晔、邵建东、程建英、徐国建、谢怀栻译，谢怀栻校；（2）［德］迪特尔·梅迪库斯：《德国民法总论》，邵建东译；（3）［德］卡纳里斯：《德国商法》，杨继译；（4）［德］鲍尔、施蒂尔纳：《德国物权法》，张双根、王洪亮、申卫星译；（5）［德］罗森贝克、施瓦布、戈特瓦尔德：《德国民事诉讼法》，李大雪译；（6）［德］罗克辛：《德国刑法学总论》，王世洲译；（7）［德］耶赛克：《刑法教科书》，徐久生译；（8）［德］鲍尔、施蒂尔纳、布伦斯：《德国强制执行法》，王洪亮、郝丽燕、李云琦译。Lepsius 也谈及了法教义学对于法律评注与教科书的影响（Lepsius (Fn. 30), 7 f）。

[130] 苏力与孙笑侠关于法律人思维之争参见苏力：《法律人思维？》，载《北大法律评论》（第 14 卷第 2 辑），北京大学出版社 2013 年版；孙笑侠：《法律人思维的二元论》，载《中外法学》2013 年第 6 期。

[131] 当然社科法学在不断发展中有很大程度上的理性回归，表现在对社科法学中内部存在的问题有更多的反思与关注，参见侯猛：《社科法学的跨界格局与实证前景》，载《法学》2013 年第 4 期。

基础上进行的,他们中的绝大多数也会继续从事法教义学工作,而中国社科法学至少一部分人是主张分出高低主次,非此即彼,本身不会从事法教义学工作的。所以,在对待法教义学的态度上,套用张卫平教授的说法就是,我们不能跟着胖子学减肥。特别在中国法学学术研究经过 30 多年不断的积累,迫切需要对已有成果进行一定程度的整合,以避免无谓的重复研究。可以设想,法教义学在中国今后的发展方向更应该在肯定教义学对于中国法学、法制发展的前提下,在抽象教义学概念讨论的同时,关注法学方法发展史和比较方法论这些对中国来说比较新兴的学科,更多了解具体法律制度的教义化发展史,并开始摸索具体的"实用法教义学"可能的方式,对法学教育进行教义学思维训练的补充[132],在司法判决书大量公开的背景下,逐步实现对现行法与司法判例的体系化。

---

[132] 参见葛云松:《法学教育的理想》,载《中外法学》2014 年第 2 期。

法教义学的显性化与
作为方法的法教义学[*]

德国从 21 世纪初开始对于法教义学的新一轮反思[1],以及对德国法学的特征、法学的自我定位及其在学科体系中的位置等相关问题的讨论,至今热度不散。德国民法教师协会在继 2013 年历史上第一次以民法教义学作为年会主题进行讨论之后于 2015 年年会再次探讨。总体上,过去五年中有不少法教义学新作面世,除了对已有问题产生的新观点,也不乏新视角的开辟与新问题的提出,特别是几本精彩的专著与博士论文的

---

[*] 原文发表于《南大法学》2020 年第 1 期。笔者感谢雷磊教授就多个问题的详细解答与指正,以及张翔、劳东燕、金晶、江溯等教授针对笔者就此主题于 2019 年 12 月 31 日在中国政法大学"京蓟公法论坛"第 16 期所作报告点评中的启发性点评。

[1] Sahm, Element der Dogmatik, 2019, 15, 37-39, 把对法教义学的讨论称为长期热点 (Dauerbrenner)。他指出, 德国 20 世纪有三波法教义学讨论,其关注重点分别为法学科学性(20世纪初)、法学与社会科学之间关系(20 世纪 60 年代末)、法教义学与其他法学分支的界分(20世纪 70 年代末)。大多数德国学者认为当前对教义学的讨论缘起于德国科学委员会 2012 年对德国法学的评估报告,参见 Auer, Zum Erkenntnisziel der Rechtstheorie. Philosophische Grundlagen multidisziplinärer Rechtswissenschaft, 2018, 9; Jansen, Rechtsdogmatik, Rechtswissenschaft und juristische Praxis—Zum gesellschaftlichen Ort und wissenschaftlichen Selbstverständnis universitärer Rechtsdogmatik, AöR 2018, 626; Langenbucher, Dogmatik, Falsifikation und zwei Perspektiven auf die Rechtswissenschaft, in: Auer/Grigoleit/Hager (Hrsg.), Privatrechtsdogmatik im 21. Jahrhundert, 2017, 237; Lepsius, Relationen: Plädoyer für eine bessere Rechtswissenschaft, 2016, 6; Lobinger, Perspektiven der Privatrechtsdogmatik am Beispiel des allgemeinen Gleichbehandlungsrechts, AcP 2016, 30; 关于该评估报告参见卜元石:《德国法学界的现状与发展前景》,载方小敏主编:《中德法学论坛》(第 12 辑),法律出版社 2015 年卷, 第 45—53 页。

出版更增加了已有讨论的深度。[2] 本文旨在通过对德国近五年所形成文献的介绍,就德国法教义学讨论最新状况勾勒一个大致的轮廓,为有意了解德国相关研究动向的中国读者提供一些线索。概况说来,在众多被德国法学界所关注的话题中,可以观察到下面几个焦点:一是法教义学的本体论问题,即何为法教义学? 二是法教义学与法学方法论之间的关系;三是从比较法、法律史的视角来探索德国法教义学的未来,特别是跨学科方法运用的应然状态。

阅读相关著作,不难察觉到德国法学界近年来对于法教义学作为德国法学特色问题上的纠结。[3] 是坚持传统还是勇于革新,法学界不同部门分支、不同作者的认识颇为不同。有观点认为,如此密集的讨论意味着德国法教义学已经陷入危机,当前的任务就是要寻找摆脱困境的出路[4],从申请科研课题方面来看可能的确如此,因为德国科学基金会

---

[2] 书籍类中主要包括 Hilgendorf/Schulze-Fielitz (Hrsg.), Selbstreflexion der Rechtswissenschaft, 2015; Christoph Schönberger (Hrsg.), „Der German Approach": die deutsche Staatsrechtslehre im Wissenschaftsvergleich, 2015; Oliver Lepsius (Fn. 1); Christian Bumke, Rechtsdogmatik: eine Disziplin und ihre Arbeitsweise-zugleich eine Studie über das rechtsdogmatische Arbeiten Friedrich Carl von Savignys, 2017; Jannis Lennartz, Dogmatik als Methode, 2017; Martin Flohr, Rechtsdogmatik in England, 2017; Auer/Grigoleit/Hager (Hrsg.), Privatrechtsdogmatik im 21. Jahrhundert (FS Canaris), 2017; Horst Dreier (Hrsg.), Rechtswissenschaft als Beruf, 2018; Nils Jansen, Rechtswissenschaft und Rechtssystem: Sieben Thesen zur Positivierung des Rechts und zur Differenzierung von Recht und Rechtswissenschaft, 2018; Marietta Auer (Fn. 1); Philipp Sahm (Fn. 1)。特别值得指出的是,2017 年出版的卡纳里斯 80 岁祝寿文集《21 世纪的私法教义学》不仅以教义学为书名,而且其中几乎每篇论文的题目也都包含"教义学"一词,作者大多是德国知名法学家,因此这本文集可谓是对德国民法教义学方法以及民法各个分支教义学现状的最新权威盘点。2017 年摩尔·兹贝克出版社为庆祝其原法学总编荣休出版了一本小型文集《法学作为天职》,德国法理、民法、公法、刑法各个学科代表均对德国法学的优势与弱点进行了检视。此外,如下权威期刊也推出专刊对教义学与方法论进行集中探讨:《民法实务档案》2016 年第 1 期,主题为"私法的前景";《管理:行政法与行政科学杂志》2017 年第 12 期增刊,主题为"行政法学现状";《拉贝尔外国法与国际私法杂志》2019 年第 2 期,主题为"法学方法论"。

[3] Schönberger (Fn. 2), 3; Jansen (Fn. 1), 626; Sahm, Das Unbehagen an der Rechtsdogmatik, Rechtsgeschichte 2018, 358, 都使用"Unbehagen"(不自在、不舒服、不安)来形容德国法学对于法教义学的态度。

[4] 法教义学在 20 世纪才逐渐成为德国法学的特色,但这一特色已经走向了死胡同。参见 Hilgendorf/Schulze-Fielitz, Rechtswissenschaft im Prozess der Selbstreflexion, in: Hilgendorf/Schulze-Fielitz (Hrsg.), Selbstreflexion der Rechtswissenschaft, 2015, 2; Lepsius (Fn. 2), 2; Jansen (Fn. 1), 627。

(DFG)原则上很少资助纯法教义学研究。除此之外,也应看到德国法学研究对于课题基金依赖非常有限,到目前为止法学研究模式受到对法教义学的质疑影响很小,比如民法的著述无论写法、结构大都还是因循传统模式,法教义学还是法学的代名词。[5] 所以笔者更认同这样一种看法,即对于本体论的持续性讨论并不是法教义学危机的征兆,而是每个自称为科学的学科所应有的态度[6],而且就法教义学科学性的讨论也应该与科研基金资助等政治因素分离开来。[7]

本文在对近五年主要文献综述的基础上,最后集中考察这些著述在争议问题上产生了哪些新认识,并简要对比中国同时期相关讨论,探讨存在哪些异同。

一、法教义学本体论

(一)法教义学的概念:功能主义定义模式抑或特定思维方式?

考虑到德国法教义学的悠久历史,德语文献中法教义学概念的定义可以说是不计其数[8],但显然现有的定义无法解决法教义学本质方面的所有疑惑,依然存在继续讨论的空间,因此过去五年间有三本专著关注的就是法教义学概念的问题。一直以来,以法教义学的功能来对其进行定义是德国学界的一种普遍做法。通常认为,法教义学通过概念、原则、制度等范畴对司法判例进行体系化,从而发挥对规范体系化、减少法律适用

---

〔5〕 Martin Flohr (Fn. 2), 33 f.
〔6〕 Hörnle, Stärken und Schwächen der deutschen Strafrechtswissenschaft, in: Dreier (Hrsg.), Rechtswissenschaft als Beruf, 197 f.
〔7〕 Lobinger (Fn. 1), 33.
〔8〕 Bumke (Fn. 2), 1; Dreier, Stärken und Schwächen der deutschen Strafrechtswissenschaft, in: Dreier (Hrsg.), Rechtswissenschaft als Beruf, 26;德国2000—2014年的讨论状况,参见卜元石:《法教义学与法学方法论话题在德国21世纪的兴起与最新研究动向》,载《南京大学法律评论》(2016年春季卷),法律出版社2016年版,第10页。

负担、存储法律解释可能、使法律理性化的功能,并使法律更容易被学习。[9]新近提出的观点中,也有属于传统模式的[10],但是这种功能主义定义方式还是过于抽象,非德语法圈的学者可能难以把握其真正含义。德国学者最新研究中出现了通过对具体法教义学制度形成过程的描述来解释法教义学理念的方式,呈现一种"经由具体化达到显性化"的动态,其背后不乏出于便于外国读者理解的考虑。

1. 元法教义学

上述三部专著之一为汉堡博锐思法学院教授 Christian Bumke 于 2017 年出版的《法教义学:一个学科及其作业方式》。该书是作者于 2014 年发表在《法学家报》上题为《法教义学》论文的延伸思考。Bumke 认为法教义学的工作是一种暗箱操作,法教义学到底是什么以一种隐性知识的形式存在,这也影响了法学科学属性的判断,所以其新作的目的就是为了使法教义学的概念与作业方式显性化,是一种对于"元法教义学"(Meta-Rechtsdogmatik)的研究。他第一次指出了教义学概念的理解不是单一的,而是多元的,可以侧重历史、哲学、自然主义、产出性、有机性等多个方面,其共通之处在于把法律素材(Rechtsstoff)理解为概念与体系的集合。[11]

就法教义学的思维方式(Denkweise),Bumke 从其任务、对象、背景知识、与司法实践与立法者的关系五个方面进行了研究,其中的重点是法教义学与其对象,即现行法的关系,因为如何处理法的偶然性决定了对于法教义学的理解。Bumke 试图寻找隐藏在现行法背后的、构成了现行法元素或者特征的所谓"前置限定词"(Prädeterminant),他认为法教义学不

---

[9] 之所以用功能的描述来代替教义学概念的定义,是因为教义学的支持者与反对者之间的辩论在定义层面就已经开始。参见 Bumke(Fn. 2),1 f.;Dreier(Fn. 8),29 ff.;Hoffmann, Wissenschaftsgeschichtliche Aspekte des Rechtsdenkens, JZ 2019, 265;Jestaedt, Vom Beruf der Rechtswissenschaft – zwischen Rechtspraxis und Rechtstheorie, Annäherungen eines Staatsrechtslehrers, in: Dreier(Hrsg.), Rechtswissenschaft als Beruf, 236;Lennartz(Fn. 2),150。

[10] Dreier 认为,法教义学最重要的特点为其体系性,法教义学可以穿透规范丛林,对法律进行结构性归纳与体系整理,将概念明晰化,增加法律规范适用性。参见 Dreier, in: Dreier(Hrsg.), Rechtswissenschaft als Beruf, 26 ff。

[11] Bumke(Fn. 2),42 f.;Sahm(Fn. 3),360 f.

能把实在法理解为偶然性的素材,可以吸收任何内容,而必须把实在法内容的正确性与功能性(Funktionalität)作为出发点。[12] Bumke 的结论是通过客体本体论的进路找不到现行法的前置限定词,但如果把法作为一种社会实践则存在三个可能的入手点,比如司法实践规范约束、法正确性要求以及法所履行的社会功能。[13]

就法教义学的作业方式(Arbeitsweise),Bumke 观察的视角是其构成元素,居于首位的为法学方法论。他认为法教义学是对法律产生与变动过程隐形与显性知识的收集、梳理、整理与准备,因此其范围超出法学方法论,形成法教义学命题的工具包括原则、法律制度、法教义学概念(rechtsdogmatische Figur)、法学理论、类型(Typus)、指导形象(Leitbild)、法学概念;值得注意的是,Bumke 肯定了法教义学内容的规范性,理由是其可以作为判决或行为的理由。[14]

Bumke 一书的主要贡献是以法教义学作为一种社会实践为出发点,对其特定的思维方式与作业方式进行总结、描绘、分析、解释与评价。[15] Bumke 在其书的最后表达了如下基本观点[16]:法学当然具有自己的身份特征,即秩序思想、正确性要求、伦理主义法(juridisch;又译为法律)的功能性,但这种身份特征实际意义有限,因为法学工作是多元的,只要单个国家的法秩序存在,司法实践与法教义学能够进行有建设性意义的批判对话,法律职业的门槛与法学教育及国家司法考试挂钩,法学的科学属性就不应该因为国际化而被怀疑。但可以适当增加学科方法的开放性,而且为了使法教义学元理论更有实践意义,还可以考虑增加三个视角,即通过比较法寻找德国法教义学繁荣的原因,对实际操作现状进行考察以发现法教义学的弊端,借助如卢曼的系统论或福柯的话语理论分析等外学科的视角来避免法教义学的自满与相对主义。[17]

---

[12] Bumke (Fn. 2), 59 ff., 89.
[13] Bumke (Fn. 2), 76 ff.
[14] Bumke (Fn. 2), 138 ff., 130.
[15] Bumke (Fn. 2), 225.
[16] Bumke (Fn. 2), 224-231.
[17] Bumke (Fn. 2), 229;中文类似观点,参见劳东燕:《转型中的刑法教义学》,载《法商研究》2017 年第 6 期。

该书的特色是理论性强,对德国已有讨论进行了非常系统、深入的梳理,对重要学术观点均予以回应,可以说是一本集大成之作,把德国法教义学本体论研究推向了一个新的高度,但针对的是德国法理学者,虽然例证很多,但因其语言高度抽象而不易懂。在 Philipp Sahm 看来[18],Bumke 的研究存在瑕疵,一方面在内容上其把法的正确性要求与法教义学的正确性要求混为一谈,实际上从法的正确性并不能推导出某一法律规定的必然性,制定法是人力而为,不免存在偶然性。另一方面,他认为 Bumke 是从微观视角,即以德国学术型法教义学(wissenschaftliche Rechtsdogmatik)[19]为出发点的内部视角来考察法教义学,作为研究进路并不合适,开创一种关于法教义学的理论(即法教义学元理论[20])必须要从更抽象的角度出发,应该使用"望远镜"而不是"显微镜",只有这样才能归纳出对法教义学多重理解的共同内核。

2. 法教义学作为一种混合思维方式

这种"望远镜"的视角在 Sahm 本人的博士论文《教义学元素》一书中得以具体体现。他指出德国百年来对于教义学的功能,其与方法论、法学的科学性、理性与司法实践的关系之讨论最终还没有厘清,是因为缺乏一个恰当的视角。Sahm 所采纳的方法是把法教义学与神学教义学相对比,由此发掘法教义学的一般思考模式。[21] Sahm 所得出的结论认为教义学是一种不依附于特定学科、独立的思维方法(Denkform),是在中度抽象层面(auf einer mittleren Abstraktionsebene)对有效性被接受的权威初始文本的体系性解释(die systematische Explikation eines autoritativen Primärtextes, der als geltend akzeptiert wird),这种权威文本在神学中是《圣经》,在法学中就是现行法。[22]教义学的一个特点是与社会实践相联

---

[18] Sahm (Fn. 3), 361 ff.

[19] Dreier (Fn. 10), 60.

[20] Lepsius, Problemzugänge und Denktradition im Öffentlichen Recht, in: Hilgendorf/Schulze-Fielitz (Hrsg.), Selbstreflexion der Rechtswissenschaft, 79.

[21] 其讨论对中国读者同样具有实践意义,王世洲教授即主张德文中的"法教义学"一词中文翻译不恰当,应该译为"法信条学",更接近神学中对信条一词的理解。法教义学的最初汉译源于舒国滢:《战后德国法哲学的发展路向》,载《比较法研究》1995 年第 4 期。

[22] Sahm (Fn. 1), 48、53、175;中文文献对此论述,参见冯军:《刑法教义学的立场与方法》,载《中外法学》2014 年第 1 期:"对刑法教义学者而言,现行刑法就是《圣经》。"

系,法教义学同样也要为法的社会功能服务,在现行法约束的界限内为法律适用提供了自由,为法律发展与创新性解释开辟了空间。[23] Sahm 最终得出的结论是,教义学本质上是一种混合思维方式,处于三重的两极之间,即规范性与描述性之间、理论与实践之间、信条与科学之间,也就是说教义学实际包含了这六种元素的全部。

上文所提及的"中度抽象层面"[24]就是个案关联(Einzelfallbezug)与体系取向(Systematisierungsorientierung)之间张力在教义学社会实践中产生的结果,个案关联向度催生了教义学具体化的需求,而体系取向要求教义学要达到一定的抽象程度。[25] 比如交易机会的理论就是针对股东与董事对于公司忠诚义务的具体化,而这种忠诚义务在民事合伙、有限责任公司、股份有限公司等法律中均存在,通过对交易机会相关问题的解答,使得法律适用者可以直接在法律评注中寻找答案。典型的教义学工作即撰写法律评注时就是通过下述问题的处理对忠诚义务进行具体化,比如董事因私了解到交易机会,是否可以自行利用? 公司放弃交易机会是否需要股东决议? 董事在离职多长时间后忠诚义务才中止?

抽象化,即体系取向,就是研究法律内部的融贯性并归纳出某一规制领域的原则,体系化的一个通常方法就是对于"法律性质"的寻找,比如对于公司章程法律性质的讨论就是发现这种合同的特征,并将其归类于已有合同类型。通过对相关人合公司与资合公司法律规范推导出公司章程不仅是一种债权合同,也是一种组织合同,就是一种教义学工作。发掘出公司章程的当事人之间不是双务合同的关系,也是一种教义学工作。这种体系化虽然是一种抽象性工作,但也是以法律适用为取向,比如厘清公司章程的法律性质[26],在解答《德国民法典》中关于履行障碍的规定是否适用于公司章程时,如考察不履行抗辩是否适用公司章程时,就有所

---

[23] Sahm (Fn. 1),175.

[24] Sahm (Fn. 1),60-72; Lobinger (Fn. 1),36 f.,的表述虽然不同(抽象程度在具体规范之上),但意思是一样的。

[25] 在中文文献中关于法教义学对规范具体化的作用,参见汤文平:《民法教义学与法学方法的系统观》,载《法学》2015 年第 7 期。

[26] 比如,某一股东违反了出资义务,其他股东是否也可以拒绝履行出资。

依托,法律适用就不再充满不确定性。因此,法教义学工作既包括把抽象条文具体到审判标准(具体化工作),也包括从具体的条文提炼出抽象的命题(抽象化工作),为找到可以适用的已有规范提供便利。[27]

而所谓的教义化过程(Dogmatisierungsprozess)是指把某一概念稳定并固定下来,以后只要谈到这一个概念,无须再进行论证;也就是说教义学概念相当于一个公式,存储了论证过程,以备未来类推适用。[28] Sahm以期待权为例指出,虽然期待权在《德国民法典》第929条没有明确规定,但一旦该概念被教义学化,法院在讨论期待权的可转让性时,无须再次重复如何推导出期待权这一概念的过程,期待权这一概念就获得了近似于初始法律文本的权威,在这个意义上可以说教义学具有存储功能,知名法律评注在教义化过程中提高了教义学说的权威性,权威法律评注可以成为事实上的法源,比如《帕兰特民法典评注》在德国基层法院就有等同于法律的效力。[29]这种教义化过程不仅有学术界参与,也有法院的参与,在个案中所提炼出来的判决主旨就是一种教义学化过程[30],判例推动的教义学化过程可以产生最强的稳定效应[31],这种教义学工作可以概括为(体系→个案)+(个案→体系)。具体说,法院在体系思维的指导下处理个案就是前者,教义学研究以个案为导向进行体系化工作就是后者。[32]

3. 五种教义学思维形式

在笔者阅读范围内,年轻学者Martin Flohr的阐述最适于外国读者直观了解法教义学作业方式,所以这里予以详细介绍。

Flohr认为法教义学有两个目的,即效率与正义,前者是指从法律现

---

[27] 中文文献中汤文平(脚注25),第112页,也提及了"法教义学在方法论上的两个面向,其一是体系脉络的建构,其二是针对个案的找法";关于抽象化,参见雷磊:《什么是法教义学?基于19世纪以后德国学说史的简要考察》,载《法制与社会发展》2018年第4期,指出法律"概念—命题"体系通过对法律制度的"抽象化"而形成。对于教义化过程的描述中文文献,参见雷磊:《法教义学立场》,载《中外法学》2015年第1期。
[28] Sahm (Fn. 1), 113.
[29] Sahm (Fn. 1), 114 ff.
[30] Sahm (Fn. 1), 117 f.
[31] Sahm (Fn. 1), 175.
[32] Sahm (Fn. 1), 118.

象中提炼出抽象概念可以使法律素材简洁、明了、便于适用,后者是指通过教义学讨论形成具有普遍适用性的概念与原则,可以便于实现同案同判的形式正义。[33]他共概括出五种教义学思维形式[34]:第一,法律部门的划分,即把法律规范划归为不同的部门法如银行法、医事法、体育法、劳动法,以此达到法律体系化的效果。第二,法律原则的提炼,即从多个法律规范中提炼出共同的原则,比如遗嘱自由原则、物权法中的物权法定、公示原则、无因性原则,民事诉讼法中的各种原则。一个范例是卡纳里斯对于信赖责任原则的创立。第三,基本概念的形成。独立于特定法律规范的基本概念是法教义学思维最大贡献之一,也为立法者吸收这些概念入法奠定了基础,如民法基本概念中的"法律关系"与"主观权利",以及抽象程度更低的概念如"处分""法律行为""意思表示""意思瑕疵""形成权"。第四,体系化,即通过概念的体系化与原则的体系化,形成前后一致的理念大厦(Gedankengebäude)。比如德国学者把法律主体分为自然人与法人,在法人中又区分公法人与私法人,后者可分为人合公司与资合公司,物也可以分为有体物与无体物,前者又可分为动产、不动产、种类物与特定物等。原则的体系化是指发掘原则与规则以及原则之间的关联,这样可以避免法律规范之间发生价值判断方面的矛盾(Wertungswiderspruch),比如在发生意思瑕疵时可以撤销意思表示就可以用意思自治与交易保护原则来解释,对雇主劳动合同解除权的限制甚至需要多个原则来解释。第五,建构(Konstruktion),即将"单个事实或法律现象归回到一个或多个已有基本概念进而置入概念体系中"[35]。比如在医疗服务合同中,患者同意进行治疗,就可以免除医生的侵权责任,这种同意的法律性质可以被认定是一种合同,或单方法律行为、或准

---

[33] Flohr(Fn. 2),28 ff. 本质上这一定义与 Sahm 从体系到个案与从个案到体系的说法一致。

[34] Flohr(Fn. 2),40 ff.

[35] Flohr(Fn. 2),61;Lennartz(Fn. 2),174 ff.,指出"Konstruktion"在 19 世纪有另外一层含义,即使用现有概念创造新的法律概念,因为建构这一用语被耶林与黑克所批判,所以今天德国法学界尽量避免在这一意义上使用该词,但创造新法律概念的活动并没有因而停歇,不使用建构这一概念,就无法描绘这种活动。对于这一名词的含义,参见汤文平(脚注 25);雷磊:《法教义学与法治:法教义学的治理意义》,载《法学研究》2018 年第 5 期。

法律行为,这种归类就是对事实的法律建构。再如知识产权许可的法律性质到底是一种积极赋予被许可人以使用权,还是权利人自己放弃使用权的争论,也是一种法律建构。

4. 教义学作为行为、学科和方法及概念泛化

在了解了法教义学的作业方式后也许就可以理解明斯特大学教授 Nils Jansen 对法教义学是什么的精当概括,"教义学既是一种活动,即对现行法的概念性、体系化作业,也是这一活动的产品与对象"[36],也能够理解所谓的实用教义学就是指为法官判案提供思路的教科书与法律评注。[37]但亦有观点认为教义学到底是内容、方法、形式或者思维方式并不清楚,因此也导致教义学与方法、理论、体系及司法实践关系不明。[38]最后值得一提的是,明斯特大学教授 Oliver Lepsius 认为德国有把教义学概念泛化倾向,即把教义学概念无限拓宽,使其涵盖所有可能的法学研究视角,这样虽然避免了改变对教义学路径依赖的压力,但无疑使得法教义学概念失去了界分功能[39],导致更难把握法教义学的内涵。

(二) 法教义学与司法实践:联系过密?

德国法教义学的最大特点就是其与实践紧密联系,正因如此德国法学也被美国哈佛法学院教授 Todd D. Rakoff 称为一种"嵌入式法学"[40]。这种紧密联系体现在教义学的内容与生成机制方面[41]:法教义学的研究对象包括大量司法判例,参与法教义学工作的群体也包括实务界人士,法

---

[36] Jansen (Fn. 1), 636; Sahm (Fn. 1), 40 f., 赞同这一观点,他同时指出在所有学科中都存在这种研究方法与研究活动、研究客体与研究结果之间融为一体的现象。中文文献中泮伟江:《中国本土化法教义学理论发展的反思与展望》,载《法商研究》2018 年第 6 期,也表达了类似的观点,"法教义学的两个根本性特征,即法教义学所处理材料的特定化和法教义学内容生产中依据标准的特定化"。

[37] Wagner, Zivilrechtswissenschaft heute, in: Dreier (Hrsg.), Rechtswissenschaft als Beruf, 91 f.

[38] Auer, Privatrechtsdogmatik und Bereicherungsrecht. Möglichkeiten und Grenzen rationaler Theoriewahl in der Privatrechtswissenschaft, in: Auer/Grigoleit/Hager (Hrsg.), FS Canaris, 512.

[39] Lepsius (Fn. 20), 60; 在中文文献中类似观点,参见王凌皞:《存在(理智上可辩护的)法律教义学么?——论法条主义、通说与法学的智识责任》,载《法制与社会发展》2018 年第 6 期。

[40] Wagner (Fn. 37), 92.

[41] Dreier (Fn. 10), 15, 46 f.; Auer (Fn. 38), 513.

学教育的目标是将学生培养为法官,而法官,特别是终审法院法官的工作需要参考法教义学的成果,而且不少大学法学教授也同时担任兼职法官,比如德国宪法法院的法官一半都来自学术界,不少法官也在大学授课。一言以蔽之,法教义学构筑了一个学术界与实务界沟通的平台与空间。[42]但这种法学的实践取向到底是福是祸[43],也是21世纪以来德国法教义学讨论的一个重点,从学者们发表的观点来看,批评的声音居多,主要涉及以下两个方面。

第一,德国法教义学与实务界距离不够,影响了学术界对于司法实践批判功能的发挥。雷根斯堡大学教授 Alexander Hellgardt 在其教授资格论文《规制与私法——国家通过私法的行为调控以及其对法学、立法与法律适用的意义》中提出,法院是否采纳学者的学说与自然科学中通过实验来证明理论真伪的功能是等同的。[44] 这一观点发表后立即遭到了一些学者的强烈批评,维尔茨堡大学法学教授 Horst Dreier 认为以法院是否采纳学者观点作为评判教义学研究水平的标准是完全不能接受的,他指出 Hellgardt 没有认识到法学学术与司法实践的行为与操作逻辑是有本质上的不同。[45] Nils Jansen 批评这种看法放弃了法律续造与新法学知识产生的根本区别,把法学降格为司法实践的帮手,并推断这种看法是德国法学界过多参与法律评注的结果,最终削弱了德国法在世界的影响。[46]

如果说上述解释还比较隐晦,Oliver Lepsius 则非常直白地剖析了将法院判决是否采纳学说作为学术评价标准的动因及弊端。[47]他指出法教义学的学术观点是没有规范性效力的,为了要获得与法律同等的效力只能通过法院对于学说的采纳,这也是为什么德国法学特别注重司法实践,尤为看重司法判例的原因。但法院只选择最符合其需求,而并不是有说服力的观点。把法院作为检验学术观点的机构,已经导致德国学术界

---

〔42〕 Dreier (Fn. 10), 48; Jestaedt (Fn. 9), 236.
〔43〕 Dreier (Fn. 10), 49.
〔44〕 Hellgardt, Regulierung und Privatrecht: staatliche Verhaltenssteuerung mittels Privatrecht und ihre Bedeutung für Rechtswissenschaft, Gesetzgebung und Rechtsanwendung, 2016, 392.
〔45〕 Dreier (Fn. 10), 56.
〔46〕 Jansen (Fn. 1), 628 f.
〔47〕 Lepsius (Fn. 20), 88 f.

对案例批评性不足,甚至完全屈从于法院之下,而且以判决为导向使得学术研究的范围大大缩小。在过去的几十年中,德国国家法学跟随在联邦宪法法院判决之后亦步亦趋,超前思考与对判例的检视多有不足即为明证。[48]莱比锡大学退休教授Helmut Goerlich也指出,学者希望法院采纳、引用学术观点,并以此为荣,但这种情况发生得太少见了[49],导致以此为学术评价标准有失客观性。例如,德国宪法法院的判例很少引用学说,大多数引用宪法法院自己作出的其他判决。[50]可以说,判例与法教义学的地位之间成反比关系,德国法官越独立、自信,就越觉得没有必要在法律续造方面以学术界意见为准。[51]

这些学者得出的结论是,法学如果要保持作为一门科学,虽然可以以现行法为对象,但必须与实践保持更大的距离与批判性,只有这样,法学才不会和法律混为一体。[52]这种距离就意味着必须要区分学术行为与实务行为,[53]也意味着学者无须与现行法的价值判断保持一致,进而可以对现行法进行批判。[54]

第二,法教义学的实践取向使得法教义学与基础学科和法理论相脱节[55],而且导致法律人对于规范背后"为什么"的问题缺乏兴趣。[56]

从大背景来看,对于法教义学实践导向的批评,一个重要的根源是实务型法律评注的泛滥。近些年德国出版市场看好这类出版物的盈利性,纷纷上马新的评注,导致评注内容大同小异、质量下降,这无疑助长了法教义学实践性弊端的显现。Nils Jansen感慨道,德国大学法学教授在20世纪初期还是不屑于撰写法律评注的,而今天众多学者竟然认为法律评注是法教义学所特有的研究形式,年轻学者也把参与评注作为确立学

---

[48] Lepsius (Fn. 20), 77; Schönberger (Fn. 2), 32.
[49] Goerlich, Die Rolle von Reputation in der Rechtswissenschaft, in: Hilgendorf/Schulze-Fielitz (Hrsg.), Selbstreflexion der Rechtswissenschaft, 182.
[50] Lepsius (Fn. 20), 84.
[51] Jansen (Fn. 2), 55 ff.
[52] Dreier (Fn. 10), 50, 60; Wagner (Fn. 37), 92 ff.; Lepsius (Fn. 20), 89.
[53] Jansen (Fn. 1), 653.
[54] Bumke (Fn. 2), 135.
[55] Jansen (Fn. 1), 627.
[56] Wagner (Fn. 37), 95.

术地位的手段,而那些实务型评注毫无创新性,对这类活动的热衷无疑抛弃了法教义学的原本追求。[57] Oliver Lepsius 甚至认为法律评注必然是二等科学,因为它只是为司法实践服务。[58]

(三)法教义学与法学的科学属性

德国法学的核心是法教义学,甚至可以将法教义学与法学等同[59],因此法教义学是否具有科学属性也决定了法学是否是一门科学。就这个问题的讨论延续了百年,至今尚未解决,而且随着对法教义学实践联系过密的批判,更加为人所质疑。从历史上看,对法教义学科学属性的挑战多源于法理论[60],在 Bumke 看来其中最为持久的是来自凯尔森与其所创立的纯粹法学,他认为在德国法理论尽管脱胎于法教义学,但与法教义学一直相对抗,二者呈现一种"(法理论的)傲慢与(法教义学的)无知"的关系。[61] 在法学科学属性问题上,笔者把德国学者过去五年中的切入点划分为下面四类。

第一,从科学理论来论证法学的科学属性。在这个切入点中,采取哪种对于科学的定义至关重要。Bumke 认为科学属性取决于陈述的可靠性,其检验方式为实验,在法学中被考察的对象是法学理论,看其是否具有接轨性、解释能力与可操作性。[62] 吉森大学法学教授 Marietta Auer 认为德国法教义学之所以坚信自己具有科学性是基于 19 世纪理想主义哲学对科学的理解,即科学是所有单个知识融贯性链接所建立的整体体系。从现代科学理论出发,无论是实务界的参与还是他们对教义学方法的理解,均不能否定法学的科学属性,美国的跨学科方法也并不比德国的教义学使法学更具有科学性。凡是在方法上可确证的获得新认知的活动

---

[57] Jansen(Fn. 1),628;Goerlich(Fn. 49),186,指出,以前学者是否参与法律评注对其学术声誉没有影响,今天却有所不同,不论是否从事教义学,(如果要在法学界立足。——引者添加),都要参与评注工作。

[58] Lepsius(Fn. 20),74.

[59] Dreier(Fn. 10),7.

[60] Bumke(Fn. 2),37 f.;Flohr(Fn. 2),31.

[61] Bumke(Fn. 2),28 ff.,„vielleicht stieß ‚jugendliche' rechtstheoretische Überheblichkeit auf eine verklärte Ignoranz der Rechtsdogmatik ".

[62] Bumke(Fn. 2),122 ff.

(methodisch gerechtfertigter Erkenntnisgewinn)都是科学,而不是这种认知是否具有自然科学意义上的证伪性。她认为法教义学已经是一种历史——社会所固定的科学实践,因此法教义学是否是科学并不关键,重要的是了解到底什么是法教义学的思维方式、作业范式、方法与结构。[63] 在她看来,(私法)法教义学更接近经验——分析为特色的自然与社会科学。[64] 法兰克福大学法学教授 Katja Langenbucher 认为卡纳里斯所提出的法学命题具有可证伪性不是对"正确"与"错误"的描述,而应该用"有说服力""不着边际或是显而易见""一致的或不一致的""价值判断上符合逻辑的或不符合逻辑的""可接受的或不可接受的"来描述,总之,归纳产生的假说是无法证伪的,但在其被推翻前,可以认为其是正确的。[65]

第二,从法学的研究对象来论证法学的科学属性。德国学者一般认为法学的研究对象是现行法[66],但是法律规范变动不居,理论上随时可以被废除或修改,这无疑影响了法学科学性的论证。因此,要证成法学的科学性必须把法学从法律规范独立出来,Horst Dreier 指出,"法学是一个规范科学(Normwissenschaft),但不是规范性科学……但这要求法学研究不是单纯记录或是简单重复规范本身"[67]。在法教义学中理论与研究对象是一体的,所以学界试图通过对法律认知(Rechtserkenntnis)与法律创制(Rechtserzeugung)、观察者与参与者视角的区分把法学研究与法律实践相区分[68],而且引入了很多"元"(Meta)理论,比如元理论(Meta-Theorien)、元理论反思(metatheoretische Reflexionen)、元教义学(Metadogmatik),但这些形而上的概念到底指代何物也并不清楚。[69] 同时,也存在把法学划归为

---

〔63〕 Auer(Fn. 38),514 ff.;认为法学是一种弱意义上的科学,参见雷磊:《作为科学的法教义学?》,载《比较法研究》2019 年第 6 期。
〔64〕 Auer(Fn. 38),520.
〔65〕 Langenbucher(Fn. 1),225 f.,231.
〔66〕 Jansen(Fn. 1),638,FN 62;Dreier(Fn. 10),7.
〔67〕 Dreier(Fn. 10),2,6,10.
〔68〕 就私法领域来说,Langenbucher(Fn. 1),237,认为德国学者绝大多数的工作都是处于一种参与者视角,而这样的法学对于其他学科并不开放,只有法律人处于一种观察者立场,即观察法律对于人的行为如何发生影响,法学就具有了开放性。
〔69〕 Rottleuthner, Methodologie und Organisation der Rechtswissenschaft, in: Hilgendorf/Schulze-Fielitz(Hrsg.), Selbsreflexion der Rechtswissenschaft, 214.; Gutmann, Intra-und Interdisziplinarität: Chance oder Störfaktor, in: Hilgendorf/Schulze-Fielitz(Hrsg.), Selbstreflexion der Rechtswissenschaft, 94.

应用、实践科学,解释、诠释性文献科学(Buchwissenschaft),社会科学或者文化科学[70],或是人文科学[71]的观点。Horst Dreier 得出的结论是"法学的科学性在于其具有自己的方法,可以理性论证、反思性获得新的认知,结果可以被理性所检验,实现一定程度的客观性,满足作为科学的要求"[72],"法学的任务就是把所有法律可以适用的可能性汇总,并将其提供给法律适用的国家机关"[73]。

Nils Jansen 则认为法(教义)学不应该仅局限于现行法,还可以包括比较法,而且只有摆脱了法律的地域限制,才能发现具有一般适用性的法学理念,这样也就使法学具有了科学性。[74]作为科学的法教义学所要解决的不应该是个案或者是法律解释问题,而仅仅要为实践展示所有建构、思维的可能性,借此为裁判提供选项,比如英国法学学者,已经不再仅仅关心个案。法学研究必须与比较法、法律史、法哲学、法律的经济分析相联系,才能获得其科学性。[75]他认为讨论法解释的"真"对于解决法学的科学属性没有意义,法律论证过程中的关键不是解释的真伪,而是其效力(Geltung)[76],也就是被法学界所接受的程度。

第三,法律实务界可否开展法教义学工作,还是只有学术界可以担当这一任务? Nils Jansen 认为法学科学性的问题缘起于对实践的过度依赖,19 世纪与现在的区别就在于,当时司法实践以学术为检验标准,不是像今天一样恰好反过来,在法学界的主导媒体从大教科书转向法律评注时,教义学就已经让位于法官法了。[77]海德堡大学教授 Thomas Lobinger 认为法教义学从机制上看应该留给大学来进行,大学能够保证中立性,可以把法教义学教学与研究联系在一起,法教义学应该参考司法判决,但不应沦为其帮衬,因此不能把是否与德国联邦最高法院判决一致作为评价

---

[70] Wagner (Fn. 37), 170.
[71] Rottleuthner (Fn. 69), 209 f.
[72] Dreier (Fn. 10), 13.
[73] Dreier (Fn. 10), 57.
[74] Jansen (Fn. 1), 653 f.; Jansen (Fn. 2), 62 ff.
[75] Jansen (Fn. 1), 656, 646 f.
[76] Jansen (Fn. 1), 641; Jansen (Fn. 2), 21 ff.
[77] Jansen (Fn. 1), 632, 634.

教义学说价值的标准,尤其应该向学生传播这一理念。[78]

与之相反,通常德国学者把法官适用法律与续造法律都视为是一种法教义学工作,这是因为对于现行法续造所使用的法律命题(Rechtssätze)的效力要求(Geltungsanspruch)也来源于现行法。[79]但同时司法实践又被认为并非与法教义学完全相同,法教义学只是为特定的生活场景寻求法律答案,至于这种场景的认定,以及其是现实的还是虚构的,都无关紧要。比如在耶林所举例说明的餐馆菜单被偷之后又被放回原处,顾客以老菜单点菜的案件中,这种争议是否可能发生,对于法教义学而言并不重要,法教义学所关心的是如何解决其中的法律问题;与之相反,法官法首先关注的是现实个案的解决,仅是出于办案时间的原因法院也不能胜任发展抽象法律规则的任务,在这个意义上法教义学通过为法官准备法律适用的方案为联通司法与立法构筑了桥梁。[80]因此,有学者认为没有实务界参与的教义学有缺憾,学术界与实务界应该是良性互动的关系,甚至在海外,如英国法学的教义学转向不仅发生在学术界,也发生在实务界。[81]

第四,默认学术界所从事的法教义学就是科学。[82]在明斯特大学法学教授 Thomas Gutmann 看来,法教义学当然是科学,但不是所有法教义学的出版物都是学术研究。[83]学者所从事的法教义学工作有的也仅仅是重复现行法的内容,比如只是总结法院判决依据的案例评论,仅仅根据官方立法说明来介绍新法或修法的文章,或者简明教科书(Kurzlehrbuch)、讲义性质的教科书(Kürzestlehrbuch)、便携式法律评注(Handkommentar),实际上无非就是"大教科书"及大型法律评注的删节版,毫无创

---

[78] Lobinger (Fn. 1), 104.
[79] Zimmermann/Wagner, Perspektive des Privatrechts, AcP 2016, 6, m.w.N. 中文相关论述,参见许德风:《法教义学的应用》,载《中外法学》2013 年第 5 期。
[80] Lobinger (Fn. 1), 36 f., 61 ff.
[81] Maultzsch, JZ 2018, 669; Maultzsch, in: ders. (Hrsg.), Fuchs oder Igel? -Fall und System in Recht und Wissenschaft, 2014, 53, 64 ff.
[82] Bumke (Fn. 2), 11 f, 122 f.
[83] Gutmann (Fn. 69), 96.

新性而言,也很难称得上学术性工作。[84]另外,批评者自己也不得不承认,很多高校教师在准备教学讲义时都投入很多精力,不去出版又觉得可惜,所以对于简明教科书的泛滥也无法苛责。[85]

法学的科学性不仅是一个理论问题,也是在实践中会提出的话题。比如在德国高校、学术机构、基金会一些委员会、决策机构等都是由多学科代表组成,在听到法学学者指出某一法律规范这样解释也可以,那样解释也可以,没有唯一正解,自然科学的学者通常都觉得难以理解。[86]此外,在德国高校的"卓越计划"中法学完全被边缘化,法教义学研究难以申请到课题经费[87],有的学者还担心德国大学法律系教学因为学术性不够有沦为法律专科学校的危险[88],高校教师有可能被降格为法律界卖白菜的商贩(juristischer Kohlverkäufer),与司法考试补习班争抢地盘。[89]正如柏林自由大学退休法学教授 Hubert Rottleuthner 所指出的,对于法学是否是科学毫不停歇的自我怀疑,与法律系作为神学与医学外最古老的专业在大学的稳固地位之间存在着矛盾,如果说以前的讨论是纯理论性的,今天的讨论确实牵扯实际利益于其中。[90]

(四)法教义学与法理论

根据 Bumke 的研究,法教义学作为一种作业方式始于 19 世纪中叶,当时对于教义学的讨论集中于如何正确进行教义学研究,而法教义学的实践取向则完成于 19 世纪下半叶,当时的法典化运动产生大量抽象的法律规则,法院在司法实践中摸索适用这些规则,法学界对于判例兴趣日增。[91]这时,法理论(Rechtstheorie)作为潘德克顿民法学的副产品从法教义学中独

---

[84] Dreier (Fn. 10), 9.
[85] Hörnle (Fn. 6), 209.
[86] Dreier (Fn. 10), 19.
[87] Jansen (Fn. 1), 629 Fn. 28; Rottleuthner (Fn. 69), 216, 220.
[88] Dreier (Fn. 10), 9 f.
[89] Schünemann, Vom schwindenden Beruf der Rechtswissenschaft unserer Zeit, speziell der Strafrechtswissenschaft, in: Hilgendorf/Schulze-Fielitz (Hrsg.), Selbstreflexion der Rechtswissenschaft, 224.
[90] Rottleuthner (Fn. 69), 205, 219.
[91] Bumke (Fn. 2), 16 ff.; Auer (Fn. 2), 29;更早期的发展,参见雷磊:《法教义学的源流》,载《法学评论》2019 年第 2 期。

立出来,关注的是实在法与教义法学(dogmatische Rechtswissenschaft)非哲学性的一般理论,即"一般法学说"(Allgemeine Rechtslehre),其目的是把民法教义学方法向刑法、公法等其他学科扩展[92],而那些不专属于法学的问题被独立出来为新出现的社会学与社会科学所吸纳。[93]这种"一般法学说"随着纯粹法学的出现达到顶峰,但因其既排斥法的偶然性又排斥哲学的形而上,导致二者交集上的空洞,最终在20世纪六七十年代为"法理论"所替代,而法理论最近十年方法与认知的多元性,都展示了其讨论的问题如法律经济分析、法律多元化、法律讨论的政治化等已经与哲学无关,法理论从法哲学的下位概念上升为其上位概念。[94]

为了实现法学的跨学科与国际化,需要新的法理论,Marietta Auer 主张可以在法教义学与基础学科之间构建一个新型法理论,把法学的各个学科与其他学科、文化的方法与认知连接成为一个多学科的法学,并解决法教义学与传统基础学科相脱节的问题。[95] 新型法理论提供的是多学科法学的哲学理论,不再仅仅是法哲学的分析性分支,可以解决德国法学研究无明确方法的问题,也可以解决法学科学性的问题[96]。新型法学的认知目标就是通过法的视角所形成的**多学科社会理论**。[97] Oliver Lepsius 在《关系:一种更好法学的辩护词》著作中也主张提高德国法学的国际接轨性,多学科性、增加理论与基础学科含量。[98] 但亦有学者认为把理论与实践、多学科、基础与应用研究都勾兑到一起未必可以塑造更好的法学,法学需要自己的身份特征,因此法学应该是一种异质性多种学科的集合(Rechtswissenschaften im heterogenen Plural)[99],换句话说法学应

---

[92] Funke, Rechtstheorie, in: Krüper (Hrsg.), Grundlagen des Rechts, 3. Aufl., 2017, 47.
[93] Bumke (Fn. 2), 27; Auer (Fn. 2), 29.
[94] Auer (Fn. 2), 30 ff.
[95] Auer (Fn. 2), 10.
[96] Auer (Fn. 2), 15-16, 53, 63 ff., 11 f.
[97] Auer (Fn. 2), 51; Auer 在其文章 Eigentum, Familie, Erbrecht. Drei Lehrstücke zur Bedeutung der Rechtsphilosophie, AcP 2016, 239 ff., 展示了这种新型法理论对于部门法的指导方式。这篇文章的风格与中国传统部门法文章有不少相似之处,表现在教义分析少,一般性哲学论述多。
[98] Lepsius (Fn. 2), 9.
[99] Augsberg, in: Lepsius (Fn. 2), 89 ff..

该基本保持现状。

Bumke 认为研究法教义学的思维与作业方式无须首先构建法理论的基础,因为法理论与法教义学彼此独立发展,法理论关心的是法的性质,"寻找的是普遍适用的元素、机制、体制或者解释以法作为工具或基础的社会实践",而法教义学本身就是这种社会实践的一部分,法理论并不能为法教义学提供有约束力的框架。[100]

(五) 法教义学与疑难案件

疑难案件的解决与法教义学的关系是 Bumke 专著深入探讨的一个问题。首先需要明确的是,德国语境中对疑难案件的概念通常不作界定,而是援引哈特、德沃金等英美学者的定义。一般说来,疑难案件是指对法律解释深度要求更高的案件,也就是存在多种法律解释可能性的案件。慕尼黑大学法学教授 Hans Christoph Grigoleit 认为疑难案件就是法律适用不确定的案件,或者现行法中的目的考量(Zweckerwägung)虽然不令人信服,但也找不到更令人信服的解决办法,尽管如此他认为可以根据方法论与教义学说理要求将这种不确定性简化为一个或几个关键要素,此外这种不确定性也可以借助对论证负担的要求来解决,最后裁判者的职业自律要求判决满足规范与一般说理要求,进而把直觉形成的结论"中性化"。[101]

---

[100] Bumke(Fn. 2),12;中文文献对此的论述,参见王夏昊:《从法教义学到法理学——兼论法理学的特性、作用与功能局限》,载《华东政法大学学报》2019 年第 3 期,"作为独立科学的法教义学,在逻辑上必然地预设并需要将各个部门法教义学建构成为一门完整的科学,即法理学";陈景辉:《部门法学的教义化及其限度》,载《中国法律评论》2018 年第 3 期,认为法理学是对实在法体系背后一般价值的讨论,为实在法的修改提供动力。

[101] Grigoleit, Dogmatik - Methodik - Teleologik, in: Auer/Grigoleit/Hager (Hrsg.), FS Canaris, 2017, 270 ff.;在中文文献中学者们倾向认为疑难案件司法裁判过程存在后果取向,如侯猛:《司法中的社会科学判断》,载《中国法学》2015 年第 6 期;纪海龙:《法教义学:力量与弱点》,载《交大法学》2015 年第 2 期,主张先剥离教义学思维,通过对论据进行衡量进而得出结论,这一结论用法教义学的语言说理表达出来;戴昕:《"教义学启发式"思维的偏误与纠正——以法学中的"自杀研究"为例》,载《法商研究》2018 年第 5 期,同样主张"直接运用经济分析或其他实质性分析方法,寻求适当的法律适用结论"。不同观点,参见葛云松:《简单案件与疑难案件——关于法源及法学方法的探讨》,载《中国法律评论》2019 年第 2 期,认为往返思考、必要时修改初始观点更接近现实情况。

Bumke 反对在疑难案件的解决中寻找法教义学的"科学"贡献,他认为一个案件之所以成为疑难案件,正是因为一般法解释方法无法得出明确答案,但法教义学仍然可以帮助找到解决方案。[102]在疑难案件中,学术研究与法官判案到底有哪些不同呢? Bumke 认为,法教义学的贡献并不是在于提供解决办法,因为法官的工作也是在寻找裁判的办法,而是在于解决问题时所使用的方式,其中包括对于法源认真处理、对理论大厦的考虑等四个方面[103],但并不存在一种方法可以证明在疑难案件中所作出的判决是唯一正解,因此无法准确判断法教义学对于解决疑难案件的真正贡献,而这归根结底还是因为法教义学的作业方式不够明朗所致。[104]

在德国语境中疑难案件与法官法律续造有所区别[105],法律续造需要满足特定的前提如修正或补充法律,采取特定的方法如类比推理、反向推理。但二者都可能启动新一轮教义化过程,即当出现了法律没有规定的情形、法律大环境发生变化,或者根据已有规则得出不令人满意的结论时,需要通过对教义学概念进行解构,还原其后所隐藏的目的与价值判断,进而考量现有教义学概念是否需要变迁。[106]

二、法教义学与方法论的关系

(一)作为方法的教义学

法教义学与法学方法的关系虽然一直被关注,但也是一个没有彻底

---

[102] Bumke(Fn. 2), 49, 95.
[103] Bumke(Fn. 2), 52.
[104] Bumke(Fn. 2), 116, 227.
[105] 根据雷磊教授的观点,"疑难案件既包括部分法律解释的情形,也包括部分法律漏洞的情形,还包括超越现行实在法框架深入到法哲学层面的情形。法律漏洞的情形,如果是明显漏洞,且可以轻易找到作为类推基础的法律规则,且论证说理相对简单、共识较高,就不属于疑难案件"。葛云松(脚注 101),划分了两种疑难案件,一是,"法源性资料提供的法律规范不清晰",二是"法源性资料提供的法律规范清晰,但与法官的实质性判断不一致"。孙海波:《疑难案件裁判的中国特点:经验与实证》,载《东方法学》2017 年第 4 期,区分了六种疑难案件。
[106] Lobinger(Fn. 1), 41 f.;中文文献论述,参见雷磊:《法教义学的基本立场》,载《中外法学》2015 年第 1 期。

解决的问题。本文之初所提及的三部专著中最后一本,即青年学者Jannis Lennartz的博士论文《作为方法的教义学》对二者的关系用非常简洁易懂的语言作出了阐释。该书被评为2018年度德国最佳法律图书之一,具体探讨了如下问题。

第一,法学方法论(Methodenlehre)、法解释(Auslegung)、法律适用方法之间的关系。他认为把法学方法理解为法解释方法虽然是通常作法,但却是一种误解,司法实践在很大程度上并不是人们所认为的法解释与涵摄的过程,而是一种法律论证[107],其特点是使用法律概念与制度,而这些制度与概念并非一定存在于法律规范之中。[108]法律适用的方法(法律方法)就是在法律论证中构建与使用教义学概念。[109]但Lennartz认为司法实践与法学研究的方法即便有区别,也是程度上的、模糊的、无足轻重(graduelle、fließende、und letztlich belanglose)的区别,二者使用的是同样的工具与概念进行论证[110],但这一认识显然低估了法教义学科学性问题的重要性,不能证明教义学工作与司法实践工作不同,就不能论证为何国家需要投资设置法学院,资助法学研究。[111]

具体而言,教义学是法律解释的框架,在法律解释的过程中会产生概念,但概念的产生未必是解释的结果,因为有一些概念在法律规范中并未出现,比如行政行为的概念就是奥托·迈耶从法国法中引入的,交易基础的理论与主观公法权利最初也只是以学说形式存在的。Lennartz的核心观点是建议重新启用"建构"(Konstruktion)这一名词来描绘新概念生成的现象。[112]历史上,耶林曾经把"建构"看成高层次法学(höhere Jurisprudenz),把"解释"看成低层次法学(niedere Jurisprudenz),但随着19世纪法典化运动使得罗马法法源的作用消失,取而代之的是制定法,众多

---

[107] Bumke (Fn. 2), 113 ff., 认为法学方法论的客体是法律解释与适用以及法律续造的基础与限制,但法教义学的内容不限于此,因为方法论并没有说明法律概念是如何产生的。他同样认为法学方法的特色在于法律论证,法律论证中使用法律解释方法,还会使用后果考量、比较法工具,但法教义学不仅仅包括法律论证。

[108] Lennartz (Fn. 2), 134 f., 181.

[109] Lennartz (Fn. 2), 181.

[110] Lennartz (Fn. 2), 114.

[111] Jansen (Fn. 1), 641 f.

[112] Lennartz (Fn. 2), 136 f., 177 f.

学者对概念法学的批判,建构一词从方法论中消失了,方法论就只剩下法解释学了,这种理解在 Lennartz 看来必然导致把所有与法律规范相关的工作都定性为解释[113],否则无法全面概括法学工作。[114]

第二,法学方法与教义学之间的关系。Lennartz 所提出的问题是,为什么德国法学方法论对于法学研究的根本工作,即法律技术性概念如上述行政行为、主观公法权利是如何形成的保持沉默。他给出答案是因为"建构"这一工作在 19 世纪陷入了危机。[115]他认为法律概念与制度的集合构成了法教义学,而产生法律概念方式的过程就是法教义学,这个过程使用的方法就是法学方法,也就是与法源相关的解释与建构技术。[116]一直以来,因为德国把法教义学与狭义法学等同,相应地法学方法也与法教义学方法等同,法学研究与法律适用方法也不做区分。[117]但法学方法论本应是法教义学的理论,能够满足社会对司法实践的期待。[118] Lennartz 反复强调法教义学是分法律部门的,因此部门法教义学的内容是不同的,而方法就是运用法律概念,所以不同部门法方法也有所不同,但具有上文所指出的相同之处。[119]比如德国民法通常使用的就是案例群与请求权基础方法,在必要时借助一般条款与法律规范外的理论,而行政法主要运用一些特定概念如行政行为来概括各种国家行为,刑法特别注重概念的明确性,使用的是三阶层的分析方法,宪法虽然也是用三阶段框架方法

---

〔113〕 Lennartz (Fn. 2), 18 f., 27 ff., 40.
〔114〕 Jansen (Fn. 1), 636, 不认同这一看法,他认为建构并未一直受到批评,而且建构陷入危机是因为罗马法对其目的反思不足而至;在中文文献中,参见车浩:《理解当代中国刑法教义学》,载《中外法学》2017 年第 6 期,指明了超越法条创造规范之外的概念与理论就是法教义学不同于法解释学之处;相同观点,参见王夏昊(脚注 100);凌斌:《什么是法教义学:一个法哲学的追问》,载《中外法学》2015 年第 1 期,认为"法教义学和法解释学的基本差别,就在于对司法案例的不同立场和方法",法解释学是立法中心主义,法教义学是司法中心主义。
〔115〕 Lennartz (Fn. 2), 27 ff.
〔116〕 Lennartz (Fn. 2), 182. „Methodenlehre ist im Ergebnis die Technik des Rechtsquellenbezuges durch Interpretation und Konstruktion."
〔117〕 Bumke (Fn. 2), 35 Fn. 138 认为法教义学对于司法实践的关注,导致越来越难区分法学研究的方法与法律适用的方法。
〔118〕 Lennartz (Fn. 2), 2.
〔119〕 Lennartz (Fn. 2), 8 ff., 172 f.; Bumke (Fn. 2), 108 ff., 同样区分民法与公法的方法,但在 Jansen (Fn. 1), 645 看来,这种区分是站不住脚的,因为民法、公法教义学使用的都是概念。

(保护范围、侵害、限制),但并不注重概念的准确性,而是需要在比例原则框架内通过利益衡量来解决纠纷。[120]

Lennartz 回答了这样一个中国读者也可能有的问题,即什么时候我们说某种看法符合教义学的(dogmatisch),什么时候某种看法是不符合教义学的(undogmatisch)?他认为判断标准为是否与已有教义学体系一致。[121]至于什么是好的教义学,Marietta Auer 认为是理论的可检验性、融贯性与深入的论证。[122]

与之相反的,Sahm 认为法教义学与法学方法的区别在于,方法论所形成的是抽象表述,而法教义学的表述与特定法规或特定法秩序的法律紧密联系,因而不能轻易地适用于他国法律、其他法规[123],这与中国学者所主张的"法教义学知识有国界,而法教义学的方法无国界"实属异曲同工。

第三,法学方法与法学科学性问题。Lennartz 认为二者总是紧密相连,因为方法论必须解决法律的偶然性与法学认知的确定性问题(Erkenntnissicherheit)之间的矛盾。[124]经过百年来的讨论,尽管对法律认知的确定性有所下降,但"法学方法仍然被理解为解释与涵摄以及对问题描述的总和,如案件事实的构造、法官价值判断的必要性",这一点可以体现在德国关于法学方法论的文献有两类,一类是拉伦茨类的教科书,另一类是对方法论特征与缺点的描述。在后者中方法论似乎永远处于一种危机状态,这是因为一方面方法论的争论实际是法学对时代精神以及对社会、人文科学发展的滞后性反思,另外一方面是德国方法论的讨论经常不对方法论的描述性维度(法律人怎么思考问题?)与规范性维度(法律

---

[120] Lennartz (Fn. 2), 155 f.; 对于三阶段框架,参见张翔:《宪法教义学初阶》,载《中外法学》2013 年第 5 期。
[121] Lennartz (Fn. 2), 170 f.
[122] Auer (Fn. 38), 522.
[123] Sahm (Fn. 1), 40.
[124] Lennartz (Fn. 2), 58.

人应该怎么思考问题?)进行区分,这使得方法的实践与方法的理论无法同步。[125] Lennartz 提出不应从错误的现实主义出发寻找法官头脑中到底是如何得出裁判结论的,因为这样就会发现法律解释的不确定性,而应关注社会对司法实践的期待,即方法的应然状态或是所谓的规范性方法论,也就是展现给当事人与公众最终的判决书,说理应该符合社会对司法判决的正当性要求。[126]

(二) 其他观点

法学的科学属性是否以拥有特定方法为前提? 就此德国学者还有争议。[127] 汉堡博锐思法学院教授 Thilo Kuntz 指出作为学科德国法学并没有研究方法,德国法学方法实际上是法学界为法律实践提供的方法(即法律方法),这也体现在德国法学专著没有方法论部分,因为法学研究的方法似乎是不言自明的。[128] 根据他的观点,在德国学术界存在两种对于法学方法的看法,一种为纯粹法学派方法,认为法学有自己的特色,但纯粹法学派的方法过于狭窄,另外一种看法认为法学方法是多元的,没有自己独特的方法。[129] Kuntz 的结论是,不应该以方法来划定什么是法学,而应该从科学社会学的角度来推导出法学的特色,因此法学的特色在于法学领域的感知、评价、行为方式的不同,比如国家司法考试的重要意义就区

---

[125] Lennartz (Fn. 2), 58, 11, 62, 指出从历史上看,之所以认为法学需要自己的方法论是在 19 世纪受自然科学的影响;在第 63 页,作者指出拉伦茨方法论教科书在实践中具有权威性,但在学术讨论中处于边缘地位,而在学术讨论中最重要的学者 Friedrich Müller,其作品在实践中几乎毫无影响。

[126] Lennartz (Fn. 2), 80 ff., 181;中文文献中,葛云松(脚注 101),指出"争论思考的先后顺序,实际上是没有意义的"。"找法过程是一个非常复杂的程序,每个人的心理过程未必相同,也不必强求一致",似乎表明方法论不应该关注找法的阶段,而是结论论证的阶段;熊丙万:《法律的形式与功能——以"知假买假"案为分析范例》,载《中外法学》2017 年第 2 期,对此也有论述:"即便法官认为理想的制度选择方案,有可能因立法者在法律文本中设定的硬性约束而无法获得充分的形式化正当依据。这也反过来形成一种对功能性作业的制衡。"

[127] Lennartz (Fn. 2), 11, 认为特定方法并非前提,一个学科的科学性也可以表现为一个机制性有保障的就特定主题群的讨论;Zimmermann, Juristische Methodenlehre in Deutschland, RabelsZ 83, 242; Auer (Fn. 38), 516, 持相反看法。

[128] Kuntz, Auf der Suche nach einem Proprium der Rechtswissenschaft-Sinn und Unsinn des Bemühens um disziplinäre Identität, AcP 2019, 255, 269.

[129] Kuntz (Fn. 128), 259-260.

分了法学与其他学科。[130]

三、比较法与法律史视角的法教义学与方法论

上文提到,最近五年法教义学讨论中一个突出的特点是比较法视角。借镜其他国家的法学模式,更容易了解德国法学的特点及成因。此外,在这些反思中,学者们纷纷尝试从传统中汲取力量,但 Nils Jansen 指出无论是萨维尼还是耶林都不能为 21 世纪的讨论提供可行的解决办法,限于篇幅对此方面的研究这里不再详述。[131]

(一) 法国法学

康斯坦茨大学法学教授 Christoph Schönberger 所选取的比较对象是与德国同属大陆法系的法国公法学。他所得出的结论有如下几点:第一,在法国的体系中,学术界传统上不具有太多法律塑造功能,法国的公法学处于一种局外人角色,其角色是观察与评论。[132]第二,法国终审法院的判决通常非常简短,只有其法院的法官才真正可以完全理解,所以也不可能对司法判决进行详细的分析与体系化。[133]第三,法国没有法律职业共同体,不同职业群体间缺乏对话。[134]简言之,法国的行政法是法院判决的产物,而德国行政法则是学术的产物。[135] Schönberger 认为导致这一情况出现的原因在于:首先,德国帝国法院在成立初期并不具备法国同类机构所具有的威信,为了赢得威信,德国帝国形成了一种与学术风格靠拢的说理风格。[136]其次,在帝国时期与魏玛共和国时期,德国在公法领域,无

---

[130] Kuntz (Fn. 128), 277-299.
[131] Jansen (Fn. 1), 652;除了 Bumke 与 Lennartz 的专著,卡纳里斯贺寿文集中很多文章也都或多或少以 19 世纪德国法学为例对法教义学进行阐述,这可能是因为当时教义学更为纯粹,更具有科学性。
[132] Schönberger (Fn. 2), 18.
[133] Schönberger (Fn. 2), 17, 39, Fn. 94.
[134] Schönberger (Fn. 2), 41, Fn. 98.
[135] Schönberger (Fn. 2), 23, Fn. 48.
[136] Schönberger (Fn. 2), 24, Fn. 49.

论是宪法还是行政法都不存在大规模法典化运动,也不存在最高的审判机关或审判机关权限很小,这种立法的滞后使得公法法学教授们直至魏玛共和国时期都还拥有很大的发挥空间。[137]虽然在 70 年代,德国曾经密集地讨论过法学与相邻学科的关系[138],当时比较法学者 Konrad Zweigert 提出法官要作为社会工程师,但这并没有导致学术范式的变化,也没有导致法院判决说理风格的变化。[139] Schönberger 认为德国法教义学的特色不是实践取向,而是**法院判决的学术化**,而恰恰这一点是法国法所缺乏的。[140]哥廷根大学退休法学教授 Christian Starck 对上述一些观点抱有怀疑,他认为法国宪法学学者在 80 年代就有向德国靠拢的迹象。[141]

(二)美国法学、南欧法学

现任马普刑法研究所所长 Tatjana Hörnle 选取美国与南欧国家进行初步的比较。她认为美国之所以没有刑法教义学,是因为美国 52 个州的刑法各不相同,学者没有统一适用的规范可供教义学研究。[142] 至于在南欧,因为高校教师工资过低,学者们必须兼职赚钱,所以没有精力进行法教义学研究。[143] 当然,这些都是该学者的一家之见,所提及的方面是否构成这些国家没有出现教义学的根本原因,也有待进一步考察。维尔茨堡大学法学教授 Eric Hilgendorf 指出美国法学为其法教义学的凋零付出了巨大的代价:法学学术成果对于美国司法实践几乎不发挥任何作用,特别在刑法领域,刑事公诉、刑事法院的活动、刑事政策都看不到学术界影响的影子,学术界的批评功能丧失殆尽。[144] Oliver Lepsius 认为在意大利等南欧国家提到教义学所指代的仅是学术观点,而不是德国法意义上的

---

[137] Schönberger (Fn. 2), 25, 26.
[138] Bumke (Fn. 2), 38.
[139] Schönberger (Fn. 2), 34; Bumke (Fn. 2), 38, Fn. 152.
[140] Schönberger (Fn. 2), 40.
[141] Starck, AöR 2018, 324.
[142] Hörnle (Fn. 6), 203;对于美国民法无教义学的原因,参见 Wagner, Privatrechtsdogmatik und ökonomische Analyse, in: Auer/Grigoleit/Hager (Hrsg.), FS Canaris, 2017, 283,作出了同样解读。
[143] Hörnle (Fn. 6), 205.
[144] Hilgendorf/Schulze-Fielitz (Fn. 4), 5.

学术与实践的共同讨论文化,但他的结论却与 Eric Hilgendorf 相反,他认为德国法教义学太独特了,不具备输出到其他国家以及与其他国家对话的功能,因而不具备在欧洲的生存能力。[145]

  Thilo Kuntz 从科学社会学的角度分析了德国与美国对教义学态度的不同。[146] 他认为德国国家考试分数的重要性以及案例分析的考试形式,导致对法律专业能力的判断只取决于对现行法教义学的了解程度,也导致大量学生对与考试无关的内容漠不关心。此外,德国候补文官实习阶段的培训进一步强化了对案例分析导向与实践的重视,而且德国法学教授都必须承担法学核心课程,无法形成自己的教学特色。在德国,法学学术界的职业发展取决于学者的教义学水平,这一点在民法、刑法尤为如此,公法相对开放一些。美国法学学术生涯取决于学者所毕业的法学院,而向外输出教师最多的四所顶尖法学院——耶鲁、哈佛、斯坦福、芝加哥法学院更倾向对法政策的关注。此外,美国有志学术的法学院毕业生都是在其他专业攻读博士,一旦博士学业结束回到法学院工作时,必然就把其博士专业的方法带到法学研究中,这直接削弱了教义学工作的价值。德国学者经过在大学与文官实习期间的训练,写作风格类似,而且即便阅读其他方法的法学研究成果,也仍然以教义学的视角来理解。德国教义学传统导致要求跨学科研究也要为解决具体法律问题提供答案。德国期刊对实用性的要求与销量的重视使得跨学科的文章很难发表,一般只能发表在纯学术的刊物上。这类文章与以外文发表的文章很难被法律评注所吸纳,因而对学者来说吸引力也有限。

  值得注意的是,美国近期也出现了对法教义学价值重新检视的举动[147],尽管相关讨论仍然肯定了美国没有"法律科学"(science of law),只有"关于法律的科学"(science about law),但为了理解法律需要平衡教义学与非教义学考量的认识,可以称为一种"新教义学主义"(New

---

[145] Lepsius (Fn. 20), 87.
[146] Kuntz (Fn. 128), 278 ff.
[147] 美国《宾夕法尼亚大学法律评论》(University of Pennsylvania Law Review) 2015 年第 7 期的主题是法教义学(Legal Doctrine)。

Doctrinalism)。[148]

(三)英国法学

根据 Flohr 的研究《法教义学在英国》[149],英国民法学自 20 世纪 90 年代出现了某种意义上的教义学转向,英国英年早逝的民法权威、牛津大学教授 Peter Birks(1941-2004)以及他的学生、一些其他年轻学者逐渐开始试图通过分类学的方法对不当得利法与侵权法领域进行梳理,并构建基础概念与民法原则,此外也出现了类似于请求权基础分析(right-based analysis of private law)与法解释主义(interpretivism)等研究方法。Flohr 认为,法教义学过去在英国影响有限的原因可以从英国民族特色、思维方式,以及立法、司法与法学界运行机制等因素中寻找,但最重要的一点无疑是英国判例法的传统造成法律条文缺失,法院判决强调个案公正、注重事实问题胜于法律问题也使得法律体系化难以进行,法教义学工作完全是"无米之炊"。[150] 此外,学者在法律发展中不同的作用也决定了法律体系化发展的程度,英国在历史上直到维多利亚时代为止法官都是法律发展的主导力量,英国大学 19 世纪中期才开始教授英国法,在 20 个世纪 60 年代英国法学学者数量才持续增加,研究水平有明显上升,特别是刚刚开始学术生涯的年青一代学者自认已经与法官平起平坐,甚至在智识上胜过后者,他们也不满足于把判例作为研究对象,更多关注民法哲学问题。[151]青年学者在研究时注重概念的明确性与论证的逻辑正确性已经成为一种新习惯,近些年新出版的专著与教科书结构上都具有严格的体系性,以往那种松散汇编短文的写作方式越来越被鄙视,此外,英国的法官也开始重视学术研究成果。[152] 这种转向使得英国民法学呈现向德国法靠拢的迹象,但同时 Flohr 认为这种转向是一种基于英国法学特色的自主

---

[148] Balganesh, The constraint of Legal Doctrine, University of Pennsylvania Law Review 2015,1857.
[149] Flohr(Fn. 2),20 ff,203,239.
[150] Flohr(Fn. 2),101 ff.,135 ff.
[151] Flohr(Fn. 2),149 ff.,239 f.
[152] Flohr(Fn. 2),163,154 f.

转变,从这种变化的结果来看可以将其称为一种"Transformation in Differenz"(异质性转型)。[153] 但有学者认为 Flor 的说法多少有些夸张,英国目前实际上既没有德国式的教义学也没有德国式的方法论。[154]

(四)法学教育的作用

正如 Schönberger 在其《"德国进路":学术比较中的德国国家法学》一文中所指出的那样,德国式法教义学的产生需要很多前提条件,其中的一个就是统一的法学教育和随之而来的法律职业共同体的形成。[155] 他认为在法国,不同法律职业的群体培养途径不同,彼此之间互动很少,而且经常互相鄙视,所以不可能形成德国式法教义学。[156]

Hörnle 就这一问题把德国与美国的法学教育进行了对比,她认为德国国家司法考试的设置由每个联邦州决定,但德国法律大多为联邦法律,所以考试内容大体相同,而且德国教科书内容安排合理也适合于德国法律系学生学习法教义学。[157] 在美国,每个联邦州的法律不同,法学院毕业生工作地点不同,所以法学院不重视对法律规范的传授,学生对于规范采取一种冷淡、游戏式的解构态度。而德国的法学教育是让学生从一开始就把自己设想为一个法律适用者,肩负着在具体案件中得出一个公正的结果的责任。[158]

四、法教义学与跨学科:现状反思与未来畅想

(一)现状与反思

目前德国法学研究仍然以教义学为主,这种主导地位也许会使人有

---

[153] Flohr (Fn. 2), 295.
[154] Graziadei, Not on the Other Side of the Channel!, Rechtsgeschichte 2019 (27), 362; Dannemann, Juristische Methodenlehre in England, RabelsZ 2019, 330-331.
[155] Schönberger (Fn. 2), 11 f. 41.
[156] Schönberger (Fn. 2), 11 f.41.
[157] Hörnle (Fn. 6), 206;早在 1993 年,Reimann 在其专著 Historische Schule und Common Law 中就已经指出美国法律不统一是无法产生教义学的一个重要原因(第 282 页)。
[158] Hörnle (Fn. 6), 206,207.

这样的错觉,认为在文章标题中使用"教义学研究"一词在德国应该比较少见,事实并不如此,2016年10月至2017年10月的一年间,德国法学博士论文与教授资格论文中以"教义学研究"为标题的就多达300多个。[159] 如前所述,法学跨学科研究的意义近些年来在德国逐渐得到肯定,但德国目前是否有真正的跨学科研究?

1. 私法领域

在私法领域法律经济分析方法已经被基本认可[160],很多教授资格论文都会涉猎该方法,欧盟立法也有采取经济分析的取向,因此德国洪堡大学教授Gerhard Wagner认为法律经济分析不仅仅适用于经济法领域,而且同样适用于传统民法领域,并对法律经济分析在德国的继受史进行了总结。[161] 他指出民法受到公法与社会法的挤压,同时受到立法、宪法化与欧洲法律统一更多的影响,导致民法中意思自治与合同自由很大程度上已经不复存在。[162] 就这三方面因素,他各举例说明,比如在涉及消费者的领域,欧盟法律规定已经把合同自由限制到企业方只能决定卖什么、卖多少钱,其他的合同内容已经都不是他能所能左右的了。[163] 而德国联邦宪法法院也有一些介入民法的判决,干扰了民法教义学体系。比如根据联邦宪法法院1979年的一个裁决(BVerfGE 52, 214, 221),房屋租赁合同解除后,如果承租人拒绝搬迁,并以自杀相要挟,那么法院必须考虑该自杀风险是否真实存在,必要时必须停止强制执行程序,理由是搬迁可能对承租人所拥有的宪法权利——生命健康权可能构成严重侵害。这样就导致承租人无论是否有精神疾病,都可能会以自杀相要挟,导致执行无法进行,对于自杀风险的判断成了一个法院需要处理的一般情形,而法院也承认在多数时候根本无法准确判断承租人自杀的说法是真实的还是假

---

[159] Sahm(Fn. 1),14.
[160] Kuntz(Fn. 128),289,却指出德国知名学者中不乏有人认为搞跨学科的法学学者都是教义学能力不足。
[161] Wagner(Fn. 37),165 f.;Wagner(Fn. 142),284 ff.,289,同时指出在德国法律评注与法院判决中法律经济分析完全被忽视。
[162] Wagner(Fn. 37),70.
[163] Wagner(Fn. 37),106.

装的。[164] 这导致曾经出现出租人出于无奈也同样主张如果承租人不搬,他就会自杀,最后法院的工作居然成了要判断哪一方自杀风险更大(BGH NZM 2016, 654)。Gerhard Wagner 认为法院承认义务人的自杀要挟作为中止执行的理由,实际上就是使得义务人获得法律外的额外利益,而这显然与民法教义学体系不符。

Gerhard Wagner 最后得出的结论是法教义学的任务是把现行法整合、发展为一个内部无矛盾的体系,但在民法体系已经分崩离析的当今,德国民法只能向美国学习,无须再特别关注规范,而应更多关注法律原则。[165] 而效率就是一种法律原则,这一原则构成了经济学的知识输入到法学的入口。[166] Nils Jansen 同样建议法教义学要从现行法与法院个案判例中解放出来,更多关注建构可能性与裁判选项等全局性问题,未来法学教授的角色不是对法院判决进行系统化,法院的角色也不是确认教授们的学术观点,教授的任务是发展教义学的制度、范畴、思维形式还有培养学生,简言之欧洲法学的定位应该回到中世纪博洛尼亚时代。[167] Lobinger 则反对上述两种看法,认为宪法与欧洲法对于民法的侵蚀并不必然导致传统法教义学的衰落,对于同样属于宪法权利的民事权利,其内容的具体化与发展仍然是民法教义学的任务,而欧洲法的介入只是要求在从事教义学工作时考虑相关规定,而且也可以对欧洲民法进行教义学化。[168]

德国洪堡大学教授 Lars Klöhn 指出法律经济分析是法律现实主义的产物,法律现实主义认为裁判是一种论证,说理是为了让人了解法院裁判的考量,而教义学恰恰相反,是为了掩盖这种考量。[169] 即便从德国视角看来经济学认识不过是对常识的另一种表述,但其为解决法律问题仍然可以发挥三个作用:简化、明朗化、深化,其中的明朗化就是把**法律问题**转化

---

[164] Wagner (Fn. 37), 123.
[165] Wagner (Fn. 37), 181.
[166] Wagner (Fn. 142), 313-318.
[167] Jansen (Fn. 2), 57 ff.
[168] Lobinger (Fn. 1), 69, 105-106.
[169] Klöhn, Minderheitenschutz im Personengesellschaftsrecht. Rechtsökonomische Grundlagen und Perspektiven, AcP 2016, 282.

成**法律效应问题**,进而把法律人思维的一些隐形前提显性化。[170] Klöhn以人合公司为例分析法律经济分析是否能对"确定性原则"(Bestimmtheitsgrundsatz)与"核心领域说"(Kernbereichslehre)这两个教义学争议问题作出独到的贡献,其用来佐证其观点的文献虽然亦有德国本土作品,但其主体部分仍然是美国学者的研究成果,这与人合公司总体缺乏关注相关[171],但也显示了即便在法律经济分析适用广泛的德国公司法领域学术产出也远远不足。

此外,新近德国民法学界也出现了以问卷调查来进行合同解释的实证研究[172]以及量化法学研究[173],这里的循证方法(evidenzbasierte Methodik)包括四个步骤,即问题的描述、对过去研究的检索、对现有研究的评价、对研究结构的处理。[174]相关学者认为这种实证研究未来发展前景,取决于法学方法论在多大程度上能够考虑实证数据,法学教育中是否可以融入实证方法的系统训练。[175] Walter Bayer 把法律事实研究不再看成是对法教义学的补充,而是法教义学的一部分[176],Katja Langenbucher提出没有教义学,没有规范内部的统一与秩序,也无法使用其他学科方法,无论是对于实证方法所研究问题的确定,还是把结果用于规范中,都需要法律的体系性。[177]

2. 公法领域

在公法领域学者们的答案是否定的,Oliver Lepsius 认为社会科学对于德国公法学来说还是基本上不发挥作用的,绝大多数学者还是反对新

---

[170] Klöhn(Fn. 169),283.

[171] Klöhn(Fn. 169),283.

[172] Stöhr, Die Bestimmung der Transparenz im Sinne von § 307 Abs. 1 S. 2 BGB. Ein Plädoyer für eine empirische Herangehensweise, AcP 2016, 558.

[173] Coupette/Fleckner, JZ 2018, 379 ff.

[174] Hamann/Hoeft, Die empirische Herangehensweise im Zivilrecht. Lebensnähe und Methodenehrlichkeit für die juristische Analytik?, AcP 2017, 318.

[175] Hamann/Hoeft(Fn. 174),336.

[176] Bayer, Privatrechtsdogmatik und Rechtstatsachenforschung, in:Auer/Grigoleit/Hager(Hrsg.), FS Canaris, 2017, 320.

[177] Langenbucher(Fn. 1),240.

的思维方式[178],Schönberger认为德国公法中对于新方法、新视角的开放态度只是光说不做[179],还有观点认为德国所谓的跨学科研究顶多就是多个学科视角的叠加。[180] 例如,德国绝大多数国家学文献都是多学科分析,但是这种多学科属于学科混杂,就像是用多个国家的语言中各挑出一个词组成一句话,让人不知所云[181](即所谓的"方法杂糅主义"[182])。国家学的教科书一般就是把社会科学的研究成果和宪法学的关键概念,重复总结归纳到一起,国家学实际上仅是为法律系学生提供社会科学入门。[183] 国家学的研究成果,因为不符合社会科学方法的规范性,既不为社会科学学者所认同,也不在他们的视野之内,因此国家学并不是真正的多学科对话;正相反,国家学实际上导致了法学的脱节,它制造了一种假象让人觉得其研究成果可能对非法学专业人士有意义,但实际上并不如此。[184]这样的跨学科只是法学圈内部的跨学科,针对的对象还是法学界的学者。Lepsius把这种现象称为法学对外封闭,对内开放,实现的并不是学科分工,而是只把其他学科的方法简单地融合到对现行法讨论的理论之中,其所提出的跨学科命题并不能够经受其他学科的检验。[185] Schönberger把其定义为德国法学的内向性(Introvertiertheit)。[186]

但同时,在公法领域似乎对教义学的质疑更多一些。[187]这是因为:第一,直到20世纪70年代,德国国家法学才将自己的作业方式明确定义为一种法教义学的方式,其背景是在70年代,对于法社会学与法理论以及法学与社会科学之间关系的讨论,使得通过将国家法学定义为教义学即

---

[178] Lepsius(Fn. 20),56,60.
[179] Schönberger(Fn. 2),45 f.
[180] Gutmann(Fn. 69),112.
[181] Jakab, Staatslehre-Eine deutsche Kuriosität, in: Schönberger(Hrsg.), Der „German Approach", 93
[182] 张翔:《走出"方法论的杂糅主义"——读耶利内克〈主观公法权利体系〉》,载《中国法律评论》2014年第1期。
[183] Jakab(Fn. 181),93 ff.
[184] Jakab(Fn. 181),94.
[185] Lepsius(Fn. 20),72.
[186] Schönberger(Fn. 2),42.
[187] Lepsius(Fn. 20),64,在德国公法被视为一个学科是独特的,其他国家行政法一般与宪法相分离。

可以论证其科学属性。[188]第二,有学者认为国家法学与基本权利教义学领域,在多年前就已经开始跨学科研究,这一方面使得研究增加了新的视角与话题,但同时也导致联邦宪法法院对于学理关注的下降[189]。Bernhardt Schlink 早在 1989 年就在题为《被罢黜皇权的国家法学》的文章中认为德国国家法学已经风光不再。[190]为了寻求慰藉,德国国家法学在 20 世纪 90 年代更多地是与自己对话,比如以学术研究为中心地对学科发展总结,对学者生平、学者肖像、学科特点的关注,以及寻找法学理论。[191]第三,部分学者认为学术法的时代已经一去不复返,法教义学只有在德国本土的法律中才能够继续发展,在欧盟,法院的判决风格是法国式的,德国法教义学式的司法与实践对话不可能发生,因此只有增加纯理论或是实证研究,通过比较法为欧盟与国际法的发展提供新的理念,这当然也会导致法学对于司法判决的影响下降,但这是必须要承受的代价。[192]纵观这些年德国公法学界的讨论,研究实践导向导致理论生成不足在一定程度上困扰着德国法学。[193]德国公法领域近年来出现了三个发展动向[194]:第一,以信息、沟通、知识等范畴来取代一些过时的教义学理念如行政行为形式导向或严格法律拘束观念;第二,把教义学明确定位为一种描述性理解科学(Verstehenswissenschaft),以确保其任务只是查明为文本所确定的实在法内容;第三,新行政科学的提出,也与增加理论研究的想法相符。

波恩大学法学教授 Klaus Ferdinand Gärditz 指出如何把宏大理论(Großtheorie)从法理论、法哲学领域引入行政法教义学还是一个没有解

---

[188] Schönberger (Fn. 2), 38 f.;在此之前德国国家法学的教义学传统已经建立,参见李忠夏:《宪法学的教义化——德国国家法学方法论的发展》,载《法学家》2009 年第 5 期;张翔(脚注 120)。

[189] Hilgendorf/Schulze-Fielitz (Fn. 2), 2.

[190] Schlink, Entthronung der Staatsrechtswissenschaft durch die Verfassungsgerichtsbarkeit, Der Staat 1989, 161 ff.

[191] Schönberger (Fn. 2), 44.

[192] Schönberger (Fn. 2), 47 ff.

[193] Kuntz (Fn. 128), 255.

[194] Bumke (Fn. 2), 49 f.

决的问题,不是说法律人引用了卢曼就能变成兼职社会学学者。[195] 社会科学学者不是为法学服务,他们研究的对象并不以法学界的兴趣为转移,导致法学所需要的研究成果他们不一定会提供,德国行政法只是偶尔参考经济学的知识,在行政法律适用过程中社会学知识根本不发挥作用,而这两个学科是德国行政法学界建议关注的重点。对实践发生作用的自然科学与技术知识,如在环境法、规划法、技术法、经济管理法领域,却没有进入行政法学界的视野。[196] 所谓的跨学科实际上异变为有选择性地援引其他学科的论据来支持自己的法学立场,因此与其装作什么讨论都能参与,还不如承认学科能力是有边界的。[197]

3. 刑法领域

在刑法领域,Hörnle 认为从事多学科研究的前提更为充分,其原因是刑法条文没有公法与民法那么多,所以能够从事基础学科研究的力量更为充分,而且德国大学刑法教席中可能有 30 多个包括法哲学与法理论,加之刑事判决对于涉法个体影响比较大,所以更需要从其他学科角度论证其合法性。[198]德国民法、公法的学者通常认为刑法已经被过度研究了,没有什么可以值得研究的问题了。[199] 有刑法学者自己也认为刑法连边缘问题的研究都已经无法再继续深入了。[200] 但 Hörnle 反驳说国家司法考试涉及的内容,在大学的课堂里讲授的比较多,相应研究也比较多,不考的内容,研究关注程度低,比如毒品犯罪、性犯罪以及量刑问题。[201]

4. 法理学

Thilo Kuntz 从理论层面论证了多学科研究方法的必要性。他认为传

---

[195] Grädtiz, Die „Neue Verwaltungswissenschaft"-Alter Wein in neuen Schläuchen?, Verw-Beiheft 2017, 133 ff.

[196] Grädtiz (Fn. 195), 135, 138 f.

[197] Grädtiz (Fn. 195), 139, 认为这种现象可以用 Sokal/Bricmont 所著《时髦的废话:后现代知识分子对科学的滥用》的书名来描绘。

[198] Hörnle (Fn. 6), 196.

[199] Hörnle (Fn. 6), 208.

[200] Hilgendorf/Schulze-Fielitz (Fn. 2), 3.

[201] Hörnle (Fn. 6), 208;就量刑问题,参见江溯:《无需量刑指南:德国量刑制度的经验与启示》,载《法律科学》2015 年第 4 期。

统上把法学等同于法教义学并将其研究对象局限为现行法的做法过于狭窄,应该关注德国法学界出现的一种新型极端研究进路"行为法创制"(performative Rechtserzeugung),即把法定义为法官在实践中所创制的法。[202] 这种模式一方面延续了法律现实主义的传统,另一方面与凯尔森关于法律解释、法律适用与法律规范创制密切相连。[203] Kuntz 主张法学不应只是法教义学,关注对象不应只是现存法,也应包括未来法,立法更应值得法学关注,不应完全留给法学以外学科如经济学来主导。[204] Kuntz 认为我们一般所理解的现行法是不存在的,个案中现行法是什么只有通过法官作出的判决才能确定,现行法是稍纵即逝(flüchtig)的,因此现行法作为法律规范在适用中得以创造,法律解释创制了被解释的对象。[205] 法律规范只存在于两种状态,其或者在过去已经被创制,或者有待未来创制,而不存在所谓"现在"这一状态,因此必然要否定以现行法作为法学研究对象,学者对于法律解释的建议只是为法官创制法律提供建议,所以法学是法律创制的科学(Rechtssetzungswissenschaft),是一种现实科学(Realwissenschaft),法学内部的学科是多样的,所以使用的方法也应该是多元的。[206] Marietta Auer 却指出,德国法学界所倡导的加强基础学科,跨学科与国际化只是说说而已,既没有导致相应教席的设立,也没增加科研资金投入。[207]

---

[202] Kuntz, Recht als Gegenstand der Rechtswissenschaft und performative Rechtserzeugung: Zugleich ein Beitrag zur Möglichkeit von Dogmatik, AcP 2016, 867. „Recht [ist] das, was der Richter in der Praxis zu Recht macht." Lennarz (Fn. 2), 93, 认为这种观点没有认识到法律的效力并非只有在法官适用时才发挥作用,合同之所以被履行,盗窃之所以没有发生,都可能是因为法律规范效力的存在。

[203] Kuntz (Fn. 202), 868;实际上,卡多佐早在 1921 年出版的《司法过程的本质》第 126 页中就指出,"Law never is, but is always about to be. It is realized only when embodied in a judgment, and in being realized, expires"。

[204] Kuntz (Fn. 202), 872;Bumke (Fn. 2), 103 ff., 同样主张法教义学应该关心立法。中文文献中类似观点,参见雷磊:《法教义学能为立法贡献什么?》,载《现代法学》2018 年第 2 期;张翔:《"合宪性审查时代"的宪法学:基础与前瞻》,载《环球法律评论》2019 年第 2 期。

[205] Kuntz (Fn. 202), 873-876.

[206] Kuntz (Fn. 202), 907-910.

[207] Auer (Fn. 2), 8 f.

(二) 未来畅想

1. 激进观点

如果要实现真正的跨学科,就必须要改变法学界单打独斗的研究方式,与其他专业的学者形成群体,进行合作研究[208],而且必须要放弃法言法语,这样才能让其他学科学者与法学学者交流,这也就意味着必须放弃法教义学。[209] 但目前德国法学学者无论专职什么学科,都把教义学工作作为本职[210],但在 Oliver Lepsius 看来,保持德国法学的教义学特色本身并不是一个值得追求的目标。法学如果想成为一门与实践对应的科学,并且是一个多学科的专业,仅靠教义学本身进一步发展及改善是不可能的,必须放弃教义学的中心地位,把教义学的工作交给实务界人士来完成。[211] 考虑到德国国家法学在 20 世纪 70 年代开始才逐渐形成教义学传统,在历史的大部时间并不是以教义学为重点,这种对于教义学的放弃也没什么大不了的。[212] 如果法律本身产生的过程是多元的,体系化的要求已经无法被满足,法教义学已经变成德国法学的竞争劣势,那么这种放弃更是别无选择的。[213]

这种观点得到若干学者的附和,Eric Hilgendorf 与维尔茨堡退休教授 Helmut Schulze-Fielitz 指出德国大学学术文化逐渐为自然科学所主导,法学又受美国模式的挑战。[214] 海德堡马普外国公法与国际法研究所所长 Armin von Bogdandy 对于国际化与欧洲化等外部动力推动德国法学改革持鼓励态度。他认为之前众多德国学者在美国留学的经历并没有影响德国法学的研究对象、研究方法、发表模式、发表地点、法律系学者彼此的交

---

[208] Gutmann (Fn. 69), 114.
[209] Lepsius (Fn. 20), 73.
[210] Jestaedt (Fn. 9), 255; Langenbucher (Fn. 1), 237.
[211] Lepsius (Fn. 20), 90, 92.
[212] Lepsius (Fn. 20), 92.
[213] Lepsius (Fn. 20), 91.
[214] Hilgendorf/Schulze-Fielitz (Fn. 4), 4.

往方式,德国法学太骄傲了,已经失去国际上的典范角色,却不思进取。[215]他虽然意识到放弃教义学的危险,并以以色列为例对此加以阐述。因为以色列法学界对于学术评价以在英美期刊发表为准,而英美期刊对于教义学的文章不感兴趣,以色列法教义学研究因此受到负面影响。[216]但 Armin von Bogdandy 仍然认为放弃教义学优点多于缺点,期刊权重高以及将学者发表在国外同行审稿的期刊为评价标准,可以绕开本国学术评价体系与本国的权威学者,增加了新生代外国学者的流动性。[217]

可以想像,这种观点必然会遭到老一代学者的反驳。慕尼黑大学退休刑法教授 Bernd Schünemann 就很不解为什么要向美国学习。德国连博士论文关注的范围都包括欧洲主要国家的文献,但法国、英国当代刑法文献都是从法政策角度处理法学问题,对于具体教义学问题,德国可能可以检索到若干专著与论文,法语文献通常就是几篇短文,至于美国,他认为都不存在真正的刑法学。[218] Schünemann 与 Christian Starck 均指出德国法学对欧洲其他国家、东亚、拉美都发挥很大的影响。[219] Hilgendorf 认为德国刑法在世界的影响,因为中国对德国犯罪学理论的关注,不但未减少,反而在增加。[220]

2. 温和观点

比较温和的观点认为在部分法律领域,如担保行政法、风险管理法、资本市场法、家事法、经济法、民法财产法,跨学科研究方法是不可或缺的。[221]但 Bumke 主张完善法教义学未必一定从方法论入手来讨论跨学科方法的运用,完全可以不再只把实践导向视为法教义学的中心,因为对法教义学的批评都源于怀疑其是否能够为解决疑难问题作出实质贡

---

[215] von Bogdandy, Internationalisierung der deutschen Rechtswissenschaft. Betrachtung zu einem identitätswandelnden Prozess, in: Hilgendorf/Schulze-Fielitz (Hrsg.), Selbstreflexion der Rechtswissenschaft, 136 ff.

[216] von Bogdandy (Fn. 215), 143.

[217] von Bogdandy (Fn. 215), 143.

[218] Schünemann (Fn. 89), 227, Fn. 24.

[219] Starck, AöR 2018, 324.

[220] Hilgendorf/Schulze-Fielitz (Fn. 4), 2.

[221] Bumke (Fn. 2), 226 f.; Kröger, Regulierung durch Privatrecht, Arbeitspapier Universität Frankfurt, 19.05.2014.

献,而且这种重点部分偏移并不会摧毁教义学中的体系思维,也不会减少其实践关联,反而可以为立法发挥更为积极的作用。[222]

3. 对事实问题的忽视与多学科方法的介入

此外,对于多学科方法的介入还必须考虑德国法学界更注重法律问题的传统。Lepsius 指出德国法院把这种现象概括为:"德国法学家解决的是法律问题,不是社会问题。"他认为德国法院判案时考虑的是法律问题,而不是根植于事实或社会的问题,法律评注正是把个案中的事实问题剥离出去,只对法律问题作规范科学性的处理,而剥离了事实问题无疑就使得实证、社科、当代史的方法无法介入。[223] 此外,他发现德国在引用法院判决的时候也有特殊性,即不需要引用判决的年份,也无须说明判决的案情以及甚至案件的当事人,这在他看来正是证明了对于法教义学来说事实问题,即判决的年份与案情,根本就是无关紧要。[224] 对待法律外因素,Lobinger 否定其对法教义学的直接相关性,他认为被适用的法律体系被默认为全面的,法教义学是构建体系并使用这一体系的,法外因素只有为法律规范所吸收时才能与法教义学体系建立关联。[225] 与之相反,Bumke 认为无论在适用还是形成法律标准时都需要考虑法外因素的关注,因为日常生活经验可能不足以提供判断法律问题的所需知识。[226] 而 Langenbucher 则指出了即便利用其他学科的知识也面临一些困难:研究方法的不同导致研究结果转化为法学可以吸收的认知并不容易,利用其他学科方法也要把法律规范转化为这些方法可以利用的形式,如把法律地位数量化,同样并非易事。[227]

---

[222] Bumke(Fn. 2),227 ff.

[223] Lepsius(Fn. 20),57;Kuntz(Fn. 128),285,同样指出这一问题,他认为德国法学学者着重于为法律问题提供解决答案,尽管法律问题事实层面可能还未必清楚。侯猛(脚注 101),也指出"法教义学更关心与法律适用相关的法律事实,而不太关心案件社会事实"。

[224] Lepsius(Fn. 20),57.

[225] Lobinger(Fn. 1),38 f.,79-81.

[226] Bumke(Fn. 2),157 ff.

[227] Langenbucher(Fn. 1),238 f.;中文文献对此的论述,参见劳东燕:《风险刑法理论的反思》,载《政治与法律》2019 年第 11 期。

五、评　析

第一,德国法教义学讨论热度不减的原因。法教义学是德国"同法律打交道的密码"[228],但在 Sahm 眼中这一密码直到今天也没有被彻底破解,因此法教义学在历史上多次受到强烈的批判,一旦讨伐兴起,法教义学者只能被迫为自己辩护,并没有把潜在的问题从根基上消除。[229] 笔者对此并不完全认同,法教义学在历史上所受到的挑战更多是当时的政治、社会、法学界所出现严重问题所引起,而不是本体论认识不够明朗所造成的。[230] 比如德国 21 世纪法教义学讨论兴起主要还是由于欧盟立法对德国法教义学体系的干扰,法教义学研究中出现了大量没有创新性的重复工作,如讲义性质的小教科书与小型评注的泛滥,以及德国与欧洲的学术扶持政策对多学科研究的要求,导致法学被迫寻找其在学术体制中的位置。

在德国相关讨论中可以看出,德国法学在世界的影响也是重要论据之一,而且学者们的观点也颇为不同,原因何在?笔者看来,这一问题很难量化研究,所以学者们的判断更多根据自己的经历,难免主观,而且每个学者关注的国家与地区不同,难以对德国法在全球的影响有整体认识。即便一些对东亚各法域感兴趣的学者,可能也只局限在一个国家或地区,比如德国法在韩国、日本的影响自第二次世界大战以来的确是逐渐下降[231],但在中国影响近些年来却不断增加。但对于德国法有现实意义的不是其在拉美与东亚的影响,而是与欧洲其他国家的对话能力以及由此转化而来的在欧盟立法、司法机构的话语权。[232] 最后,德国法学的影响与其教义学研究方式有多大关系也并不明确,也许与德语作为学术语言地

---

[228] Lepsius, Themen einer Rechtswissenschaftstheorie, in: Jestaedt/Lepsius (Hrsg.), Rechtswissenschaftstheorie, 2008, 1, 18.
[229] Sahm (Fn. 1), 2.
[230] 相同观点 Bumke (Fn. 2), 39 f.
[231] Jansen (Fn. 1), 629, 认为东亚关心的只是德国法的过去。
[232] Lepsius (Fn. 2), 4, 8.

位的升降关系更大。

第二,法教义学是什么? 有学者认为21世纪德国法学界对于法教义学的新定义与过去凯尔森时代并无区别,直至今天法教义学仍然被认为是以现行法为中心并具有如下三个特征:体系化归类、教义学建构与法律适用导向。[233] 但在过去五年的讨论进一步明确了法教义学的本质就是法教义学概念。法教义学的核心任务就是为解决现行法中的法律问题提供方案。法教义学是法解释,但不局限于法解释,还有体系化的功能。但是法教义学的概念是如何形成的? 尽管学者们举出大量例子,但似乎仍然无法准确描绘概念被开发的思维过程。换句话说,法学上的发现(juristische Entdeckungen)何以可能? 对于外国读者而言,德国学者们以具体制度为例展示教义化的步骤与过程,使得何为法教义学更加容易理解,在这个意义上可以说,晚近法教义学的显性化是以具体化的形式完成的。此外,法理学领域对于教义学理论的再度关注,无疑也增加了讨论的深度。

第三,法教义学的方法是什么? 对于法教义学与法学方法之间的关系近五年的讨论并没有给我们一个比以前更为清晰的答案[234],教义学研究的方法与法律适用方法到底是相同的还是有差异,仍然存在分歧。新近从科学社会学的角度,而不是方法论的角度对法学独特性进行定义,无疑也是建立在对法学具有独立研究方法否定的基础之上。一定程度上,法教义学方法与法教义学的概念存在循环定义的问题,因而法教义学涵义不明无疑就导致其方法的无法彻底言明,所有具体化的尝试只能让人获得更为形象,但不是根本的认识。

第四,跨学科对于德国法学发展是机遇还是危机? 如果只是看德国公开发表物中的观点,也许会让人产生赞成多学科研究的学者占多数的错觉,但实际上正是因为教义学传统难以撼动,所以坚持教义学的学者无须多言,反对教义学的学者必须积极发声,为自己的工作辩护。在德国部

---

[233] Sahm (Fn. 1), 16 ff. 即德文中的 systematische Ordnung, dogmatische Konstruktion und Anwendungsperspektive; Auer (Fn. 38), 512, 认为今天对教义学的理解与弗兰茨·维亚克尔时代并无区别,其论文中译,参见王洪亮:《法教义学的实践功效》,载《中德私法研究》(第6卷),北京大学出版社2010年版。

[234] 过去讨论状况参见卜元石(脚注8)。

门法学者中颇具代表性的看法是对于法教义学概念不停追问的不以为然,并认为法教义学重要的在于其应用,而不是准确定义。[235] Hörnle 的说法在笔者看来更切合实际,如果大学管理层希望推动跨学科研究,法律系不能一直置身于外,不予配合。而法律系教师群体中可能一直有人就更喜欢跨学科研究,厌倦法教义学工作,这种结果当然是各取所需,皆大欢喜。极个别德国学者认为法学研究要抛弃法教义学传统,以实现国际接轨[236],而且实践中已出现这样的例子:德国马普外国与国际刑法研究所在 2019 年完全推翻已有科研架构,不再以个别比较法为关注对象,聘用了心理学家担任所长之一,并把原有部分研究场所改为心理实验室,工作语言改为英文,在某种程度上抛弃了德国教义学传统,但这些举动的最终效果也有待时间来检验。

学术传统的形成很大程度由其学术体制所决定,如果德国法学教育、教学任务、学术评价、教师招聘、教席设置等这方面的模式不发生根本性转变,开展多学科研究注定困难重重。但在德国开展跨学科法学研究所面对的困难比中国要大。德国法学教育时间长,而且高强度的考试压力使得学生辅修其他专业更为困难。法学教育的统一性,使得其他专业的学生如果改学法学获得完全法律人资格必须从本科第一学期开始学起。因此,如果要获得法学与其他专业的学位,学习时间要延长很多。因此 Hörnle 的看法很有代表性,她认为不应该轻易尝试使用其他学科的方法,因为法学学者很难达到其他学科所要求的方法熟练水平。在多学科合作项目中(比如迫于高校管理层压力——根据笔者的理解)偶尔为之还可以,更多地还是要参考其他学科的知识。法律史与法社会学不属于狭义法学,因为这些研究所使用的方法完全属于人文社科的方法,因而可以让这些法学分支参与多学科合作以满足管理层要求。[237]

第五,德国与中国就法教义学讨论的兴趣点有交集,但差异也很多。根据焦宝乾的总结,法教义学与法律方法论、法教义学的界定、法教义学

---

[235] Hey, „Sonderprivatrechte" in der Privatrechtsdogmatik, in: Auer/Grigoleit/Hager (Hrsg.), *FS Canaris*, 2017, 792.
[236] Lepsius (Fn. 2), 8.
[237] Hörnle (Fn. 6), 191, 192.

的功能、法教义学与法学教育、法官培训的关系是中国读者关心的兴趣点。[238]此外,价值判断[239]、自主性[240]、与社科法学的关系[241]、教义学特有文献种类[242]、国家机构[243]也是中国学界教义学方面的兴趣所在。反观德国,学者们主要关心的是教义学本体论、与方法论的关系、在比较法视野中的位置,但这些探索最终都可以归结为一个根本性问题,即**德国式的实践导向法教义学是不是科学**?而这个问题在中国的深入讨论才刚刚起步。[244]

综上,中德对比可以得出如下四个初步结论:(1)德国当前教义学讨论具有浓厚的政治背景,目的是为了解决其他学科对法学科学性的质疑。德国与中国处于法教义学发展的不同阶段,德国法教义学的高度发达使得学术界必须思考是否需要与实务界保持更大距离,以反思性与批判性使法学获得科学性,而在中国实务与学术的长期隔阂使得二者彼此靠拢成为一种必要。认识到两国教义学语境的不同,对准确判断德国教义学在教学研究、法律评注开发以及具体法律制度对中国的借鉴意义也至关重要。(2)在德国,欧盟法的侵蚀使得教义学体系化的工作难度增大,这预示了在中国担负继受法律本土化任务的法教义学,在整合不同来源法律制度时也会面临同样难题,从这一意义上看当代德国法教义学理论反思与实践操作值得中国继续关注。(3)从形式上看,德国近五年的教义学研究主要以专著、文集、专刊的方式进行,部分讨论汇聚了法理学与多个部门法同时参加,因而更为深入、细致、广泛与集中。(4)从内容上看,在兴趣点交集之处中国学者对相关问题结合中国实际需求、现实中已经产生的问题作出了一些与德国学者不同的解读。

---

[238] 参见焦宝乾:《法教义学在中国:一个学术史的概览》,载《法治研究》2016年第3期。

[239] 参见丁晓东:《人民意志视野下的法教义学——法律方法的用途与误用》,载《政治与法律》2019年第7期;车浩(脚注114);孙海波:《法教义学与社科法学之争的方法论反省——以法学与司法的互动关系为重点》,载《东方法学》2015年第4期;许德风:《论法教义学与价值判断:以民法方法为重点》,载《中外法学》2008年第2期。

[240] 参见车浩(脚注114);泮伟江(脚注36)。

[241] 参见舒国滢:《新中国法理学七十年:变化与成长》,载《现代法学》2019年第5期。

[242] 参见贺剑:《法教义学的巅峰——德国法律评注文化及其中国前景考察》,载《中外法学》2017年第2期。

[243] 参见张翔:《中国国家机构教义学的展开》,载《中国法律评论》2018年第1期。

[244] 参见雷磊(脚注63)。

何为体系？论法教义学研究的方法、立场与规范

——以民事诉讼法为重点的讨论

一、问题的提出

法教义学的概念引入中国已经有二十余年，教义学研究在中国刑法、民法的研究中已成为一种潮流，也积累了相当可观的理论与实践经验，但教义学研究方法到底是什么，却一直没有一个明确的答案。在有法教义学研究传统的国家，相关讨论也是近些年才开始的。法教义学历史悠久与其研究方法的不明确初看上去似乎是个悖论，但教义学研究方法的表述过于玄妙、不够直观具体、无法准确描述其步骤、不能按图索骥、没有相关入门指南[1]也是个不争的事实。法教义学研究方法虽然不明确，在德语法圈[2]并没有成为法教义学工作的障碍，这是因为虽然没有专门的研究方法训练，年轻学者可以通过模仿、导师指导、写作练习，逐渐摸索掌握这种方法。更何况在以教义学见长的德语法圈中成长起来的学者，在大学阶段接触的就多为教义学文献，耳濡目染熟悉教义学研究方法是一个自然而然发生的过程。

---

[1] 与之相对的是社会科学研究方法的培训很普遍，德国虽然也有法学论文写作导论类课程，但这更多是针对学术规范，而不是学术方法，尽管二者有一定的交集。

[2] 德语法圈包括德国、瑞士、奥地利与受德国法深刻影响的希腊，参见 Zimmermann, Juristische Methodenlehre in Deutschland, RabelsZ 2019, 245。

德语法圈也并不否定方法对于学科的重要性,事实上法学方法论德语区最为发达[3],方法论教科书品种众多,研究文献更是层出不穷,有学者把德国称为"法学方法之国"[4],但这一方法论针对的重点是法律适用,而不是法学研究。不过大多数学者对此并不加以严格区分,通常认为司法实践也是一种教义学工作[5],法律适用方法也与教义学方法具有一致性。[6] 这是因为德国法教义学发达,法官一般无需自己进行规范解释,直接运用教义学知识即可,法解释也的确主要在学界使用,因此把法教义学方法与法教义学的研究方法相等同也似乎顺理成章。[7] 这种认识导致德国法学从学位论文到专著,方法部分的描述稀少空洞、大同小异是常态。中国语境中对"法律方法"与"法学方法"术语上的界分,在德国学界即便不是完全陌生,也是相当生疏。[8] 如果没有外部压力,德国对于

---

[3] 尽管 Zimmermann (Fn. 2, 244 ff.)指出在德国法学教育与研究中,学生与学者都认为拉伦茨方法论类教科书实际上用处不大,为了备考,学生更宁愿去参考梅迪库斯关于如何运用请求权基础教科书。

[4] Haferkamp, On the German History of Method in Civil Law in Five Systems, *German Law Journal* 2016, 543 - 578.

[5] 参见李剑:《判例的形式构成及其"成分"分析——以德国法教义学为视角》,载《交大法学》2018 年第 3 期,区分"司法教义学"与"法学教义学"。

[6] Lennartz, Dogmatik als Methode, 2017, 114; Grigoleit, Dogmatik-Methodik-Teleologik, in: Auer/Grigoleit/Hager (Hrsg.), FS Canaris, 2017, 261; Auer, Zum Erkenntnisziel der Rechtstheorie. Philosophische Grundlagen multidisziplinärer Rechtswissenschaft, 2018, 15 f. 在 20 世纪的荷兰民法界也同样如此,参见 Jansen, The Methodology of Dutch Private Law from the Nineteenth Century Onwards, RabelsZ 2019, 320-321。

[7] 而且法教义学的发达也导致过去几十年中没有新的法学方法论的教科书出版,少数的例外包括 2016 年首版的 Reimer, Juristische Methodenlehre,参见 Wrase, Recht als soziale Praxis-eine Herausforderung für die juristische Profession?!, in: Pilniok/Brockmann (Hrsg.), *Die juristische Profession und das Jurastudium*, 2017, 49。换句话说,该书作者认为法律评注的发达与法学方法论教科书的止步不前是有一定因果关系的。

[8] 一个例外为,德国 2020 年出版的法学方法论教科书:Reimer (Fn. 7), 2. Aufl., 2020, 29。在荷兰也同样对二者进行区分,即 methods of legal science 和 methods of judicial decision-making,参见 Jansen (Fn. 6), 317-318。荷兰学者斯密茨,甚至列举了四种与法学相关的方法:法学研究方法、法律思维方法、找法或者说理方法(如果认为学者的工作与法官一致,这种也属于研究方法)、研究实用技能,如引用、检索、论证方法等(Smits, *The Mind and Method of the Legal Academic*, Edward Elgar 2012, 111)。该书已出版中文翻译:[荷]扬·斯密茨:《法学的观念与方法》,魏磊杰、吴雅婷译,法律出版社 2017 年版。周万里认为把法学方法论翻译为法律方法论更为准确(https://www.ilawpress.com/material/detail/337845262829486592),但这只是从中国读者的角度说,在德文原文中无论是 juristische Methodenlehre 还是 Methodenlehre der Rechtswissenschaft指代是基本一致的,如果明确指代法学研究的方法可以使用 Reimer 的说法,即 Methoden rechtswissenschaftlicher Arbeit。

教义学研究方法不予深究的状态就会持续下去,尽管这并没有影响法学研究的进行以及其社会功能的发挥。正相反,德国法学吸引外国学者之处恰恰在于其教义学的发达,但方法的不明朗仍然阻碍了它在其他国家的推广。

欧陆法学之所以在很长时间无须直面研究方法的讨论,主要是基于传统的力量。在欧洲大陆,法学作为大学中最为古老的学科之一,与19世纪末产生的政治学、社会学、经济学等新兴社会科学相比,无须以方法论为学科的独立性进行正当性辩护。在德国的相关讨论中,法学的科学属性一个重要论据就是"机制性科学概念",凡是在大学中传授的、研究的,都必然是科学。[9] 但这种理解深挖下去,也仍然无法回避方法论的问题。一方面随着大学里多学科合作越来越普遍,法学必须为本学科不仅不与其他学科、也很少与本学科学者联合研究的工作方式进行辩护;另一方面法学科研课题申请评审时有时与其他社会科学同列一组,评委中也有外学科人士,法学学者不得不面对其他学科对于法学研究方法的质疑。近些年,外部倒逼的压力转化为法学自发的动力,荷兰[10]、德国学者再次开始解析教义学研究方法,催生了法律科学理论,即法教义学的方法论。[11] 从研究成果上看,德国学者的研究虽然不够通俗易懂,因其针对的对象是熟识法教义学工作的德国读者,方式是把具体的工作经验提升到理论高度,但无疑更为深入。

因此,本文尝试借鉴域外已有认知,结合中国本土的理论与实践,探讨三个问题:第一,如何理解法教义学研究的方法?作为其核心理念的体系又如何来理解?第二,如何从学术立场、学术规范层面来看待法教义学

---

[9] Dedek, Recht an der Universität: „Wissenschaftlichkeit" der Juristenausbildung in Nordamerika, JZ 2009, 540.
[10] Jansen (Fn. 6), 326.
[11] 参见雷磊:《法理论及其对部门法学的意义》,载《中国法律评论》2018年第3期。但其认为,提出具体教义学说的方法及其体系问题不属于法教义学方法论的内容。

研究方法？第三,新近兴起的民事诉讼法教义学研究[12]有哪些不同于实体法的特性,研究方法是否需要有针对性的调整？方法的讨论只有与法条结合才能具体,因此本文选择案外人救济中的具体制度为研究对象。这一领域涉及审判程序与执行程序,也是实体法与程序法的交叉领域,与诉讼标的、既判力、第三人等基本概念联系密切,也许是出于这一原因,中国现有对教义学方法在民事诉讼法领域运用的讨论,也常以案外人救济为例证。本文对教义学研究方法的探讨,着重可操作性的经验与规则,对其中涉及的众多法理论问题,无法深入分析,讨论过程中使用的示例也只是为演示目的,远远不能达到通常法教义学研究的严谨程度。

二、教义学研究的素材与前提

(一) 研究素材

对法教义学一词的理解有多种,但一般认为法教义学最为核心的任务是以现行法为基础为法律问题的解决提供准确、满足一致性要求的备选方案。[13]法教义学的对象为实在法,包括法律规范、判决、习惯法、法官法等主要法源。[14]之所以要把判决纳入法教义学的研究对象,是因为判决具有事实上或法律上的抽象效力。[15]在教义学研究中需要对判例进

---

[12] 参见傅郁林:《改革开放四十年中国民事诉讼法学的发展》,载《中外法学》2018年第6期,脚注23;李浩:《中国民事诉讼法学研究四十年——以"三大刊"论文为对象的分析》,载《法学》2018年第9期;吴泽勇:《民事诉讼法教义学的登场》,载《交大法学》2018年第3期;王亚新:《对于民事诉讼法学研究方法的反思》,载《交大法学》2018年第3期;严仁群:《民诉法之教义学当如何展开》,载《环球法律评论》2018年第6期;任重在其论文《民事诉讼法教义学视角下的"执行难":成因与出路——以夫妻共同财产的执行为中心》(《当代法学》2019年第3期)中列举了相关论文清单。

[13] Grigoleit (Fn. 6), 261.

[14] Bumke, Rechtsdogmatik: eine Disziplin und ihre Arbeitsweise-zugleich eine Studie über das rechtsdogmatische Arbeiten Friedrich Carl von Savignys, 2017, 56 f.

[15] Sahm, Elemente der Dogmatik, 2019, 122; R. Dreier, Zur Theoriebildung in der Jurisprudenz, in: Kaulbach/Krawietz (hrsg.), FS Schelsky, 1978, 124.

行"去情景化"处理,即把个案得出的结论上升为普遍规则[16],提炼裁判要旨就是这种"去情景化"[17],这种去情景化有时会不当扩张判例的射程。[18] 此外为保证严谨性,学者在后续研究中需要亲自阅读判决,因为要旨的提炼未必准确,案件与要旨有时并不契合,如果不看案例只看要旨甚至会被误导。

中国没有域外法意义上的判例,直接表现法院在裁判时不引用判例,没有判决一致性考察机制,在现有法律框架内也无法承认判例的效力,所谓稳定的判例法还是一个比较陌生的概念。司法机关统一判决的方式为制定司法解释、审判指南、编辑指导性案例,他们构成一种判例的替代。在中国法院实践"确定性不足"[19]的前提下,这些司法解释与司法指导文件通常具有更高的代表性。案例的运用在中国民诉法研究中也形成了自己的特色,通行的做法是使用取材于各级法院实际判决并加以简化的案例。但基层法院初审案件实际上更多仅有示例的作用,只能证明实践中存在这种做法,其普遍性无从而知。"……审判实践的不统一,针锋相对观点都可以找到判例佐证,审判实践也都找到理论来支撑"[20],因此针对判例,笔者认为中国教义学研究原则上只需关注最高人民法院、高级人民法院这一审级即可[21],此外判决因缺乏一般性的拘束力,将其作为一种实证素材也许更为合适,支持某种观点判决的多寡,并不足以推导其规范性效力的强弱。

---

[16] Lennartz(Fn. 6),175;章程:《论指导性案例的法源地位与参照方式》,载《交大法学》2018年第3期,也提及了这种基于剥离事实后个案的规范性类型化。
[17] 提炼裁判要旨的方法,参见周翠:《民事指导性案例:质与量的考察》,载《清华法学》2016年第4期。
[18] 在德国法中,参见 Lepsius, Kontextualisierung als Aufgabe der Rechtswissenschaft, JZ 2019, 794-796;在日本法中,参见解亘:《先例性规范的抽取》,载《法律适用·司法案例》2019年第4期。
[19] 吴泽勇(脚注12),第177页。
[20] 任重:《论中国民事诉讼的理论共识》,载《当代法学》2016年第3期。
[21] Drosdeck, Die herrschende Meinung, Autorität als Rechtsquelle: Funktionen einer juristischen Argumentationsfigur, 1989, 129 f.,指出德国基层法院更倾向为了个案公正而偏离通说,并将其称为创新,以避免判决为上级法院撤销,但真正能够为最高审级所接受的创新,少之又少,这保证了司法实践的一致性。

(二)法教义学工作的前提

法教义学工作需要满足一定的前提,即现行法是合理的、正确的、具有一定体系的[22],这一要求源于法教义学研究中的逻辑分析工作。而法的产生具有偶然性,规范之间可能会存在不和谐,制度的价值判断方面也会发生矛盾,如何来解决这一应然与实然之间的差距?对此,可以从法理论层面来论证法的正确性与体系性,或区分实在法与实在法的学术体系[23],但对于具体教义学研究而言,需要更多的是一定的解决策略,对此后文将予以介绍。

在中国进行法教义学研究的困难,一定程度上也是因为现行立法、司法就事论事的取向突出,规范之间、司法解释之间矛盾不在少数。但这一问题在德国也存在,随着立法速度的加快以及欧洲法与宪法对部门法渗入的加深,新的立法难以在维持已有体系下进行,德国最高审级法院也不时制造一些与教义学体系相冲突的判决。法院的任务是在个案中作出公正的判决,在面对新问题时就事论事寻找解决办法也很自然,只不过德国法律评注减少了对教义偏离的可能性,法院在评注中能找到思路就无须费力自创方案。[24]

三、教义学研究工作类型与方法概述

(一)工作类型

如果把法教义学理解为在法学的社会体系中,对于现行法所表达的

---

〔22〕 参见〔德〕卡尔·拉伦茨:《法学方法论》,陈爱娥译,商务印书馆2003年版,第77页;Bumke (Fn. 14), 59 ff., 89; Sahm (Fn. 15), 18 f.

〔23〕 前者如 Bumke (Fn. 14), 58 ff.; Sahm (Fn. 15), 17-19;后者参见 Hilbert, Systemdenken in Verwaltungsrecht und Verwaltungsrechtswissenschaft, 2015, 132 ff.; Lepsius, Themen einer Rechtswissenschaftstheorie in: Jestaedt/Lepsius (Hrsg.), Rechtswissenschaftstheorie, 2008, 36 ff.

〔24〕 参见贺剑:《法教义学的巅峰——德国法律评注文化及其中国前景考察》,载《中外法学》2017年第2期。

命题以及观点的集合[25],那么法教义学研究主要就是提出、论证与检验法教义学命题,而教义学命题又具有分析、描述、整理、批评与建议的功能。[26] 总结已有研究[27],笔者把教义学的主要工作分为三类:学说创立、理论选择与体系构建,其中学说与理论为可以互换的同义词。[28] 这几项工作既可能单独进行,也可能交织在一起,彼此之间不分先后。

为法律问题寻找解决新的方案,即为学说创立;如果学者自己构想了多种理论,或当某一问题已经存在多个学说时,常常需要择选其一,这一工作即为理论选择。如果现有学说不完备,需要修正,或者现有学说有缺陷,需要提出新的学说,理论选择的工作就会过渡到学说创立,目前大部分的工作属于这两种。体系构建并非为解决单个具体问题,而是从特定法律领域类似问题中提炼共性,再次审视已有制度、学说,对与体系冲突之处进行改造与重塑,对查明的漏洞进行填补。德国法学教科书中各种概念、制度谱系图表随处可见,就是这种体系构建的一个产物。

学说创立、理论选择也都是体系性工作的一种,因此没有必要讨论体系出现在先,还是学说出现在先,更何况从广义上看,体系也是一种学说。法教义学研究必然运用到法解释的方法,而法官在司法裁判过程中也会进行理论选择、创立学说,因此二者在内容与方法上会有一定重叠。裁判虽然也是教义学工作,在德国同样存在学术化取向,但受其目的以及对文献的使用、论证详细程度所决定,并不是教义学研究工作。

---

[25] R. Dreier (Fn. 15), 111.
[26] Bumke (Fn. 14), 120.
[27] 中文文献中通常使用拉德布鲁赫对法教义学工作的分类:解释、建构、体系化,具体内容,参见雷磊:《法教义学与法治:法教义学的治理意义》,载《法学研究》2018年第5期;Bumke (Fn. 14), 102-107,提到四种工作,即重塑实践、提供替代方案、更新实践、不以解决具体法律问题为目的的教义学研究工作。阿列克西认为教义学工作有三个维度:描述——经验性维度;逻辑——分析性维度;规范——实践性维度。参见[德]阿列克西:《法律论证理论》,舒国滢译,中国法制出版社2002年版,第317页。由此可认为法教义学研究是开发与使用法教义学工具,解释、分析法律现象,解决法律问题的工作。王轶:《民法价值判断问题的实体性论证规则——以中国民法学的学术实践为背景》,载《中国社会科学》2004年第6期;沈健州:《民法解释选择问题的分析框架——以或有期间概念为分析范例》,载《中外法学》2019年第4期;冯军:《刑法教义学的立场和方法》,载《中外法学》2014年第1期,均提到了解释选择的工作。
[28] 理论(Theorie)与学说(Doktrin)相比更显得具有科学性,参见 Drosdeck (Fn. 21), 100。

(二)教义学工具

法教义学工具包括:(1)原则,如意思自治原则;(2)相关规则连结在一起所形成的制度,如所有权制度、婚姻与家庭制度;(3)教义学概念;(4)法律理论、构造、模型[29];(5)类型,如行政行为的类型、合同的类型;(6)指导形象,如消费者的指导形象;(7)法律概念等。[30] 这些工具本身也是法律命题组合而形成的结果,其中概念与理论具有核心地位,讨论的也最多,因此这两种工具为此处考察的重点。

概念是体系中的连结点,没有概念,就无法形成体系。法教义学概念可以是法律规范中存在的概念,也可以是学者开发出来的概念,比如行政行为最初就是奥托梅耶借鉴法国法所提出的概念,后来被吸收到法律规范之中。在前法典时代,从法律素材中抽象出新概念的"建构"工作是法教义学者的重要工作之一,在法典时代虽然创立学说的过程中提出新概念并不少见,但能为广泛接受却比较罕见,而且这种法学上发现的产生机理也尚未完全破解。尽管如此,概念的创制仍是法教义学不同于法解释学的一个重要标志,法教义学概念不是解释的结果,多数时候法教义学概念的产生早于相应法律规范的制定。[31] 一般而言,新概念的提出至少需要符合逻辑学的要求,满足"内涵明确,外延清晰,与其他概念具有足够的区分度,并能够发挥建构体系的功能"的前提。[32]

法教义学理论的对象可以小到单个规范、大至部门法,功用为分析解释现行法的内容,在这两方面法教义学理论与法理论不同,后者是关于法教义学理论的理论。[33] 德国文献中对于法教义学理论的分类有多种,既有根据功能的分类,也有根据对象、方法、功能的混合分类,还有将与法教

---

[29] 把法学理论称为法学模型,理论的构建就是建立法律模型,并以自然科学为模板来解释这种模型的运行方式,其目的是为了证明法教义学的工作可以满足作为科学的要求。在建模阶段,最小模型包括概念,参见 Schuhr, Rechtsdogmatik als Wissenschaft: rechtliche Theorien und Modelle, 2006, 115, 119。

[30] Bumke (Fn. 14), 138 ff.

[31] Lennartz (Fn. 6), 178.

[32] 参见冯珏:《或有期间概念之质疑》,载《法商研究》2017 年第 3 期;雷磊(脚注 10)。

[33] Bumke (Fn. 14), 140;雷磊:《法理论:历史形成、学科属性及其中国化》,载《法学研究》2020 年第 2 期。

义学存在交集的法历史、法社会理论以及事实层面的理论,如危险的概念,都纳入法教义学理论的做法。[34]

(三)方法概述:体系思维解析

1. 体系的一般理解

法教义学是一种体系性学科,具有两项特征,即实践导向和体系思维[35],实践导向要求教义学研究以为司法裁决提供方案为目的,因此教义学研究必然注重与法源的关联以及法解释,而体系思维要求法教义学研究所得出的方案不仅要可行,还要与现有体系相符。考虑到前者的研究文献已十分丰富,本文关注的重点是后者,尤其是其与就事论事思维相比的优劣之处,其原因在于"当前法学方法论的路线斗争也就是论题学与体系论两极的缠斗"[36]。而体系这一关键概念指代的究竟是什么,怎样形成,讨论虽多,却仍然争议很大。

一般认为,德国法学强调制度之间彼此的推演关系,经过数代学者的努力,构建了复杂精密的体系,力求各个节点严丝合缝,新的教义命题要尽量无缝添加到已有体系之中。这种法学的长处是教义之间相互支撑、稳固可靠,一旦把问题在体系中定位,可以调动所有已有知识,解决后续细节问题,在面对新问题时基于体系大体可推断处理结果,法律可预见性强。但体系构建维护耗费大,天长日久反复修葺,难免过于复杂,不乏规则里有例外、例外里还有例外的情形,为了保持与体系一致,有时需要思维绕弯,而且利用节点必须对整个体系熟悉,对研究工作要求高。

2. 与就事论事思维的比较

就事论事的思维无须考虑体系的匹配性,貌似自由、有效率,但顾此失彼,难以周全,附随问题无法通过体系,一般需要添加配套性规则来解决,而且可能冲击已有体系,最后反而会不经济,并导致法律规则预见性差,最为关键的是无法满足实质正义中"同样情况同等对待,不同情况区

---

[34] Bumke (Fn. 14), 140 f.
[35] Waldhoff, in: Waldhoff/Marschler (Hrsg), Staatslexikon, 8. Auflage 2017, zu „Dogmatik".
[36] 汤文平:《民法教义学与法学方法的系统观》,载《法学》2015 年第 7 期。

别对待,相似情况修正性地对待"[37]的要求。这一道理显而易见,民事法律中也有不少这类例证,但正如上文所述,通过体系思维来寻找解决问题的方案,也未必省力,甚至会不可行,比如相应体系尚不存在,或已有体系是错误的或从体系中推导不出解决问题的答案。

此时教义学研究应如何开展?具体到中国民事诉讼法,目前是否存在可以支撑教义学研究的体系?如果没有这样的体系,能否进行教义学研究?这两个问题的回答以厘清另外几个问题为前提,即什么是法教义学体系?存在这样体系吗?为何会存在这样的体系?

3. 体系的定义与区分

如果认为教义学体系是处于基本原则、规则与个案之间的中间精细结构[38],可以认为该结构由若干节点所组成,每个节点是法教义命题,节点之间存在推导关系。[39] 但对于同一个法律问题存在多种学说,学说之间彼此矛盾的情形非常常见,而每个观点都有可能是一个教义学命题,这就导致节点之间关系的混乱,如何能将这样的结构称为体系?这一点可以说是论证体系是否存在的致命问题,至今为止,学界都是通过对体系的定义来试图解决的,其中包括:(1)**区分内部与外部体系**,这一区分在中国语境也已熟知,内部体系元素少,只包括法理念与法原则,因此能够实现内部融贯性[40];(2)**区分形式体系与实质体系**,这种区分晚近才出现,形式体系只要求满足逻辑上无矛盾即可,因此制定法可以构成形式体系,实质体系要求满足价值判断上的无矛盾,能够达到这一标准的只有法学学术体系,学术体系由基础学科、教义学以及位于二者之间的立法论所

---

[37] 〔德〕施蒂尔纳:《民事诉讼法中法教义学思维的角色》,霍旭阳译,载《复旦大学法律评论》(第2辑),法律出版社2015年版,第220页。

[38] 参见〔德〕施蒂尔纳(脚注38),第220页。

[39] Podlech, Zur Theorie einer juristischen Dogmatik, in: ders. (Hrsg.), Rechnen und Entscheiden-Mathematische Modelle juristischen Argumentierens, 1977, 145 ff. 把这种节点的关系以数学模型进行了展示。在德文文献中一些教义有时被直接称为某某"公式"(Formel),比如《德国民法典》第280条及以下关于损害赔偿的计算,就被称为 Zauberformel。

[40] 参见汤文平(脚注36);冯威:《法律体系如何可能?——从公理学、价值秩序到原则模式》,载《苏州大学学报(法学版)》2014年第1期;认为内部体系也无法做到互相推导,参见 Esser, Vorverständnis und Methodenwahl in der Rechtsfindung, 1970, 100。

组成;因此,法的形式体系只有唯一的一个,但法教义学可能有**多个平行体系**[41],这样就可以包容各种不同的学说与理念;当然这种观点推导下去的结论,就是每个学者原则上都可以自创体系;(3)**限缩体系节点**,比如限定能够作为节点的仅是法教义,而能称为法教义的仅包括最为稳固的命题、最高层次的命题或无争议的基本概念。[42]根据这一理解,德国物权法中的如下命题可以被认为是教义:债物二分、物权法定、物权公示、无因性原则。[43]尽管这样限缩后,作为节点的命题仍然不能逃脱被质疑或者被修正的命运,如期待权是对物权法定的例外,预告登记是对债物二分的偏离,但这种挑战不会同时针对所有的节点,因此不会影响到整个体系的稳定性。

　　这几种观点都可以解决体系内部的矛盾,但也都有不能自圆其说之处,总体上可以认为如果体系被理解为有秩序的整体,通过控制秩序标准(比如提高标准或降低标准)或者整体中的元素(比如剔除一些制度、规范),促进体系的形成。[44]比如在中国物权法中,登记对抗与登记生效是两个不可调和的制度,只能把二者分列为两个子体系,才能解决二者的矛盾,否则因为二者互相排斥的关系就会得出一种制度需要被淘汰的结论。[45]当然,登记生效与物权的基本教义"债物二分"相一致,体系的搭建相对顺畅,而登记对抗是对这一教义的否定、修正,因此需要更多的教义学配套知识来解决对抗的含义,以及什么情况下发生对抗效果,担保物

---

[41] Hilbert (Fn. 23), 75 ff., 187, 228 f.;苏永钦提及"(德国)每本教科书的体系不会是一模一样的,但是在中国的台湾地区每本教科书的体系基本上是一模一样的。我们的老师写教科书就是按照法条的秩序来写……"参见苏永钦、王雷:《宏观洞见精致思维——苏永钦教授访谈》,载《人大法律评论》2011年第1期。

[42] Harenburg, Die Rechtsdogmatik zwischen Wissenschaft und Praxis: ein Beitrag zur Theorie der Rechtsdogmatik, 1986, 65, 93 ff.;R. Dreier (Fn. 15), 123; Bumke (Fn. 14), 146, Fn. 446,认为法教义学中教义的概念实际意义不大,教义是什么并不清楚,法律与通说都不是教义,也没有必要讨论教义化的过程。教义最原始的定义是不被批判的学说、信仰准则,但在科学要求的前提下,任何法律知识都不能摆脱被怀疑、被检验的命运,在教义学作为获得新认知方面,无须提及教义化,只在教义学实践功能的意义上才有必要提及教义化,在为裁判提供选项时,通说作为被教义化的命题可以无须论证直接使用,Harenburg,101,110。

[43] Westermann, Dogmatik im Sachenrecht, in: Auer/Grigoleit/Hager (Hrsg.), FS Canaris, 619.

[44] Hilbert (Fn. 23), 15.

[45] 参见庄加园:《登记对抗主义的反思与改造:〈物权法〉第24条解析》,载《中国法学》2018年第1期。

权、善意取得制度、破产程序如何与之匹配。总之,在《中国民法典》保留了这一制度的前提下,在批判的同时,也必须对其进行教义学补救。[46]

4. 体系的开放性与相对性

因为法律是不断变动的,教义学体系也必然具有开放性,能够吸纳新的规范与制度,也已经是现代法教义学的共识。但如果某一教义学命题不能从现有规范的目的考量中推导出来,若仍要主张其有效力,只能通过论证其与一国整体法秩序的统一性、合理性以及论证产生的主体间说服力来进行。[47]

相对于体系的开放性,体系的相对性讨论较少,但其对于中国这样混合继受所形成的法秩序而言,更具重要性。实践中不是所有的法素材都能够被体系化,在德国公法各个层级的规范太多,相对就难以体系化。在当代德国法学,也有学者指出不能不分场合、理所应当地使用体系这一概念,体系思维在具体研究时能否作为获得新认知的工具,需要额外理性论证,因此体系的形成也不是法学的终极目标。[48]换句话说,某个法律领域是否可以运用体系思维,取决于其规范特点、法律部门、分支领域。[49] 实际上,即便在已经形成体系的领域,也会存在一些无法体系化的个案,即

---

[46] 限于篇幅,这里仅以德国法文献来展示这种补救的一种思路。Bornheim, Die Wirkung relativer dinglicher Rechte nach deutschem internationalen Sachenrecht, RabelsZ 2015, 57 ff., 提出了在因对抗效力所形成的"相对所有权"的五方面效应:(1)出卖人对外仍然可以对任何人主张所有权,唯独不能对抗买受人,即在对外关系上,出卖人是所有人;(2)在出卖人与买受人的关系中,买受人可以享有所有权的权能,即使用、收益、处分,即在对内关系上,买受人是所有人;(3)买受人虽然可以处分,但其处分只对出卖人有效,对第三人无效,在针对出卖人的强制执行程序中,对于出卖人的债权人而言,买受人是标的物的所有人,反过来,在针对买受人的强制执行程序中,买受人同样是标对物的所有人。如果第三人获得了完全所有权,买受人就失去了相对所有权;(4)在一物二卖的情形,出卖人再次处分标的物,恶意买受人无法获得所有权;五、买受人在破产程序中享有取回权。这种相对物权的理念也可以进一步抽象化,延伸到非买卖的领域。当然相对所有权适用上复杂异常、争议不断,参见龙俊:《中国物权法上的登记对抗主义》,载《法学研究》2012年第5期;庄加园:《动产抵押的登记对抗原理》,载《法学研究》2018年第5期;崔建远:《机动车物权的变动辨析》,载《环球法律评论》2014年第2期;王利明:《特殊动产物权变动的公示方法》,载《法学研究》2013年第4期,这预示着其教义学构造会比较艰难。

[47] Grigoleit (Fn. 6), 262;章程:《从基本权理论看法律行为之阻却生效要件》,载《法学研究》2019年第2期;冯洁语:《论赌博借贷的民法教义学构造》,载《法律科学》2020年第4期,主张的公私法融合的方法。但法秩序的子系统之间会存在紧张关系,参见汤文平(脚注36),因此宪法对于民法问题的粗犷式解决可能会干扰民法的精密体系。

[48] Lepsius (Fn. 23), 41.

[49] Lepsius (Fn. 23), 41.

所谓的 Kasuistik[50],附着在体系之上,但又游离体系之外。在这些领域进行体系化,有可能形成所谓的法教义学过度精细化(Überfeinerung der Rechtsdogmatik)。[51]

5. 体系存在的理由

教义学体系的存在之所以可能,是因为法律的社会功能要求其法律规则具有一定的体系性,以保证司法裁判的一致性[52],在这一意义上体系具有减负的功能。如果没有教义学,法律的学习与适用都会更为困难,法律就变成专家的学问[53],法律问题没有教义学的解答,法官就会被迫根据直觉来裁判。拓展开来可以认为,即便中国民事诉讼法存在规范零散与矛盾的状况,但仍然存在一定的体系,教义学的工作是对其进行整理、完善,以形成更为完备的体系。随着规范的复杂化,职业实践的精细化,以及规范在社会生活中作用的加大,对规范进行体系化、满足法律适用的需求也不断增加,这也是法教义学得以进入中国的深层原因。

无论从篇幅还是内容的全面性,教科书都是展示部门法体系化的程度的最佳载体。以此为标准,在民事诉讼法中,可以认为至少存在外部体系或形式体系,我国《民事诉讼法》的编纂体例就是这种体系,但尚未存在成熟的实质体系,这表现民诉法教科书基本上按照法条的顺序来编写[54],而民法的教科书早已经脱离了这个阶段。[55]

6. 通过体系形成命题的方法

作为体系的法教义学,命题之间存在着可以推导的关系,符合对一致

---

[50] 舒国滢教授将这一概念翻译为决疑论,参见舒国滢:《决疑术:方法、渊源与盛衰》,载《中国政法大学学报》2012 年 2 期。对此的评论见《〈法律方法论〉译者周万里访谈作者克莱默》,载 https://www.sohu.com/a/303612056_671251。

[51] Schünemann, Strafrechtsdogmatik als Wissenschaft, in: Schünemann (Hrsg.), Festschrift für Claus Roxin zum 70. Geburtstag, 2.

[52] Harenburg (Fn. 42), 69 ff.

[53] Schlink, Abschied von der Dogmatik. Verfassungsrechtsprechung und Verfassungsrechtswissenschaft im Wandel, JZ 2007, 162,认为在美国宪法学目前就是处于这样一种状态。

[54] 参见刘哲玮:《论民事诉讼模式理论的方法论意义及其运用》,载《当代法学》2016 年第 3 期。

[55] 例如,朱庆育:《民法总论》,北京大学出版社 2013 年版。

性和可检验性的要求,其产生会使用类比的方法[56],此外也会用到描述、演绎、归纳、权衡等方法。价值判断、目的考量都是教义学的常用手段,破解规范目的,把抽象的目的分解为各个具体元素,揭示规范背后的价值判断,在处理疑难案件时尤为必要。教义学的命题未必一定来自体系的推导,一些就事论事所引入的法律制度,通过论题学或其他学科所产生的解决问题方案,是在通过教义学改造被融入体系之中后,才能形成教义学命题,此时命题产生的顺序是颠倒的。在改造非教义学命题的过程中,可以对体系进行修正,比如对修改概念的定义,引入新的概念,替换体系化视角、对概念进行区分或者一般化;如果无法修正体系,那么唯一的出路就是忽略体系性要求,使其保持就事论事的状态。[57]

7. 小结

综上,体系思维立足于法律的社会功能,法教义体系是相对的、开放的,体系甚至也是一种工具,不是目的,教义学的命题可以从体系中推导,也可以通过对外来命题进行教义学改造而得来。因篇幅有限,在下文的论述中,只对上述三种工作中体系思维的运用进行简要展示,进而分析法教义学工作的潜能与困难。

四、教义学研究方法的展开

(一)学说创立

学说的对象可以是规范的组成部分、单个或多个规范、规范之间的关联以及规范与事实之间的关系。[58]学说类型可分为:(1)解释性学说,即为现有特定规范中术语的解释提供建议或者是假说。(2)规范建议性学

---

[56] R. Dreier (Fn. 15), 122 ff.; Podlech, Rechtstheoretische Bedingungen einer Methodenlehre juristischer Dogmatik, Jahrbuch für Rechtssoziologie und Rechtstheorie, Bd 2, 1972, 494;对这些方法的介绍,参见雷磊:《法律推理基本形式的结构分析》,载《法学研究》2009 年第 4 期。

[57] Harenburg (Fn. 42), 66, 73.

[58] R. Dreier (Fn. 15), 106 ff.;理论可以根据其射程进行分类,民事诉讼法中的相关论述,参见任重:《反思民事连带责任的共同诉讼类型——基于民事诉讼基础理论的分析框架》,载《法制与社会发展》2018 年第 6 期。

说,即从现行法中推导出虽没有明文规定,但可以直接适用的新规则,比如缔约过失、情势变更、积极违约都曾经属于这种学说。中国民诉界针对诉讼抵销、主张具体化义务等也有这种尝试。(3)建构及识别性学说,即对某一法律现象的法律性质进行定义、归类。此外还有针对法律制度的结构及其功能,法律原则的理解应用,基本概念的含义与适用以及部门法特征等的学说。[59]

在解决法律问题时的学说创立,从目前教义学研究的实践中笔者认为可以观察到如下步骤:第一,把与法律或事实问题的相关要素进行归类、在体系中定位[60];第二,对已有相关概念、制度的起源与发展进行梳理(在中国包括继受过程的回顾),并对其论证的前提假设[61]是否正确进行再次考察,如果前提假设不成立,否定或修正旧学说就有了铺垫;第三,为新学说在体系中找到最为合适的位置;第四,逐一排查新学说与相关制度的匹配性,多方面检验学说的正确性,并补充学说的内容。这个过程也就是我们经常说的"某某制度或概念的教义学构造"。对前提假设认定的不同,导致教义命题上的差异的例证很多,比如把对于后诉法院是否有权作出不同于前诉法院的事实认定作为前提假定,从法条上推导的结论[《最高人民法院关于民事诉讼证据的若干规定》(法释〔2019〕19号),以下简称《证据规定》第10条肯定这一可能性存在]可能与现实中的某些个案一致,但与总体趋势不同[62],在规范性假设与经验性假设不同时,把哪个结论作为论证前提,对于案外人救济制度适用要件的认识就可能不同,严谨的教义学研究应该至少对此有所说明,甚至讨论不同前提的不同处理方式。

在法教学三种工作中,学说史的梳理常常是不可或缺,这是获得对制度深入认识的重要来源。比如在德国第三人异议之诉,也即中国法中执行异议之诉,对于可以阻却执行的权利之法律性质,曾经有实体法说与程

---

[59] R. Dreier (Fn. 15), 106 ff.
[60] 比如,Stamm, Die Prinzipien und Grundstrukturen des Zwangsvollstreckungsrechts(《强制执行法的原则与基本结构》,2007年),就一个典型的教义学研究,其出发点就是强制执行法的法律性质是属于公法还是私法,进而讨论公法与私法的哪些原则能够适用于强制执行法。
[61] 关于这一前提假设的论述可参见[德]弗兰茨·维亚克尔:《法教义学的实践功效》,王洪亮译,载《中德私法研究》(第6卷),北京大学出版社2010年版,第45—46页。
[62] 参见翁晓斌:《论已决事实的预决效力》,载《中国法学》2006年第4期。

序法说之争。根据实体法说,只有实体上的绝对权才能阻却执行,但这一理论无法解释为何债权也可以阻却执行,比如在租赁、借用、保管合同中,出借人、寄存人的返还请求权不是物权请求权,但出借人、寄存人仍然可以排除执行,原因何在?通过制度溯源,可以发现在罗马法时期,出借人一般就是所有人,第三人可以要求返还实际上是证明了执行物不为被执行人所有,因此这种情况允许第三人排除执行还是为了保护所有权,债权并不是真正的阻却原因。[63]以此为比较对象,可以论证为何同为债权的买受人交付请求权不足以阻却执行。这是因为买受人与所有人的关系与出借人、寄存人等与所有人的关系正相反,买受人是为了从所有人处获得所有权,也反面证明了买受人对标的物不享有所有权,而出借人如果不是所有人,则为所有人利益占有标的物[64],所以二种情形的处理必然要不同,才能体现"不同情况区别对待",根据这一理论,在债权中只有返还请求权才具有排除执行的效力。

  法律原则与现行法律规范框定了现行法学教义的范围,学说的提出自由发挥的空间受此限制,但教义学的功能是缩小可能的裁决选项,就问题解决方案寻找共识[65],与此同时教义学研究通过漏洞填补、法律续造也可以扩大规范容量。如果把学说创立比作掷绳索[66],那么绳索就不能掷到已有体系架构之外,那些完全投偏的掷法,虽然也可自成一家,但不是教义学的学说,少数派观点,教义学上能站得住脚、不自相矛盾的也是教义学观点[67],也有可能取代现有通说成为新的通说。为了避免学说的随意性,对于教义学命题的客观性有一定要求,比如把问题的解答简化到一个或少数几个决定性因素,通过对论证负担与职业自律性的要求,降低

---

[63] Picker, Die Drittwiderspruchsklage in ihrer geschichtlichen Entwicklung als Beispiel für das Zusammenwirken von materiellem Recht und Prozeßrecht, 1981.

[64] Picker, ZZP 2015, 300 f.

[65] Westermann (Fn. 43), 618;当然有学者认为在现行法本身缺漏明显时会导致中国法学"自废武功、低地回旋",参见汤文平:《论中国民法的法学实证主义道路》,载《法学家》2020年第1期。

[66] 参见车浩:《理解当代中国刑法教义学》,载《中外法学》2017年第6期。

[67] Drosdeck (Fn. 21), 126 f.;关于何种条件下命题为教义学命题,有多种理论,参见Podlech (Fn. 56), 494; Harenburg (Fn. 42), 53;雷磊(脚注10)。

得出完全相反结论的概率。[68]

在与社会科学方法几轮交锋后,一般认为在学说创立过程中,对于法外因素的引入也是有相应渠道的。除了通过法律基础学科的轨道,还可以通过对实然前提假设的考察以及手段与目的之间关系的分析,或者通过对原则的解释,把其他学科的,特别是经济学的认知引入法教义之中[69],也可以使用其他科学中得出规制建议,再将其进行教义学改造,进而指导司法实践。[70] 此外,法教义学可以通过从生活事实中提炼出法律因素的多少,来增加或减少裁决的复杂性,在民诉法学界也有这方面的尝试。[71] 就学说创立,下举两例。

[**示例一**]买受人在未过户前,房屋被出卖人的债权人查封,买受人是否可以排除对该不动产的执行?

根据已有民法教义学体系,买受人交付请求权是一种债权,无对抗第三人效力,因此不优于申请执行人的债权,不能排除执行。但基于政策上的考量,最高人民法院允许这种债权请求权排除执行,并引入了"期待权"的概念来加以论证[72],而且最高人民法院《关于审理执行异议之诉案件适用法律问题的解释(一)》(征求意见稿)(下称《执行异议之诉解释草案》)有意将这一解决方案延续下去。因此这一问题的教义学解决有两种思路:一为论证在何种情形下债权可以阻却执行,不动产买受人交付请求权是否可以划归为这类债权;二为考察对期待权进行教义学构造的可能性。对于前者已有论述,这里集中讨论后者。

"期待权"一词源于德国,在其原来的不动产买卖语境中指代的是买方获得,卖方无法单方消灭的稳定法律地位,如果把不动产买卖分为六个阶段,是否能产生期待权,在哪个阶段能产生期待权,德国学界产生了至

---

[68] Grigoleit (Fn. 6), 271;观点的随意性在德国也是教义学过度精细化可能导致的后果,参见 Schünemann (Fn. 51), 6。

[69] Grigoleit (Fn. 6), 268; Wagner, Privatrechtsdogmatik und ökonomische Analyse, in: Auer/Grigoleit/Hager (Hrsg.), FS Canaris, 313-318;汤文平(脚注 36);雷磊(脚注 10)。

[70] Harenburg (Fn. 42), 368.

[71] Harenburg (Fn. 42), 189;任重(脚注 12),即剥离执行难的社会问题,将其限缩为一个法律问题。

[72] 参见余长智:《一般买受人物权期待权的严格适用》,载《人民司法》2019 年第 23 期。

少五种观点。通说认为买卖双方达成了物权合意后,买方期待权能够产生的有两种情况:一种为出卖方同意过户,买受人在土地登记部门提出了过户申请;另外一种为对买方过户进行了预告登记,占有与对价的支付对于期待权的产生不发挥任何作用。但这种期待权仍然无法给予买方以百分之百的保护,卖方在法律上仍然可以把所有权转让给第三人,所以有观点认为根本就不存在所谓的不动产物权期待权。[73]

在中国法的语境中,不承认物权行为,这一期待权被认为是买方支付了一定比例对价,占有了不动产后,获得的一种法律地位,最高人民法院《关于人民法院办理执行异议和复议案件若干问题的规定》(以下简称《异议复议规定》)第28、29条对此设置了不同的前提。如果进行教义学构造,首先需解决是否可以把该"期待权"打造成为一种物权或准物权。物权可以被处分,但这种"期待权"目前不能转让,也就是说买受人在过户前虽然可以再转卖给第三人,但该第三人不能主张《异议复议规定》第28、29条,也就是说他不能受让获得"期待权"。其次,这种"期待权"也不能在执行程序中被处分。特定的物,无论是股份、特殊动产或者是不动产,必须是特定人的责任财产,因此不动产买受人如果有对抗执行债权人的"期待权",那么就应该允许买受人的债权人要求以此财产清偿,可以对此查封、扣押。但目前仅规定了对该不动产"期待权"的预查封,未规定是否可以变现[74],实际导致了财产归属的悬空状态,该房产既不属于出卖人也不属于买受人,呈现了二者双双受益、而其债权人双双受害的局面。[75]也就是说"期待权"不能只保护买受人的利益,一旦确立,买受人的债权人也可以从中获益,这样的权利义务分配才合理。此外,该"期待权"与抵押权、建筑工程价款优先权的先后顺序,在"一房二卖"中对履行请求权的顺序作用如何,也不明确。最后,与德国的做法不同,中国法下

---

[73] Staudinger/Pfeifer/Diehn (2020) BGB § 925 Rn. 122, 140;相关德文文献的梳理,参见马强伟:《预查封制度质疑及物上期待权的执行》,载《法学》2019年第10期。

[74] 参见马强伟(脚注73);最高人民法院、国土资源部、建设部《关于依法规范人民法院执行和国土资源房地产管理部门协助执行若干问题的通知》(法发[2004]5号)。

[75] 陈希国等:《委托持股(隐名出资)引发的法律问题探讨》,载《山东审判》2019年第4期。如不使用期待权的概念,买受人的债权人可以通过执行交付请求权来实现,但这种执行方式也缺乏法律规范,实践无法操作,参见马强伟(脚注73)。

房屋买受人"期待权"产生的前提是模糊的,比如是否为自住目的、付款比例、付款方式等,甚至卖方为房地产企业第28、29条都适用,都与物权明确性的要求相悖。

从目的角度考察,不动产价值高,因此买受人利益值得更好保护的结论,也未必经得起推敲,事实上引导民众采取更为谨慎交易的方式,才能更好平衡各方利益。[76] 即便在德国,现房买卖,即便用尽物权法所提供的全部可能,也不能排除过户前房屋被卖方债权人查封、拍卖的可能,为了规避这一风险,买方可以把价金支付给公证人的信托账户,过户后公证人再把价金支付给买方的方式来解决。[77] 因此,不动产"期待权"如果被长期保留,可以将其作体系特例处理,解决上述附随问题,教义学此处可以作出贡献。[78]

[示例二] 在执行异议之诉中,案外人就执行标的对被执行人提起给付之诉的,是否必须合并审理?

对此的分析有如下三点:第一,是否可以提起此类诉讼?虽然有观点认为异议之诉为执行程序对案外人的特别救济[79],但这仅在案外人与申请执行人之间的关系上成立,在案外人与被执行人之间的关系上不是特别救济,所以可以提起给付诉讼。第二,根据现行法律,无法得出合并审理的强制性,《执行异议之诉解释草案》第6条规定执行标的已经被人民法院查封、扣押、冻结后,案外人以被执行人为被告就该执行标的单独提起给付之诉,或者案外人在执行异议之诉中同时提出被执行人继续履行合同、交付标的物等具有债权给付内容的诉讼请求的,人民法院应予审理,并可以依据《民事诉讼法》第153条的规定,就案外人排除强制执行的诉讼请求先行判决。采纳的也是这一思路。第三,分别诉讼是否会导致冲突判决?为了避免这一情形,是否应强制合并审理?

---

[76] 参见庄加园:《不动产买受人的实体法地位辨析——兼谈〈异议复议规定〉第28条》,载《法治研究》2018年第5期。

[77] Staudinger/Pfeifer/Diehn (2017) BGB § 925 Rn. 146.

[78] 但目前司法实践反而有扩大应用的倾向,(2019)最高法民申1560号肯定了期待权适用于抵债受让人,并允许在《异议复议规定》第28条、第29条之间进行选择。

[79] 参见赵秀举:《论民事执行救济》,载《中外法学》2012年第4期。

对此,首先分析在多大程度会出现矛盾判决。因为案外人与被执行人在两个诉讼中都为当事人,该问题的回答与执行异议之诉判决的既判力客观范围相关。现有观点一致认为阻却执行权利是否存在为判决理由,不被执行异议之诉判决的既判力所覆盖[80],所以不会出现法律意义上的冲突判决,只会出现事实上的结果不统一。这种不统一的情形有两种,一种为案外人在给付之诉中胜诉,在异议之诉中败诉,此时对执行标的的执行程序可以继续进行,申请执行人获得清偿,因同一标的已被处分,案外人给付之诉的胜诉判决将无法执行,而只能通过另行起诉申请执行人要求损害赔偿,其理由可以是不当得利或侵权[81];另外一种为案外人在给付之诉中败诉,在异议之诉中胜诉,这会导致对执行标的的执行程序中止,申请执行人不能获得清偿,案外人也不能要求给付标的,此时申请执行人的执行依据仍然有效,只是不能再次要求执行同一标的物。在这一僵局下,申请执行人可以就执行异议之诉的判决申请再审,如果被受理而且胜诉,那么可以再次要求执行同一标的物[82];案外人原则上也只能申请再审。

反过来看,案外人在执行异议之诉外对被执行人另行提起给付之诉,即便胜诉,对其也无附加利益,只要不能在执行异议之诉中胜诉,案外人就必须要再次诉讼,才有可能获得清偿,所以对案外人而言,在执行异议之诉内提起给付请求并无不利,如果案外人选择合并诉讼,《全国法院民商事审判工作会议纪要》(法〔2019〕254 号,以下简称《九民纪要》)第 119 条"但案外人既提出确权、给付请求,又提出排除执行请求的,人民法院对该请求是否支持、是否排除执行,均应当在具体判项中予以明确"肯

---

[80] 参见张卫平:《案外人异议之诉》,载《法学研究》2009 年第 1 期;唐立:《案外人执行异议之诉的完善》,载《法学》2014 年第 7 期。

[81] 参见金印:《论债务人异议之诉的必要性——以防御性司法保护的特别功能为中心》,载《法学》2019 年第 7 期。

[82] 在德国法中这一问题的处理有所不同,德国法中执行异议之诉的被告只可能是执行申请人,被申请人只有在案外人同时提起给付之诉时才成为普通共同被告。在上面的两种出现事实上的矛盾情形中,情形一中德国法的操作与中国类似,情形二中根据德国法执行申请人可以在出现新事实时再次提出执行申请,参见 Schmidt/Brinkmann, Münchener Kommentar zur ZPO, 5. Auflage 2016, § 771 Rn. 79;不同观点 Münzberg/Brehm, Altes und Neues zur Widerspruchsklage nach § 771 ZPO, in: Grunsky (Hrsg.), FS Baur, 1981, 530。

定了其可行性,但还需要考察是否满足合并前提如管辖、案由,尤其是当事人的角色分配问题。在执行异议之诉中原告为案外人,被告为申请执行人,被执行人为共同被告或第三人的情况,案外人对被执行人提起给付请求的,合并没有困难;如果执行异议之诉的原告为申请执行人,被告为案外人,被执行人为共同被告或第三人的情况,案外人提起给付请求只能通过对被执行人的反诉,但需要对最高人民法院《关于适用〈中华人民共和国民事诉讼法〉的解释》(以下称《民诉法解释》)第233条"反诉的当事人应当限于本诉的当事人的范围"进行扩大解释,认可对第三人或共同被告反诉的合法性。[83]

最后,案外人就执行标的提起确认之诉的,最高人民法院有意规定只能在异议之诉中提出[84],这两种处理方式是否彼此矛盾?确认之诉是否合法,无论是另案、在本案中提起,首先取决于该诉是否具备受保护的法律利益这一前提,根据学界已有认识,"物权法中物权确认诉讼的诉讼标的应当限缩为无法登记物的物权"[85],现有执行异议诉讼中涉及的确权之诉多与不动产相关,大部分确认请求都不具有合法性[86],无须再讨论是否需要强制合并。既然给付之诉都无强制合并的必要,举重以明轻,确认之诉更应没有此义务,最高人民法院的做法恐怕还是出于抑制确认之诉滥用的考虑[87],但也的确也造成体系上的冲突。

(二)理论选择

分歧过多、共识有限,是民事诉讼法学者对本学科研究现状的一个常

---

[83] 针对共同被告反诉的论证,参见严仁群(脚注12)。
[84] 最高人民法院《关于审理执行异议之诉案件适用法律问题的解释(一)》(征求意见稿)第5条规定:"执行标的已经被人民法院查封、扣押、冻结后,案外人以被执行人为被告单独提起确权之诉的,人民法院不予受理。"《民诉法解释》第312条第2款规定:"案外人同时提出确认其权利的诉讼请求的,人民法院可以在判决中一并作出裁判。"
[85] 刘哲玮:《确认之诉的限缩及其路径》,载《法学研究》2018年第1期。
[86] 当然也还有存在确认之诉合法的情形,未到期的租赁合同,不能要求返还,因此不能提起给付诉讼,Gaul, in: Lobinger (Hrsg.), FS Picker, 2010, 274。
[87] 相关讨论,参见张永泉:《案外人另案裁判在执行异议之诉中的审查原理与规则》,载《法治现代化研究》2019年第6期;吴英姿:《论案外人异议之诉的强制合并——兼与张永泉教授商榷》,载《法治现代化研究》2019年第6期。

见感受。学说数量的增加是研究力量达到一定规模必然的结果,毕竟学者的任务在于创新。有学者指出,法教义学的功能是"当争议事实有多个可供选择的法律规则时,提供可供检验的、相对稳定的规则选择机制"[88]。但这种机制是什么,该观点没有明确指出。在理论之间进行选择,前提是不同的解决办法不是等价的,而是有优劣之分的,这一认识是基于法律论证具有理性的前提基础之上的。[89] 但有争议的是优劣的判断是否遵循一定标准,具体规则如何。

在肯定性观点中,一种把公正性作为标准[90],在民法中即为对权利义务分配的公平。另外一种以理论的性能、准确性与融贯性为评判标准[91]:(1)理论的性能要求理论具有解释能力,而不能是套套理论,即只能用来解释自身;(2)准确性又表现在理论的可检验性,这种检验可以根据波普尔(Popper)的理论通过基本命题(Basissatz)形成的检验命题(Prüfsatz)来操作;(3)融贯性要求无逻辑矛盾或价值判断矛盾。对已有教义学体系破坏最少的,越优越。这是因为,从科学理论的角度,对通过修正已有理论而形成的新理论中,对原有理论要求作出例外规定越少,能够证明原有理论的正确性越高的,是最值得理性选择的。[92] 此外,也有观点将论证的缜密细致周全程度看成评判标准之一[93],同一个结论,因论证过程的不同,其可接受性可能会有很大的不同。

借用之前的比喻,谁绳索掷的巧妙、搭的牢靠,谁的理论技术就更高

---

[88] 许德风:《法教义学的应用》,载《中外法学》2013 年第 5 期。

[89] Langenbucher, Dogmatik, Falsifikation und zwei Perspektiven auf die Rechtswissenschaft, in: Auer/Grigoleit/Hager (Hrsg.), FS Canaris, 224.

[90] Podlech (Fn. 56), 491 ff.; Harenburg (Fn. 42), 131.

[91] Canaris, Funktion, Struktur und Falsifikation juristischer Theorien, JZ 1993, 384 f.; Auer, Privatrechtsdogmatik und Bereicherungsrecht. Möglichkeiten und Grenzen rationaler Theoriewahl in der Privatrechtswissenschaft, in: Auer/Grigoleit/Hager (Hrsg.), FS Canaris, 522;这种检验可以根据波普尔的理论通过基本命题形成检验命题来操作,但与社会科学不同,其评价并非正确与错误,而是否有说服力,参见 Langenbucher (Fn. 89), 231; Podlech (Fn. 56), 499 f。

[92] Langenbucher (Fn. 89), 225 f., 231.; Auer (Fn. 91), 522, 539; Lennartz (Fn. 6), 170 f.

[93] Auer (Fn. 91), 522;"正反论证、精细论证和全面论证的坚持和追求,充分展现法教义学的理性的力量"[严仁群(脚注 12)]。Pawlik, Strafrechtswissenschaft, in: ders. (Hrsg.), FS Günther Jacobs, 2007, 478,认为作为科学,体系要满足三个要求,即价值结构的统一、解释力与说服强度,但很难找到一个犯罪理论同时满足这三个要求。

超。是否能为最高审级所采纳,是评价学说质量的一个标尺,但不是唯一标准。理性的选择是有边界的,一旦例外情形对现有理论的挑战,达到托马斯·库恩所称的根本性范式转变,即理论如何修正都无法解决价值判断的矛盾,那就不再是理论选择,而是要考虑现有教义是否需要变更;此外,如果教义结构过分复杂,也可能无法对比优劣,不同范式产生的理论也无法比较,只能通过历史来自我淘汰。[94]

理论选择最终结果为通说,通说可以提高法律适用的可预见性,减少裁判的选择困难,通说的形成是教义化过程[95],其内在需求可以从法理论中推导而来,其外部形成机制则也涉及社会学问题。判决需要说理,而说理又需要权威性,这种权威性可以来自通说,采纳通说无须论证,背离通说,则要满足论证负担,比如要说明通说本身允许例外,否认被学说的通说性,或者阐述案件事实允许偏离。[96] 在德国通说形成的因素很多,利益群体比如学术派系、行业协会、专业学会等对此也会发挥影响。[97] 德国通说有很多表述,使用也不统一,如果不作严格细分,德国语境一般所认为的通说是学界与司法机关都认同的观点,如果只有学界认同的就是学界通说[98],因此一般通说的形成离不开法院、特别是最高审级的介入,对教义学命题进行检验,赋予其权威性;有时最高审级的判决,促使学界就某一问题讨论最终形成了通说,有时学界相关讨论会因最高审级判决对某一学说的选择,从而确定了通说。[99]通说的实现也需要长期讨论,也有偶然性因素,是否形成了通说,如果没有最高审级的介

---

[94] Auer (Fn. 91), 524 ff.
[95] Harenburg (Fn. 42), 189.
[96] Drosdeck (Fn. 21), 24, 73.
[97] Zimmermann, Die Relevanz einer herrschenden Meinung für Anwendung, Fortbildung und wissenschaftliche Erforschung des Rechts, 1983, 47-73.
[98] 德语语境的通说根据接受程度分为下面几类:allgemeine Meinung, herrschende Meinung, überwiegende herrschende Meinung, 参见 Drosdeck (Fn. 21), 26 f.; Djeffal, ZJS 2013, 727;相应的中文翻译问题,参见金枫梁:《裁判文书援引学说的基本原理与规则建构》,载《法学研究》2020年第1期。
[99] Drosdeck (Fn. 21), 72, 92 ff.

入,虽然可以参考多种因素,但却没有明确的判断标准。[100]

学界通说的形成与学者之间的互动直接相关,新观点的提出,有人反驳、附和、修正才可能逐渐形成多数派观点,如果都倾向于另起炉灶,疏于彼此回应,难免导致意见分散。在德国师徒、同门、学友之间的观点互动,对于通说的形成起到了推动作用。学者可以在引注中表达对学术观点的倾向性,进而形成观点群体。[101] 司法界与学术界互动需要特定的媒介,比如法律评注。有了这一载体,尽管在德国司法界与学术界也存在一定的紧张关系以及对法律解释话语权的争夺,但彼此的交流不至于疏远、恶化,乃至中断。

通说形成之后,并不意味着教义学工作的完结。这是因为教义学最为契合的解决方案未必为实务、立法所选择,但这恰恰提供了法律发展的动力,也是学术的任务与实务不同之处。学术界追求新的认知,在此过程就有可能会改进、淘汰一些错误的通说。比如诉讼标的理论,对于德国实务界而言,这一问题已被解决,直接适用诉讼法二分肢说即可,学界的研究却未因此停歇,即便只是为了"追求系统美感"[102]。笔者认为,通说的主要功用在于法律适用与法律教学的便利性,对于学术研究而言,没有必要刻意追求,就某问题还未形成通说,多半是讨论还不够充分。针对理论选择,亦举两例:

[示例一]《民事诉讼法》第 56 条第 3 款所规定的第三人撤销之诉,一般债权人是否有权提起?对此,学术的观点分为否定说[103]与肯定说,肯定说中又分限缩说与扩大说。甲、前者认为只有受判决约束的第

---

[100] Drosdeck (Fn. 21), 103 ff., 110;中文对于通说的文献,参见黄卉:《论法学通说》、庄加园:《教义学视角下的德国私法通说》,均载《北大法律评论》(第 12 卷第 2 辑),北京大学出版社 2011 年版。

[101] 比如,德国学者在就同一问题有诸多文献时,有时会直接指出只看某某学者的某一篇著作就可以了,即所谓的 statt vieler。

[102] 曹志勋:《德国诉讼标的实体法说的发展——关注对请求权竞合的程序处理》,载《交大法学》2018 年第 1 期。

[103] 参见陈刚:《第三人撤销判决诉讼的适用范围——兼论虚假诉讼的责任追究途径》,载《人民法院报》2012 年第 7 版。

三人才能作为适格原告[104],后者主张一般债权人也可以,但需要满足一定前提,据此可再分出以下学说;乙、认为生效判决为欺诈或合谋获得且该第三人的债权已被生效判决确认[105];丙、认为本诉为虚假诉讼或恶意诉讼,特别是受诈害人满足《合同法》第74条的,为适格原告[106];丁、只要案外人有证据证明可能存在虚假诉讼,并受此侵害,即为适格原告。[107]

第三人撤销之诉的适用范围是目的解释与文义解释发生冲突的一个典型[108],前者要求把适用范围扩大到文义中所限定的第三人之外的案外人,而根据目的解释,扩大说无疑更优越。回顾第三人撤销之诉在中国入法的背景可以发现,债务人转移财产逃债或是进行偏颇清偿,古今中外都很常见,罗马法中为此而设定的债权人撤销权——保罗诉权——为欧洲多个国家所继受。但为何债务人为逃债而滥诉在这些国家没有普遍出现?那是因为承认判决既判力的相对性,通过虚假诉讼获得的判决并不能阻碍债权人撤销权的行使,德国《撤销法》[109]第10条甚至对此加以明确,而在中国否认了既判力的相对性,虚假诉讼有利可图,债权人亟须救济,第三人撤销之诉才得以入法。只有消除了通过诉讼获得不当利益的根源,才能从根本上解决这一问题,在此之前仍需通过学说来对第三人撤销之诉进行补救。扩大说从数量上在学界的讨论中占主流,最终也得到了最高法院的采纳(《九民纪要》第120条)。问题是,可以用上文所述的理论选择规则来解释这一结果吗?可以说如果把既判力绝对性作为一种教义,学界与最高院的选择是符合一致性要求的,只不过对这一教义的正

---

[104] 参见张卫平:《中国第三人撤销之诉的构成与适用》,载《中外法学》2013年第1期;王福华:《第三人撤销之诉适用研究》,载《清华法学》2013年第4期。

[105] 参见严仁群:《不受判决拘束者之事后救济》,载《法学家》2015年第1期。

[106] 参见吴泽勇:《第三人撤销之诉的原告适格》,载《法学研究》2014年第3期。

[107] 参见王亚新:《第三人撤销之诉原告适格的再考察》,载《法学研究》2014年第6期;刘东:《回归法律文本:第三人撤销之诉原告适格再解释》,载《中外法学》2014年第1期;刘君博:《第三人撤销之诉原告适格问题研究:现行规范真的无法适用吗》,载《中外法学》2014年第1期;罗恬漩:《论虚假诉讼受害人的救济:兼探讨第三人撤销之诉适用》,载《交大法学》2017年第2期。

[108] 参见吴泽勇:《民事诉讼法理背景下的虚假诉讼规制》,载《交大法学》2017年第2期;Grigoleit(Fn. 6),275,指出所有解释方法中目的解释最为关键。

[109] 在德国破产程序外的债权人撤销权,由1879年通过的《撤销法》(AnfechtungsG)所规制,在破产程序内由《德国破产法》所调整。破产程序外可撤销的情形包括,故意损害债权人、与亲近人士签订的有偿合同、无偿给付、赠与等。

确性学界不乏质疑。

这种情况下,法教义学的工作一方面可以继续论证既判力绝对性的错误,另一方面又要在承认其效力,对扩大说本身进行完善,使其适用要件更为缜密。在扩大说中的三个理论,都要求生效判决产生于欺诈与合谋,但在其他要件还存在疑问,比如是否采纳乙说,要求债权人的债权已被生效判决确认?如果采纳该说,又会产生新的问题,即在第三人撤销之诉中,法院是否有权审查这一作为起诉依据的判决之正确性?从避免冲突判决的角度,不如直接要求同案审理。除此之外,如何判定一般债权人因生效裁判文书受到损害?可以认为债务人责任财产不足,既然不要债权人获得针对债务人的执行根据,所以无须通过启动执行程序来证明债务人现有财产执行不足以清偿该到期债权。

[**示例二**]办理了预告登记的房屋买受人是否可以排除出卖人债权人对该不动产的执行?

这一问题的本质涉及的是所有权过户预告登记在强制执行中的效力,就此有如下规范:《民法典》第 221 条第 1 款(原《物权法》第 20 条第 1 款)规定:"……预告登记后,未经预告登记的权利人同意,处分该不动产的,不发生物权效力。"最高人民法院《关于适用〈中华人民共和国民法典〉物权编的解释(一)》对此进一步解释为:"未经预告登记的权利人同意,转移不动产所有权……认定其不发生物权效力。"《不动产登记暂行条例实施细则》第 85 条第 2 款规定:"预告登记生效期间,未经预告登记的权利人书面同意,处分该不动产权利申请登记的,不动产登记机构应当不予办理。"《异议复议规定》第 30 条规定支持对不动产的查封,不支持拍卖。[110] 如果仅就无争议的现房而言[111],从这些规定似乎可以推导

---

[110] "金钱债权执行中,对被查封的办理了受让物权预告登记的不动产,受让人提出停止处分异议的,人民法院应予支持;符合物权登记条件,受让人提出排除执行异议的,应予支持。"

[111] 张双根:《商品房预售中预告登记制度之质疑》,载《清华法学》2014 年第 2 期,指出在中国以期房为对象的预告登记,因物尚不存在,无法进行;德国期房买卖中预告登记非常普遍,其可登记的原因是德国法中房屋——无论是现房还是期房——不能单独买卖,只能附随土地被交易,所以预告登记针对的是现物,即土地,参见常鹏翱:《预告登记制度的死亡与再生》,载《法学家》2016 年第 3 期,该文同时认为实际在中国期房的预告登记可以操作。但在德国预告登记也是物权理论与实践中最为难以理解的制度,参见 Kesseler, Vormerkungsgestützter Eigentumserwerb im Zwangsversteigerungsverfahren, DNotZ 2010, 404。

出,预告登记具有绝对效力[112],起到的是冻结登记簿作用,预告登记后不能进行任何处分,但比较令人费解的是为何允许查封,但不允许拍卖?拍卖到底是不是一种处分?[113] 如果不是,其可行性是否可以另做解释?绝对说会导致买受人的债权人与出卖人的债权人都无法对此财产进行执行,买受人依期待权而享有的权利地位甚至比完整所有权人还要高,不仅学理上无法解释,而且也刚好可以被恶意利用?

另一种"相对说"的构造方式,认为预告登记保障的是债权的实现,并不能将债权转变为物权,买受人的履行请求权为债权,因而登记了预告登记的履行请求权不能排除执行,当其他债权人申请执行时,应该可以查封、也可以拍卖,拍卖受让人虽然成了新的所有权人,但预告登记继续存在,只要预告登记的权利人主张过户,新的所有权人必须随时同意、配合,但在拍卖定价时已经考虑到这一点,所以并不一定导致流拍,特别是在如果过户请求权附解除条件或者未来才产生的情况下。[114] 这一学说不仅教义学上逻辑更为通顺,而且绝对说完全禁止了所有人的处分权对预告登记权利人过度保护,相比之下相对效力说权利义务分配更为合理,可以避免滥用。当然这种理解又会面临与《不动产登记暂行条例实施

---

〔112〕 参见王利明:《论民法典物权编中预告登记的法律效力》,载《清华法学》2019 年第 3 期。

〔113〕 参见司伟:《预告登记排除金钱债权执行中的几个问题——以房屋所有权预告登记为例》,载《法律适用》2017 第 21 期。

〔114〕 参见庄加园:《预告登记在强制执行程序中的效力》,载《当代法学》2016 年第 4 期。Staudinger/Kesseler (2020) BGB § 883, Rn. 361; Assmann, Die Vormerkung (§ 883 BGB), 1998, 220-232, 把预告登记在强制执行中的作用具体分两种情形,即:(1)过户的预告登记在顺位上先于执行申请人的权利;(2) 过户的预告登记在顺位上后于执行申请人的权利。对于情形(1)可以举一例说明:甲将土地及其上房屋卖给乙,并对过户进行了预告登记,在正式过户前,土地及房屋被甲的债权人丙、丁查封,此时如果乙要完成过户的本登记,丙与丁无法制止,如果二人债权为无担保债权,过户后强制执行程序被中止,如果二人债权以涉案土地为担保,则预告登记权利人可申请中止强制执行程序。在第二种情形,即查封在先、过户预告登记在后,也即甲在房产被查封后出售该房产,有如下两种做法,一种甲为乙完成过户的本登记,但丙、丁债权债权继续存在,此时丙、丁可以申请更改执行依据,改为针对新的所有权人,进而继续执行;为了避免这种情形,乙可以与丙、丁约定,丙、丁撤回其强制执行申请,乙过户,实践中所有利益相关方可以在公证人的主持下达成协议,公证人可以单设一个信托账户,并约定乙将所欠价金支付到该信托账户,公证人再将价金转付给丙、丁,剩余部分转付给甲,作为对价,丙与丁撤回其强制执行申请,过户后乙可申请中止强制执行程序。总体上在强制执行不动产时,为了获得更高的售价,不动产所有人倾向于在市场上找到买家,之后与债权人达成和解,避免进入拍卖程序。

细则》的协调问题。

(三)体系构建

体系构建是法教义学研究不同于司法判决中的教义学工作之处。法教义学的吸引人之处,是可以从俯视的角度鸟瞰法律制度在法律体系中的位置以及法律制度之间的关系。通过体系化工作,可以把零散的法教义学知识贯穿起来,形成案例群便于法律适用,也能发现、化解规范内部不应有的矛盾,查明漏洞与冲突,通过类推填补漏洞,为修法、引入新的法律制度作铺垫。但体系构建[115],应从何处入手?多数时候体系化视角是概念、制度本身给定,学者的工作为对其进行具体化、类型化,但也与学者的研究目的相关,比如对于执行异议之诉可以对排除执行的实体权利类型进行体系化,也可以此为支点对案外人救济进行体系化,或对执行救济进行体系化,甚至对实体法与程序法、审判程序与执行程序的关系进行体系化。对部门法最核心概念的体系化,如对刑法中的犯罪与刑罚原理,有时需要从哲学的视角出发。[116]但有时能够找到合理的体系化视角,本身就需要开创性工作,特别在那些受个案影响大,法律素材零散的领域,在德国法中居住用房租赁合同就属于这样一种情形。[117]

如前所述,教义学的学说、规范之间彼此冲突的情形不在少数,这种冲突一定程度上可以通过对体系的定义来解决,但即便是限缩了体系的元素,如只把内部体系、学术体系作为教义学体系,其内部仍然会存在矛盾,特别是随着时间的推移,立法与司法输入新内容后,已有体系就可能受到冲击,如何保持体系的一致性?具体而言有如下四种操作方式:(1)只保留那些没有争议的部分作为一个体系,当然这种体系是不完整的,其范围取决于专业共识的多少;要使这一体系完整,则需要开发理论

---

[115] 民事诉讼法体系构建的必要性,参见张卫平:《我国民事诉讼法理论的体系建构》,载《法商研究》2018 年第 5 期。

[116] Pawlik (Fn. 93), 475 ff.

[117] Weller, Der Mietvertrag als enfant terrible der Privatrechtsdogmatik?, JZ 2012, 881 ff., 对于居住用房租赁合同的体系化找到了三个角度:第一,居住用房合同的人身属性;第二,租赁合同横跨物权与债权的桥梁功能;第三,持续性债务对于守约的强化,体现在合同拘束力、履行给付义务与实际履行的重要性。

选择的规则,比如可以选择通说排除其他与之矛盾的学说[118];(2)在出现了彼此矛盾的规则与原则的情况,把这些特定的情形剥离出来,归类于其他规范,进行重组[119];(3)当现行法律规范中存在矛盾时,某一个法教义学命题的提出可以排除一些规范或者增加一些附加法律命题,来化解这种矛盾,比如对于因果关系的命题原本为事实上的因果关系,因不完整,通过增加累积因果关系与替代因果关系作为特例来补充;当模型无法再修正时,可以改换模式[120];(4)在出现了与现有教义体系不匹配的"异类"判决、规范时,有三个阶段的应对方式:第一阶段为视而不见,尽量否定"异类"的存在价值;如果无法做到这一点,则进入阶段二,修改增补现有教义理论,对"异类"进行重新解释、熨平其棱角,使其与体系服帖;如果仍然不可行,则进入阶段三,拆除所牵涉的已有体系,以"异类"为中心重新搭建。疑难案件可以促使少数观点替代通说,引发教义的变迁。法律制度的教义学史,就是不断出现的异类元素推进教义学观点演变的历史,可以说,教义学异类的出现是再教义化的契机,比如德国一些教义子体系如不当得利法过于复杂,不利于适用与学习,虽然学界一直有简化的动议,但真正推动这种再教义化的,却是德国联邦最高法院的异类判决与欧盟相应的立法。[121]

这些理论虽然都比较详尽,但运用到中国的实践还是面临不小的难度。比如立足基本概念来塑造宏观体系,民事诉讼法中最为合适的为诉讼标的与诉讼行为的概念,但前者争议过大,后者讨论过少。就诉讼标的理论而言,实现意见的完全一致不现实也没有必要,任何理论在适用中都可能产生问题,因此诉讼标的理论只要所确定的规则在绝大多数情况下可以得出明晰的答案即可。中国晚近的讨论大体形成了一个共同方向,即明确诉讼请求为诉的声明,在此前提下改造旧实体法说,原则上以实体请求权界定诉讼标的,通过释明来解决竞合或连带责任等双重受偿

---

[118] Harenburg (Fn. 42), 54 ff.
[119] Langenbucher (Fn. 89), 232.
[120] Schuhr (Fn. 23), 93, 125.
[121] Auer (Fn. 91), 542 ff.

的情形,此外,可以把对生活事实的陈述融入诉讼标的的概念中。[122] 考虑到目前法律对诉讼请求一词使用的不统一,在最小的限度超越原文对法条进行变通性解释不可避免。针对教义学子体系的构建,举两例说明。

[**示例一**]在执行异议之诉中哪些权利可以排除执行,目前已有一些体系化研究。[123]有观点将其要件归纳为"优先性+ 妨害效果 = 排除效力"[124],但因妨害效果并不是一个现行法已有概念,因此难以在疑难情况中为实践提供指南。

德国法中对排除执行实体权利的体系化过程呈现两个特点:第一,难点与重点在于承认哪些债权可以对抗执行,新型案例也多出于这一领域,比如共有人是否可以对抗其他共有人违反共有协议通过执行程序对物进行强行分割[125];第二,最初所用的体系化方式为归纳式,对具体的权利类型进行列举,新被承认的具有阻却效力的权利直接被加入已有权利清单。经过一百多年的积累,才出现了对可以排除执行权利特征抽象、全面的定义,即"该权利所有人被赋予可以对抗任何人或者恰好对抗异议之诉对方的排他权利,而这一权利的内容是为了防止特定执行措施与该权利分配发生冲突"[126]。这一标准的提炼,就是一种典型的从个案到体

---

〔122〕 参见任重(脚注58)认为,诉讼标的原则为请求权,在确认之诉和形成之诉中为民事法律关系;类似观点,参见严仁群:《诉讼标的之本土路径》,载《法学研究》2013年第3期;曹志勋:《民事立案程序中诉讼标的审查反思》,载《中国法学》2020年第1期,认为可以把请求权基础认为诉讼标的,但同时原告选择的请求权基础不约束法官判断的认识,却与处分原则相悖。张卫平:《重复诉讼规制研究:兼论"一事不再理"》,载《中国法学》2015年第2期。不同观点,参见袁琳:《民事重复起诉的识别路径》,载《法学》2019年第9期,把诉讼请求与诉讼标的同义化处理,但为了构造诉讼标的,牺牲诉讼法中的一个基本概念,似不足取。

〔123〕 参见汤维建、陈爱飞:《足以排除强制执行民事权益的类型化分析》,载《苏州大学学报(哲学社会科学版)》2018年第2期。

〔124〕 张维娟:《案外人执行异议之诉审查标准冲突与弥合进路选择——以"双阶 + 双标"模式的思辨为视角》,载《山东审判》2019年第3期。

〔125〕 Picker, Schuldrechtliche Rechte als „ die Veräußerung hinderndes Recht " i.S. des § 771 Abs. 1 ZPO, JZ 2014, 431 ff.;中国类似案例,参见叶名怡:《离婚房产权属约定对强制执行的排除力》,载《法学》2020年第4期。

〔126〕 Picker (Fn. 125), 437; ders., Die Drittwiderspruchsklage des § 771 ZPO im System von Rechtszuweisungen und Rechtsschutz, ZZP 2015, 279 ff. Ein „ die Veräußerung hinderndes Recht " liegt deshalb vor, wenn die verteidigte Position ihrem Inhaber gegenüber jedermann oder gerade gegenüber dem Gegner als exklusive Berechtigung zugewiesen und wenn sie inhaltlich so gestaltet ist, daß das bekämpfte Geschehen zu dieser Rechtszuweisung in Widerspruch steht.

系的教义学工作,也是执行异议之诉教义学体系完结关键性的一步,借助这一定义,可以通过演绎推理的方法来解决未来新型案例。

中国体系化中的难点为财产归属不明晰。一方面实体法中对于登记对抗效力的规定、夫妻共同财产的规定,使得执行标的上权利归属无法凭借登记来判断;另一方面存在众多财产名实不一的情况,司法机关尚未形成统一规则。对此的处理,《执行异议之诉解释草案》提供两种备选方案,如果不选择外观主义,至少要配套规定涉案财产如何作为实体权利人的责任财产,此外还需与善意取得等相关制度的匹配性进行检验。

[**示例二**]案外人救济的三种手段——案外人申请再审、案外人执行异议之诉与第三人撤销之诉——在功能上具有一定同质性,引起了适用困难,对其进行体系化整合,可以达到简化的目的。[127] 案外人执行异议之诉作为执行程序中的特别救济,在执行程序中优先适用。案外人申请再审与第三人撤销之诉之间的关系与去留,取决于既判力相对性的确立。如果把生效判决认定事实的免证效果仅局限于当事人[128],案外人申请再审与第三人撤销之诉的必要性就大大下降,但目前《证据规定》第10条第6项延续了预决效力的规定否认了近期内这种可能。在不否定既判力绝对效力的前提下,第三人撤销之诉原本针对的是虚假诉讼,案外人再审适用于执行阶段,针对的是错误判决,但制度未按照设计者的方向与方式运行,目前的建议或是把二者合并,或是界分适用前提,使其各司其职,但相比承认既判力相对性的处理模式都更不周全。

对于免证效果的适用也被相关司法文件明确扩大到执行之诉中,在非金钱债权的执行中,案外人提起执行异议之诉,另案裁决执行标的归属于案外人的,过去被认为是对物的归属出现了矛盾判决,要求异议人提起再审。《九民纪要》第124条则把另案裁决直接作为案外人主张权利的根据,不再对该权利是否存在进行审查,也不问另案判决的当事人是否存在

---

[127] 相关研究,如马登科等:《案外人救济制度研究》,法律出版社2016年版。
[128] 研究现状总结,参见傅郁林(脚注12)。

同一性。[129]如果以既判力具有绝对性为教义,这一处理方式无疑也是合理的,也进一步夯实了这一教义。因此,整个案外人救济教义学的展开,会呈现一种双面性状态,既要否定当前既判力现有教义,提出替代方案,又要以此出发为其配备具体规则。

主张既判力绝对性的观点,多以避免出现矛盾判决为论据,但在承认既判力相对性的国家,不见得就会大量出现冲突判决,这是因为存在一些配套法律制度。如诉讼告知能够使判决既判力延及第三人,为了避免诉累,当事人才会有动力及早告知可能产生追偿关系他人,促使其参加诉讼[130]。如诈害防止参加制度[131]。因此承认既判力相对性,在立法引入这些配套法律制度,可能获得正反两方均为满意的结果。

五、立场与规范

制度引入的政策性影响,概念使用的不统一,使得法教义学工作面临不少困难,因此把教义学作为一种学术立场来看待也许更为现实,强调对本土司法与规范的关注,在最大范围内以此为前提,为实践提供解决问题的方案。在中国这样混合继受而形成的法秩序,论证某一制度不符合体系相对容易,但更有建设意义的是,在此基础上通过教义学研究为抽象条文配备具体裁决规则,使其更具有可操作性。在一定程度上,学者能够换位思考,从法官的视角出发,担负着根据现行法必须裁判的任务,从立场上就更贴近教义学研究的实践导向要求,此时体系思维退居其次。学术共同体对法律素材的概念、体系性工作认同度越高,投入的精力越多,教义学解决问题的功效就会越明显,实践可操作性是教义学研究质量的一项重要标准。[132]如前所述,中国当下的法教义学研究,**批判性**与**固化性**

---

〔129〕 对此的批评,参见张卫平:《另案处理结果对本案民事执行的效力及处置原则研究》,载《河北法学》2020年第3期。

〔130〕 参见陈杭平:《前诉与后诉视角下的连带保证人追偿之诉》,载《法学》2019年第3期;林剑峰:《既判力相对性原则在我国制度化的现状与障碍》,载《当代法学》2016第1期。

〔131〕 参见吴泽勇(脚注108);王亚新:《第三人撤销之诉原告适格的再考察》,载《法学研究》2014年第6期。

〔132〕 Bumke (Fn. 14), 47 f.

工作经常需要在一项研究中同时完成,**一方面要推翻学界认为错误的现有教义,指明替代方案;另一方面又要以现有教义为前提对规范进行补救,让法条能用起来**,如此定位的法教义学研究,立场与工作趋于一致。

方法于学科的重要性不言而喻,方法的显性化可以更加明确地定义问题、公开解决的过程。但方法对于法学这种规范性研究而言,其功用低于实证性学科,规范性法学研究对方法的要求不高,是否运用特定方法对于结果的可靠性没有太大的影响;法学是一种实践,学术群体决定哪一种知识更可靠,规范性学科的知识与其他学科不同,真理的认定是学术共同体反复讨论的结果。[133] 因此,与方法同等重要的是法学研究、特别是教义学研究的学术规范,以保障研究成果的品质。从形式方面上看,值得借鉴的包括在教义学研究的结尾处以命题的方式表述结论,论证的过程越繁复,结尾处归纳命题越必要,这样才能使得新认知一目了然,获得直接运用性。在引注方面,出处要精确到可以查找的最小单元,引用的文献要反映研究现状,正反观点均应引用。[134] 在内容方面,有三点值得思考[135]:第一,论证水平,法教义学研究的质量取决于问题意识,推导的步骤以及论证的强度与层次;第二,理论深度,要求不仅仅进行规范的信息汇编,而尽量根据教义学范畴把其具有共性的部分挖掘出来,尤为强调研究视角的广泛;第三,原创性,比如选题的新颖性,提出新概念、对教义学已有概念的再构造与新构造。

在中国可能区分实用教义学与学术教义学的意义更大,其中实用教义学是从学术教义学中分化出来的概念,论证没有学术教义学那么精深,一般不对制度史、学说史进行梳理,但更通俗易懂。因此,法教义学在中国如果要发挥其指导实践的作用,实用教义学不可或缺,具体而言就是法律评注、实用手册等实用文献的生产,参与研究的也包括实务界人士。当然,从学术贡献角度,学术教义学才是学术圈所关注的研究工作,更能体现学者能力与成就,应该是学者工作的重点。两种教义学之间也有沟

---

[133] Smits (Fn. 8), 112 f.
[134] 参见许德风(脚注88)。
[135] Schulze-Fielitz, Was macht die Qualität öffentlich-rechtlicher Forschung aus?, JöR 50 (2002), 34 ff.; 陈甦:《当代中国法学研究的研究》,载《社会科学评价》2015年第3期。

通渠道,未来可能主要也是依靠发行量大的小型评注对学术观点的吸收。

六、诉讼法教义学

(一) 诉讼法教义学的特点

法教义方法因部门法的不同而各异[136],德国学者就程序法教义学与实体法教义学的不同之处概括出三个特点[137]:第一,程序法主体多,彼此关系复杂要求相应规则要在更高程度上满足确定性、可预见性、明晰性的要求,程序法中原则更多,对教义学精密体系的需求也更为强烈;第二,程序法时间维度强,民事程序划分为各个阶段,按照一定顺序进行,尤其在庭审与证据调查时要求对法律问题当场作决定,因此对规则的可操作性要求更高,对实用法教义学需求更大;第三,程序的进行是一种情景性经验,程序法中地域差异、诉讼文化、诉讼职业主体如法官、律师的工作习惯等,都会影响到程序的进行,而法教义学对这些领域的影响有限,法社会学、心理学发挥空间更大。

中国学者对于民诉法教义学的特点认识与德国学者有相近之处,但更多的是不同[138]:第一,理论与实务背离,诉讼法中法官的主导性与动态性决定了"这种背离又无法被忽略";第二,对权力结构与治理体制的依附性,导致民事诉讼法规范化不足,社会科学方法的运用相对重要[139];第三,民事诉讼法学理论的"体系化不足"。与民法实体法比,民事诉讼法中重要制度缺失较严重,而在诉讼法中通过解释论创造新制度比实体法要困难,这是因为实体法中不能因为缺乏规范而不作判决,所以法官根据学说裁判更具有正当性。此外,民事诉讼法更具有操作规程的特色,要求每一个阶段的每种情形都要有可操作性的明确规则,因此对法教义学知识的需求更大。

---

[136] Lennartz(Fn. 6),179; Zimmermann(Fn. 97),249.
[137] 参见施蒂尔纳(脚注37),第221—223页。
[138] 参见吴泽勇(脚注12);傅郁林(脚注12)。
[139] 参见傅郁林(脚注12)。

(二)教义学研究在民诉法领域的修正

1. 研究对象

有观点认为,诉讼实务中相对稳定的程序运作方式也需要研究者关注。[140]一般而言,法律现实研究不是传统教义学的对象,也是教义学研究与实证研究的区别,但诉讼法实践性强,既然法教义学是为法律问题的解决提供备选,从目的论的角度,应该对实践加以考虑,如前文所述,法外因素也有进入教义学的渠道。诉讼法操作性强,直观性差,只靠抽象教学,学生难以真正理解。因此,部分德国权威教育研究机构甚至建议在大学里取消诉讼法课程。[141]这也从反面显示了诉讼法流程层面的实践在研究中的作用,如果不了解起诉书、判决主文的写法,既判力的讨论就会游离于实践。但司法判决、司法实践不具有规范性,新理论的开发不应以此为限。

2. 研究领域

在哪些领域可以用教义学方法来研究?有观点认为只有那些理论与实践都成熟的领域才适合教义学研究,而那些理论研究积累薄弱,或观点多歧对立的领域,如证明、共同诉讼、第三人等,不适合教义学研究。[142]对此,笔者的认识稍有不同,与关注事实层面的操作、司法判例相比,这些领域的基本概念与理论的构建更为迫切。[143]限于篇幅,这里对此无法进行展开,但法律越复杂,对教义学的需求就最高,在民事诉讼法体系中一些基本概念具有提纲挈领的作用,民事诉讼法的创新完全可以是对继受概念的重塑。[144]德国民事诉讼法体系确立于19世纪末20世纪初的建构时

---

[140] 参见王亚新(脚注12);王亚新:《民事诉讼法学研究:与实务结合之路》,载《法学研究》2012年第5期。

[141] Wissenschaftsrat, Perspektiven der Rechtswissenschaft in Deutschland: Situation, Analysen, Empfehlungen, 2012, 61.

[142] 参见王亚新(脚注12)。

[143] 类似观点,参见傅郁林(脚注12);张卫平:《转型时期我国民事诉讼法学的主要任务与重心》,载《北方法学》2016年第6期。

[144] "日本学者往往能在借鉴、吸收德国理论成果的基础上提出自己的新理论。"(李浩:《中国民事诉讼法学研究四十年——以"三大刊"论文为对象的分析》,载《法学》2018年第9期)

代,基本概念形成于这一时期,当时学者的纯技术导向使得民诉法教义学突破了现行法,但其效力仍然获得了实践的承认,这一发展历程值得思考。[145]

立法论不是教义学工作的核心区域,但教义学仍然可以有所作为,利用教义学来推动立法的研究,其中体系思维至关重要,建议引入的制度必须与现有体系匹配,至少不与现有其他制度冲突。现有研究中已经有这方面明确的意识并熟练加以运用的例子。[146] 比较制度优劣比较不能脱离体系,没有体系就缺乏比较的坐标系,比如重复诉讼的处理与理念相关。德国诉讼标的的诉讼法二分肢说,以诉讼请求为确定诉讼标的的元素,诉讼标的狭窄,但更保护当事人的处分权,而宽泛的诉讼标的与既判力理论如欧洲法中的核心理论,旨在要求当事人节约国家司法资源与对方资源,尽量避免就同一生活事件多次诉讼[147]。因为价值取向的不同难以说明哪种理论更为优越。

3. 研究方式

中德对比,区别最为明显的是在论证过程中对民事诉讼法原则的利用程度。德国民法实体法中少有原则性规定,与之相反民事诉讼法的原则却很多,而且这些原则直接决定了法律具体规范的内容。中国民事程序法与实体法中原则数量差别不大,但运用不够,比如体现了诉讼法原则的民事诉讼模式是民事诉讼法的基本问题,也是其最顶层设计,具体制度的规定都与此相关,受此影响。采取哪种民事诉讼模式是一个政治决定,与社会制度相关,有自由化与社会化模式区分,但没有正确、错误的区分,同是德语法圈,奥地利采取的就是协同主义[148],而德国虽然有过尝试,所谓斯图加特模式也是更加强调了法官的主导作用,但最终还是保留了当事人主义原则,这一原则决定了起诉、撤诉、变更诉讼请求、和解等诉讼行为都由当事人自己决定。在诉讼模式确定了之后,具体制度的研究完全可以采取法教义学的方法,比如释明义务是辩论原则与法官中立原

---

[145] 参见施蒂尔纳(脚注37),第224—225页。
[146] 参见金印(脚注81)。
[147] 参见施蒂尔纳(脚注37),第226页。
[148] 参见王福华:《民事诉讼的社会化》,载《中国法学》2018年第1期。

则的具体适用,也是德国民事诉讼法中的核心条款,德国不少民事诉讼法教授资格论文都以此为研究对象。中国对民事诉讼模式虽然也重视,但有"空心化和空谈化"倾向。[149]

在法官释明制度中,何种情况存在释明义务,何种情况释明超越了边界,为实践对此提供可操作的指南,就是一种典型的教义学研究。最高人民法院所引入的释明变更诉讼请求制度,在请求权竞合的情况是否合理,在学界引起了争论。这里的一个关键问题是法律适用是否受当事人请求的限制?如果如德国法一样否定这一点[150],在请求权竞合的情况下要求损害赔偿,当事人认为是侵权,法院认为是违约,完全可以按照违约判决,无须经当事人同意,但如果事实问题不清楚,法院仍然有义务释明,要求当事人对事实进行附加说明;实际上,通常的合同、不当得利与侵权的竞合,如果事实问题不足以作出判决时,法院不能直接驳回诉讼请求,只要是常见请求权,都有义务释明,也就是说释明的对象并不是当事人所主张的请求权,而是对事实的陈述。[151]目前中国学界倾向肯定法律适用受当事人请求的限制,但对此也有质疑,实践操作并不一致,出现了一定的释明过度。[152]释明制度边界的确立也取决于其制度目标,在德国这一目标是实质正义与程序公平,避免突袭判决,在中国的目标如果是有限的纠纷一次性解决,释明界限的划定也会因此有所不同。如果说民法实体法围绕请求权构建教义学,那么在民事诉讼法教义学研究中,诉讼法原则应该发挥更大的作用。

---

[149] 参见刘哲玮(脚注54)。
[150] 德国的学说,参见曹志勋(脚注102)。
[151] 参见刘哲玮(脚注54);任重:《释明变更诉讼请求的标准——兼论"证据规定"第35条第1款的规范目的》,载《法学研究》2019年第4期。都认为德国没有与《证据规定》第35条第1款类似的规定,但如果存在请求权竞合,而原告事实陈述不足时,德国法实际也是肯定法官有义务释明。"因为请求权竞合是以作为基础的各法律关系均可以成立为前提的",涉及证明的问题,参见"MükoZPO/Fritsche 2P0 § 139 Rn.34"。
[152] 参见任重(脚注151)。

七、结 论

(1)法教义学的研究工作有三种类型,学说创立、理论选择与体系构建,其特点为体系思维。体系思维立足于法律的社会功能,法教义体系是相对的、开放的,教义学的命题可以从体系中推导,也可以通过对外来命题进行教义学改造而得来。通过区分内部与外部体系,形式体系与实质体系,或限缩体系节点,可以缩小体系内部存在冲突的问题。在立法与司法输入新内容后,已有体系受到冲击时,可以通过对新内容进行处理,添加体系、或引入例外、修正体系、或推翻已有体系、重新构建。

(2)中国当下的法教义学研究,批判性与固化性工作经常需要在一项研究中同时完成,一方面要推翻学界认为错误的现有教义,指明替代方案,同时又要以现有教义为前提对规范进行补救,让法条能用起来,如此定位的法教义学研究,立场与工作趋于一致。学术规范方面,尤为值得借鉴的是在教义学研究的结尾处以命题的方式表述结论,论证的过程越繁复,结尾处归纳命题越必要,这样才能使得新认知一目了然,获得直接运用性。

(3)民事诉讼法更具有操作规程的特色,要求每一个阶段的每种情形都要有可操作性的明确规则,因此对法教义学知识的需求更大。教义学研究须对一般方法作如下修正:对象上可纳入对相对稳定的程序运作方式的关注;在研究领域上基本概念与理论的构建更为迫切;诉讼法原则在教义学论证中应该发挥更大的作用。

第二编

法律评注

法律评注:法律知识的集成与法典时代的民法教义学研究[*]

一、引 言

法律评注是近几年民法学界逐渐升温的一个话题。中国民法学会以及最高人民法院对此均显示了浓厚的兴趣。2017年,《法律适用》《中国应用法学》就法律评注的可行性与实施技术问题组织了研讨,旨在增加对法律评注的关注度,并为其发展做舆论上的铺垫。[1] 在学术界,黄卉教授聚集了一批中青年民法学者,和德国学者一起共同探索中国引入法律评注的可能性。朱庆育教授更是从2016年起组织了一些学术新生代力量开始就中国《合同法》撰写逐条评注。评注对其追随者有着难以抗拒的号召力,使得这个群体的力量日益壮大。此外,在法律评注本体论方面,近期学者开拓性的深入研究,填补了中国法学界知识上的缺口。[2] 所有的迹象似乎都预示着,随着中国民法典编纂的逐步推进和图书市场各类评注类图书的纷纷出版,一个共识在民法学者中逐渐形成,那就是,德

---

[*] 本文在写作过程中,曾受益于同霍旭阳律师的讨论以及2018年7月与中德民法评注小组第六届会议与会师友的交流、2018年9月南京大学法学院师生在方小敏教授组织的同一主题报告会上的提问与评论,在此一并表示感谢。

[1] 参见黄卉、朱芒、庄加园、纪海龙、杜仪方:《五人对话:法律评注中的案例编写》,载《法律适用·司法案例》2017年第8期;张双根、朱芒、朱庆育、黄卉:《对话:中国法律评注的现状与未来》,载《中国应用法学》2017年第2期。

[2] 关于法律评注深度研究,参见贺剑:《法教义学的巅峰——德国法律评注文化及其中国前景考察》,载《中外法学》2017年第2期。

日式融合法理与判例的法律评注将会是未来中国民法的一个发展方向,"民法注释的时代已经到来"[3]。但如同每一项开创性工作一样,先行者面临的总是一个充满众多未知变数的世界,顾虑、犹豫、观望与期待、兴奋、跃跃欲试相交织,其中也不乏对于近期产生评注的前景比较悲观的看法。法律评注在中国是已经呼之欲出还是需要继续翘首以待?法律评注能否为中国法学品质的提升贡献动力与元素?如果前两个问题的答案是肯定的,法律评注在中国的成长还需要哪些条件?其实现的途径又有哪些?这些问题当然并不为民法学所独有,但公法与刑法发展状况以及对于评注的关注程度,与民法不同,而在评注推进力度方面民法走在最前面,所以本文试图以民法学为研究对象考察法律评注对于中国法学发展的意义。

二、法律评注时代的开启

法律评注的时代是否已经开启?如果这一问题的判断标准是立法活动、学术研究与司法实践所产生法律知识量增长的速度,在法律评注这种整合与集成工具缺席的情况下,已经达到很难把握的状态,那么其答案无疑是肯定的。

在中国改革开放后重建其法律体系的过去40年间,立法所产生的法律知识即便在2011年中国特色社会主义法律体系宣告建成之后并未停歇。民法典的制定也将使人们认识并习惯一部法律多达千条的情形在中国也会产生。学术研究成果更是日益丰富与深入。虽然科研成果产出的方式多种多样,但把期刊论文作为法学发展的主要载体,却是当前法学发展模式的一个重要特征。无论是教研人员招聘还是职称晋升、学者影响力评价、法学院实力比较都是以期刊论文为最重要参数。而学术界与高校管理者对于期刊的重视也的确推动了期刊论文品质的发展,这表现在期刊论文的质量在所有法学文献种类中提升最为明显。但这种模式生产出来的是零散化的法学知识,其数量越大,这种知识碎片化的效应也就越

---

[3] 韩世远:《法律评注在中国》,载《中国法律评论》2017年第5期。

为凸显。

(一) 法学研究成果的零散化和加速老化

因此,中国以期刊主导的法学发展模式目前面临这样一个问题:法学出版物的数量随着新期刊、新集刊的不断推出以及各种专著、译著的迅速增长而日渐庞大。为了避免重复研究,文献的全面系统梳理已经成了法学研究过程中非常耗时耗力的一项工程。[4] 一些学界比较关心的问题,相关文献每年递增的数量都非常可观,即便不追求穷尽材料[5],准确把握研究现状也很困难。在撰写大型论文,如博士论文时,缺乏集成类图书这一问题尤为突出,如果论文涉及的每个附带问题都要亲自梳理,那么论文无法集中在真正的研究对象上,但如果不细致梳理,就可能遗漏一些发表在非法学核心期刊年轻作者的作品,造成论文的内容不准确不全面。因此,缺乏持续性、系统性甄别筛选有价值的文献已经是制约法学发展的一个因素。期刊论文随着论文数量增加,引用周期老化速度加快,法律时效性的要求使得经久耐用的期刊论文培育起来非常困难。[6]

(二) 司法判决的飞速增长

另外,判例也是法律知识的一个重要来源,也是实现学术与司法互动的一个重要桥梁。良性的学术与实践的关系应该是,学术为司法提供必要的知识和备选解决手段,司法实践产生的素材能为学术界提供研究的素材和灵感。目前,中国裁决文书网已经有超过5000万的判例,每天增加的文书数量以万为单位,面对海量的判决,对于曾经呼吁增加司法透明性的学者而言[7],如何有效利用这一资源却构成了意料之外的挑战。这

---

[4] "部分期刊在文章字数、文献引证、篇幅上把关很严,很难有较大空间去引证和梳理文献,编辑有时会善意地提醒删除一些引证",从反面也反映了文献累积数量增加而导致梳理的困难。参见熊谋林、许林:《法学文献引证与注释体例的统一化》,载《法治现代化研究》2017年第4期。

[5] 参见陈甦:《当代中国法学研究的研究》,载《中国社会科学评价》2015年第3期。

[6] 参见赵磊:《当代中国法学学术生态分布——基于〈中国社会科学〉(1980—2015) 法学论文的考察》,载《清华法学》2017年第1期。

[7] "法院判决是一种隐蔽的资源",学者还要靠动用与法官的关系才能获得判决书,参见蒋大兴:《"法官言说":问题意识、特殊知识与解释技艺》,载《法学研究》2011年第6期。

种反差,使得思考引入集成型法学出版物类别,进行体系化法律研究不仅仅是一种对未来的畅想,而更是一种现实的必需。中国法律本土化的实现必然始于对中国判例的关注。只有法学家们开始关注中国的判决,才能够更好地研究中国法律的运行状况,并从智识上解决同案不同判的问题。中国作为一个单一制国家,基本实体法律应该一致。对比欧盟为构建统一市场,减少法律不统一所造成的额外交易成本、协调成员国法律不一致所花费的巨大投入,中国应该庆幸至少全国性主要实体法律统一,只需统一司法裁判即可。司法系统固然有自己的收集、整理信息的渠道与方法,也有众多公开与内部出版物,但同样缺乏整合类工具。

(三) 为什么必须是评注?

为何这种整合与集成的任务可以并应当由法律评注来完成,是由其特征与功能所决定的。已有研究展示了法律评注有这样的特点:具有集成功能,能够整合学理与司法判例,关注判决重于学说;以解释现行法为中心,指导司法裁判为导向;是更新很快的工具书,具有高度时效性。[8] 对于有机会接触德国法学第一手资料的中国法律学人,这种法律评注的便捷性并不陌生。评注能够使人在最短的时间里,对某一法律问题的司法实践与理论发展概况获得一个全面的了解。相比之下,中国目前还没有任何一个法学出版物类别能够达到同一效果。可以这样说,如果德国没有法律评注,中国学者研究德国法时所付出的时间会成倍增加。而正是借助法律评注,掌握德语的学者在研究上拥有巨大的知识来源上的优势。很多中国法律问题,通过查看相关德国法律评注,就有可能很快找到思路。德国法学发达,法律评注的繁荣是一个很重要的原因。

中国目前虽然有一些替代评注功能的工具书或出版物,比如法律逐条释义书籍,但都有或多或少的欠缺。其一,尽管这些出版物品质比过去有长足发展,但集成功能尚有不足,体现在不能全面反映对法律问题的研

---

〔8〕 参见贺剑:《法教义学的巅峰——德国法律评注文化及其中国前景考察》,载《中外法学》2017年第2期。

究现状、司法判决状况。[9]举例说明:2017年上市多部《民法总则》注释书,在"民事责任"一章都有很大的欠缺,没有一部在内容上能够反映学说对此的研究情况。首先,对于民事责任的概念(第176条)如何在中国确立未作详细梳理。其次,对于按份责任(第177条)与连带责任(第178条)在相关其他法律中的规定也未整合。再次,对于承担民事责任的方式(第179条)更是流于表面,很多有价值的研究未作任何提及。[10]中国民事责任集中到一起规定的模式,功能上更接近英美法中的救济法,这种把大陆法的请求权思维与英美法的救济思维嫁接在一起的情况,中国不是特例,受欧盟法影响在德国知识产权领域也是存在的,如何处理二者关系也是一个值得研究的话题,在中国民法典中民事责任单独成章,在评注中汇集已有认知更有必要。其二,期刊中虽然也有定期的文献综述,但这类出版物更多起到一个同行评价的作用,缺乏系统性,可以为评注的撰写提供帮助,但不能替代评注。其三,中国的法律释义书,一般多在法律、司法解释出台后迅速面世,无法反映颁布后实践中操作的情况,而且更新再版极少,在法律变化日新月异的中国,很快就(至少部分地)失去时效性。所以可以说,中国现有的法律注释书是面向过去(即立法过程),而不是面向未来。[11]

而真正的法律评注可以深度链接司法与学术研究产生的法律知识,以独立载体的身份存在,使得法律知识的集成制度化。通过法律评注的高度集成,学者才能无须花费大量精力就可以知道已有研究已经产生

---

[9] 韩世远还指出两点不足,一为撰写者多为官员与法官,二为学者所写注释书影响较小。参见韩世远:《法律评注在中国》,载《中国法律评论》2017年第5期。贺剑则指出学术规范方面的不足。参见贺剑:《法教义学的巅峰——德国法律评注文化及其中国前景考察》,载《中外法学》2017年第2期。

[10] 该条中规定了11种民事责任方式。在适用的前提和术语的使用方面,近几年学界有很多有价值的研究成果发表。比如张谷:《作为救济法的侵权法,也是自由保障法》;茅少伟:《防御性请求权相关语词使用辨析》;冉克平:《民法上恢复原状的规范意义》;缪宇:《论买卖合同中的修理、更换》;葛云松:《赔礼道歉民事责任的适用》,等等。目前的评注无一吸收了这些研究的内容,导致对于第179条的评注非常单薄,几乎没有任何扩充认识的作用。这其中的原因笔者推测是大部分民法学者对于民事责任单独成章持保留态度,这多少影响了研究的热情。

[11] 类似观点,参见杨凯:《论民事诉讼文书样式实例评注研究的引领功用》,载《中国法学》2018年第2期。

了哪些见解与认识,形成了哪些共识,还存在哪些争议。任何一个学科都需要积累,这种积累没有汇总,就不便于被发现与应用。另外,评注也可以使得法官、律师、检察官等法律实践人士迅速全面了解对于某一问题的法律学说与判例知识。在某种意义上,实务部门对于理论的需要比学术界还要强烈,因为现实法律问题的复杂性常常超出了法学家的想象,况且法学家可以选择是否对此回应,而法官不能因为没有理论而拒绝裁判。有的时候学者觉得国际上都很前沿的问题,实际上在中国司法实践中早已出现,法官,包括一些层级比较低的初审法院法官甚至会在翻译的外国文献中寻找思路(尽管未给明出处),所以至少从知识产权这个领域来讲,很多时候还是研究跟不上实践的需要。目前越来越多的学术论文是以总结实践、指导实践为写作目的,而且成果也完全可以为实践服务。但是如何转化科研成果,为实践所利用,仍不明确。希望法官在结案率与审限的巨大压力下,在众多学术期刊中寻找判案思路并不现实,而如果把学说集成到评注,变为一种工具书,就可以把学术成果借助一种便捷式载体输送到实务部门。

法律评注为学术与司法实践构筑了联通的桥梁,将改变今后二者的作业方式。就法学研究而言,大量论文所形成的广博与专著所达到的精深都通过评注被集成,融汇成未来研究的平台,承上启下,从而实现法学研究从平铺式向立体式转变,把中国法学带向一个新的高度。就司法实践而言,内容全面,检索便捷,及时更新的法律评注将使得司法活动更能借力学术研究。因此,在立法与学术产生法律知识飞速增加、民事案件数量居高不下的今天,在民法学这样的大学科,法律评注已经进入必须开发的阶段。而法律评注的推进不仅仅是一种新型的法律文献类型、写作体例的引入,更会带来一种学术研究范式的变革和中国法律知识积累方式的转变。

三、民法学的转型与法律评注的推动力

(一)民法学的教义学转向

最近一次法学界讨论法学研究的转型是在2011年,由《法学研究》编

辑部发起并组织了一系列的研讨会,主要为了解决法律学术与法治实践相脱节的问题。[12] 之后,在2013年《法学研究》又就法学研究的方法组织学者进行探讨,再次强调法治建设从立法为中心转向以法律实施为中心,法律理论从对域外的引介转向自主创新。[13] 中国问题意识[14]、"从案头转向实证,从立法论转向解释论"[15]、回到法解释学[16],应该是民法与刑法转型方向上的一个共识。[17] 但相对于刑法学界明确的姿态——"这一转型的方向就是走向教义学的刑法学"[18]——民法学界的资深代表人物尚未有类似表态,更多的是强调实证分析与案例研究[19],认同法教义学的主要是一部分中青年学者。[20] 但颇具意味的是,虽然资深学者未明确赞同民法教义学转向,但中国民法学会却把开发法律评注视为民法学界的一项事业[21],而法律评注形成的过程恰恰就是最为典型的法教义学研究。[22]

---

[12] 参见《中国法学研究之转型——法律学术与法治实践》,载《法学研究》2011年第6期。
[13] 参见《法学研究方法的理论与实践》,载《法学研究》2013年第6期。
[14] 参见杨立新:《当代中国民法学术的自闭与开放》,载《法学研究》2011年第6期。
[15] 张广兴:《中国法学研究之转型:以民法学研究为例》,载《法学研究》2013年第1期;陈甦《体系前研究到体系后研究的范式转型》,载《法学研究》2011年第5期;韩世远《裁判规范、解释论与实证方法》,载《法学研究》2012年第1期。
[16] 参见蒋大兴:《"法官言说":问题意识、特殊知识与解释技艺》,载《法学研究》2011年第6期。
[17] 参见劳东燕:《刑法学知识论的发展走向与基本问题》,载《法学研究》2013年第1期。
[18] 陈兴良:《刑法知识的教义学化》,载《法学研究》2011年第6期。当然,对此刑法学界也有不同意见,例如,齐文远:《中国刑法学该转向教义主义还是实践主义》,载《法学研究》2011年第6期。这种争论与法教义学概念的陌生有一定关系。
[19] 周江洪列举了四种民法案例研究方法:解题式、论文式、规范抽取式、综合性案例研究,参见周江洪:《作为民法学方法的案例研究进路》,载《法学研究》2013年第6期。实证研究在民商法的比例为11.7%,参见雷鑫洪:《方法论演进视野下的中国法律实证研究》,载《法学研究》2017年第4期。
[20] "当前更应以民法教义学研究的进一步精致与深入为重心。"参见金可可:《民法实证研究方法与民法教义学》,载《法学研究》2012年第1期。"实证研究方法只能称为传统民法方法论(即规范研究)的补充。"参见薛军:《实证研究与民法方法论的发展》,载《法学研究》2012年第1期。
[21] 参见王利明:《中国民事法律评注的研究意义与编纂方法》,载《法制日报》2015年8月26日。
[22] 出于这一原因把法律评注称为法教义学发展的一个最高级状态,参见贺剑:《法教义学的巅峰——德国法律评注文化及其中国前景考察》,载《中外法学》2017年第2期,

但究竟是实证方法还是法教义学(法解释学)方法,标签并不重要,重要的是具体操作方式。[23] 在强调判例的重要性方面,那种针对某一问题的案例进行统计、分析的实证研究[24]与法教义学并无很大区别。二者的区别在于,实证分析通过分析一个或多个案例,寻找规律,验证假设,对于判决的利用既不要求全面也不要求体系性。[25] 而法教义学是以成文的法律规范为中心,充分结合对于法解释学有意义的判例,对法律进行体系化的一种工作。[26] 实证分析,样本足够大,证明的问题是法律适用的问题,与法教义学的研究有很大的相似性。但法教义学不仅结合判例,也要对解释过程中产生的各种学说进行回应,最终完成体系化的任务,而实证分析显然对此并不强调。以此为标准,一些实证研究在笔者看来与法教义学研究并无本质区别。[27]

如果民法学的发展目标是创建中国的民法学体系,那么这一目标的实现必然主要通过民法研究的教义学转型来实现,而不是实证分析等其他辅助手段。不采用法教义学的方法就不能既充分利用中国学术成果又利用中国法治、特别是司法经验,也不能最终彻底摆脱对于域外知识的依赖性,形成自己独立的体系。民法学界对法教义学转向的不明朗,一方面固然有资深学者对此的不置可否,另一方面也不排除对教义学方法与教义学知识两个概念的陌生与"教义"一词的某种负面联想[28],尽管在过去十年法教义学本体论研究已经有长足发展。[29] 有学者认为,中国刑法

---

〔23〕 对于实证方法的运用,参见左卫民:《法学实证研究的价值与未来发展》,载《法学研究》2013年第6期。

〔24〕 金可共提到四种实证方法,参见金可可:《民法实证研究方法与民法教义学》,载《法学研究》2012年第1期。当然,亦有观点认为中国法学实证研究尚处于"前统计"阶段,还未进入"计量法学"阶段,参见左卫民:《法学实证研究的价值与未来发展》,载《法学研究》2013年第6期。

〔25〕 参见黄辉:《法学实证研究方法及其在中国的运用》,载《法学研究》2013年第6期。

〔26〕 参见纪海龙:《法教义学:力量与弱点》,载《交大法学》2015年第2期,则展示了利用教义学方法解决疑难案件。

〔27〕 例如,耿利航:《预约合同效力和违约救济的实证考察与应然路径》,载《法学研究》2016年第5期;章正璋:《我国民法上的占有保护——基于人民法院占有保护案例的实证分析》,载《法学研究》2014年第3期。

〔28〕 参见纪海龙:《法教义学:力量与弱点》,载《交大法学》2015年第2期。

〔29〕 参见焦宝乾:《法教义学在中国:一个学术史的概览》,载《法治研究》2016年第3期。

学无须进行教义学转向,因为其一直"走在刑法教义学的径路上,只需进行规范化塑造,避免立法论与解释论混淆,超规范与反逻辑思维"[30]。这一认识同样适用于民法学。教义学方法无国界,但教义学的知识确是有国界的。不以中国法律规定为出发点,没有结合中国的案例,参考中文文献现有的研究成果,这样的研究产生的知识并非中国法教义学知识。[31]

但目前法教义学的研究中,在联系判例方面并未有很强的意识,导致司法与学术相分离,司法需要的理论,学术界并未提供,司法形成的规则,学术界没有回应,最终导致立法没有及时跟进。[32]这种状况通过引入法教义学的一项重要工具,即法律评注,应该可以有所改观。

(二)民法研究的本土化

中国法律的继受性决定了在一个阶段内,对比较法态度的审视与必要的调整仍然是法学研究本土化所必须面对的问题。考虑到中国法律混合继受的特性可以认为,法教义学是中国包括民法在内的部门法本土化的重要途径。[33]而中国法学只有本土化之后,才能谈到对世界法学的贡献,如果中国法学主要是英美、德日法学知识的杂烩,即便中国有机会参与国际规则的制定,影响他国立法,恐怕也难以提出自己的独特方案。可以设想一个中国法教义学的理想状态应该是以中文学术成果、中国的判例为素材,围绕中国法律规范,形成的中国法体系。在这个理想状态的形成过程中,法律评注将发挥至关重要的作用,但只有在中国学术成果这一环节,才有比较法介入的可能。既然说对于法学期刊论文中外文引

---

[30] 冯军:《刑法教义学的规范化塑造》,载《法学研究》2013年第1期;同样观点,参见陈兴良:《刑法知识的教义学化》,载《法学研究》2011年第6期。
[31] 参见丁胜明:《刑法教义学研究的中国主体性》,载《法学研究》2015年第2期;邓子滨:《刑法学研究之检讨与反思》,载《法学研究》2013年第1期。
[32] 例如,缪宇:《论未成年人的民事责任能力》,载王洪亮等主编:《中德私法研究》(第14期),北京大学出版社2016年版,第221—251页,揭示了未成年人的侵权责任制度中法律规定与司法实践对于未成年人过错能力处理的不同。
[33] 类似观点,参见韩世远:《法律评注在中国》,载《中国法律评论》2017年第5期。关于行政法,"取自不同国家与地区的概念与方法往往出现不相匹配的问题……如何实现移植的行政教义学的本土化?就需要增强法教义学研究的反思性,不断在司法实践与理论研究之间作循环往复的运动,将法教义学调适到能更好解释和引导司法实践的状态上来",参见《中国行政法学发展评价(2010—2011)》,载《中外法学》2013年第4期。

注,已有的批评很多,那么在法律评注中对外文文献的忍受度应该是更低的。[34] 但降低外文文献的运用,要求中文现有研究丰富到可以独立支撑评注的程度。问题是,这个条件是否已经成就?

换句话,为什么现有的法学研究仍然需要外文资料?这里只考察以中国法律问题为研究对象的情形,不包括纯粹研究外国法问题的著作。[35] 排除学术失范导致回避本土研究的情况[36],这里还存在三个可能的原因。

第一,预设检索中文文献不会有实质结果,无法进行充分检索。期刊的数量多,导致发表在综合类期刊上年轻作者的高质量论文获得的关注有限,而扩大检索范围,不仅投入的时间成倍增加,也有可能发现就一个话题论文数量虽然很多,但真正有开创性的论文却只有为数不多的几篇,其他的只是附和而已,并无太多新的认知,导致时间投入并不值得。与之相反,因为国外法律文献的丰富,或以评注方式已经进行体系化整理,检索外文文献有可能倒是一种捷径,但是不对本土文献、特别是原创观点进行讨论与给予回应,不可能建立自己的教义学体系。

第二,判例所提出的问题在中国完全没有讨论过或者讨论未达到一定深度。受传统的影响与转型期对于法律出台的急迫性,中国立法者习惯于回避细节问题、争议问题、超前问题与复杂的概念与制度,导致立法上盲点广泛存在。[37] 在制度立法供给不足,但学说上已有讨论时,当事人在诉讼中援引相关理论与观念支持自己的诉求并不罕见,而法院对此也必须回应,也同样会诉诸文献。因此立法"宜粗不宜细"的理念没有根

---

[34] 参见贺剑:《法教义学的巅峰——德国法律评注文化及其中国前景考察》,载《中外法学》2017年第2期。

[35] 对外国法知识的引介,即使今天需求降低,依然有必要。在强调研究本土化的今天,通过这种工作可以填补特定知识的欠缺,完善中国法律知识体系。

[36] "为了不给竞争对手创造提高引证率的机会,所以宁愿引用译本、我国台湾地区或是外国资料。"参见《中国民法学发展评价(2012—2013)》,载《中外法学》2015年第2期。

[37] "教义学上的细致、复杂问题,还根本没有看到(意思表示理论中的表示意思,情谊行为与无因管理)",参见金可可:《民法实证研究方法与民法教义学》,载《法学研究》2012年第1期。另外,如间接占有、占有辅助等概念在法律没有提及,但法院判决中已经出现,参见章正璋:《我国民法上的占有保护——基于人民法院占有保护案例的实证分析》,载《法学研究》2014年第3期。

本解决,就会使在中国一段时间内,立法论与解释论混合型的法教义学研究大量存在,即理论部分大量利用外国法知识,案例部分则来源于本土,研究目的方面立法建议与法律适用并重,或者两者一主一辅。

第三,一些法律问题本土文献可以支撑相关讨论,但某一特定入手点的选择、论证的角度也可能是在外文书籍中获得启发。与其刻意回避最初思路的来源,给人造成原创印象,标明想法的起源反而是一种学术规范性的体现。

总之,在本土研究还未能生成某种法律知识,或者这种法律知识的生产方式不经济的情况下,似乎没有理由拒绝"域外法的知识支援"。[38] 法律效力虽然有地域性,但法学的理论不受地域性的限制。自然科学中知识无国界,法学也没有必要自我设限。需要反对的是那种把中国问题与外国经验简单对接,缺乏充分论证,直接得出结论的比较法研究。就法律评注而言,目前逐步减少外文文献应用的途径,主要还是依靠学术论文已经对域外知识进行了引介加工,而评注无须溯源至最原始文献。

即便将来中国本土研究可以实现知识自给自足,法学文章的范式发生了根本改变,大幅度压缩比较法的内容,但仍然存在比较法研究的必要,以便寻找更佳解决方案,或者为自己独立思考所得的原创观点,寻求更多的理论支持。对待译介域外法律知识,从容、平和、开放的心态,也更能促进学术与司法的完善与发展。可以想见,未来中国学者进行比较法研究的方式不再是在考察美、德、法、日等国法律之后,推导出中国的解决方案,而是通过教义学方法先产生一个中国的方案,再运用比较法的标杆来验证中国解决方案的国际通行性。

(三) 法学内跨学科研究

"对法学按不同的二级学科分科研究……弊端也日渐明显:学科隔膜会导致学术视野的狭窄"[39],"法学间跨学科以及与其他领域的横跨

---

[38]《中国商法学(商总)发展评价(2010—2011)》,载《中外法学》2013年第5期。

[39] 赵磊:《当代中国法学学术生态分布——基于〈中国社会科学〉(1980—2015)法学论文的考察》,载《清华法学》2017年第1期;王利明、常鹏翱:《从学科分立到知识融合——我国法学学科30年之回顾与展望》,载《法学》2008年第12期。

在整体上还不够"[40]，"现实中的法律问题……往往综合刑事、民事、行政等各种问题，不能只用小专业的知识来解决"[41]，"二级学科间需要协力……一位学者最好同时从事两个以上学科的研究"[42]。所以一直以来，法学界也都鼓励交叉学科法学研究或者不同部门法合作研究。[43] 但如何落实到具体措施，一直也都处于探索之中。这种法学内跨学科的意义就在于，从法教义学的角度要求对法律进行体系化，而研究者触类旁通的能力越强，越能够胜任这一任务。而举一反三的能力就来源于对多个部门法领域的融会贯通。笔者认为，促进法学内跨学科和同一部门法跨领域有这样三个方面的因素值得考虑。

第一，除了法学内部交叉学科（跨学科），还应包括多学科并行研究，也就是一个学者同时从事几个领域的研究。在民法领域，总则可以与合同、侵权、物权、婚姻家庭等民法各编并行，民法与民商单行法，如民法与商法单行法、知识产权法、劳动法，或者民法实体法与民事程序法，特别是后者已经在青年民事诉讼法学者中逐渐获得认同。民事实体法与程序法结合研究也越来越多，比如举证责任分配，侵权法与诉讼法、执行法交叉的问题。在德国民事程序法学者至少都参与一个实体法领域的研究，通常在物权、继承法、民总等领域，但也有知识产权、资本市场法等，这是因为知识产权的实现更多通过诉讼，资本市场涉及担保法，而担保的实现又是程序法的内容。此外，国际民事程序法在欧洲因为跨国诉讼的普遍性通常与国际私法的研究发生交叉。虽然说"良好分工比每个人肤浅地了解所有制度更能形成高效的知识积累和相互支撑"[44]，但跨学科或者多学科并行，因为视角的新颖、视野的广阔，更可能催生创新性思想的

---

〔40〕 赵磊：《当代中国法学学术生态分布——基于〈中国社会科学〉（1980—2015）法学论文的考察》，载《清华法学》2017年第1期。

〔41〕 江必新：《司法视域中的法学研究课题》，载《法学研究》2011年第6期。

〔42〕 张明楷：《学科内的争论与学科间的协力》，载《法学研究》2011年第6期；类似观点，参见刘艳红：《刑法学研究现状之评价与反思》，载《法学研究》2013年第1期。

〔43〕 参见陈甦：《当代中国法学研究的研究》，载《中国社会科学评价》2015年第3期。

〔44〕 《中国民事诉讼法学发展评价（2010—2011）》，载《中外法学》2013年第3期。

产生,或者拓展研究成果的深度。[45]

第二,法律复杂性提高,使得交叉学科与多学科研究入门的门槛也随之抬高。跨科或是多科并行研究,并为所涉猎的学科都做出实质性贡献,需要专业知识的累积以及在此基础上形成的发现问题的敏锐度。如何保证不会犯常识性错误,或者克服把握资料时的困难,都可以借助法律评注这种工具书,充分利用评注在资料的整理与收集方面的减负功能。当然,教科书水平的提高也有助于降低跨界门槛,但还是没有法律评注来得直接。

第三,学界对此的开放心态和包容态度。打破学科壁垒、鼓励学术跨界是实现法学内跨学科的舆论基础。支持学者拓展研究领域也可以增加一些小学科的研究力量。比如破产法是一个实体法与程序法结合的典型,但在中国被列为商法,作为一个分支学科,研究群体狭窄,力量严重不足,迫切需要引入其他领域的学者参与。

(四)延长学者创作旺盛期

法律评注是一个可以调动不同年龄学者参与、合力而为的系统工程。如果评注只有青年投身其中参与,毕竟有所欠缺,而且影响力也会受限。法律评注的引入,可以让中年学者一直保持关注该领域的理论与实践的发展,可以使其保持研究的节奏,更可以促进法律问题最低限度共识的形成。[46]

长聘制度的引入,在给予教师以学术自由的同时,也出现了一定程度的学术动力不足。苏力提到"在大学校园里……最缺乏学术科研动力的往往是教授,尤其是临近退休的教授"[47]。这种说法有一定事实基础,但不是很全面。实际上教授级别的学者两极分化得比较严重。一类非常活

---

[45] "公司法、企业破产法、证券法、票据法、保险法与海商法理不清民商关系,也往往就理不清商法与其他部门法间的关系。这就使得在宏观为文上往往是虚泛空洞,不接地气。"参见《中国商法学(商总)发展评价(2010—2011)》,载《中外法学》2013年第5期。

[46] 参见王轶:《要想让民法学问题的讨论能够有效地进行,首先必须找到最低限度的学术共识》,载 http://www.iolaw.org.cn/showNews.aspx?id=62292。

[47] 苏力:《〈各行其是:法学与司法〉译者序》,载 https://www.guancha.cn/SuLi/2017_07_14_418164_3.shtml。

跃,一类则比较沉寂,而后者的比例更高。学者在40岁到50岁的年龄段,年富力强、知识储备丰富,从学术主力梯队撤离,是非常可惜的。这种学术不作为甚至验证了管理者的预期和管理的必要性,让人认为高校教师就是需要考核、需要外部压力。为什么一些学者,过早就放弃了自己的学术追求?

一方面,在法学学术圈对于什么是中年学者恰当的学术态度是有预设的。[48]笔者的理解是,偶尔可以写写,怡情逸致,但要谦抑克制,适可而止,不能让人侧目,有特别原因除外(学界大家、担任学会要职的学者、引进人才为新加盟学校提升学术声誉等)。与有职称晋升压力的年轻学者争夺有限期刊版面,也显得不是那么厚道。至于拓展自己的研究领域,在中年后这件事更要尽量避免,进入他人的地界从来都是法学界比较忌讳的事情。除了社会预期,社会活动、行政职务占用时间的增加,没有适合中年学者投身参与的媒介应该也是一个原因。很多人在中年时多有"总得留下来点什么"的想法,这种宏愿似乎很难为一些大大小小的论文所实现,一些人也不屑于貌似零敲碎打的具体法律制度研究。但宏大叙事的话题却又难以进行。而且写作说到底还是一个苦差事,即便对爱好写作的人来说也是如此。论文的反复修改,引注的核对也是对人耐心的挑战,资历越深,对此的忍受能力就会越低。更何况,文章写出来只是第一步,能否发表,发在何处也不完全在作者的掌控之下。写稿时的艰辛和投稿时的折磨,二者叠加,失去了写作的动力也在意料之中。

如果一个人的学术追求止步于教授职称的评定,虽然无可厚非,但仍然也不是一个理想的状态。如果我们的出发点是认定具有抱负心的中年学者是多数,导致大多数人消极甚至沉寂的原因是研究方式的缺失,那么在没有强制性考核的前提下,也可能尽量调动学者科研的积极性,创造一种积极进取的氛围,进而延长科研人员的学术生命。个人觉得法律评注的引入就有可能提供这样一种契机。在德国的学术评价体系中,参与

---

[48] "渐到中年的这一代学者,要勇于写作,善于写作,乐于写作,述而不作是要不得的。但也要有自己的主线和阵地,不能为了写作而写作,盲目追求高产同样也是有害的。"参见付立庆:《熊秋红:应当树立"学术与思想并重"的理念》,载 http://www.iolaw.org.cn/showNews.aspx?id=62292。

撰写法律评注的情况是一个重要参数,所以高校教师一般都会投身其中。

虽然德国学术界对于法律评注也不乏批评之声,认为学者大量时间被这项工作占用,无暇去完成创新性论文,[49] 但这种批评必须在德国评注文化高度发达的语境下来理解。从外部视角来看,没有法律评注,法学教授可能也不会一直时时关注与跟进学理与司法的最新动态,德国法学恐怕不会像今天这么发达。对于法律评注的参与,可以使中年学者一直处于一个积极写作的状态。评注与文章之间的关系,也不完全是简单的零和关系,而是一种良性的互动。完成评注过程产生的想法、积累的知识可以催生很多衍生论文,甚至专著,而这些成果又会反哺评注。

(五)促进学术文献的分工

一个法学发达的国家,各种文献类型应该有功能上的分工,互相补充,但不互相替代,彼此配合来共同完成法学的研究任务,并实现法学与司法、法学教育的互动。在这个体系中,法学期刊可以继续引领着当代中国法学的学术发展方向[50],通过避免无谓的重复研究,可以更好地完成这项任务。但仅仅有法教义学论文是不够的,还需要专著、实用手册、百科全书等针对不同需要的出版物类型。法律评注这样一种研究集成工具,可以担当梳理中国法学学术史的功能[51],而且不会导致深入研究时取代原始文献,这是因为评注中都包含文献清单,而且此清单一般都位于评注条文的开始部分。评注是形成通说、解决学术争论并指导司法实践的一个重要途径[52],从"法律文献进化论"的角度评判,评注的成长是法学发展成熟的标志。[53]

---

〔49〕 参见卜元石:《德国法学界的现状与发展前景》,载方小敏主编:《中德法学论坛》(第12辑),法律出版社2015年版,第49页。

〔50〕 参见赵磊:《当代中国法学学术生态分布——基于〈中国社会科学〉(1980—2015)法学论文的考察》,载《清华法学》2017年第1期。

〔51〕 对学说史梳理的必要,参见韩大元:《中国法学需要关注学说史研究》,载《法学研究》2011年第6期。

〔52〕 参见姜涛:《认真对待法学通说》,载《中外法学》2011年第5期;黄卉:《论法学通说(又名:法条主义者宣言)》,载《北大法律评论》2011年第2期。

〔53〕 参见贺剑:《法教义学的巅峰——德国法律评注文化及其中国前景考察》,载《中外法学》2017年第2期。

四、法律评注生成与可持续发展的前提

对中国什么时候可以引入法律评注的感慨,可以追溯到多年以前最初留日学者接触评注的时候。[54] 只是当年法教义学的讨论远不如今天这样如火如荼,法律评注在那个年代对于中国来说是一个太过遥远的事物。而今后十年中国法学界面临学术群体的代际更替,一大批具有留学背景的中青年学者将被直接推向法学研究的最前沿,他们具有使用法律评注的亲身经验,能够查阅第一手外文资料,具有更为开阔的比较法视野、更强的方法论自觉性和国际交流的自信心。这一切都为法律评注引入中国创造了条件。而鼓励评注发展,需要多方位采取措施。

(一) 学术评价体系的调整

法律评注尚未纳入中国法学学术评价体系,使得评注撰稿人的学术成果无法为现有体制所认可。这对于学者、特别是学术上升期的年轻学者而言,构成了参与评注的一个巨大障碍。因此,对现有学术评价体系进行必要调整,为法律评注的成长创造便利条件,已经是促进法律评注发展的迫切问题。否则,即便法律评注在中国可以摸索上路,也会面临可持续性发展的问题。这是因为,评注的时效性特征要求评注的修订必须非常及时。而时时更新的可操作性必须满足这样两个前提:一是读者群方面的市场需求,这一点毫无疑问是存在的;二是作者群方面可持续性参与的制度性保障。第二个前提目前还未满足,而把评注的参与纳入学术评价体系,成为考核程序中的一项指标,使得年轻学者的参与不再是仅仅出于理想主义的热情,也能为其积累学术资历作出贡献,必然也会提升目前评注的质量。在人员的充足性方面,长远来看,应该不成为问题,特别是如果法学教育也能向这个方向努力。瑞士这样只有 800 万人口的小国,还分为德、法、意等语区,仅在德语区,瑞士重要的包括《民法典》《债法典》

---

[54] 参见林青:《日本法律释义图书初探》,载《法律文献信息与研究》2009 年第 2 期。

等法律就有巴塞尔评注、伯尔尼评注与苏黎世评注三个系列。[55]

目前中国法学学术评价体系有两个特点,一是这种评价是一种量化衡量;二是期刊权重超乎寻常,指定期刊发表论文的数量是压倒一切的标准。对于这种体制,很多学者是抱有怀疑态度的。"发表在核心期刊论文的数量俨然已经成为我们评价学者学术影响、实力与成就的唯一指标。受职称晋升、业绩考核、毕业求职、项目申请、奖项申报、头衔竞逐等功名利禄的驱使,部分学者一味追求学术论文数量的多多益善。"[56]但无可否认的是,也有不少学者对此表示认同,并认为量化管理不可或缺,期刊分级也是必要的。[57]但期刊版面有限、种类固定,学术资源分配模式与学术评价体制的制约,导致即便高质量文章的发表也颇费周折,让学者有时为此心力交瘁,消磨了雄心和兴致。[58]

现在的学术评价体系,完全放弃数量的要求是不现实的。吸纳法律评注进入学术评价体系,也可以解决法学文献种类单一的问题,缓解期刊版面不足与发表文章刚性要求之间的矛盾。学术评价体系设置的终极目的并不是考核本身,而是应该以有利于学科的发展为标准。与过去一样,学术评价有一定的引导目的。把社科课题纳入评价体系,是一种同行评价的替代,也有这方面的考虑。通过对于某种研究工作的认可,创造激励机制。学术评价体系应该是动态的,如果法学认为未来法学发展中法

---

[55] 瑞士的经验对于我们在评注中比较法的处理可以提供一些启发。瑞士国家小,判例的数量少,学说上受德国影响很大,所以也会涉及在法律评注中如何对德国法内容进行处理的问题。

[56] 梁根林:《对学术 GDP 崇拜说再见》,载《中外法学》2013 年第 1 期。

[57] "学术期刊的分级评价,尽管缺陷很多,受诟病很多,但如果没有它问题会更多,陷入更加无休止的争论之中。至于那种取消论文衡量的建议,更是荒唐可笑,写出高质量的论文就是科研单位研究人员和高校教师的使命,如果不以论文作为考评的标准,那还有什么更合理的标准?"参见聂长建、李国强:《从"知识增量"向"知识升质":以法学研究为例》,载《理论与现代化》2012 年第 3 期。"论文数量是度量科学研究的一个最基本、最常见的指标。"参见曹明:《2017 年高水平法学研究的一些形式特点》,载《法律文献信息与研究》2018 年第 1 期。"从迄今最为普遍的用于评价学术影响力的引用次数跃升到当前富有前景、科学合理的 H 指数,并且结合当前作为评价学术贡献主流指标的核心期刊发文量进行内部调整,再在外部结构上利用同行评价进行有效弥补,实现定量统计与定性评价的合理平衡,应当是一条充满希望之路,需要不断的尝试、开拓和优化。"参见郭旨龙:《谁是中国法学高影响论文作者》,载苏力主编:《法律和社会科学》(2015 年第 1 辑),法律出版社 2016 年版,第 247—248 页。

[58] 参见《中国民事诉讼法学发展评价(2010—2011)》,载《中外法学》2013 年 3 期。

律评注起到不可或缺的作用,而且目前中国法学与司法界亟需法律评注,就应该以发展的眼光及时调整学术评价体系,使参与这项耗费精力的活动得到应有的认可。如果我们对现有学术评价体系中纳入法律评注能够形成共识,至于如何对其进行量化、是否量化,都是容易解决的细节问题。

(二) 实施方案

只有统一了认识,为法律评注可持续性发展创造了条件,才能去考虑如何解决技术问题。法律评注质量的保证必须以形成一定的品牌和声誉为前提,而且这一点必然也是通过一定程度的市场优胜劣汰来实现。那种举国之力,聚合所有优秀学者来编纂一部高质量的、比如《民法典》评注的想法[59],未必现实。好的评注,撰稿人的选择应该是基于一种对于专业水平、工作态度的信任关系。人数越多,这一点越无法保证。因为实践中需要评注的法律很多,比如民法、行政法、刑法中的基本法律,还有知识产权法、破产法、保险法等多个单行法律,这种竞争不会导致评注都集中到一个领域,重复劳动、恶性竞争。

整合法律、地方性法规、部门规章、司法解释、地方审判指导等会产生巨大的工作量,没有必要的辅助人员,进行团队作业,法律评注难以有效进行。因此,具体的操作笔者设想可以有这样几种方案。

方案一是由大型知名法学院牵头,提供平台、固定的人员和启动资金。这样形成的可能就是"××大学评注"等。这些院校即便自己人手不够,但都有大量毕业生分布在其他院校里,都是可以动员的后备力量。当然民法学会、社科院研究机构、最高人民法院也可以牵头。当然,这一方案的实施取决于院系、相关机构领导层是否有远见和决心。

方案二是以出版社为主体,形成的可能是"××出版社评注"。这种方案的好处是组建可供选择撰稿人团队的空间更大,不必受到人员教育背景、所供职平台的局限。

方案三,在未来时机成熟时,比如设立更多的教席教授,学者本身就

---

[59] 例如,韩世远:《法律评注在中国》,载《中国法律评论》2017年第5期。

有固定人员与资金的配备,无须依赖学校或出版社的支持,那么也可能产生由一个或多个学者担纲组织的评注。这里出版社之所以主打学者的品牌,很有可能是同一出版社就一部法律推出满足不同市场需要评注的考虑。[60]

目前,评注的市场需求客观存在,一部评注一旦创立,后续并不复杂,市场营销策略、撰稿人数多寡、是否有实务界人士参与,也许都是次要的。对于一些研究比较深入的问题、热点难点问题,整合工作比较容易,那些关注度较低的问题,如何处理还需要摸索。注释程度深浅不一可能是阶段性的一个特点。至于从哪个法律开始进行,条文少的法律作为起步可能更合适。民法虽然面广,但研究人数众多,研究内容与研究人数大体对应,所以从最关键的几部法律开始也是另外一个思路。

(三)判决书说理方面改进

中国法官在判案时面对更多的社会压力,法官的工作方式也多是集体式而非个人式。判决书的说理并不指明来源,而且是否指明来源也不影响意见的形成。[61]因此无论是判决书内容与结构的改革,还是判决评论制度的建立,都会促进法院与实务界使用法律评注这种工具书,同样有助于对司法判决认同性的提高。[62]目前智能化裁判文书辅助制作模块软件的研发与使用,与法律评注的开发并不矛盾。[63] 在网络与人工智能的时代,法律评注可以为裁判文书说理部分提供软件所使用的模板,解决"案多人少"而导致的说理不足的问题。

(四)法学教育的提升

法律评注可持续性发展最终应该落实在法学教育的提升上。在法律

---

[60] 有学者列出了十几种德国民法典评注,参见贺剑:《法教义学的巅峰——德国法律评注文化及其中国前景考察》,载《中外法学》2017年第2期。

[61] 参见曹志勋:《对民事判决书结构与说理的重塑》,载《中国法学》2015年第4期。

[62] 参见曹志勋:同上注;贺剑:《认真对待案例评析:一个法教义学的立场》,载《比较法研究》2015年第2期。

[63] 参见杨凯:《论民事诉讼文书样式实例评注研究的引领功用》,载《中国法学》2018年第2期。

评注的撰写中,一个重要的组成部分是判决的选择与处理。目前中国还没有制度化的案例评论机制,即便有这样的机制,也不能完全取代评注人对判例进行筛选的任务。而值得信赖的、可以分担案例遴选工作人员的培养,也有赖于未来法学教育中增加相关的训练。中国不仅判决多,而且判决书事实部分长、论理少,而且很多判决没有揭示真正的裁判理由,所以判决筛选耗费巨大精力,因此可以考虑培训、培养年轻学生来参与这项工作。在法学教育中增加操练法律评注使用的内容,最终也会促进法律职业共同体的生成。[64]

五、结 论

(1)法律知识的整合与集成,是司法与学术研究积累到一定程度必然会提出来的一个问题。随着中国法律复杂性的提高和学术成果数量上的增长,判决全面公开,这个阶段已经到来。法律评注的引入关乎的不仅仅是一种新型法学出版物种类的推出,更是一种新的法学传统的生成与法学研究品质与格局的提升。即便法律评注的推进在中国将面临重重困难,但在实践迫切的需求面前,也要有知难而上的精神和积极进取的态度。[65]

(2)法律评注本身既是民法解释学催生的产物,同时可以引领民法学的解释学(教义学)转向。未来民法部门法可能会进入一个法教义学的论文与法律评注平行发展、同步前进的状态。通过对判例的充分利用,进一步推进中国民法学知识的本土化,促进"具体的法治"的实现。[66] 评注这种集成型文献的开发可以促进学术文献的分工、学术成果

---

[64] 参见葛云松等:《法治访谈录:请求权基础的案例教学法》,载《法律适用·司法案例》2017年第14期;朱晓喆:《请求权基础实例研习教学方法论》,载《法治研究》2018年第1期。

[65] 参见贺剑:《法教义学的巅峰——德国法律评注文化及其中国前景考察》,载《中外法学》2017年第2期;纪海龙等:《五人对话:法律评注中的案例编写》,载《法律适用·司法案例》2017年第8期;张双根:《对话:中国法律评注的现状与未来》,载《中国应用法学》2017年第2期。

[66] "我们法学研究的主流倾向却是:不提供解决现实法律问题的可操作性的方法,不解答法律实践提出的细节问题,也不试图通过对法院判例的评析来促进'具体的法治'。"参见周少华:《书斋里的法学家》,载《华东政法大学学报》2006年第4期。

的集成以及比较法知识运用方式的转变,使得法学内跨学科更加容易进行。

(3)目前完全放弃学术量化评价体系尚不现实。但在这种体系内,为法律评注的发展开辟必要空间却未必不可行。将法律评注纳入现有评价体系,可以聚合各个年龄段学者参加,延长中年学者的学术生命,为年轻学者参与评注创造空间,真正实现学术上的共同繁荣。充分考虑学科特点、以发展眼光及时调整法学科研评价体系,才能够更好地为创建世界一流大学的目标服务。认识到现有学术评价体系已经阻碍了法学与司法的发展,选择变革而不是固守,正是这个时代追求进步精神的体现。

德国法律评注文化的特点与成因*

民法典的制定,使得中国民法学界对于法律评注的关注度也逐渐提高,南京大学法典评注研究中心的成立也标志着法律评注事业实质化阶段的开始。在中国对于法律评注的现有讨论中,德国是一个重点。一方面是因为很多中青年民法学者本身都有在德国留学、访学的经历,在自己的研究工作中会使用德国法律评注;另外一方面也与黄卉、张双根、张谷等学者多年来组织中国与德国学者就法律评注所开展的研讨分不开的。朱庆育组织学界同仁在《法学家》杂志上所刊发的评注类文章为了解德式中国法律评注提供了一个窗口,南京大学法典评注中心最近举办的多场学术活动加深了学界对法律评注的认识,贺剑的研究[1]贡献了评注本体论全面、详实的知识。可以说,中国学者对于德国法律评注的发展史、现状、功能等方面都已经相当熟悉。因此,本文仅仅试图在已有的认知基础上作些补充,重点考察德国法律评注文化的特点、历史发展轨迹与其背后机制性原因。

---

* 原文的精简版发表于《南京大学学报(哲学·人文科学·社会科学)》2020年第4期。
[1] 法律评注本体论在德国的研究现状,参见贺剑:《法教义学的巅峰——德国法律评注文化及其中国前景考察》,载《中外法学》2017年第2期。德国这方面的研究原来是非常零散的,相关文献难以检索,这种状况在2016年出版的Kästle-Lamparter所撰写的第一部以法律评注为研究对象的博士论文:《评注的世界:历史上与当代法律评注的结构、功能与价值》(Welt der Kommentare: Struktur, Funktion und Stellenwert juristischer Kommentare in Geschichte und Gegenwart)才有改观。该论文因受众为德国读者,关注重点未必是中国读者兴趣所在,但其文献目录可为进一步研究提供很大帮助。德国很多关于评注的信息是来自作者的回忆录、人物传记或者是出版社、重要评注的庆祝文集。

一、德国法律评注文化的特点

概括而言,德国法律评注文化具有如下特征:第一,评注对法律规范进行逐条解释,本质上是一种工具书,通常不是用于无事时阅读,而是让读者有问题时去查阅的,对内容准确性要求高。第二,法律评注通常排版字体很小,使用薄型纸张印刷,较多运用缩写与数学公式般的表述,内容言简意赅,高度浓缩。[2] 第三,法律评注是相关法律规范知识的集成[3],即把可能多的信息压缩到最小的篇幅中。[4] 第四,法律评注的生命力在于时效性[5],更新速度快。第五,德国法律评注文化高度繁荣,法律评注是德国法学界的主导媒体[6],德国法学的特色,即实践导向的学术与学术导向的实践之结合,也在评注中得以充分体现,前一特点的一个经典范例为《Schönke/Schröder 刑法典评注》,而后一特点在《帕兰特民法典评注》(以下简称《帕兰特评注》)中则得到充分体现。法律评注服务于

---

〔2〕 Willoweit, Juristische Literatur des 20. Jahrhunderts, in: Willoweit (Hrsg.), Rechtswissenschaft und Rechtsliteratur im 20. Jahrhundert, 2007, 28; Hopt, Baumbach/ Hopt – Handelsgesetzbuch, in: Willoweit (Hrsg.), Rechtswissenschaft und Rechtsliteratur im 20. Jahrhundert, 580.

〔3〕 比如,根据 Rieß, Einige Bemerkungen zum Stellenwert und Funktion juristischer Kommentare, in: Böttcher/Hueck/Jähnke (Hrsg.), FS Walter Odersky zum 65. Geburtstag, 1996, 85, 的统计,《Löwe/Rosenberg 刑事诉讼法评注》第 24 版第 1 卷—第 5 卷,篇幅为 6193 页,共提及了 6 万个判例与 6.5 万个文献出处,文献目录有 103 页,这还仅是 1989 年的水平。

〔4〕 德国法学文献与判例的引用方式都非常简洁。期刊类文献,只需表明作者的姓,期刊的简写,发表年份与页码即可,文章名称无须提及;判例的引用也无须指出当事人与判决日期,具体见下文(一)6。

〔5〕 德国纸质大型法律评注解决时效性有三个常用方法:部分更新、使用活页夹、发行增补版,参见 Rieß (Fn. 3), 88。此外,为了控制篇幅,很多法律评注不得不删节年代久远的争论、文献,并在现行版中指明详细论述部分在以前版本的出处,只有大型评注才有空间保存所有信息。在评注编写过程中如果不同版本对法律问题的看法发生变化,也会注明。网络版解决时效性有这样几个办法:直接添加更新、部分更新、全部更新,参见 Herberger et al., juris Praxiskommentar BGB, 8. Auflage 2017, Vorwort.《Juris 民法典 实务评注》的添加式更新,宣传是以天为单位,确保绝对时效,这一点之所以可行也是因为该评注只关注判决。

〔6〕 Henne, Entstehung des Gesetzeskommentars in Deutschland im 19. und 20. Jahrhundert, in: Kästle/Jansen (Hrsg.), Kommentare in Recht und Religion, 2014, 323 ff.

法律适用并为法学理论所引导[7]，是连接立法、司法与学术的桥梁[8]，作为一种工具书性质的文献类型具有独特性与不可替代性。

德国法律评注的繁荣表现在评注类出版物种类、数量多[9]，学术界与实务界广泛参与撰写，在法学教育中也发挥了重要作用。这种繁荣不是局限于民法，而是所有部门法领域[10]，所以本文对于德国法律评注进行的是一个整体考察，偏重民法。

(一)法律评注的种类

德国法律评注的种类很多，在文献中出现过如下提法，如便携型评注(Handkommentar)、短评注(Kurzkommentar)、大型评注(Großkommentar)、权威评注(Standardkommentar)、实务人士评注(Praktikerkommentar)、学生版评注(Studienkommentar)、立法评注(Referentenkommentar)、司法评注(Rechtsprechungskommentar)、法官评注(Richterkommentar)、律师评注(Anwaltskommentar)、传统评注(herkömmliche Kommentare)、另类评注(Alternativkommentar)、律师事务所评注(Kanzleikommentar)、胶水浆糊评注(Kleisterkommentar/Klebekommentar)[11]、万能评注(Universalkommentar)、公民评注(Bürgerkommentar)，等等。从这些表述中可以看到，评注一词的使用也有泛化趋势，一些不是严格意义上的逐条评注的出版物也被称为评注，如案例群评注(Fallgruppenkommentar)、关键词评注(Stichwortekommentar)。[12]总体上，上述评注类型所采取的分类标准不同，类别之间的区分也不是特别精确，但在所有类别中间，根据规模进行分类是最常用的。

---

[7] Kästle-Lamparter (Fn. 1), 87, 302.

[8] 此外，贺剑还总结了法律评注一些其他特征。参见贺剑：《法教义学的巅峰——德国法律评注文化及其中国前景考察》，载《中外法学》2017年第2期。

[9] Kästle-Lamparter (Fn. 1), 92.

[10] 对现有民法、刑法、宪法、行政法领域重要法律评注的初步统计参见附录(一)。

[11] 过去有一种用胶水把剪刀剪下来重要判决的标题，贴到相关的条文之下而形成的评注，参见 Prölss, Glanz und Elend der Kommentatoren, in: C.H. Beck (Hrsg.), Der Aquädukt, C. H. Beck 1763-1963, 1963, 262. 有学者指出这种评注早已经成为历史，参见 Schmidt, Der Kommentar als Darstellungsform, in: Hundert Jahre Kohlhammer 1866-1966, 1966, 192.

[12] Kästle-Lamparter (Fn. 1), 91.

1. 根据规模与内容定位

根据规模与内容定位,法律评注可以分为大型评注、中型评注、小型评注。[13]大型评注一般是多卷本;小型评注一般都是单卷本,能够放到公文包随身携带,特别是可以开庭时携带;中型评注介于两者之间。在德国数量最多的就是小型评注[14],1949 年到 1970 年之间小型评注的数量从 9 种上升到 30 种。[15]

(1)**小型评注**。小型评注[16]最早出现于魏玛共和国(1918—1933年)晚期[17],篇幅通常在二三千页左右,作者数量少,一般为一人或几人。这类评注可以根据篇幅再次细分,比如贝克出版社小型评注有"黄皮系列"[18]与"灰皮系列"[19],前者开本小,内容比后者也要少很多。实际上"黄皮系列"可以说是一种超小型评注,读者群也包括一些非法律专业人士比如商界人士、行政办事员等。

为了能够把规模控制在一册以内,作者必须限制内容,把讨论重点放在司法通行审判实践以及已经形成的学界通说。[20]此外,小型评注论证过程非常有限,一般仅援引其他已有论据直接给出结论,大多没有脚注,判例与文献出处直接放在正文,因而结构紧凑、节省空间,缺点是视

---

[13] Kästle-Lamparter (Fn. 1), 93.
[14] Willoweit, Juristische Literatur des 20. Jahrhunderts, in: Willoweit (Hrsg.), Rechtswissenschaft und Rechtsliteratur im 20. Jahrhundert, 79.
[15] Wesel/Beck, 250 Jahre rechtswissenschaftlicher Verlag C. H. Beck: 1763-2013, 251.
[16] Handkommentar,也可译为便携型评注。
[17] Willoweit (Fn. 2), 28;《鲍姆巴赫(Baumbach)民事诉讼法评注》是这种评注的第一本。
[18] Gelbe Reihe,这一名称的由来是由于书外封面的颜色是橘黄色,但书内封面的颜色是暗红色,内容涵盖大部分法律领域。2019 年贝克出版社共有 106 种这类评注。
[19] Graue Reihe,也就是短评注(Kurzkommentar)系列,也可译为简明式评注。涉及领域包括《民法典》《刑法典》《民事诉讼法》《劳动法》《有限责任公司法》《外观设计法》《商法典》《破产法》《反不正当法》《政府采购法》等众多领域。2019 年贝克出版社共有 82 种短评注。
[20] Stürner, Zwangsvollstreckungs-, Insolvenz- und Kostenrecht, in: Willoweit (Hrsg.), Rechtswissenschaft und Rechtsliteratur im 20. Jahrhundert, 747.

觉效果差,行文密密麻麻的,有时不够一目了然。[21] 为了便于读者迅速查找相关问题,评注中关键字词、小标题一般使用黑体。小型评注很多是一年一更新,其优势在于时效性与内容的简洁性,那些发行量大,特别是考生可以带入考场的便携式评注也是权威评注中的一种。小型评注的撰写并不容易,因为既要涉及尽可能多的问题点,而时效性要求更强,作者们也要阅读所有相关的文献与判例,但又不能吸纳所有信息,也不能过多表达个人观点。[22] 原则上可以说,评注规模越小,需要参考的判决级别就越高,比如《鲍姆巴赫/霍普特(Baumbach/Hopt)商法典评注》的作者霍普特(Hopt)教授指出,德国银行法的杂志 *Wertpapier – Mitteilungen（WM） Zeitschrift für Wirtschafts- und Bankrecht*（周刊）每年出版页数达到2500页,所以不可能考虑基层法院的判决,只能吸收联邦最高法院与州高级法院的判决,对于专著也不予参考,对他们而言同为短评注的《帕兰特评注》尽管只有一册,但篇幅都已经太大了。[23]

（2）**大型评注**。大型评注的功能是对评注的对象进行教义学的全面深入研究[24]、整理,对法律规范进行概念上探索,以影响该法律领域的发展为目的,作者主要为大学教授。[25] 由其功能所决定,大型评注只存在于已经法典化或者涉及重要单行法的领域。现代大型评注最典型代表为

---

[21] 有的评注在初期采取这种排版方式,但后期为了便于阅读,转换成带脚注的方式,把文献与判决出处放入脚注。参见 Schenke, Kopp/Schenke, Verwaltungsgerichtsordnung, in: Willoweit (Hrsg.), Rechtswissenschaft und Rechtsliteratur im 20. Jahrhundert, 1031;但也有学者认为脚注字体太小,看不清楚,而且其中内容容易看串行,反而不好,参见 Zöllner,"Das Bürgerliche Recht im Spiegel seiner großen Kommentare (1. Teil)", JuS 1984, 733。

[22] Rieß (Fn. 3), 84。

[23] Hopt (Fn. 2), 579。

[24] 有学者称评注中所有文献都会被考虑的说法 ,参见 Willoweit (Fn. 2), 26; Prölss (Fn. 11), 261:"keine Dissertation, kein veröffentlichtes Urteil eines dörflichen Amtsgerichtes unberücksichtigt"(可能多少有些夸张;实际上多位作者都为如何确定需要考虑的文献之范围而苦恼),参见 Eser, Schönke/Schröder, Strafgesetzbuch, in: Willoweit (Hrsg.), Rechtswissenschaft und Rechtsliteratur im 20. Jahrhundert, 864; Henckel,"Zum gegenwärtigen Stand der Kommentarliteratur", JZ 1984, 967。

[25] Hess/Mack, Zivilprozrecht, in: Willoweit (Hrsg.), Rechtswissenschaft und Rechtsliteratur im 20. Jahrhundert, 717; Stürner (Fn. 20), 747。

慕尼黑评注系列[26]，该评注有固定的行文结构，而且每一个被评注的条文设置有目录。[27] 慕尼黑评注的特色是既具有学术深度，又比较简洁，不像教科书那样面面俱到，而且所有的论证必须以对法律问题的特定观点结尾。慕尼黑评注创立之初就邀请了年轻学者参与，这些学者负责他们教授资格论文领域的内容，凭借他们前期的学术积累使得评注具有更高创新性，而不是现有评注的拼凑，而且他们的年龄能够保证在一个比较长的时间内持续参与评注。[28]

与之截然不同的是《Maunz/Dürig 基本法评注》，该评注虽然是一部大型评注，但没有统一的体例与风格，以活页夹式出版，首版时只有 4 个条款的评注，即德国《基本法》第 1 条、第 2 条、第 19 条、第 104 条，共 226 页，20 年之后该评注才覆盖《基本法》所有的条文。该评注目前有近 40 位作者，绝大多数为大学教授，共包括 7 个活页文件夹，该评注作者自己决定内容的安排，比如第 3 条的评注有 300 多页，相当于一本专著，有学者认为这种灵活性使得有名的作者更愿意参加。[29] 对于评注是否应该采用统一风格，德国学界意见并不一致，有的担心风格不一致导致评注更像文集，有的觉得风格一致就像流水线作业[30]，但大型评注组稿、统稿任务艰巨是毫无疑问的。大型评注的缺点无疑是更新速度慢，但对此也形成

---

〔26〕《施陶丁格民法典评注》（以下简称《施陶丁格评注》）因其规模远远超过其他大型评注，甚至可以将其单列一类，即超大型评注。

〔27〕Säcker, Münchener Kommentar zum BGB, in: Willoweit (Hrsg.), Rechtswissenschaft und Rechtsliteratur im 20. Jahrhundert, 411。但事实上，由于同一作者同时参与多种评注，导致行文风格无法真正统一，参见 Henckel (Fn. 24), 966。

〔28〕Säcker (Fn. 27), 408.

〔29〕Lerche, Maunz/ Dürig, Grundgesetz, in: Willoweit (Hrsg.), Rechtswissenschaft und Rechtsliteratur im 20. Jahrhundert, 1024-1025；大型评注由于作者自由度大，被认为是一个吸引作者的普遍优势，参见 Rieß (Fn. 3), 90。

〔30〕Kästle-Lamparter (Fn. 1), 242; Mohnhaupt, Die Kommentare zum BGB als Reflex der Rechtsprechung (1897-1914), in: Falk/Mohnhaupt (Hrsg.), Das Bürgerliche Gesetzbuch und seine Richter: zur Reaktion der Rechtsprechung auf die Kodifikation des deutschen Privatrechts (1896-1914), 2000, 500 f.；有的学者持批评意见，指出统稿不细致，也会导致一个问题，即一本评注中多处观点彼此矛盾。为了保证评注质量，《民法典历史批判评注》每个条款的评注都有合作作者之一再次校对。参见 Hermann u. Klaus Brügelmann, Über die Anfertigung von Kommentaren, in: Hundert Jahre Kohlhammer 1866-1966, 1966, 199。而且弗卢梅认为《慕尼黑民法典评注》号称风格一致，实际并未做到，参见 Flume,„Die Problematik der Änderung des Charakters der großen Kommentare", JZ 1985, 475。

了一些解决办法,比如再版前推出增补版或者及时修订网络版。

(3)**中型评注**。典型的中型评注包括《艾尔曼民法典评注》[31]、《Bamberger/Roth 民法典评注》[32]、《Schönke/Schröder 刑法典评注》。[33] 中型评注内容更丰富,但更新速度比大型评注快。《艾尔曼民法典评注》最新版为2017年出版的第15版,分上下册,共7194页,其对自身特色与市场定位的描述是,"便携式评注与大型评注优点的结合,详尽且具有学术深度,同时体积小,可以放到公文包里"。《Schönke/Schröder 刑法典评注》1942年创立之初定位为学生版评注(Studienkommentar),目前每三四年再版一次,2019年已经出版到第30版,篇幅达到3361页,内容接近大型评注,但自身定位为中型评注。[34]

值得注意的是,随着时间的推移德国所有的评注篇幅都在增加,因此纵向看有的19世纪的大型评注甚至都没有今天的小型评注篇幅大,因此以篇幅来划分评注类型必须考虑到时间因素。[35] 此外,中型评注与小型评注划分的界限也不是很明显,从内容广泛性看,《帕兰特评注》实际上已经达到中型评注的体量。德国现今一些大型评注早期也是由一两个作者撰稿,随着时间的推移,才变成了团队撰写。最大型的"贝克网络大型民法评注"作者有500多人。当然还有一人的中型评注存在,如《费舍尔刑法典评注》,虽然是在短评注系列,但也近3000页,完全由一个人完成。

(4)评注比较:以《德国民法典》第134条为例

如果以《德国民法典》第134条[法律上的禁止]为例对四种评注的内容(《尧厄尼希评注》《帕兰特评注》《慕尼黑评注》《施陶丁格评注》)进行考察(具体参见附录二),可以发现前三种评注在问题点的数量上并无太大区别,但对问题的处理详细程度则有很大不同。与之相比,《施陶丁格评注》在内容上要丰富很多,提及了上面三种评注没提到的问题。这种

---

[31] 两卷本,Otto Schmidt 出版社2017年第15版,共7194页。
[32] 五卷本,贝克出版社2019年第4版,共12,000页。
[33] Willoweit(Fn. 2),37.
[34] 该评注1963年篇幅为2000页,2010年超过3000页。参见 Eser(Fn. 24),858。
[35] 比如,大型评注《普朗克评注》1897年第1版面世时,六卷本,仅有3600页,参见 Rieß(Fn. 3),83。

详细程度也体现在文献与判决的数量方面。

2. 根据作者群体定位

根据作者群体,德国还有立法评注与法官评注。所谓的立法评注(Referentenkommentar),是指作者为参与法律草案起草政府机关部门负责人的评注,他们因为参与立法,对法律制定的细节比较了解。[36]德国最初的评注有不少立法评注,比如《普朗克民法典评注》(以下简称《普朗克评注》),其他类型的法律评注最初关注的也主要是立法过程与立法材料。[37]但立法评注随着时间的推移,内容取向、作者来源都会扩展,否则也很难保证评注延续下去。特别在高度专业化的法律领域,参与立法的官员出版评注在德国并不罕见,这些作者在法律制定的过程中就已经开始撰写评注,以保证在法律一旦通过后就可以马上推出著述。[38]立法评注中不乏精品,但其有利用内幕消息、曲解立法者意图之嫌,所以有学者对这一评注品种抱有一定的保留态度。[39]

法官评注(Richterkommentar)的作者主要是法官,过去有《帝国法院民法典评注》(Reichsgerichtsrätekommentar)。目前也有多种,一般以相应最高法院所在地命名,如以当时德国最高行政法院所在地柏林命名的《柏林建筑法典评注》[40];以德国最高社会保障法院所在地卡塞尔命名的《卡塞尔社会保险法评注》,该评注一些作者为该院法官[41];以德国最高劳动法院所在地埃尔福特命名的《埃尔福特劳动法评注》[42];以德国联邦最高法院所在地卡尔斯鲁厄命名的《卡尔斯鲁厄刑事程序法评注》,该

---

[36] Willoweit, Das Profil des Verlages C.H.Beck im 20. Jahrhundert, in: Willoweit (Hrsg.), Rechtswissenschaft und Rechtsliteratur im 20. Jahrhundert, 81;但是其缺点是这些人可能会调到其他的部门,因此对其所管理的法律领域不再熟悉,参见 Prölss (Fn. 11), 261。

[37] Hoyer, Strafverfahrensrecht, in: Willoweit (Hrsg.), Rechtswissenschaft und Rechtsliteratur im 20. Jahrhundert, 799; Kästle-Lamparter (Fn. 1), 248.

[38] Kästle-Lamparter (Fn. 1), 306-307.

[39] Rieß (Fn. 3), 87 f.

[40] Wahl, Öffentliches Baurecht, in: Willoweit (Hrsg.), Rechtswissenschaft und Rechtsliteratur im 20. Jahrhundert, 983.

[41] Krasney, Kasseler Kommentar Sozialversicherungsrecht, in: Willoweit (Hrsg.), Rechtswissenschaft und Rechtsliteratur im 20. Jahrhundert, 685.

[42] Richardi, Arbeitsrecht, in: Willoweit (Hrsg.), Rechtswissenschaft und Rechtsliteratur im 20. Jahrhundert, 625.

评注作者为德国联邦最高法院法官与部分检察官。法官评注也被称为判例评注（Rechtsprechungskommentar）、法官法评注（Richterrechtskommentar），这种主要由终审法院法官所撰写的评注在实践中权威性高，这也是德国法官地位不断上升的一种体现。[43] 法官评注被人质疑之处在于，法官在评注中讨论自己作出的判决，作出判决时又依据自己写的评注，无疑为自己的观点赋予了不应有的更高权威。[44]

3. 根据读者群体定位

绝大多数法律评注都是万能评注（Universalkommentar），即面向所有读者的评注，但也有针对特定读者的评注，如为学生备考所用的学生版评注（Studienkommentar），这种评注比较接近教科书。此外，还有一种实务人士评注（Praktikerkommentar），笔者理解这里的实务人士是广义上的实务人士，即不仅是司法律师界，更主要是企业、工会、行政管理部门中的非法律专业人士等。[45]

比较令人迷惑的是律师评注（Anwaltskommentar）与实务评注（Praxiskommentar），根据笔者目前的了解，这两种评注的名称可能更多是出于市场营销的目的所定，与作者团队与读者定位无关。比如律师评注系列的主编与作者并不只是律师，而是有大学教授在其中，内容也与其他万能评注没有太大区别。一种可能是这一评注系列最初在德国律师出版社（Deutscher Anwaltsverlag）出版，但该系列中的民法典种类后来转让给了贝克出版集团的 Nomos 出版社，该评注的名称也发生了更改，现为《Nomos 民法典评注》，也属于中大型评注。

德国评注的一个特例是《民法典历史批判评注》（Historisch-kritischer Kommentar；HKK），该评注有些部分不是对《德国民法典》的逐条评述，而是把相关主题的法条放在一起进行评论，比如民事行为能力（第 104—113 条）、形式要件（第 125—129 条）、合同订立（第 145—156 条）、代理（第 164—181 条）和时效（第 194—225 条）。这本评注面向的读者群是

---

[43] Wahl（Fn. 40），984.
[44] Hermann u. Klaus Brügelmann（Fn. 30），197.
[45] Willoweit（Fn. 2），20.

学术界,但作者们希望该书的内容能够被专著所关注并深入研究,之后被大型法律评注吸收,接下去成为教科书的内容,以实现最后影响法律实践的效果。[46]这一评注可以认为是一种纯学术性评注。

(二)评注品牌

评注品牌的选择有多种可能,主要是以出版社、主编或者法院所在地命名。比如德国很多知名评注,原来的总编已经过世多年,为什么还仍然保持他们的名字?特别是一些评注的主编是有历史污点的,如《Maunz/Dürig 基本法评注》中的创始人 Maunz 是有纳粹倾向的人物,《帕兰特评注》中的帕兰特也受到批判[47],Schlegelberger 主编的商法典评注同样如此。[48]这里主要就出于市场营销方面的考虑,事实上今天的德国读者对于这些历史污点已经完全陌生。

主编制的评注可以在续写时加新主编的名字入评注的品牌中,但很多也选择不作更改或者续写很长时间后再作更改,比如《Schwarz/Dreher/Tröndle 刑法典评注》在后续独任评注人 Herbert Tröndle 已经评注了 20 年之后才把评注名称改为该执笔者的名字。[49]《Schönke/Schröder 刑法典评注》在 Schröder 去世后,由其四名已经成为教授的学生接手,但评注的名称出于纪念导师以及品牌效应,而且如果四选一也无法摆平所有作者,并没有改变评注名称,但目前双主编的名称不便于引用,因为三个人名(两名主编与一名执笔人)会出现在脚注之中,导致脚注烦琐。[50] Baumbach 所创立的商法典评注,在 Konrad Duden[51] 接手时改成为《Baumbach/Duden 商法典评注》,在 Klaus J. Hopt 续写后改为《Baumbach/Duden/Hopt 商法典评注》,之后去掉了 Duden 的名字改为《Baumbach/Hopt 商法典评注》,但 Baumbach 的名头一直还保留着。唯

---

[46] Meier,„Historisch-kritisches Kommentieren am Beispiel des HKK", ZEuP 2011, 546.
[47] Kästle-Lamparter (Fn. 1), 85.
[48] Eser (Fn. 24), 861.
[49] Tröndle, Schwarz/Dreher/Tröndle/Fischer, Strafgesetzbuch, in: Willoweit (Hrsg.), Rechtswissenschaft und Rechtsliteratur im 20. Jahrhundert, 846.
[50] Eser (Fn. 24)., 861.
[51] 其祖父为《杜登字典》的创始人,祖孙姓名是完全相同的。

一不同的是,《Schwarz/Dreher/Tröndle/Fischer 刑法典评注》是一部单一作者评注,每换一任作者,一段时间后就删去过去的作者,换上新的作者,目前的作者 Thomas Fischer 为德国联邦最高法院退休法官。总而言之,是否更名、如何更名是以主编命名的评注变更主编时必然会产生的一个问题[52],这从一个侧面也反映了品牌的重要性。

(三) 评注之间的关系

同一部法律的不同评注之间当然存在竞争,这种竞争主要发生在同种规模的评注之间,不同规模的评注因为市场定位不同,竞争关系较弱,这也是同一出版社就同一部法律开发不同评注的原因。但笔者认为,不同规模的评注之间也存在共生的关系,小型评注商业上的成功维持住了评注这种文献种类在市场的地位[53],也为大型评注的开发提供了空间。当随着时间推移,小型评注的内容达到了中型评注的规模,出版社就可以开发新的小型评注,而且小型评注在内容增加的过程中作者队伍也会发生从实务界向学术界扩编的现象。因此可以认为,正是依托小型评注,评注业才能兴盛,而依靠大型评注,才能够保证学术界的参与热情,使得评注业保持学术性。如前所述,只有在实践意义最大的一些法律部门才有大中型评注[54],就大多数一般单行法而言,竞争主体是各种小型评注。

虽然小型评注被学术界所嘲笑缺乏教义学深度,但也不乏有人指出真正影响司法实践的不是大型评注而是小型评注,不能被小型评注所提及的学术观点就不能影响司法实践。[55] 这主要是因为小型评注法官可以做到人手一册,放在案头,检索方便,法官一旦在小型评注中查到答

---

[52] Fleischer, Große Rechtsgebiete und exemplarische Werke, in: Willoweit (Hrsg.), Rechtswissenschaft und Rechtsliteratur im 20. Jahrhundert, 487.

[53] Willoweit 大体也表达了这样一种看法,他认为《帕兰特评注》的成功,对于评注这种文献类型在德国的成功都具有重要意义,这是因为民法典在德国法中占据着中心地位。参见 Willoweit (Fn. 2), 30 f.

[54] 比如,慕尼黑评注系列 15 种包括:《民法典》《商法典》《刑法典》《刑事诉讼法》《民事诉讼法》《破产法》《股份法》《有限责任公司法》《会计法》《家事程序法》《欧洲与德国竞争法》《撤销法》《反不正当竞争法》《道路交通法》《保险合同法》。

[55] Tröndle (Fn. 49), 847; Rieß (Fn. 3), 90.

案,也就未必需要再继续查阅其他评注,对于律师同样如此。目前影响司法实践的任务在一定程度向网络评注[56]过渡,为了增加网络版的盈利性,出版社采取模块式销售,比如"贝克网络大型民法评注"系列是不包含在一般的数据库使用权限之中,读者需要单独订阅、额外付费。此外,贝克出版社的评注网络版版式设计与纸质版不同,阅读不便,目的是希望作者更多同时购买线下版。《Jurist 民法典实务评注》目前已经完全放弃纸质版,采取网络版与电子书相结合的方式,通过电子书来解决阅读观感的问题。在德国因不能及时更新的评注被市场淘汰的数量也有不少,比如德国民法典颁布后不久,就有十几部法律评注出版,真正延续下来的并不多。[57]

同一作者同时参与不同法律评注的现象很普遍,但同时为同一部法律不同评注撰稿的情况也并不少见。[58] 如果就同一部法律为不同评注撰稿,所接手的条款一般不同,以避免内容雷同。在一些高度专业化的领域,竞争就会相对少很多,比如普吕斯所著《保险合同法评注》在相当长的时期几乎占据市场垄断地位。[59] 从德国的经验看,重要法律的颁布就是法律评注诞生的时刻[60],比如《德国联邦建筑法》颁布后,首先有立法评注出版,作者为参与、影响立法的官员,但很快就出现了实务人士评注,之后还出现了多部法官评注。[61]

(四)大学教授的参与情况

根据笔者对弗莱堡、科隆与杜塞尔多夫三个大学法学教授参与评注情况的抽样考察,可以发现私法(包括商法、劳动法等的大民法)教授参与最多;公法、刑法、法制史学科逐渐递减,而私法中商法类最多。法律评

---

[56] 参见贺剑:《法教义学的巅峰——德国法律评注文化及其中国前景考察》,载《中外法学》2017 年第 2 期。
[57] Mohnhaupt (Fn. 30), 507 ff.,当时也有很多普法类出版物,495 ff.,如闲话民法典,或把《民法典》编成诗歌,改成日历上的押韵警句,等等,参见 Sturm, Der Kampf um die Rechtseinheit in Deutschland, in: Martinek (Hrsg.), 100 Jahre BGB-100 Jahre Staudinger, 1999, 31。
[58] Kästle-Lamparter (Fn. 1), 236.
[59] Martin, Erich R. Prölss, in: *Juristen im Portrait*, 1988, 627.
[60] Wahl (Fn. 40), 980.
[61] Wahl (Fn. 40), 981-982.

注能够在实务界、学生中扩大学者影响,但有的学者可能更倾向纯学术圈的影响,有的教授更多投入教学、有的为报刊撰稿、有的只参与最知名的评注,所以根据学者的价值取向不同,对于评注的投入也不同。但法律评注不需要人人参与,只要一直有本专业最出色的学者参与,就能够保证质量,便携式评注也未必就没有学者参与。德国法学教授没有外在发表压力,而法律评注的撰写占用很多时间,加之是长期性任务[62],所以不参与评注也可能是出于保留更多学术自由度的考虑。此外,一些知名评注如果已有作者不退出(比如因为年龄原因)也无法参与。评注工作可以使学者持续性关注所评注的法条,承担其对应领域的积累工作,评注工作也会促进衍生作品的产生,所以学者对评注的参与与其他独创性工作并不一定是一种零和关系。

  法学教授的参与程度与评注在德国法律文献体系中的地位密切相关。贝克出版社在19世纪最初评注的作者主要还是政府部门的官员以及法官、司法部门的职业人士,律师、公证员、教授比例低于10%,虽然教授在一些评注发挥着重要的作用。[63] 早期评注在德国法学界还被认为不是一种真正的法教义学工作,当时法教义学工作受历史法学派的影响主要是罗马法研究,与制定法打交道直到19世纪下半叶还被认为不具有学术性,大学教授当时不屑于撰写评注,学术性工作是法律发现,而不是法律适用,学术界的主导文献类型是体系性教科书。[64] 在《德国民法典》制定后,德国法学教授在1896年艾泽纳赫(Eisenacher)会议上一致决定把民法典置于法学教育的中心,从1896年起德国民法研究也从潘德克顿法学转向《德国民法典》,也为民法评注的发展铺平了道路。[65]

  今天德国法学界一般认为评注的学术性通常在前注(Vormerkung;也

---

  [62] 比如,《Baumbach/Hefermehl反不正当竞争法评注》中作者Wolfgang Hefermehl做评注工作共超过了50年。
  [63] Willoweit, Das Profil des Verlages C. H. Beck im 20. Jahrhundert, in: Willoweit (Hrsg.), Rechtswissenschaft und Rechtsliteratur im 20. Jahrhundert, 81.
  [64] Kästle-Lamparter (Fn. 1) 63-65, 240.
  [65] Kästle-Lamparter (Fn. 1), 69-70.

翻译为"导言")之中[66]，这里存在学者个性化发挥空间，也能展示学者的学术造诣。当然，法律评注与教科书、专著、期刊文章的不同，恰恰并不在于前注部分，而在于对条文的具体评注部分，很多前注的内容完全可以以期刊文章形式单独发表[67]，所以这一评价对于法律评注的学术性并未予以明确肯定，从中也可以看出德国法学界对于评注的纠结态度。有观点认为法律评注中学者对自己观点的展开需要克制，法律评注是法律知识的汇编，而不是法律知识的生成[68]，如果赞同这一点，评注的学术性空间无疑进一步被压缩。但笔者以《德国民法典》第134条为例对几种评注进行比较发现，除了超小型评注，就争议问题各个评注实际上都有自己的观点，区别在论证过程的详细性。评注比较忌讳的是过分强调自己的观点，有意无意忽略他人的观点，实践中评注之间相互引用的情况非常普遍。

(五) 实务界作者的参与

评注的最大特点为其实用性，最初的评注主要也是实务人士评注（Praktikerkommentar），作者与读者都是实务界人士，作者中法官居多，还有一些参与立法的官员，律师、公证员、公司法务，直到20世纪末才有越来越多的大学教授参与评注，创立于1939年的《帕兰特评注》从1974年开始吸收大学教授加入作者团队。[69] 贝克出版社从早期起就一直特别注重实务界对评注的参与，但实务界作者的比重在各个部门法不同，比如《慕尼黑刑法典评注》的作者实务界与学术界的分配为一半对一半，《Schwarz 刑法典评注》的作者一直来源于实务，而《Schönke/Schröder 刑

---

[66] 小型评注也有前注，只不过篇幅较短，难以体现个人特色，参见 Voßkuhle, Allgemeines Verwaltungsrecht, in: Willoweit (Hrsg.), Rechtswissenschaft und Rechtsliteratur im 20. Jahrhundert, 966; Wissenschaftsrat, Perspektiven der Rechtswissenschaft in Deutschland: Situation, Analysen, Empfehlungen, 2012, 67。

[67] 正因为此点篇幅长的前注也被批评，参见 Westermann, Glanz und Elend der Kommentare, in: Heinz (Hrsg.), FS für Kurt Rebmann zum 65. Geburtstag, 1989, 113；更是认为篇幅长的前注是个四不像，参见 Flume (Fn. 30), 475。

[68] Rieß (Fn. 3), 88.

[69] Kästle-Lamparter (Fn. 1), 215, 239-241, 302.

法典评注》的作者一直都来自学术界。

此外,评注的作者群体与部门法有一定关系,比如在建筑法领域,没有只有教授主持、参与的法律评注[70]。在社会保险法领域,判例更重要,内容理论性也不强,所以作者多为实务界。[71] 在高度专业化的领域,实务界作者的参与是保证评注实用性的前提。贝克出版社于1935年首次推出的《保险合同法短评注》,创始作者艾里希·R.普吕斯(Erich R. Prölss)1938年成为慕尼黑再保险公司董事,1956年出任该公司总经理,该评注一直是保险业的权威评注。

评注工作耗费精力,而法官没有教授所享有的资源,也不能像学者那样有大块时间写作,因此兼职写作的作者要为评注牺牲很多业余时间[72],有的甚至需要申请停薪留职以便有时间集中撰稿。《Battis/Krautzberger/Löhr建筑法评注》一位评注人曾经在一年左右的时间里,每天晚上10点到第二天凌晨1点撰写评注,《帕兰特评注》的作者Theodor Keidel每天晚饭后就开始写作[73],《Meyer/Meyer-Goßner刑事诉讼法评注》的评注人每天都要阅读各种相关杂志[74],《Kopp/Schenke行政法院法》评注的作者Schenke甚至说虽然有的时候觉得后悔接手撰写评注,但实际上他觉得连后悔的时间都没有,因为下一版的评注还等着呢。[75] 比较幸运的是《保险合同法评注》的一位作者,在保险公司工作,他的雇主允许其在工作时间写作。[76] 翻阅一些纪念贝克出版社成立225年、250年等的祝贺文集就会发现,不少评注作者评注到生命最后一刻,交稿后因病、意外或年龄的原因,未等到作品问世就过世了的情形也不少见。评注

---

[70] Wahl (Fn. 40), 983.

[71] Schulte, Sozialrecht, in: Willoweit (Hrsg.), Rechtswissenschaft und Rechtsliteratur im 20. Jahrhundert, 659.

[72] Kühl, Strafrecht, in: Willoweit (Hrsg.), Rechtswissenschaft und Rechtsliteratur im 20. Jahrhundert, 796; Krasney (Fn. 41), 686.

[73] Krautzberger, Battis/ Krautzberger/ Löhr, Baugesetzbuch, in: Willoweit (Hrsg.), Rechtswissenschaft und Rechtsliteratur im 20. Jahrhundert, 1048.

[74] Meyer-Goßner, Kleinknecht/ Meyer/ Meyer-Goßner, Strafprozeßordnung, in: Willoweit (Hrsg.), Rechtswissenschaft und Rechtsliteratur im 20. Jahrhundert, 873.

[75] Schenke (Fn. 21), 1035.

[76] Prölss, Prölss/ Martin, Versicherungsvertragsgesetz, in: Willoweit (Hrsg.), 586.

的经历就是光辉与苦难(Glanz und Elend)[77],但成功的评注能够让实务界作者同样获得巨大声誉,实现这一职业群体的学术追求,而且有助于升迁、招揽客户,有时还有可观的经济效益,这些都是一种动力。

(六) 法律评注对于判决的处理

德国法院的判决公开的比例很低,20 世纪 80 年代末至 90 年代综合公开率为 0.48%,1992 年共审结 350 万起案件,公开判决数不到 2 万个。[78] 案件是否公开由审判合议庭决定,其判断一般标准为对于该判决的公开是否存在公众利益。[79] 如果某个判决具有该个案之外的意义,比如改变、深化或发展了现有司法实践,可视为满足这一前提,法院管理部门也可以挑选其他需要公开的判决。此外,第三人原则上可以无条件向法院索要被匿名化处理的任何判决副本。[80] 因为德国法院在公布判决时已经做了筛选,所以德国法律评注撰写时对案例的参考范围更容易把控。

判决的公开有下面几个渠道:Juris 数据库(联邦法院的判决与州法院判决),德国司法部与 Juris 数据库合作的网站(https://www.rechtsprechung-im-internet.de/jportal/portal/page/bsjrsprod.psml),开放性数据库(https://openjur.de/),专业期刊(LMK,NJW-RR,NZA-RR,GRUR-RR,NZF,NVwZ-RR,NStZ-RR,等等),州高等法院、联邦宪法法院、联

---

[77] Kästle-Lamparter (Fn. 1), 87; Prölss (Fn. 11), 266.

[78] Walker, „Die Publikationsdichte – ein Maßstab für die Veröffentlichungslage gerichtlicher Entscheidungen", JurPC Web-Dok. 36/1998, Abs. 1-77,对德国下级法院判决为何很少公开作出了如下解释,她认为下级法院人手有限,案多人少,没有时间去公开判决。司法系统的权威体系会把下级法院公开被高级、最高级法院撤销的判决认为是一种"犯上",结果造成大量的判决无法进入公众视野。在下级法院工作的法官多为年轻法官,更有可能作出创新型判决,而这些判决不会得到足够的关注,进而扭曲了法学讨论的结构。参见 Zimmermann, Die Relevanz einer herrschenden Meinung für Anwendung, Fortbildung und wissenschaftliche Erforschung des Rechts, 1983, 65,。对德国判决公开的详尽介绍,参见 F.门策尔、田建设:《司法审判公开与德国当代判例数据库》,载《法律文献信息与研究》2009 年第 4 期。

[79] BVerwG Urteil vom 26.2.1997, 6 C 3.96.

[80] BGH Beschluss vom 5.4.2017, IV AR (VZ) 2/16;在涉及公众人物或者匿名化处理使人无法理解案情时,可以不必匿名化处理,参见 Ackermann, Veröffentlichung gerichtlicher Entscheidungen in juristischen Fachpublikationen in anonymisierter Form? jur-pc 7/93, 2171 f.。

邦各最高审级法院网站。未公开判决可以通过法院内部的数据库检索,所以法官在审判过程中能够参照的判决是远远多于公开判决的。德国判决引用时可以只给出法院的简写,相关判决公开的页码,既不用指明当事人的名称,也不用给出判决的年份,这样也便于评注在有限空间中引用大量判决。这种引注方式的一个例外是《juris 民法典实务评注》,这本评注注明判决时间以及案号。

(七) 法律实用手册

法律实用手册(Handbuch)因为与法律评注的关系密切,所以这里也简单谈一下。德国有两种实用手册,一种主要为法律实务服务,这些实务手册也经常附有一些合同样本或者文书样本。实用手册与评注的区别在于不按照条文顺序对于法律问题进行介绍,可以说法律实用手册在没有法律评注的国家是评注的一个替代。第二种实用手册宗旨是为了发展法教义学,具有学术导向,比如 Isensee、Kirchhof 主编的《联邦德国国家法手册》(Handbuch des Staatsrechts der Bundesrepublik Deutschland),十卷本,共有 100 多位作者参与。[81] 在行政法领域,也有为补充现有的教科书与评注、有助于学科建设的实用手册,如 Hoffmann‐Riem、Schmidt‐Aßmann/Voßkuhle 于 2006 年所推出的实用手册《行政法基础》(Grundlagen des Verwaltungsrechts)。[82] 值得注意的是,德国也有不是就单行法,而是就重要法律问题的评注,比如 Ascheid、Preis、Schmidt 的《解除法:所有终止劳动关系相关法律之大型评注》(Kündigungsrecht Großkommentar zum gesamten Recht der Beendigung von Arbeitsverhältnissen),共 2928 页,共评注了 30 多部与解除劳动合同相关的法律。[83] 评注也会与实用手册竞争,但每年更新的评注时效性更强。[84]

---

［81］ Pauly, Verfassungs‐und Verfassungsprozeßrecht, in: Willoweit (Hrsg.), Rechtswissenschaft und Rechtsliteratur im 20. Jahrhundert, 920–921.

［82］ Voßkuhle (Fn. 66), 966.

［83］ Prof. Dr. Reiner Ascheid, Vors. Richter am BAG a. D., Prof. Dr. Dr. h. c. Ulrich Preis, Universität zu Köln, und Ingrid Schmidt, Präsidentin des BAG.

［84］ Richardi (Fn. 42), 625.

二、德国法律评注的历史发展

(一) 现代评注的起源

德国现代法律评注出现于 19 世纪早期,但当时还比较罕见,早期评注集中在刑法与商法领域[85],对整个德国都适用的评注出现于《德意志商法通则(ADHGB)》1861 年颁布后。19 世纪对于德意志邦国法评注内容主要局限于文义解释,对立法资料更为关注,初期对于判决与学术类出版物考虑有限,还无法承担法学界交流平台的功能。[86] 直到 20 世纪初,法律评注的学术性才得到逐渐认可,这中间赫尔曼·施陶普律师(Hermann Staub, 1836-1904)于 1893 年出版的《德意志商法通则评注》中所开创的评注技术发挥了很大的推动作用。这本评注摆脱了以往过于拘于文义(即以条文字词为解释单元)的体例,尝试以法律条文为解释单元进行评注,特点是"理论与实践结合,抽象与具体融合",获得了巨大的商业成功,被实务界尤其是司法界广泛接纳,获得近乎于法律的极高权威性,也解决了学术性不足的问题。[87]

(二)《施陶丁格评注》的创立

《施陶丁格评注》的创始人——施陶丁格(Julius von Staudinger, 1836-1902)——曾担任慕尼黑高级法院庭长。与当时知名的《普朗克评注》[88]不同,施陶丁格并未参与《德国民法典》的制定,而普朗克则是该法典草案筹备工作的总负责人,所以当时有评论说,《普朗克评注》知名是仰仗主编普朗克的名气,而施陶丁格成名是因为其主编的民法典评注

---

[85] Kästle-Lamparter (Fn. 1), 62-63, 70.
[86] Kästle-Lamparter (Fn. 1), 215, 222-224.
[87] Kästle-Lamparter (Fn. 1), 71-72, 225 f.
[88] 该评注由哥廷根大学名誉教授 Gottlieb Planck 主编,其从 1890 年起担任《德国民法典》起草的总负责人,量子物理学家 Max Planck 是其侄子,后者也是哥廷根大学教授,德国马普所即以其侄子名字命名。

的成功。[89] 在《德国民法典》颁布初期,《普朗克评注》比《施陶丁格评注》更为知名,但前者只出了四版,在20世纪30年代就已经停止更新并为今人所遗忘,而《施陶丁格评注》则延续到了今天。《施陶丁格评注》第一卷除了一位弗莱堡大学教授,其他的作者都是巴伐利亚州的法律实务界人士,而施陶丁格本人1902年去世,并未看到整部评注于1903年的完成。虽然有学者对《施陶丁格评注》事无巨细的评论方式不以为然,无碍其成为德国民法学的集大成之作。[90]

(三)现代小型评注的开发

阿道尔夫·鲍姆巴赫(Adolf Baumbach,1874-1945)为现代小型评注的创始人,曾为柏林高级法院庭长,负责知识产权案件,1927年辞职开始从事学术工作。他一生开创了8部评注,涉及的领域包括民事诉讼法、帝国费用法、劳动法院法、竞争法、商法典、有限责任公司法、股份法、票据法与支票法。[91] 1924年鲍姆巴赫在一家犹太人出版社奥托·利普曼(Otto Liebmann)推出了这类评注的第一部,即《民事诉讼法评注》,共615页,当时这一系列的名称是"口袋评注"(Taschenkommentar),其特点是在最小的空间放入最多的内容,价格便宜,内容丰富,迎合了德国在1924年货币改革后读者没有财力购买大评注的需求,他"电报式"的语言风格受到了实务界的追捧。[92] 1933年纳粹上台后奥托·利普曼出版社被迫卖给贝克出版社,该系列改为贝克短评注(Kurz-Kommentar)。[93] 德国销量最大的那些小型评注如《帕兰特评注》《费舍尔刑法典评注》,都是出自这个系列,1935年贝克出版社把Kurz-Kommentar注册为商标,禁止其他出版社使用这一名称。直到今天,鲍姆巴赫的评注还被续写,部分还保持着他的名字作为品牌,比如《鲍姆巴赫/霍普特(Baumbach/Hopt)商法典评

---

[89] Kästle-Lamparter (Fn. 1), 73, 252.

[90] Sturm (Fn. 57), 37.

[91] Hefermehl, Adolf Baumbach, in: Juristen im Portrait, 1988, 130-133.

[92] Hefermehl (Fn. 91), 131, 133-134. 他的《民事诉讼法评注》第6版在1931年就可以卖到5万册,第17版时就已经卖到10万册。在鲍姆巴赫去世后,劳特巴赫(Lauterbach)续写该评注,在1970年第30版时,篇幅已经上升到近2000页,销量超过了20万册。

[93] Hefermehl (Fn. 91), 131.

注》,主编及作者之一克劳斯·J. 霍普特(Klaus J. Hopt)教授曾经担任过汉堡国际私法与外国法马普所所长。此外,鲍姆巴赫还曾经协助贝克出版社组建《帕兰特评注》作者团队[94],《帕兰特评注》也借鉴了鲍姆巴赫评注的风格。[95]

(四) 20 世纪评注的现代化

德国评注在 20 世纪 70 年代末、80 年代时期经历了一个现代化过程。当时出现了两种新型评注,其一为慕尼黑评注,其二为"另类评注"(Alternativkommentare)[96],后者在理念上更多注重社会与经济因素的考量,实际上是一种跨学科法律评注。当时,多位著名学者都对这两种新型评注进行评论[97],但它们后来的命运却有天壤之别。慕尼黑评注系列成了评注界的新宠,而且最先推出的民法典评注的成功使得该系列拓展到商法、刑法、诉讼法等其他部门法,目前该系列共有 15 个品种,而另类评注则昙花一现,未能持续下去。

《慕尼黑民法典评注》之所以被开发是其主编之一——弗兰茨·尤尔根·塞克教授(Franz Jürgen Säcker, 1941-)——20 世纪 70 年代发现大型评注市场出现了空缺。已有的三种大型评注,即《索戈尔民法典评注》《帝国法院民法典评注》《施陶丁格评注》的内容中充斥着过于陈旧的文献与判决,而且《施陶丁格评注》仍然使用花体字印刷,阅读极其费力。为抢占市场先机,《慕尼黑民法典评注》第一版最先推出的是《家庭法卷》,而不是通常的《总则卷》。这是因为 1976 年《德国民法典》家庭法编

---

[94] Albers, Wolfgang Lauterbach, in: *Juristen im Portrait*, 1988, 513.

[95] Henne, „Die Prägung des Juristen durch die Kommentarliteratur", Betrifft Justiz Nr. 87 (2006), 354 ff.

[96] Rieß (Fn. 3), a.a.O, 82;参见贺剑:《法教义学的巅峰——德国法律评注文化及其中国前景考察》,载《中外法学》2017 年第 2 期,翻译为替代评注。另类评注的出现与 70 年代德国社会大环境有密切关系,第 389 页;卜元石:《法教义学与法学方法论话题在德国 21 世纪的兴起与最新研究动向》,载《南大法律评论》2016 年春季卷。另类评注的总主编 Rudolf Wassermann 也试图把新的法学理念引入民事诉讼程序中,是协动主义原则的重要代表人物,参见任重:《民事诉讼协动主义的风险及批判》,载《当代法学》2014 年第 4 期。

[97] Flume (Fn. 30), 470; Henckel (Fn. 24), 966; Westermann (Fn. 67), 105; Zöllner (Fn. 21), 730.

刚刚经历改革,时任两位创始主编迅速组织了作者团队,以极快的速度于1977年11月推出《慕尼黑民法典评注·家庭法卷》,而德国新家庭法编1977年7月才生效。[98]作者团队规模大,完稿速度快也是《慕尼黑民法典评注》的另外一个特点。主编之一Kurt Rebmann是德国当时离婚法改革委员会主席,其影响力也促进了该评注的销售。第一卷的成功远远超出贝克出版社的预料,两位主编的话语权也得到了相应提高,从而也获得了更大的篇幅决定权,之后,该评注按计划每6—9个月推出一卷,直至1982年全部完成。[99]《慕尼黑评注》第二版于1984年启动,1987年完成,借此也第一次解决了大型评注可以及时更新的难题,当然在两版中间,出版社也通过加印活页增补版来保持内容的时效性。内容新、全、快也许就是《慕尼黑民法典评注》的成功诀窍。[100]而慕尼黑评注系列的成功使得一向专注实用书籍的贝克出版社,在学术型评注市场上抢占一席,进而稳固了其在法律评注市场的龙头地位。

三、德国法律评注文化兴盛的成因

法律评注是德语圈法文化的一个特征,这背后的原因一方面可以追溯到德国法的历史传统,早在罗马法时期法律注释就普遍存在,但现代法律评注从20世纪开始兴起到今天担当法学主流媒介,无疑还有其他机制性因素。普通法国家没有法律评注并不奇怪,贺剑就其原因也有深入的分析。[101]归根结底,在普通法国家判例是主要法源,制定法只是补充,而法律评注的对象是制定法,就凭借这一点也决定了法律评注在普通法国家没有发展的空间。在普通法国家,法律适用的方法也有别于大陆法系国家,在成文法国家判例是为法律规范的解释提供例证,对于判例的事实

---

[98] Wesel/Beck (Fn. 15), 318.
[99] Wesel/Beck (Fn. 15), 318-319.
[100] 但弗卢梅对《慕尼黑民法典评注》第一版评价不高,指出该评注废话太多,而且从构思、方法到内容上存在各种谬误,参见 Flume (Fn. 30), 470 ff.。
[101] 参见贺剑:《法教义学的巅峰——德国法律评注文化及其中国前景考察》,载《中外法学》2017年第2期。

部分并不关注,而普通法系国家对于判例的援引必须以案件事实的可比性为基础,所以判例不能仅仅简化为裁判要旨,进而直接为评注所吸收。

所以应该提出的问题是,为什么其他的大陆法系国家没有这类出版物或者虽然有,但数量少或者对实践影响小?是因为没有需求,还是因为没有供给能力?笔者认为这两个因素都有影响。比如在法国虽然有作者也参与编撰或撰写过国际法的英文评注,因为司法界与学术界互动不多,所以对法律评注需求不大,供给也不大。[102] 此外,在其他国家即便存在需求[103],但评注的开发,特别是大型评注项目的启动,会涉及判例收集、文献梳理、作者团队的组织协调以及样稿的校对、排版,对于主编、作者都是一个挑战,对于出版社来说也存在市场风险。所以需要了解的是德国除了传统的力量外,还有哪些机制上的原因能够维持评注文化的繁荣。在贺剑研究的基础上[104],笔者作如下补充。

(一) 德国当代法学是实践导向的法教义学

德国法教义学以现行法为研究对象,而对于现行法,时效性至关重要,现行法的研究很难对抗时间的力量,所以德国专著类以外的图书出版物,频繁更新是一个常态,图书馆法律藏书淘汰速度也很快。德国学者与出版社对于在市场已经获得口碑的著作,比如教科书、评注,都会尽量使

---

[102] Christian Djeffal, "Commentaries on the Law of Treaties: A Review Essay Reflecting on the Genre of Commentaries", *European Journal of International Law* 2013, 1234;当然有作者认为对于英国、美国这种判例法国家,对于评注的需求可能不大,因为这些国家的司法界对于法律出版物一向不重视,参见 Zetsche, Kommentieren und Kommentare im europäisch-deutschen Wirtschaftsrecht, in: Limperg et al (Hrsg.), Recht im Wandel deutscher und europäischer Rechtspolitik: Festschrift 200 Jahre Carl Heymanns Verlag, 2015, 226;但研究显示了学术界对于司法的影响可能是潜移默化的,即便是直接的,法官也可能不直接引用学术观点,比如英国与法国法官对引用学者著述采取克制态度,使得学界对实践的影响难以量化比较。事实上例如,随着法律的复杂化,英国上诉法院法官从20世纪晚期起参考学术界成果越来越频繁,而美国学术界因为精英法学院更注重理论研究,对司法的影响却是递减的。参见 Duxbury, Jurists and Judges—An Essay on Influence, Hart Publishing 2001。

[103] 贝克出版社出版的《英文欧洲法评注》是在海外销售最好的图书品种,而且英文评注的也拓展到德国法,比如,德国民法典英文评注也已经推出;参见贺剑:《法教义学的巅峰——德国法律评注文化及其中国前景考察》,载《中外法学》2017年第2期。

[104] 参见贺剑:《法教义学的巅峰——德国法律评注文化及其中国前景考察》,载《中外法学》2017年第2期。

其延续下去。德国出版合同中通常都有续写条款,就是保证出版社可以在原作者因去世、年龄或其他原因退出出版项目后有权利选择他人续写。这种习惯也使得评注这类作品能够保持其时效性与生命力,在其他国家,法律图书再版的频率通常没有这么快。这种续写是学术传承的一种体现,对于德国法学学者而言,培养学术界的学生,也为寻找续写作者提供了便利。续写作者的遴选,出版社一般尊重原作者的意愿,当然续写作者的首肯也不可缺少。[105] 实践中,法律评注的续写既有对原稿修改很少的情形[106],也不乏推倒重来、重新创作的例子,比如《Schönke/Schröder 刑法典评注》由 Schröder 接手后每更新一版就重新写 1/3 的内容,直至把所有内容完全改为自己的作品。[107]

德国式的法教义学最大的特点是实践导向,法律实践与学术界接轨、互动,在这个过程最关键的一环就是评注,**评注是所有法律职业对话的平台与必要的载体**。德国法院的法官也不看纯学术性文章,但通过评注这个载体,实务与学术界的互动就能维持住。[108] 德国法学的实践导向也使得大学教授、法官与其他实务界人士能够构成一个职业共同体,可以合作开发、撰写评注。德国有些法学学会是纯学术性的,只有教授与获得教授资格的学者才能加入,比如德国民法教师学会、德国国家法教师学会,但更多的学会是兼容的,比如德国知识产权协会、公司法学会等的年会就是实务界与学术界共同的聚会,报告人也包括实务界与实务界人士。法官、律师担任大学名誉教授或授课的情形也较普遍。

虽然德国批评法律评注学术性不足的观点一直都有,但学者如果有意影响司法判决,参与评注是一种有效的手段。评注能够使得法院改变

---

[105] 《Schönke/Schröder 刑法典评注》的创始人、弗莱堡大学教授 Adolf Schönke 在年仅 44 岁时去世,或许是有所预感,他在去世前一天向贝克出版社指定了续写作者的人选,即图宾根大学教授 Horst Schröder。而 Horst Schröder 也是很早就指定了续写作者,1973 年他在拜访贝克出版社时说,鉴于他的年龄这一指定可能还为时过早,但没想到一语成谶,他几个月之后就因溺水身亡,年仅 60 岁。

[106] Wesel/Beck (Fn. 15), 271.

[107] Cramer, Horst Schröder, in: Juristen im Portrait, 1988, 675.

[108] 期刊文章要通过评注的过滤,被评注吸收后,才能影响实践,参见 Westermann (Fn. 67), 115。

原有的裁判实践[109],比如保险合同评注倾向保险公司的态度一段时间就影响了司法[110],特别是权威评注,内容出错可能会导致一批判决都出现错误。[111] 但法院与学术界也存在竞争与紧张的关系,德国学术界经常批评法院对学术成果关注不够。[112]事实上,德国法院判决中引用最多的是联邦最高法院判决,尽管评注的引用仍然普遍,但与学者心目中的理想状态还有差距。

(二)法学教育中对评注使用的训练

有观点认为在法国之所以不存在德国式的评注文化,与德国法学教育中评注的作用密不可分。[113] 德国法学教育非常强调司法判决,其重要性可以与法律相提并论。在准备第一次国家考试时,学生就要密切关注联邦最高法院的判决,因为考题有时就从判例改编而来,而司法考试成绩的重要性使得学生的学习兴趣以考试内容为中心。第二次国家考试是开卷考试,可以使用的辅助工具除法条外只有法律评注[114],在备考过程中,学生密集学习使用评注,在考试结束后,查阅评注就变成了一种习惯。可以带进考场的评注由每个联邦州司法部考试管理部门来决定,主要包括民法、民事诉讼法、刑法、刑事诉讼法、行政法与行政诉讼法等领域,这些评注一般都是由贝克出版社出版。这种垄断地位在实践中虽然引发过个别法律纠纷[115],但法律评注的选定并未因此而受到影响。

---

[109] Prölss (Fn. 76), 590.
[110] Schwintowski, Versicherungs- und Bankrecht, in: Willoweit (Hrsg.), 511-516.
[111] Meyer-Goßner, Kleinknecht/Meyer/Meyer-Goßner, Strafprozeßordnung, in: Willoweit (Hrsg.), Rechtswissenschaft und Rechtsliteratur im 20. Jahrhundert, 875.
[112] Wahl (Fn. 40), 979.
[113] Christian Djeffal, "A Commentary on Commentaries: The Wissenschaftsrat on Legal Commentaries and Beyond",载 https://verfassungsblog.de/commentary-commentaries-wissenschaftsrat-legal-commentaries-beyond-2/, 2020年3月3日访问。
[114] 在20世纪50年代时,有些联邦州还并不允许携带法律评注参加第二次国家司法考试,参见 Kilian, Juristenausbildung: Die Ausbildung künftiger Volljuristen in Universität und Referendariat: eine Bestandsaufnahme unter besonderer Berücksichtigung der Anwaltschaft, 2015, 29 f。
[115] 参见贺剑:《法教义学的巅峰——德国法律评注文化及其中国前景考察》,载《中外法学》2017年第2期。

(三) 出版社的推动作用

德国出版社也是同时考虑社会效应与经济效应,但不同出版社定位不同,贝克出版社在法律评注市场占有领先地位。成功的法律评注盈利性强,出版社通常根据市场容量来决定是否开发新的评注品种。如公司法与实践联系特别紧密,所以评注的作用尤为突出,公司法评注也非常多,针对不同的公司类型均有多个评注,其中并购法(WpÜG)评注密度最大,2007年时共有7本评注,2019时已经达到10本,在资本市场法领域,法律评注俨然成了律师事务所的营销手段与专业水平的证明。[116]有些学者认为这种竞争有助于评注质量的保证[117],但这种竞争使得开发新评注品种具有市场风险,因为质量好并不意味着销量大,很多时候取决于市场需求与竞争情况。

贝克出版社对于同一部法律也可能推出具有竞争性的同类评注,特别是当已有评注不能及时再版,相应市场可能被其他出版社抢占时。比如贝克出版社1942年时发现,Reinhard Frank所编写的刑法典权威评注(Mohr Siebeck出版社)1931年以后就没有再版,因此有意推出一部新评注,即《Schönke刑法典评注》来填补这个市场空缺。[118]因为这一举动,贝克出版社与当时另一位刑法典小型评注的作者、时任帝国法院法官的Otto Schwarz发生了龃龉,后者担心自己评注销量受影响,后来发现两本评注内容定位、定价与篇幅都有差别,分歧才得以解决。[119]

1958年时德国市面上民事诉讼法领域有贝克出版社的小型评注《Baumbach/Lauterbach》的第25版、比前者稍微详细一些的《Zöller》[120]、两本大评注《Stein/Jonas》[121]与《Wieczorek》[122],但贝克出版社仍然决定

---

[116] Fleischer, Gesellschaftsrecht, in: Willoweit (Hrsg.), Rechtswissenschaft und Rechtsliteratur im 20. Jahrhundert, 486, 499-500;这还不计算那些包含并购法在内的股份法评注。
[117] Stürner (Fn. 20), 747; Wahl (Fn. 40), 980.
[118] Eser (Fn. 24), 851.
[119] Eser (Fn. 24), 852.
[120] 1958年时为第9版,Otto Schmidt出版社。
[121] 目前为10卷本,莫尔西贝克出版社。
[122] 当时为6卷本,目前为14卷本,德古意特出版社。

新推出《Thomas/Putzo 民事诉讼法评注》。[123] 这是因为《Baumbach/Lauterbach 民事诉讼法评注》不能及时再版,贝克出版社担心其他出版社可能会乘机抢占市场,所以迅速联系到两位法院界作者,给他们两年半完成这部新的小型评注,结果两位作者提前了三个月完成手稿。[124] 该评注第一版 1963 年出版,篇幅为 1126 页,印数 5000 本,内容与定价均为《Baumbach/Lauterbach 评注》的一半,近 30 马克,出人意料的是该评注两年半就全部售完,1965 年就已经出版第二版。[125]《Baumbach/Lauterbach 民事诉讼法评注》的作者 Lauterbach 在新评注出版后非常气愤,甚至扬言查找其中的剽窃,并因此拒绝参加贝克出版社的 200 周年庆祝活动,后来是贝克出版社社长亲自出马才平息了纷争。[126]《Thomas/Putzo 民事诉讼法评注》成功的很大原因是当时唯一与其竞争的评注《Zöller》第 10 版 1968 年才出版,此外该评注是以低定价来换取高销量。[127] 今天,贝克出版社的这两部民事诉讼法评注仍然都非常畅销,这可能因为《Thomas/Putzo》属于超小型评注,《Baumbach/Lauterbach》属于小型评注,二者彼此替代性有限。

《帕兰特评注》1939 年被推出的情况比较例外,当时贝克出版社短评注系列中虽然已有民法典评注,但三位作者中有两位是犹太人,1936 年 10 月后无法再版,因此产生了市场空缺。《帕兰特评注》第一版 5000 本几天就告售罄,获得了出人意料的成功。[128]《帕兰特评注》在销量上一直居于评注类的首位,为了保证销量,至今没有推出电子版,因为法律界人士每年都需购买最新版,这笔购书款也被戏称为"帕兰特税"。

只要有市场需求,区域性法律也会出现评注。德国、瑞士为联邦制国家,联邦州可以自己立法,因此存在大量州一级的地方法律。对这些州法也有评注出版,因为案例少,文献少,所以评注写起来耗费精力也少,当然

---

[123] Reichold, Thomas/ Putzo, Zivilprozeßordnung, in: Willoweit (Hrsg.), Rechtswissenschaft und Rechtsliteratur im 20. Jahrhundert, 755.

[124] Reichold (Fn. 123), a.a.O. 755-756.

[125] Reichold (Fn. 123), a.a.O. 755-758.

[126] Albers (Fn. 94), 518.

[127] Reichold (Fn. 123), 758.

[128] Kästle-Lamparter (Fn. 1) 83.

销量也比较有限,个别出版社如德国 Kohlhammer 出版社就以关注地方法律为特色。[129]

(四)德国法官工作习惯

德国立法技术注重抽象,法律语言晦涩难懂,《德国民法典》就是一个典型,因此对评注需求也更大。[130] 评注的兴旺虽然是法典化的自然结果,但法律越零散越需要评注,所以解法典化对评注并没有负面影响。[131] 法律评注所面向的读者群主要是法官、律师、企业、政府部门,特别是德国法官数量多,接近 2 万人。[132] 法院、大型律师事务所市面上有售的所有评注都会购买,法院会为每名法官个人每年购置最常用的评注[133],相比而言,德国大学的数量比较少,大学对评注的购买对其销量影响不大。德国法官判案,首先参考是否其他法院已经有类似判决,这样可以参考并使用其表述模板。如果没有类似判决,法律问题不存在争议,就不需要评注,评注主要在法律问题存在争议时才发挥作用。

(五)德国大学的教席制与教授的兼职法官经历

德国大学教席制使得大学教授有人员配置,可以把评注写作过程中的辅助性工作转移给教席的工作人员,比如检索收集整理资料、联系作者、校对稿件、排版、打字(德国一些学者仍然手写、口述稿件),这样可以使教授把精力集中到写作上。教席的工作人员包括秘书、助教与学生助理。一些助教已经完成第二次国家司法考试,具有实务经验,而且助手的职位很少全职,多是拆分给几个人,这样大型教席就会有较多的辅助人员,可以完成这些组织管理的任务。教席制使得德国法学教授可以承担

---

[129] Wahl(Fn. 40),978.
[130] Kästle-Lamparter(Fn. 1)230.
[131] Kästle-Lamparter(Fn. 1)294-295.
[132] 参见 https://www.bundesjustizamt.de/DE/Themen/Buergerdienste/Justizstatistik/Personal/Personal_node.html,2020 年 3 月 3 日访问。
[133] 为法官、检察官配备个人图书资料的费用占到法院等机构文献支出的 50%左右,参见 F.门策尔、田建设:《联邦德国法院图书馆的基本现状》,载《法律文献信息与研究》2010 年第 3 期。

规模较大且长期的项目,这一点与欧洲其他国家不同。因此,大型法律评注多选择大学教授作为主编,也不乏出于借力教席资源的考虑。德国大学法学教授可以兼职法官,积累实践经验,能够从法官的角度思考问题,也可以把审判经验吸收到评注中,对于程序性法律,完全可以从实践的角度进行评注。

四、结 语

在德国,法律评注最初是实务人士写给实务人士使用的出版物,在发展过程中扩展到了学术界,最终上升为所有法律职业对话的平台与必要的载体,它解决了法学界理论与实践脱节的问题,为法律适用的统一提供了保证。但德国法学界内部对于评注的质疑从来没有彻底消失,早在19世纪就有对评注泛滥情形的批判,评注内容的拼凑、抄袭、趋同也是一个现实存在的问题,对法律评注学术性的评价也不乏矛盾。但不可否认的是,德国学者的主流对于评注的态度还是积极的。[134]

中国学者所提出的"通过教义法学,超越教义法学"[135],与21世纪各国法学家们寻找"新法学",探索法学研究的新范式、新方法的想法与努力不谋而合。[136] 但后教义学时代的法学应以什么形态呈现?如果说当下的教义法学仍以一国法律为中心、以国界为限,未来的法学或许应该超越制定法,摆脱作为一种"地方性知识"的存在,成为国际性的学科。在这一远景实现的过程中,作为传统教义法学主导媒体的法律评注依然不失重要性,其整合、存储法律知识的作用仍然不可或缺。

法律评注在中国的成长,也同样需要培养评注文化,解决评注能够被

---

〔134〕 Kästle-Lamparter (Fn. 1), 93, 218, 341 f.;贺剑:《法教义学的巅峰——德国法律评注文化及其中国前景考察》,载《中外法学》2017年第2期。

〔135〕 朱庆育:《民法评注流水账(代序)》,载朱庆育、辛正郁主编:《合同法评注选》,北京大学出版社2020年第1版,第7页。

〔136〕 Smits, *The Mind and Method of the Legal Academic*, Edward Elgar 2012, 1–7; Stolker, *Rethinking the Law School*, Cambridge University Press 2014, 200–262; V. Gestell et al, *Rethinking Legal Scholarship*, Cambridge University Press 2017, 1–27; Wissenschaftsrat (Fn. 66), 34 ff., 66 ff.;汤文平:《论中国民法的法学实证主义道路》,载《法学家》2020年第1期。

实务界与学术界所广泛接纳,为作者赢得学术声誉的内在机制与外部环境的问题。法律评注在中国如果能够推广,将会改变中国法学知识积累与传播的方式,法学教育也会因此而改变。从这个角度可以说,法律评注是一个关系到中国法学未来发展方向和新法学传统生成的问题。

附录一：德国主要评注品种清单

《德国民法典》评注

评注名称	评注类型	最新版本	创始时间（年）	出版社	目前篇幅	团队人数
Staudinger	大评注	不同单卷的更新年份不同，最新版在2000—2021年间	1903	德古意特出版社	70,000页，111卷	139
Soergel	大评注	第13版，2000年开始更新	1921	Kohlhammer	约13,000页，27卷	70
Münchener Kommentar BGB	大评注	第8版，2020年	1977	贝克出版社	约31,775页，13卷	121
BeckOnline Großkommentar	大评注	2021年3月1日最后更新，每3个月更新	2002	贝克出版社	纸质约50,000页	约500
Nomos Kommentar（Dauner-Lieb et al）	大评注	第4版，2021年	2005	诺莫斯出版社	约18,000页，7卷	约100
Erman	中评注	第16版，2020年	1952	奥托·施密特出版社	7287页，2卷	69
Bamberger/Roth（Beckscher Online Kommentar）	中评注	第4版，2021年2月1日网络版最后更新	2003	贝克出版社	纸质约14,246页，5卷	79
Palandt	小评注	第80版，2021年	1938	贝克出版社	3216页，1卷	10

（续表）

评注名称	评注类型	最新版本	创始时间（年）	出版社	目前篇幅	团队人数
Jauernig	小评注	第8版,2021年	1979	贝克出版社	2831页,1卷	6
Prütting	小评注	第14版,2019年 第15版,2020年(预告)	2006	Luchterhand	3812页,1卷	53
Nomos Kommentar（Schulze/Dörner/Ebert）	小评注	第10版,2019年	2001	诺莫斯出版社	3112页,1卷	11
Studienkommentar Jacoby/von Hinden	学生版评注	第17版,2020年	1992	贝克出版社	992页,1卷	2

《德国刑法典》评注

评注名称	评注类型	最新版本	创始时间（年）	出版社	目前篇幅	团队人数
Leipziger Kommentar	大评注	第12版,(2006—2019年), 第13版,2019—2021年(预告)	1916	德古意特出版社	第12版,约14,000页,14卷	大约100
Systematischer Kommentar	大评注	第9版,2015—2017年	1975	Luchterhand	约6000页,6卷	11
Münchener Kommentar StGB	大评注	第3版,2016—2019年	2003	贝克出版社	16,229页,8卷	约100
Nomos Kommentar	大评注	第5版,2017年	2002	诺莫斯出版社	7836页,3卷	37
Schönke/Schröder	中评注	第30版,2019年	1942	贝克出版社	3361页,1卷	10
Fischer	小评注	第68版,2021年	1933	贝克出版社	2737页,1卷	1

（续表）

评注名称	评注类型	最新版本	创始时间（年）	出版社	目前篇幅	团队人数
Lackner/Kühl	小评注	第29版,2018年	1952	贝克出版社	1988页,1卷	2
BeckOK Heintschel–Heinegg	小评注网络版	网络第49版,2021年2月最后更新纸质第3版,2018年	2006	贝克出版社	3208页,1卷	27
Dölling/Dutge/König/Rössner	小评注	第5版,2021年	2008	诺莫斯出版社	3600页,1卷	54
Satzger/Schluckebier/Widmaier	小评注	第5版,2020年	2009	Carl Heymanns	2700页,1卷	7
Matt/Renzikowski	小评注	第2版,2020年	2013	Vahlen	约3000页	32
Joecks/Jäger	学生版评注	第13版,2021年	1999	贝克出版社	979页,1卷	2
Kindhäuser/Hilgendorf	教学实务评注	第8版,2019年	2002	诺莫斯	1485页,1卷	2
Leipold/Tsambikakis/Zöller	律师评注	第3版,2020年	2011	C.F. Müller	2835页,1卷	48

《德国基本法》评注

评注名称	评注类型	最新版本	创始时间（年）	出版社	目前篇幅	团队人数
Bonner Kommentar	大评注（活页）	第208次增补,2020年11月	1949	C.F. Müller	约30,028页,25个活页夹	30
v. Mangoldt/Klein/Starck	大评注	第7版,2018年	1953	贝克出版社	7074页,3卷	71

（续表）

评注名称	评注类型	最新版本	创始时间（年）	出版社	目前篇幅	团队人数
Dreier	大评注	第3版,2013—2018年	1996	摩尔·兹贝克出版社	6312页,3卷	12
Maunz/Dürig	大评注（活页）	第92次增补,2020年	1958	贝克出版社	16,004页,7个活页夹	约40
Berliner Kommentar	大评注（活页）	2020年12月最后增补	2000	Erich Schmidt	约8423页,5个活页夹	52
Leibholz/Rinck	大评注（活页）	第81版,2020年11月	1966	奥托·施密特出版社	4268页,3个活页夹	4
Schmidt-Bleibtreu/Hofmann/Henneke	小评注	第14版,2017年	1967	Carl Heymanns	3457页,1卷	32
von Münch/Kunig	小评注	第7版,2021年	1974	贝克出版社	约4868页,2卷	40
Hömig/Wolff	小评注	第12版,2018年	1982	诺莫斯	1006页,1卷	9
Jarass/Pieroth	小评注	第16版,2020年	1989	贝克出版社	约1500页,1卷	3
Sachs	小评注	第9版,2021年	1996	贝克出版社	2554页,1卷	36
Magdeburger Kommentar	小评注	仅一版,1998年	1998	Bock, K H	586页,1卷	1
Umbach/Clemens	小评注	仅一版,2002年	2002	C.F. Müller	3818页,2卷	约40
Epping/Hillgruber	小评注	网络第46版,2021年2月最后更新纸质第2版,2013年	2009	贝克出版社	2261页,1卷	40

(续表)

评注名称	评注类型	最新版本	创始时间（年）	出版社	目前篇幅	团队人数
Sodan	小评注	第 4 版,2018 年	2009	贝克出版社	901 页,1 卷	5
Gröpl/Windthorst/v. Coelln	学生版评注	第 4 版,2020 年	2013	贝克出版社	953 页,1 卷	3
Hesselberger	公民评注	第 13 版（最后一版）,2003 年	1975	Luchterhand	412 页,1 卷	2
Gramm/Pieper	公民评注	第 3 版,2015 年	2008	诺莫斯出版社	399 页,1 卷	2

《德国行政法院法》评注

评注名称	评注类型	最新版本	创始时间（年）	出版社	目前篇幅	团队人数
Sodan/Ziekow	大评注	第 5 版,2018 年	1996	诺莫斯出版社	3559 页,1 卷	33
Schoch/Schneider	大评注（活页）	第 39 版,2020 年	1996	贝克出版社	6272 页,2 个活页夹	28
Eyermann	小评注	第 15 版,2019 年	1960	贝克出版社	1472 页,1 卷	5
Redeker/von Oertzen	小评注	第 16 版,2014 年 第 17 版,2021 年（预告）	1960	Kohlhammer	1192 页,1 卷	5
Kopp/Schenke	小评注	第 26 版,2020 年	1974	贝克出版社	约 2000 页,1 卷	3
Heidelberger Kommentar	小评注	第 7 版,2018 年	1999	C.F. Müller	约 1418 页,1 卷	4

(续表)

评注名称	评注类型	最新版本	创始时间（年）	出版社	目前篇幅	团队人数
Posser/Wolff/BeckOK	小评注	网络第 56 版,2021 年 1 月最后更新 纸质第 2 版,2014	2008	贝克出版社	约 1500 页,1 卷	30
Wysk	小评注	第 3 版,2020 年	2010	贝克出版社	第 3 版,约 1000 页	4
Gärditz	小评注	第 2 版,2018 年	2013	Carl Heymanns	约 1800 页,1 卷	29
Kugele	小评注	2021 年 2 月 17 日网络版最后更新	2013	Luchterhand	1712 页,1 卷	1

附录二:《德国民法典》第134条不同评注品种的比较

《德国民法典》第134条[法律上的禁止]

	《尧尼希评注》	《帕兰特评注》	《慕尼黑评注》	《施陶丁格评注》
出版社	贝克	贝克	贝克	德古意特
种类	超小型	小型	大型	超大型
市场定位	学生、候补文官、非法律人士	实务界	实务、学术界	学术界
最新市场宣传	简明扼要	增加了5000个新判决	实用性强学术性高	大全
时效性	2021	2021	2018	2017
单册价/总售价	69欧元	116欧元	单册269欧元/全套3423欧元	全套11,990欧元
印刷纸张规格(毫米)	128×194	162×240 1950年前:162×180	160×240	170×240
页数/总页数	5页/2831页	8页/3216页	47页/28,000页	171页/70,000页
作者	Mansel教授	Ellenberger联邦最高法院(BGH)副院长	Armbrüster教授	Sack教授/Seibel行政官员
脚注数	0	0	801	一般没有脚注,判例过于集中处设置脚注
判决引用总数	106(2018版)	577(2019版)	1080	2751

（续表）

	《克尼希评注》	《帕兰特评注》	《慕尼黑评注》	《施陶丁格评注》
文献引用总数	28（2018版）	71（2019版）	827	—
体例	评注前无目录	评注前无目录	评注前有内容目录，文献目录	评注前有文献目录，内容目录与关键词索引，每册最后也有关键词索引

体例比较

《克尼希评注》	《帕兰特评注》	《慕尼黑评注》	《施陶丁格评注》
1. 一般性说明 2. 界分。a）意定行为权限 b）法定代理人代理权限制 c）权利可转让性的法定排除 d）审批义务 e）有疑义情形 3. 禁止性法律 a）概念 b）违法时间 c）只禁止法律行为外在情形，比如商店关门法、实习处方药给付处罚 d）禁止法律行为给无处分权者 aa）法律直接规定无效的规定 bb）是否使用特定内容 cc）禁止用于一方还是双方 打黑工不开发票约定（跟匿担保）从法律中可以直接推导出法律禁止。4. 效力 a）整体无效 b）部分无效 c）履行行为无效 d）无效例外 e）第242条 f）是否适用无因管理	1. 一般性说明 2. 禁止性法律 a）概念 aa）联邦法与联邦州法 bb）国际法、欧洲法 cc）宪法 b）对形成权与处分权的限制（1）强制性法律对权利的限制（2）禁止权利可转让性的法定安排（3）对法律行为类型或物权法定原则的限制（4）法定代理人的代理权的限制（5）公法人行为能力的限制 3. 无效制裁 a）法律表述 b）对禁止性法律的解释 与目的 aa）旅游法律 bb）无执照执业 c）单方禁止性法律 d）审批义务	文献 目次 I. 规范目的 II. 适用范围 1. 与自带制裁规范的关系 2. 与民法典第138条的关系 3. 与对形成权与处分权的区别 4. 需审批的法律行为 5. 负担行为与履行行为 6. 脱法行为 7. 行为完成后禁止性规定 生效及废除 III. 受该规范影响的规定 1. 法律行为 2. 要约 3. (罢工)工作禁止 4. 公法合同	文献 目次 关键词索引 I. 适用范围 1. 法律行为违反法律禁止 a）法律行为内的违反 b）法律行为的实施违反法律禁止 2. 法律行为成立的情形违反法律禁止 II. 法律行为 1. 私法合同 2. 决议合同规范 3. 劳务合同 4. 企业协议 5. 公法合同 6. 单方法律行为

（续表）

《尧尼希评注》	《帕兰特评注》	《慕尼黑评注》	《施陶丁格评注》
5. 脱法行为	4. 其他前提 　a) 法律行为 　b) 违法行为 时间 举证责任 5. 法律后果 6. 个案 　a) 劳动法 　b) 药品法 　c) 责任排除 　d) 破产法 　e) 旅游业 　f) 刑法 7. 违反价格规定 8. 明确禁止脱法行为 　b) 个案	5. 设置禁止性合同 IV. 法律禁止的规范 　1. 法律的概念 　2. 宪法 　　a) 宪法权利的直接效力 　　b) 宪法权利的间接效力 　　　三效力 　　c) 其他的宪法条款 　　d) 行为基础违宪 　3. 欧盟法 　4. 国际法 　5. 外国法 V. 禁止性法律的（认定）标准 　1. 目的（与秩序规范的界分） 　2. 法条用语 　3. 可排除性 　4. 目标群体数量 　5. 个案审视要求 VI. 根据法律部门对禁止规范与秩序规范的界分 　1. 刑法 　2. 经济法 　3. 商法、公司法 　4. 银行、证券法 　5. 劳动法 　6. 住房法	7. 诉讼合同与诉讼行为 III. 禁止性法律 1. 第134条中法律的概念 　与章程 　a) 狭义上的法律、条例 　b) 习惯法 　c) 一般法律原则 　d) 不成文法 　e) 劳资规范与企业协议 　f) 职业行会规定 2. 法律的禁止性特点 　通过解释来认定禁令 　特征 　b) 任意法 　c) 对形成权与处分权的 　　限制 　d) 禁止性法律无效 　　制裁 3. 德国基本法与各州宪法中 　基本权利对私人的第 　三效力 　a) 国家违法 　b) 劳资规范违法 　c) 基本权利对私人的第 　三效力 　　aa) 直接第三效力 　　bb) 间接第三效力 4. 联邦法与各州法

(续表)

《尧尼希评注》	《帕兰特评注》	《慕尼黑评注》	《施陶丁格评注》

		7. 建筑法
		8. 营业法
		9. 新闻法
		10. 法律咨询法
		11. 其他案例
		VII. 法律后果
		1. 制裁对禁止目的的依赖性
		2. 整体无效、部分无效
		3. 是否知悉对禁止违反的作用
		4. 绝对无效、相对无效
		5. 不当得利法的后果
		VIII. 举证责任
			5. 欧盟法
			6. 国际公法
			7. 外国法
			IV. 违法的时间
			1. 法律行为实施时违反禁止
			2. 法律行为实施后违反禁止
			3. 法律行为实施后禁令取消
			V. 法律后果
			1. 第134条无效制裁作为解释规则
			2. 规范目的保留与双重功能
			3. 第134条无效制裁的射程
			4. 就第134条规范目的保留形成案例群的尝试
			  a) 法律行为内容与实施的特别规定
			  b) 法律行为内容与实施违反禁令
			  c) 单方与双方禁止性法律违反禁令
			  d) 秩序性规定，特别时营业禁止规令、警察法禁令

(续表)

《尧厄尼希评注》	《帕兰特评注》	《慕尼黑评注》	《施陶丁格评注》
			e) 违反刑事与轻罪规定 f) 够格的行政、刑法与职业道德措施 g) 立法者权限的射程 h) 因内容、参与人、订立交易情形而被禁止 5. 禁止性法律的主观要件 6. 部分无效的形式 a) 一般阐述 b) 单个条款无效 c) 为保证有效而作的限制与数量型无效 d) 即时起无效、事实合同，通过履行而弥补与第242条 e) 未定的无效 aa) 可追认法律行为 bb) 禁止履行行为，允许履行后果 f) 未定的有效 g) 半边行为与履行无效 7. 负担行为与履行行为 8. 劳动合同 9. 公司合同 10. 其他持续性债务关系、一般原则

(续表)

《尧厄尼希评注》	《帕兰特评注》	《慕尼黑评注》	《施陶丁格评注》
			11. 无效合同清算 　　a) 无因管理 　　b) 不当得利法 　　c) 第280条第1款、311条第2款、241条第2款的赔偿请求权 　　d) 虽然合同无效消费者可否根据第355条行使撤回权 VI. 脱法行为 VII. 违反禁令之预备行为 　　1. 原则 　　2. 主要目的违反禁令 　　3. 必然违反禁令 VIII. 需要审批的法律行为 　　1. 负担法律行为需审批 　　　a) 具体法律行为需审批 　　　　aa) 单方法律行为 　　　　bb) 双方或多方法律行为 　　　b) 审批前置 　　2. 履行行为需纠正法律后果 IX. 依据第242条诚信主张无效 　　1. 违反诚信主张无效 　　2. 违反诚信主张合同有无效

（续表）

《尧尼希评注》	《帕兰特评注》	《慕尼黑评注》	《施陶丁格评注》
			3. 违反诚信主张不当得利法的法律后果 X. 竞合 XI. 程序方面 XII. 合同设计 XIII. 个案 共就约 140 部法律中的禁止性规定逐一讨论
			风格与大教科书接近，论证过程多，有时连续几页没有判例，只有文献，有时连续几页都为判例

第二编·附录二:《德国民法典》第 134 条不同评注品种的比较　203

第三编

法学教育

德国司法考试的难度及其对法学教育的影响分析

一、问题的提出

"万事皆有头,只有法学教育的改革没有尽头。"这是在德国提及法学教育时,经常会听到的一句戏言。的确,德国法学教育制度每隔几年就要修改一次,通常是此番改革刚刚结束,下番改革就已经开始酝酿。法学教育改与不改,如何改是德国法学界的一个永恒性话题,讨论中不乏嬉笑怒骂之声。[1]但与此同时,定型于1869年由大学教育与实践见习期所组成的法学教育,其二阶制基本结构一直延续至今。这一模式的核心部分——两次国家司法考试——在一百多年间无数次的改革中,犹如礁石,屹立不动。

德国法学专业主流的学位课程并非法学本科,而是国家司法考试课程。在这一专业中,大学毕业是以通过第一次司法考试为前提的。在过去,成功通过考试的学生只获得由联邦州司法考试部门所颁发的通过证书,近些年来德国大学才开始为这些学生另外授予学位证书。备考第一次司法考试,是德国大学法学教育的一项中心任务。比如科隆大学法律系每年举行模拟考试高达141次,每次答题时间为5个小时,年均有1

---

[1] 德国法学教育改革直接被称为"荒唐国的法学教育改革",参见 Schöbel, Ausbildungsreform in Absurdistan, in: Kramer/Kuhn/Putzke (Hrsg.), Schwerpunkte im Jurastudium, 2015, 135 ff.

万左右人次参加。[2]学生备考所投入的精力非常可观,根据一项小规模的问卷调查,考生备考时间从半年到两年不等,平均每天学习6个小时,多的达到8—10个小时,仅是模拟考试,被调查学生平均参加了57次,最多的竟然达到120次。[3]因为考试压力大,很多学生焦虑过度而产生睡眠问题,因为久坐患上腰椎疾病,或者因为大量参加模拟测试,写字过多导致手腕肌腱受伤的情况也不罕见,在大学城里患有骨科疾病的年轻患者大部分都是法学专业的学生。

因此,如果要理解德国法学教育,就必须充分了解其司法考试制度,特别是为什么这一考试给人的总体感觉难度特别大?司法考试对大学教育有何影响?对专业能力培养的效果如何?对法律职业共同体的形成有何影响?本文讨论的是大学法学教育,所以重点放在第一次司法考试,第二次国家考试与大学完全脱钩,不在考察之列。

二、第一次司法考试的难度

德国第一次司法考试难度较大,一方面是由其考试形式与范围所决定,另一方面也与考生心理压力大有关。这里首先简要介绍一下第一次司法考试的流程。

(一)第一次司法考试的流程

自2002年起德国第一次司法考试分为两个部分,即大学部分与国家部分。大学部分的考试一般由几门闭卷考试与一门研讨课论文所组成,分散在大学高年级的三个学期,大学部分的分数占总成绩的30%。国家部分占总成绩70%,由6门闭卷考试与1次口试组成,闭卷考试中3门为民法,1门为刑法,2门为公法[4],试题全部为案例分析性质的主观

---

[2] Achtmann/Winter, 43 Jahre Großer Examens- und Klausurenkurs an der Universität zu Köln-Ein Erfahrungsbericht, in: Kramer/Kuhn/Putzke (Hrsg.), Fehler im Jurastudium: Ausbildung und Prüfung, 2012, 153.

[3] Sanders/Dauner-Lieb, Lernlust statt Examensfrust, JuS 2013, 381 f.

[4] 在柏林、布兰登堡州为7场笔试,其中民法3门,刑法与公法各2门。

题,每门闭卷考试的答题时间为5个小时,每场考试之间一般间隔1个工作日,但有时没有间隔,总长在8天左右,因此对考生也是一种体力考验。在北威州,考生可以把国家部分的考试拆分为2—3次,比如在第一次考试时只参加民法科目,第二次只参加刑法科目,第三次只参加公法科目,这样明显降低了考试的难度,考生的平均成绩超过一次考完所有科目的情形。[5]但拆分考试要求学生最迟在第七个学期结束前报名参加考试,超过了这一时限,只能一次完成所有考试科目。

(二)心理压力

德国第一次司法考试的通过率为70%—75%左右,与中国司法考试相比并不算低。特别是如果考虑到那些没有通过的考生,还有一次重考的机会,最终不能通过的人数大概不超过考生的10%[6],因此仅从通过率来看很难理解德国司法考试难度大的说法。之所以说其难度大,是因为如果不能通过司法考试,学生既无法获得任何大学文凭也没有毕业证书,从功利的角度看,5年的大学时间就被浪费了。如果考试成绩分数低,也会严重影响今后的就业前景。担任法官、检察官等公职,一般都要求司法考试成绩达到9分以上。虽然德国自2002年之后,司法考试总成绩包括大学重点阶段考试的成绩,而且大学部分的成绩要远远高于国家部分的成绩,但在求职的时候,用人单位看重的仍然是国家部分考试的成绩。大学期间的学习成绩对于学生就业发挥的作用有限,国家部分的成绩仍然被视为毕业生专业能力的标准。在重要性方面,德国第一次司法考试国家部分可与中国高考相比,而且只有一次重考的机会。在备考的过程中,学生通常承受巨大的心理压力,为了获得更好的考试成绩,推迟考试来增加备考时间的,或者虽然通过了考试但再考一次的学生仍然大有人在,因为第一次考试成绩不理想而重考的考生比例经常占到1/3左右。

---

〔5〕 Towfigh/Traxler/Glöckner, Zur Benotung in der Examensvorbereitung und im ersten Examen, ZDRW 2014, 21.

〔6〕 Schöbel, Die Klausuren der Ersten Juristischen Staatsprüfung in Bayern, in: Kramer/Kuhn/Putzke (Hrsg.), Fehler im Jurastudium: Ausbildung und Prüfung, 132.

(三)考试范围

与中国司法考试相比,德国第一次司法考试的范围初看上去并不广,很多领域如法学理论、法律史、国际法、知识产权等在德国都被排除在外。德国第一次司法考试内容集中在民商法、刑法、公法核心领域的基本知识,具体考点由各联邦州的法学教育与司法考试条例确定,因此考试大纲存在一定地域差别。虽然说是基本知识,但内容非常繁杂,知识点很多。一位刑法教师对必考内容进行了如下初步计算:德国 Nomos 出版社推出的一套蓝皮法学教科书,其中民法的教科书有 8 本,包括《民法总论》《债法总论》《法定之债》《合同之债》《动产与不动产物权》《劳动法》《商法》《公司法》;刑法教科书有 4 本,包括《刑法总论》《刑法分则一:针对人身权利、国家与社会的犯罪行为》《刑法分则二:侵犯财产的犯罪行为》《刑事诉讼法》;公法教科书有 6 本,包括《基本权利与宪法诉讼法》《国家组织法》《一般行政法包括行政诉讼法与国家赔偿法》《建筑法》《警察法与公共治安法》《地方法》,一共 8285 页,所包含的知识点大概有 41,425 个。[7] 在考试时众多知识点都串联在一起,只有掌握了所有的知识点,并能把知识点联系起来,才可能完整作答,这也是德国司法考试难度大的一个重要原因。

该教师以德国刑法中的谋杀罪阐述了考点细密的特点[8]:对于《德国刑法典》第 211 条中谋杀罪的要件之一"阴险"[9],在经典教科书中就有小字印刷的四页纸来概括,其中包括基本定义,其他解释可能性与司法判例,在司法考试中如果要碰到阴险的谋杀案例,考生需要了解如下知识点:(1)谋杀的客观与主观要件;(2)解释阴险这一概念在定义要件中的争论,比如什么是毫无猜疑与毫无防备,什么是敌对的意图;(3)限缩性

---

〔7〕 Gierhake, Das Unmögliche ist geschuldet: Kritische Überlegungen zum Studium der Rechtswissenschaft, ZDRW 2020, 3-5.

〔8〕 Gierhake, ZDRW 2020, 4 f.

〔9〕 《德国刑法典》第 211 条"谋杀"规定:(1)对谋杀犯处以无期徒刑。(2)谋杀犯是指出于谋杀癖好、为了满足性欲、出于贪婪或者其他卑劣的动机,阴险地或者残忍地,或者以危害公共安全的方式,或者为了实施或者掩盖其他罪行杀人的人。翻译引自王钢:《德国刑法判例分则》,北京大学出版社 2016 年版。

解释目前的多个学说,包括司法判例在量刑方面的解决;(4)谋杀的要件以及鉴定式分析步骤,包括未遂、共犯;(5)定性与要件的减轻之间的关系,比如与《德国刑法典》第216条的关系,即应受被害人明示且真诚之要求而将其杀死,仍然可能存在阴险的要素吗;(6)阴险与阴险的突袭之间的区别;(7)区别阴险的谋杀与人身伤害之间的关系。此外,还有大量无法体系化的判决,比如当受害人无意识时,能否认定存在阴险的元素?两个人约架,一方带了武器,是否属于阴险的元素?如果攻击之前有口头争论是否可以认定阴险的元素?而这些知识点涉及的仅仅是谋杀罪的**一种**类型中的**一个**要件。

因此,德国法学教育史的一个中心议题就是如何缩减考试范围[10],尽管学者们总体上都赞成精简考试内容,但考试大纲决定了大学课程的内容,从考核范围中删除某一法律领域就会导致其在教学与科研中意义的下降,进而有可能危及相关教职,自身利益被触及的学者或者学会难免强烈反对这种缩减,致使改革难以进行。最近一次尝试清楚地显示了这一点:2016年秋季德国法学教育协调委员会试图精简司法考试内容,建议删除缩减建筑法、欧洲法、国际私法、家庭法、一般平等待遇法、集体劳动法、产品责任法等内容,这些建议无一例外地遭到了批评。[11]

以民法为例,2017年版建议考试大纲确定《德国民法典》总则除了财团法人部分,原则上全都属于全面性考点;债法总则仅剔除了定金部分,债法分则排除了一些实践意义不大、体系独特或者过于专业的合同类型,包括消费借贷合同、医疗合同、旅游合同、悬赏广告等;在物权法部分排除了物权优先购买权;婚姻法部分剔除了分居、婚姻财产权、监护权、父母责任限制与亲属关系的一般规定;继承法包括继承人顺序、继承人法律地位、遗嘱与继承合同、特留份与遗产继承证书。总体上,建议删除的考点非常少。

---

[10] Dölle et al, Die Ausbildung der deutschen Juristen: Darstellung, Kritik und Reform, 1960, 177 f.; Großfeld, Das Elend des Jurastudiums, JZ, 1986, 357 ff.; Kilian, Juristenausbildung: Die Ausbildung künftiger Volljuristen in Universität und Referendariat, 2015, 52.

[11] KOA Harmonisierungsmöglichkeiten für die juristischen Prüfungen: Bewertung und Empfehlungen Herbst 2016, Teilbericht I: Harmonisierung und Begrenzung des Pflichtstoffs.

(四) 出题模式

第一次司法考试国家部分考查的对象,在《德国法官法》第 5 条与各个联邦州的司法考试条例中有明确规定,原则上要求考生具备对法律体系性的理解、问题意识、法条解释与涵摄能力。[12]大学教授与联邦州司法考试部门通常也都强调司法考试只考基础知识,不考细节知识,考生只需掌握最高法院的重要判决,对于大量一般性判决则无须记忆,考生的能力主要体现在知识的运用方面。[13]但考生们听说的与自己亲身感受的都是了解的判决与其中的论据越多,掌握的法条与学说越全面,通过的把握性就越大,成绩就越好。[14]造成这种对备考范围理论与事实的偏差原因是什么?

这种偏差一方面与出题模式相关。有学者总结出四种国家部分考题类型[15],其中最常见的两种为:第一,改编最新判决所形成的试题;第二,把多个经典问题串联到一个案例中。也就是说改编类试题出现的比较频繁,因此如果考生在备考时看到过原始判决,答题就会相对容易,因为建议答案经常贴近原始判决。虽然未看到原始判决的考生也可以根据法条,通过独立思考得出自己的结论,但一是时间未必允许充分思考,二是与原始判决不同的创新性答案有时得不到应有的分数。在第二类考题中,考察的也主要是记忆能力,即便涉及学理争论,一般要求考生能提及相关学说名称,并用一句话概况其内容就可以了,有的备考教程对此也提供相应学说汇编,学生受限于答题时间无法认真讨论哪一种学说真正

---

[12] Kuhn, Was im Examen wirklich geprüft wird—Anforderungsanalyse anhand einer zivilrechtlichen Originalklausur, JuS 2011, 1067.

[13] Kröpil, Was im Examen wirklich geprüft wird—Anforderungsanalyse anhand zweier strafrechtlicher Originalklausuren, JuS 2012, 597; Kuhn, Was im Examen wirklich geprüft wird—Anforderungsanalyse anhand einer zivilrechtlichen Originalklausur, JuS 2012, 970.

[14] Dauner-Lieb, Juristische Lehre und Prüfung—Skizze eines Forschungsprogramms-, ZDRW 2012, 44.

[15] Beurskens, „Mut zur Lücke "—nicht nur im Schwerpunktbereich! in: Kramer/Kuhn/Putzke (Hrsg.), Schwerpunkte im Jurastudium, 213 ff.

更有优越性、说服力,也就是说思维能力、方法能力并未得到考察。[16] 第三种考题类型要求学生以已知法律条文为基础,根据法律适用方法解决陌生的问题,这种考题真正符合司法考试的目的,但这种考题越来越少,出题者担心学生无法应对,而且难以给出建议答案,导致批改非常困难,如果试题考查边缘领域的法律问题,会出现有的学生在重点阶段曾深入学习过该领域,因而有失公平,而且会误导学生在备考时把过多精力投入到这些方面。第四种为简单案件,但解答要非常全面准确,学生一般比较反感这种考题类型,因为内容过于浅显,显示不出学生知识方面的差距,而且因为结论相对一目了然,学生难以分清论证过程中的主次。比如在合同法的案件中,理论上都可以从要约与承诺作为一种意思表示开始考察,但这些是否为采分点,如果是,所占比重如何,在简单案件中比较难以判断,因此考试成绩也具有一定的偶然性。

另一方面这种偏差与 5 个小时的答题时间相关。因为案情复杂,一般都会涵盖几个领域的法律问题,多数时候考官首先确定要考哪些知识点,然后倒过来组织案情叙述,因此考点越多,案情就越离奇[17],否则无法穿插众多的知识点。结果是案情中每一句话都可能隐藏一个考点,考生一般需要半个小时打草稿,形成简易大纲,在考试的紧张气氛中,考生搞错当事人或案件事实,没有注意到答题说明中对特定问题是否需要考察的提示,并不罕见。即便备考非常充分,阅读试卷后一旦发现案情完全陌生,仍然会惊慌失措,知识积累的多则可以缓解这种紧张情绪。也就是说如果考生有更为充裕的时间答题,可能就无须掌握过多细节知识,可以通过推导得出可行的结论,并对此进行说理,但这种理想的答题条件并不存在。

说得夸张一点,如果要在有限的答卷时间获得优异的成绩,考生必须能够像机器一样按下按钮就可以弹出答案。平均每场考试都有 7 个中等

---

[16] Bleckmann, Wissenschaftlichkeit in der Studieneingangsphase, in: Kramer/Kuhn/Putzke (Hrsg.), Schwerpunkte im Jurastudium, 82.

[17] 参见张淞纶:《作为教学方法的法教义学:反思与扬弃——以案例教学和请求权基础理论为对象》,载《法学评论》2018 年第 6 期,表示了对德国经典案例真实性的怀疑。

难度的考点,只有那些能够快速思考的、写字也特别快的学生才有可能全部完成,但考点多也有好处,这样一两个考点不知道,也不至于导致总分太差。[18]有的考生在5个小时能够写满30页A4纸,有的甚至会写满50页,但是写得多的,很多都是泛泛而谈,文不对题,得分反而不高。[19] 考生得分低的一个重要原因,就是不能从案情中辨认出到底涉及了哪些法律问题。

(五)命题程序

德国司法考试的命题由各个联邦州负责,这里以巴伐利亚州为例对该流程作以简要介绍。[20] 享有命题、批改、口试权利的考官包括巴伐利亚州所有高校法律系的教师,还包括法官、检察官、律师、公证人、行政部门的法务人员,考官资格由司法考试管理机关授予,任期五年,实务界的考官必须具有至少五年以上的职业经验,能够圆满完成本职工作,这些考官在本人所参加的两次国家考试中必须属于排名前20%的考生,此外,考官还要参加必要的培训。

在巴伐利亚州第一次司法考试笔试的题目,多出自大学教师之手,有时该比例会超过90%。试题的确定分为三个环节:第一环节为命题,由考官把题目上交给司法考试管理部门。第二环节为编辑,考试管理部门会让一些专业能力强的年轻工作人员来对这些题目进行编辑与修改。这些工作人员自己在几年前才刚刚参加过第一次司法考试,对此还记忆犹新,因此能够凭借自身经验来判断试题的合适性。对试题的评判首先从案件事实处开始,审查案件事实是否清楚完整,是否有误导性,这些工作人员还会对建议答案进行补充。第三个环节由考试委员会决定使用哪些题目,该委员会在2011年时由巴伐利亚州的3名法学教授,分别来自民法、刑法与公法,一名律师、一名行政部门负责培训工作的官员以及司法

---

[18] Kramer/Kuhn/Putzke (Hrsg.), Fehler im Jurastudium: Ausbildung und Prüfung, 134-136.

[19] Raab-Gaudin, Die Erste Juristische Staatsprüfung aus der Sicht von Praktiker-Prüfern, in: Kramer/Kuhn/Putzke (Hrsg.), Fehler im Jurastudium: Ausbildung und Prüfung, 97 f.

[20] 这一部分信息如无另外之处,均来源于Schöbel (Fn. 6), 124 ff。

考试管理部门的主管所组成。这一委员会决定采纳哪些考试题目以及题目是否需要修改,之后司法考试管理部门落实这一决议,对选好的题目再次针对其完整性、一致性与清楚性进行审查,如果有必要,再次进行编辑。命题教师只有在考试之后才会知道他的试题是否被采纳。在命题过程中,虽然最高法院的重要判例会被吸纳,但尽量避免过多依赖单个司法判决,以保证公平性。

为了保证题目的质量,巴伐利亚州第一次司法考试国家部分的真题,在考试结束后会提供给本州的所有法律系使用,而且州司法考试部门会就批改试卷人的印象进行问卷调查,其中包括三个方面:(1)试题的合适性,即试题能否区分出哪些是能力强的考生,哪些是比较差的考生,哪些问题考生觉得尤为困难,哪些属于命题成功的方面;(2)答题技术,即考生在理解案件事实中出现了哪些错误,是否注意到答题说明,答案的顺序,对法规的运用,论证与案件的关联性,主次安排以及时间分配方面的表现如何;(3)外在形式,包括字迹是否工整,语言水平,结构安排,拼写错误。[21]同样的案情,试题的难度也是可调控的,借助当事人之口给出答题提示就可以大大降低难度。

(六)分数分布

与其他专业相比,德国法学专业考试的成绩评分非常严格,平均分数特别低。在司法考试中分数等级的划分如下:14—18 分为优秀,11.5—13.99 分为良好,9—11.49 分为中上,6.5—8.99 分为中下,4—6.49 分为及格,1—3.99 分为不及格。[22] 2008 年第一次司法考试的国家部分在全德国 7106 名考生中,只有 0.2%的人达到了优秀,3.3%达到了良好,15.9%达到了中上,31.0%达到了中下,23.8%为及格,25.0%没有通过考试,这一分数的分布与 20 世纪 70 年代没有太大的差异。[23]

这就是说,在绝大多数情况下,考试分数都处于总分数下游的 2/3

---

[21] Kuhn (Fn. 12), 1067.
[22] 其法律基础为《第一次与第二次司法考试成绩与分数等级条例》第 2 条。
[23] Hauser/Wendenburg, Das (obere) Ende der Notenskala-Plädoyer für eine Reform des juristischen Benotungswesens, ZRP 2011, 18.

(即12分以下),18分的总分达到了7分就已经超过平均水平,达到10分就是优秀的成绩。不仅在国外,即便在德国,对于外行来说,司法考试分数之低也让人难以理解。但这一严格的评分标准从20世纪初至今很少受到质疑,个别改革建议在学界反响寥寥。建议提高分数的学者认为,考试成绩差使得学生缺乏动力,处于总分数上游1/3的分数(即12—18分)基本上备而不用,实际上是使得区分学生成绩更加困难,有时候甚至要看小数点后面的分数,反而不如充分利用所有的分数等级。[24]对此建议只有三名学者公开表态,而且无一例外都持反对态度,他们认为司法考试分数低是因为司法考试本身难度很大,学生要想获得好成绩需要具备多种素质:首先,要非常勤奋,能够掌握大量的专业知识;其次,要具有抽象逻辑思维能力,能够辨认法律与试题中问题的关联性;再次,要有创造性与论证能力,能够思考出好的解决方案并对方案进行说理;最后,还要有具备突出的语言能力。[25]

　　客观上,如果查看一下在法学教育类杂志上所刊登的模拟试题或司法考试真题,就可以发现学生在规定时间内无论从广度、深度还是详细程度上,都远远不可能达到标准答案的水平[26],以此作为评分标准必然导致分数过低。比如在一篇真题评议的文章中,作者认为该试题从各个方面都符合作为司法考试试题的要求,但实际考试中考生的平均分只有4.41分,作者指出平均分在5—5.5分比较正常,但实际考分低并非在于题目太难。[27]从功能上,德国司法考试除了考查考生的法律专业素养,还担任选拔人才的功能,这要求其难度必须能够在考生中分出等级,以保证权威性与可信性。从其发展史上看,作为德国现代司法考试蓝本的普鲁士邦国司法考试,就是为国家挑选有能力的法官、行政官员而服务的。[28]

---

　　[24] Hauser/Wendenburg (Fn. 23), 20 f.
　　[25] Sagmeier, Echo auf Hauser/Wendenburg, Das (obere) Ende der Notenskala. Plädoyer für eine Reform des juristischen Benotungswesens, ZRP 2011, 123.
　　[26] Kuhn, Konsequenzen aus Fehlern in Klausurbearbeitungen für die juristische Lehre, in: Griebel/Gröblinghoff (Hrsg.), Von der juristischen Lehre-Erfahrungen und Denkanstöße, 2012, 112.
　　[27] Kuhn (Fn. 12), 1067.
　　[28] Dilcher, Die preußischen Juristen und die Staatsprüfungen. Zur Entwicklung der juristischen Professionalisierung im 18. Jahrhundert, in: Kroeschell (Hrsg.), FS Hans Thieme, 1986, 302 ff.

司法考试分数高低取决于什么？是智力、勤奋程度、所在大学，还是有其他因素？对此，德国相关的研究结论是，考生高中毕业考试成绩越好，越有可能在司法考试中获得好成绩。[29] 另外，模拟考试做得越多，分数提高得就越明显，在备考刚开始的阶段，第一次模拟考试学生的平均分数为 5.05 分，在做到第 40 个模拟考试的时候，平均分就上升到接近 7 分；做模拟题不仅可以提高某一特定部门法考试的分数，还可以提高所有科目考试的分数，但成绩比较差的学生在第 25 个模拟题后，提高的幅度就远不如成绩好的学生，而成绩好的学生在第 40 个模拟题后，提高幅度也不再明显。[30] 而且该研究也显示了，平时模拟题的成绩好的考生在真正考试的时候成绩也更好。[31] 但是主观性试题会有一定偶然性[32]，如果主要问题正好是考生的弱项或者答题思路完全跑偏，该门考试分数就会受很大影响，同一名学生在民法的三门考试，完全有可能一门考到 16 分，另外一门只考到 4 分。[33]

一项研究表明，尽管试卷匿名批改，有移民背景的考生与女生在司法考试打分时会被歧视。但从字迹上仍然能够看出考生是男性还是女性，特别在口试时，这两个群体存在被压分的情况。[34] 事实是否如此，德国学界存在争议，有的教师甚至认为有移民背景的考生常常被优待。

9 分是德国司法考试成绩的分水岭，9 分之上就属于"优秀考生"（Prädikatsexamen），9 分之下的就是一般考生。一个有趣的现象是，紧贴在 9 分这一分水岭上下的区域，超过 9 分的，压线的居多，未达到 9 分的，都明显低于 9 分，这一现象是偶然的，还是另有原因？事实上，口试时考试委员会的成员都已经知道考生笔试的成绩，在口试打分时，考试委员会也会考虑笔试的成绩，决定是通过提高口试评分使得考生总分达到 9

---

[29] Towfigh/Traxler/Glöckner（Fn. 5），16.
[30] Towfigh/Traxler/Glöckner（Fn. 5），12 ff.
[31] Towfigh/Traxler/Glöckner（Fn. 5），16.
[32] Dauner-Lieb, Juristische Lehre und Prüfung – Skizze eines Forschungsprogramms –, in：Griebel/Gröblinghoff（Hrsg.），Von der juristischen Lehre – Erfahrungen und Denkanstöße, 49 f.
[33] Kramer/Kuhn/Putzke（Hrsg.），Fehler im Jurastudium：Ausbildung und Prüfung, 22.
[34] Towfigh/Traxler/Glöckner, Geschlechts-und Herkunftseffekte bei der Benotung juristischer Staatsprüfungen, ZDRW 2018, 115 ff.

分,还是压低其口试分数,使其总分明显低于9分,这样也可以减少考生起诉的可能性。[35] 比如总分为8.98分的学生就有动力起诉,因为只差0.02分,重新批改使分数达到9分的可能性较大;反之8.7分的学生动力就不大,因为再次批改也很难弥补0.3分的差距。因此,有学者建议在口试时,不再把笔试的分数事先通知给考试委员会,这样考试委员会可以独立地就口试的成绩做出评判,由此最后形成公正的总分数。

这一建议未得到学术界的支持,这是因为司法考试分数对考生太重要了,对于笔试成绩接近9分的考生,只要稍微调高口试分数,就可以使其达到9分,进而获得应聘公职的可能,为什么不允许考试委员会帮助考生达到这一目标呢?考试评分本来就具有一定的主观性,口试的目的也是为了形成更为可信的总分数,如果在口试中考官们凭借经验判断一个考生具备了达到9分的专业水平,就应该允许考官们动用自由衡量,对口试分数进行综合评判,相关的法院判决也肯定了这一实践的合宪性。[36] 另外,最终不能通过考试的10%的考生,在专业能力方面的确是太差强人意[37],否则在口试时,掌握生杀大权的考官一般都会给予其照顾,让其通过。因此在绝大多数情况下,考生的口试成绩都比笔试要好,也就是说通过口试可以提高总成绩,因此考生通常都可以从这一实践中获利。

(七) 评判标准

对于主观试题而言,评判标准很重要,尤其是处于中间地带的学生,评判的认真程度与分数有很大影响。对于拔尖与垫底的学生,试卷的批改相对简单。司法考试中,考试管理机关只提供"建议答案"(Lösungsvorschlag),因其没有拘束力所以不被称为"标准答案"(Musterlösung),考官可以根据具体情况另行批改,特别是如果考生提及

---

[35] Towfigh/Traxler/Glöckner(Fn. 34), 132, 140 ff.

[36] Dylla-Krebs, Warum es gut und richtig ist, die Vornoten zu kennen—Ein Plädoyer dafür, den Prüferinnen und Prüfern in den juristischen Staatsprüfungen weiterhin vor der mündlichen Prüfung die Klausurnoten mitzuteilen, ZDRW 2018, 144 f.

[37] 在司法考试中不少考生会发生常识性错误,比如,在撤销中寻找请求权基础,使用债权合同来构造所有权转移,把简单的意思表示错误认定是交易基础丧失,参见 Dauer-Lieb, „ Gute juristische Lehre "-Ist das überhaupt ein Thema?, ZDRW 2012, 42。

了一些建议答案中没有提及的细节问题,考官可以酌情加分,因此不同的人批改试卷,评分之间的偏差并不小[38],只不过每门考试有两个人批改,而且每门试卷所占总成绩的比例在8%左右,所以这种偏差在总体上对成绩影响不大。第一次司法考试国家部分的试卷批改人有大学教授,也有实务界人士,考生可以查阅试卷的批改情况,所以对于批改人来说也构成一种认真批改的压力。但对于大学教授而言,无论是命题还是批改都耗费时间,尽管有额外报酬,但一般都将其作为负担,因此这两项任务属于间隔一段时间所必须要完成的义务。

对于考生而言,案例分析的这种主观试题采分点太多,难以接近建议答案;时间有限,哪些问题要重点讨论,哪些一笔带过,难以把握,在没有问题的地方花费了太多时间,就会导致需要深入考察的地方没有时间阐述。这导致一定的盲目性,很多学生看到熟悉的知识点都倾向于把背熟了的学理争论全部写下来,也不管这一争议在考题中是否相关。建议答案虽然一般都能够获得绝大多数人的认可,但也并不能完全排除争议。在一份试卷的评论中,作者指出建议答案没有指明是否还有其他的可行结论,根据案件事实有的请求权完全不需要考察,出题人原本不应将其放到建议答案中,而是应该在建议答案中注明该请求权无须考察,假设如果有学生对此进行了论述,应该如何评分。[39]根据公开的司法考试真题或者模拟题分析,可以发现德国司法考试中的常见错误包括如下几种[40]:(1)没有找到或者没有找全与解答题目相关的法律规范;(2)没有对案件事实与规范进行涵摄[41];(3)缺乏问题意识或者问题意识不足;(4)说理不够充分或者没有说理;(5)论述与案件问题无关;(6)论述矛盾,术语表述不够准确,思维跳跃;(7)答案的结构错误。

具体而言,说理方面要求考生认识到在哪个问题上存在说理的必

---

[38] Kuhn (Fn. 13), 972; Dauner-Lieb (Fn. 37), 52.
[39] Kuhn (Fn. 12), 1067.
[40] Kuhn (Fn. 26), 107.
[41] 比如,学生答题时直接说当事人健康权被损害,引起存在基本权利被损害的情形,而没有指出从案件事实哪个部分得出健康权被损害,也就是说正确的答案应该是当事人被扎了一针,因此健康权被损害,参见 Baade, Typische methodische Fehler in grundrechtlichen Klausuren, JuS 2020, 312 f.

要,能够列举论据,论据要有说服力,说理过程中要提及不同观点。[42]直接提出某一断言却没有论据,引入专业术语却没有说明,都属于说理不足。鉴定式案例分析要求思维的条理性,论述要按照一定的顺序进行,比如一般要首先指出法条,再引入关键概念的定义,之后再以概念为依据进行涵摄,对于案件适用要件的都要逐一考查,如果没有按照顺序进行,就属于思维跳跃。比如,如果答题时需要类推适用法条或对法条进行限缩性解释,那就要论证的确存在计划外的法律漏洞而且满足利益格局相似的前提。[43]

三、对大学教育的影响

(一) 对教学活动的影响

1. 日常教学

在教学的过程中,德国法学教育体现出强烈的以法律条文为中心的特色。德国第一次司法考试的形式为案例分析,因此德国法学专业日常教学虽然同样以系统传授法律知识的讲座课为主要方式,但案例研习课也是课程的重要组成部分,目的就是训练学生案例分析的能力。案例研习课也分多种,低年级的学生一般最先参加由助教主持的学习小组研习课,方向包括民总、债法、物权、刑法、行政法、宪法等,在掌握了鉴定式案例分析方法后,就可以参加初级案例研习课,在高年级时可以参加高级案例研习课,这两种研习课的区别在于难度的不同。出于对案例研习课的重视,无论是初级还是高级研习课,一般都由教授主持,课上师生共同分析案例,教师提问,学生可以自愿发言,师生互动较多。

为了获得第一次司法考试的报名资格,学生必须通过民法、刑法、公

---

[42] Kuhn (Fn. 26), 107 f.

[43] 这两项前提彼此依附,利益格局越相似就越可以认定存在立法的漏洞,参见 Kuhn, Argumentation bei Analogie und teleologischer Reduktion in der zivilrechtlichen Klausurpraxis, JuS 2016, 105。

法的初级与高级案例研讨课的考试。这种考试都以案例分析为内容,包括两个部分,即闭卷部分与开卷部分,前者答题时间为2—3个小时,一般在学期中间举行;后者为3—4个星期,解答的对象为一个大型案例分析题,一般在假期举行。因此,即便在要求最低的大学,学生也至少要通过12门案例研习课的考试,在一些大学甚至要求民法、刑法、公法每一门高级研习课的学生都要通过2门闭卷考试与1门开卷考试,这样学生要获得全部必修课学分需要通过15门研习课考试。但这些考试的分数并不重要,所以德国法科学生在低年级时,学习负担并不特别沉重(参考附录中大学四个学年课程安排)。

在这种考试主导的教育模式下,试卷的批改需要占用很多时间,特别是开卷考试,授课教师会限制答卷的字数,一般为4万到6万字符,折算后为A4纸30页左右。为了批改试卷,大学会雇用改卷助理(Korrekturassistent),学生可以查阅试卷,所以批改必须给出扣分理由,改卷助理如果认真批改,工作量会非常大,而改卷助理的报酬为计件式,并且偏低。例如,在帕绍大学,批改一份1个小时内完成的闭卷考试试卷报酬为4欧元,一份2个小时内完成的试卷报酬为5.3欧元,5个小时内完成的试卷报酬为7.8欧元,一份开卷考试报酬为12.2欧元。[44]改卷助理一般为已经通过第一次司法考试的学生,因为报酬低,很难做到兢兢业业,经常是根据建议答案批改,对于其他的解答方法不会投入太多时间仔细评判。而且因为平均分数低,在批改试卷的时候,批改人通常倾向于指出试卷扣分的地方,很少注明积极评价。一般学生拿到批改过的试卷后,满眼看到的都是错误,因此考试后命题教师虽然都会对建议答案进行讲解与分析,但不少学生不愿意参加这一环节。

2. 备考阶段的教学

备考阶段的教学主要是向学生传授考试的技能与技巧,备考课程包括复习课与闭卷考试课,一般也都由教授承担。《德国法官法》与各个联

---

[44] Kramer/Hauser, Die Korrektur juristischer Arbeiten-ist sie heute schon auf Examensniveau? Ergebnisse eines „Feldversuches", in: Brockmann/Pilniok (Hrsg.), Prüfen in der Rechtswissenschaft-Probleme, Praxis und Perspektiven, 2013, 155 f.

邦州司法考试条例都把方法能力作为考察的对象,因此备考的一个内容就是训练法律适用的方法,包括法律解释、分析案件事实以及说理的能力,而这其中类推与价值判断最为重要。其原因是司法考试的试题中一般都包含一些考生不熟悉的内容在内,比如找不到相关法条或者法条不能直接适用,此时需要考生通过独立思考找到其他的解决方案。此外,课程的一个重要内容为分析常见错误,帮助学生避免此类错误发生。

司法考试的一个考察对象为问题意识,也就是要求学生在适用法条的过程中能够发现存在的问题,这种情况一般都对应学理上的争论。有教师认为在此时,学生并不一定要记住已有学说才能答题,因为在案件中考察的也许是一种从前没有出现过的情形,背下来已有学说也未必有用。[45] 与之相反,应该训练学生在发现案件事实与规范适用要件不匹配时,通过法解释来解决。这时,应首先考察案情是否超出法条的文义边界,能否进行文义解释;如果已经无法进行文义解释,再论证是否可以类推适用或限缩性解释。历史解释一般不发挥作用,因为考生没有办法查阅相关立法资料,而且历史解释也主要是考察立法者当初如何对相关利益进行平衡,这一点可以为目的解释所覆盖。[46]

法律解释可能会得出不同的结论,如果要获得好的成绩,一般要列举出两种意见,对每一种意见至少要阐述一条支持与反对的论据。问题是,如果考生之前没有记住相应学说或者相关论据,应该如何处理?有教师指出在民法考试中,一种解决方式就是对法条进行目的解释,考虑到民法规范主要是为了解决当事人之间的利益纠纷,因此论证的目的就是为了说明哪一方的利益更值得保护;比较困难的是,当一方当事人从某一观点中既能获益,又会受损,此时需要对双方利益衡量,寻找对双方都更为合适的解决办法,一个例子就是某人在对方看来发出了意思表示,但实际上并没有发出该意思表示的意图,最典型的例子是某人在拍卖时向熟人挥手,被认为是在竞标。[47]

---

[45] Kuhn, Aufmerksamkeit für Interessen und Wertungen als ein Schlüssel zum Verständnis des Zivilrechts und zur Reduzierung des Lernstoffs, Jura 2018, 1069 f.
[46] Kuhn (Fn. 45), 1070 f.
[47] Kuhn (Fn. 45), 1073-1076.

(二)对学习态度的影响

1. 自学能力

在整个大学阶段,法科学生的自学能力都很重要,在备考第一次司法考试时尤为如此。德国市面上有不少书籍指导如何制定学习计划,解决备考过程中所出现的问题。如果学生通过自学来准备司法考试,通常首先要购买合适的教科书,了解必考内容,制定学习计划表,对需要复习的知识进行时间分配。多数学生在自学的同时也与其他同学组成学习小组,定期讨论问题,通过集体学习,增加学习动力,也使学习更加深入。但绝大多数的学生还是通过参加司法考试辅导班来备考,因为上课付费,学生更有动力,而且辅导班可以帮助学生了解考试范围,划定重点,安排学习计划与模拟考试,介绍批改时的采分点,会给考生带来安全感。但一般说来,司法考试成绩最优秀的学生都是通过自学而不是依靠辅导班来备考的。

2. 应试技巧

如前所述,顺利通过司法考试也需要一定的应试技巧,在德国也有很多的书籍专门传授这种技巧,本文在这里只作一个概括性介绍,目的是给中国读者一些感性认识。总体上,一般都建议仔细阅读案情及答题说明,因为法律问题一般隐藏在事实之后;注意完整性,必须找到所有与案件相关的法条,并且一条一条的检验过;尽量使用中性专业术语,避免使用口头用语;有相应规范时,必须引用规范;在把案件事实与法条适用要件逐一进行涵摄,运用的知识要与结论相关;主次分明,重点突出。[48]

因为司法考试需要复习的内容非常多,考试时必然会遇到陌生的内容,对此需要相应的解决策略。有作者根据已有研究总结出下述在考试中如何发现不熟悉问题的方法[49]:一为分析鉴定法(analytische Gutacht-

---

[48] Baade (Fn. 41), 315; Konertz, Probleme erkennen in juristischen Prüfungsaufgaben, JuS 2020, 297 f..

[49] Konertz (Fn. 48), 299 ff. m. w. N.; Basak, Lehrfreiheit und Examensvorbereitung–ein Spannungsfeld, in: Griebel/Gröblinghoff (Hrsg.), Von der juristischen Lehre—Erfahrungen und Denkanstöße, 102.

enmethode），其实质为对案件事实进行严格的涵摄，借此可以发现涵摄到底"卡"在哪里，也就是说，法律的适用前提与案件事实哪里不相匹配，这样就会找到未知问题。具体而言，首先找到解决问题所需要的所有法条，在民法试题中可以依据请求权基础的顺序，在公法中可以以合法性审查的顺序来把案件事实与每个法条的适用要件进行对比。二为普通案件法（Normalfallmethode），即法条所明确适用的普通案件与明确不能适用的案件中，存在所谓的存疑案件（Zweifelsfall），即案例的个别事实不属于法条的普通案件，这种地方就存在需要讨论的未知问题。三为镜像法（Spiegelmethode），这种方法认为案件的答案应该与案件事实一一对应，如果有案件事实无法与特定的法条联系到一起，此处就是未知问题所在，通过这一方法特别是案件中可以发现当事人言论中所隐藏的利益与价值冲突，对此进行分析往往就可以推进答案的寻找。

四、效果分析

(一) 在专业能力方面的效果

德国大学法学教育注重案例分析，采取**波浪式**的学习方式，同一内容从低年级到备考阶段反复训练，学生习惯在不同情景运用知识，大量的考试使得记忆更为牢靠，为今后的职业工作打下稳固的知识基础。此外，能够促使学生形成比较强的以法律规范为中心的意识，遇到问题习惯查找法条。学习的内容涉及主要部门法的基本问题，对法律能够形成全局观，以此为基础可以迅速熟悉陌生领域。思维更有条理性，能够全面考虑问题，因为要求严格，所有的学生都能从中受益，即便司法考试后很多记忆的知识细节逐渐淡忘，但一般留有模糊印象，在实践中遇到时至少会知道到哪里去找答案。

但这一培养模式时间长、花费大、国家投入多，如果毕业生绝大多数都从事传统的法律职业，无疑是值得的，但如果进入司法、律师界的比例有限，就有必要讨论是否所有的法学毕业生都要参加这种高强度的培训。

事实上,德国最近20年来,法学本科与硕士学位课程的发展欣欣向荣,1/3的法科学生就读的都已经不是国家考试学位课程,也不再经历这种艰苦的培训,对于"80""90""00"后而言,传统的法学教育缺乏吸引力。[50]法学本科学制三年,硕士学制两年,属于速成型法学学位,有的仅学民法,有的虽然也学公法与刑法,但内容浅显。虽然不能担任法官、律师、检察官、公证人等职务,但这些学位都有跨学科的内容,以经济学居多,毕业生在企业、政府部门、公益组织还是可以找到与其专业能力相当的工作,特别对于女生而言,要兼顾事业与家庭,更倾向于速成型学位。可以说,德国法学教育未来的发展方向是对本科学位的扩建,增加本科与国家考试学位的兼容性,法律职业共同体虽然依旧存在,但只限于传统法律职业领域。

(二)在学术研究能力方面的效果

如果把学术能力定义为查阅文献、梳理学说、提出并论证新观点,德国大学法学教育对此并没有特别的培养。但德国法学研究主要为教义学研究,因此通过高强度案例训练,可以为学生打下比较扎实的教义学知识体系,特别是勤奋的学生可以在备考过程中积累大量法律知识。此外,备考过程也培养了学生的自学能力与思维能力,因此德国优秀的学生在海外读书时也都属于外国学生中的佼佼者、有的甚至比本国学生(比如在法国[51])都要好。笔者认为其原因在于,在任何一个国家的法学研究或司法裁判中,论证都是最关键的,而德国法学教育会使学生接触到大量法教义学中产生的观点与论据,这些论据在遇到相同法律问题时,实际上完全可以脱离语境使用,而且法教义学的思维要求对细微的区别都要予以关注,因此德国法科学生的知识储备更为丰富,对问题的直觉更为敏锐。

但因缺乏专门训练,即便是优秀的德国学生在进行研究性工作时也会不习惯,不少大学期间所写论文或者博士论文的写法都与案例分析的

---

[50] Kilian, Wandel des juristischen Arbeitsmarktes—Wandel der Juristenausbildung? Zukunftsherausforderungen der Rechtswissenschaft als Professionswissenschaft, in: Pilniok/Brockmann (Hrsg.), Die juristische Profession und das Jurastudium, 2017, 91.

[51] Kramer/Kuhn/Putzke (Hrsg.), Fehler im Jurastudium: Ausbildung und Prüfung, 283.

风格相仿,放不开手脚,不习惯自由发挥,因此部分大学也开始开设论文写作入门类课程。可以说,德国法学教育目的不是为了培养研究型人才,而是实用型人才,这也是德国法学界一直所纠结之处。[52] 但德国法学的状况显示了,虽然研究方法的学习对于学术工作不可或缺,但对于法律体系的广阔视野可能更为关键。

五、职业共同体的形成

一般在提及德国法学教育时,都会认为其二阶制的结构促进了职业共同体的形成,具有积极效应。的确,案例分析的训练直接提高了司法判决的规范化,而法律适用与论证的规则统一,使得法律专业人员能够进行有效沟通。但对第一次国家司法考试在法科学生社会化的作用[53],在德国的评价却不都是正面的,特别是"左倾"的学者对此进行了尖锐的批评,偏左的法学期刊《批判性司法》(Kritische Justiz)曾经刊登过一些此类文章。这些学者认为法学教育就是维护权力的工具[54],司法考试的分数在毕业生中分出了等级,成绩好的学生在就业方面就具有更大的选择自由度,成了所谓的"分数贵族"[55]。学生之间竞争激烈,彼此比较知识掌握程度、学习勤奋程度,司法考试演变为一种生存之战,分数获得了规范化与惩戒作用,学生在校期间对唯分数论逐渐认同,大学教育像强化训练营靠拢。[56] 在司法考试国家部分笔试结束后,一些考生会尽量远离校园,避免与同学接触,因为大家讨论的话题就是考试,因此考生在最需要

---

[52] 案例分析使得法学具有科学性,参见 Canaris/Schmidt, Hohe Kultur, FAZ vom 7.4. 2011;案例分析不是一种学术训练,参见 Heinig/Möllers, Kultur der Kumpanei, FAZ vom 23.3. 2011, Rüthers/Höpfner, Abschied vom Rechtsstaat, FAZ vom 26.8.2011。

[53] 在职业共同体的形成方面,职业准备见习期与第二次司法考试的作用更明显,因为无论毕业生今后从事何种职业,所经历的实践培训都是相同的。

[54] Hefendehl R., Ein Wolf im Schafspelz? Ein ganzes Wolfsrudel!, Herrschaftsstabilisierung über Strafrecht und juristische Ausbildung, KJ 2016, 577 ff.

[55] Böning, Nicht für das Examen lernen wir? Über die Sozialisations- und Disziplinierungseffekte juristischer Prüfungen, in: Brockmann/ Pilniok (Hrsg.), Prüfen in der Rechtswissenschaft—Probleme, Praxis und Perspektiven, 171 f.

[56] Böning (Fn. 55), 175.

他人安慰的时候,不得不选择孤独。[57]

新生在入学之初,大学教师经常讲的笑话,"看看你左边的同学,再看看右边的同学,到你毕业的时候,邻座上的两个同学估计都已弃法学而去了",在一些学者看来就是一种心理暗示,因为大家彼此互为邻座,如果这一说法属实,最后就会一个学生都不剩。[58] 其实,在德国文科专业中途辍学改学其他专业的比例都很高,法学并不是个例外,但法律系这一说法的广为流传,就是让学生知道只有少数"被选中"的人才能完成这一难度高的专业,让学生向往成为被选中的精英,尖子中的尖子(Crème de la crème)。超低的平均考试成绩,就是为了显示绝大多数人不能达到所要求的专业水平,让人更敬佩、认同那些取得高考分的精英。[59] 成绩特别好的毕业生会在简历上注明分数,有的还会注明司法考试的名次(即所谓的Platzziffer),这种光环效应与中国毕业生注明本科所就读的是否属于名校,性质是一样的。但在德国这种注重平等,反感精英的社会氛围下,司法考试无疑显得比较异类。

司法考试的结果是赢者通吃,比如在大学博士论文评比时,不仅看博士论文本身的成绩,也会看司法考试的成绩,尽管后者与论文没有任何关系。毕业生如果有意从事学术,司法考试成绩突出会是一个很大的优势;反之,成绩未达到中上,会是申请教职的一个巨大障碍,在某些大学这种障碍甚至是无法克服的。至少目前这一代的法学教授仍然认为,司法考试成绩不理想,说明该毕业生或者知识不扎实,或者没有掌握教义学思维,或者二者均有之,总之不能胜任高校教师的任务,即训练学生通过司法考试。

六、结 论

从比较的视角来看,德国司法考试难度大的根源主要不是范围太

---

[57] Böning (Fn. 55), 165.
[58] Buckel, Die Mechanik der Macht in der juristischen Ausbildung, KJ 2002, 111.
[59] Buckel (Fn. 58), 112.

广,而是在于对细节知识的掌握要求过高,而且考察的不是对知识的简单记忆,而是在具体案件中的运用,这要求对于法律知识的理解与熟悉程度达到一定高度。每一案件考察多个知识点,考生必须能够从事实中辨认出法律问题,而且考察的对象不少为疑难问题,也就是法律解释、适用存在多种可能性的问题,除了熟悉法条,考生必须掌握相关的学说与判例,这无疑也增加了难度。但德国法科学生低年级时学习负担并不重,在备考时才开始系统学习各部门法,落榜的考生所占比例有限,他们基本也属于专业上完全没有入门的学生群体。

任何的法学教育模式都很难做到投入最少,时间最短,既具有学术性又具有实践性的毕业生既是通才也是专才。德国法学教育的目标是培养可以从事所有法律职业的统一法律人,在这一点上以案例训练、司法考试主导的模式是卓有成效的,训练的高强度是由司法考试担任人才遴选的功能所决定。但随着法律职业多元化的增强与年青一代价值取向的转变,对此的认同,也受到了严峻的挑战。学习知识一定要吃苦吗?代际不同,答案也不同,今天德国在福利社会成长起来的新一代,虽然也追求职业生涯的成功,但不愿再为此付出一切代价,这决定了德国法学教育模式的改革必然也会朝着包容性与多样性的方向发展。

弗莱堡大学大学国家考试专业课程安排

课程	学分	课程	学分
第一学期		第二学期	
一门法学基础课(也可以在第二学期选修)	2—3	必修课	
		民法:《侵权与损害赔偿法》	2
一门法律外语课(也可以在第二学期选修)	2	《债法总则》	3
		《消费者私法》	1
一门核心技能课(也可以在第二学期选修)	2	《债法总则学习小组研习课》	2
		刑法:《刑法分则》	4
必修课		《刑法分则小组研习课》	2
民法:《民法与法律行为导论》	4	《刑法小练习课》	2
《民法总则学习小组研习课》	2	公法:《欧洲法》	3
刑法:《刑法总论》	4	《欧洲法学习小组研习课》	2
《刑法总论小组研习课》	2	《国家法:基本权利》	3
公法:《国家组织法》	2	《基本权利学习小组研习课》	2
《国家组织法学习小组研习课》	2		

(续表)

课程	学分	课程	学分
第三学期 必修课 民法:《物权与担保物权》 　　《债法分则:有名合同、无因管理、不当得利》 　　《物权法学习小组研习课》 　　《债权分则学习小组研习课》 　　《民法小练习课》 刑法:《刑事诉讼法》 公法:《行政法总论》 　　《行政法总论学习小组研习课》 　　《公法小练习课》	 4 3 2 2 2 3 4 2 2	第四学期 必修课 民法:《劳动法(个人劳动法)》 　　《商法》 　　《国际私法导论》 　　《民事诉讼法》 刑法:《刑法大练习课》 公法:《建筑法》 　　《警察法》 　　《行政程序法》 　　《行政法分论学习小组研习课》 **重点阶段课程**	 3 2 2 4 2 2 2 2 2
第五学期 必修课 民法:《继承法》 　　《家庭法》 　　《公司法》 　　《民法大练习课》 公法:《地方法》 　　《国家责任法》 **重点阶段课程**	 2—3 2 2 2 2 2	第六学期 民法:《民事强制执行法》 公法:《公法大练习课》 **重点阶段课程**	 2 2
第七学期 民法:《商法与公司法复习深入课》 　　《民事诉讼法复习深入课》 　　《民法总则、债法总则复习深入课》 　　《案例分析中的最高法院判决:民法》 刑法:《刑法总论及刑事诉讼法复习深入课》 　　《案例分析中的最高法院判决:刑法》 　　《刑事诉讼法复习深入课》 公法:《行政法总论及行政诉讼法复习深入课》 　　《欧洲法复习深入课》 　　《基本权利及宪法诉讼法复习深入课》 　　《模拟考试课:民法、刑法、公法》	1 2 4 2 2 0.5 4 2 1 2 2	第八学期 民法:《劳动法复习深入课》 　　《家庭继承法复习深入课》 　　《物权法复习深入课》 　　《债法分则复习深入课》 　　《案例分析中的最高法院判决:民法》 刑法:《刑法分则复习深入课》 　　《案例分析中的最高法院判决:刑法》 公法:《地方法及建筑规划法复习深入课》 　　《警察法及建筑秩序法复习深入课》 　　《国家组织法及宪法诉讼法复习深入课》 　　《行政法院实践》 　　《模拟考试课:民法、刑法、公法》	1 1 2 3 2 2 0.5 2 2 2 1 2

【说明】核心技能课只要选修一门即可,开设课程包括《谈判与调解

学工作坊》《法律沟通》,大学核心技能中心所提供的其他课程。

法学基础课只要选修一门即可,开设课程包括《欧洲与德国法律史》《法哲学与国家哲学史》《历史、哲学、理论关联下的法律与宗教》《近代宪法史》《法学方法论导论》《国家与宪法理论》《罗马法史》《法社会学》《比较法》。

重点阶段课程包括一门专题研讨课、一门必修课与两门选修课考试,共有十个重点方向,包括法律史与比较法;法院与律师界民事司法制度;刑法社会管控;贸易与经济;劳动与社会保障;欧洲国际私法与经济法;德国、欧洲与国际公法;媒体与信息法;知识产权;法哲学与法理论。

德国法学教育中的案例研习课：
值得借鉴？如何借鉴？[*]

一、引　言

在法学界关于法学教育的讨论很多，也持续了很长时间，而且丝毫没有终结的迹象。反而间或会有一些法学家之间精彩的争辩，为讨论掀起了一个个的小高潮。讨论议题之多、学术文献之丰，也让人越来越难以全面把握目前相关的研究现状。虽然就法学教育的定位，国内学界一直未达成共识[1]，但在法学教育的一个关键环节即对法律思维培养的认识上，却也没有太多争议。当然，法律思维的本质是什么，英美法国家与欧洲大陆法国家的理解有很大的不同，这也直接影响了国内这方面的讨论。在中国，实体法的内容与学术研究受德国影响比较大，所以一直以来，法学界对于德国的法学教育模式都是比较关注的。在现有文献中对德国法学教育的历史、现状、发展前景以及优缺点进行评介的文章与专著数量很多，内容也非常详尽和细致。[2]

---

[*] 原文发表于方小敏主编：《中德法学论坛》（第13辑），法律出版社2016年版。

[1] 这体现在法科教育的定位是以培养学术型还是应用型人才为主的问题上存在多种观点。参见冯玉军：《略论当前我国法学教育体制存在的问题》，载《政法论丛》2014年第1期；葛云松：《法学教育的理想》，载《中外法学》2014第2期。

[2] 参见邵建东：《德国法学教育的改革和律师职业》，中国政法大学出版社2004年版；雷磊：《论法学专业教育与实践训练的融合》，载《中国法学教育研究》2012年第2期；吴香香：《德国法学教育借镜》，载《中国法学教育研究》2014年第2期。

但有一点,这些文献中在关注程度上似乎还有些不够明确,例如,案例研习课(有学者翻译为练习课[3])在德国法学教育中的中心地位,以及在培养法律思维方面的关键作用。基于这个原因,这篇小文试图以现有文献为基础,探讨在德国法学教育模式下法律思维的培养与案例研习课之间的关系,对中国引进案例研习课的可能性[4]提出一些初步的想法。

二、德国教育体制下的法律思维与案例研习课

众所周知,德国的法学教育以培养法官为教育目的。[5] 尽管实际上只有很少的一部分毕业生最后进入法院体系,但是这种一元化的法学教育是德国能够在法律界形成职业共同体的重要原因。[6] 在这一教育目标的指导下,法律思维一般被理解为在具体案件中适用法律的能力[7],而这种思维的培养恰恰主要是通过研习课来完成的。对于留学德国的中国法律系学生来说,第一次接触德国案例研习课时,很多人内心多少都是有些触动或是震撼的。这种训练把解决法律问题变得像解数学题一样步骤明确。似乎把案件事实投入法律条文构成的公式中就可以得出一个正确的答案,而且这一推导的过程也是可以检验的。更令人惊讶的是,所有学生在解决同一案例时,思考的步骤也是相同的。不少学生、学者也是因此产生了把德国案例研习课引入中国的想法。但是接触这种方法时间越长,当初的信念反而越动摇,反倒不是那么确定借鉴这种方法在中国的确会产生那么明显的效果。为什么这么说?

这几年近距离观察体验德国的法学教育,我印象最深刻的就是德国大学的基础法学教育(不包括之后候补文官的两年培训阶段)最核心的

---

[3] 参见邵建东:《德国"双轨制"法学教育制度及其对中国的启示》,载《法学论坛》2002年第1期。
[4] 参见葛云松(前注1);田士永:《民法学案例研习的教学实践与思考》,载《中国法学教育研究》2011年第3期;章武生:《"个案全过程教学法"之推广》,载《法学》2013年第4期。
[5] 参见葛云松(前注1)。
[6] 参见吴香香(前注2)。
[7] 参见吴香香(前注2)。

部分是一种应试教育。这种应试教育是建立在长期的海量训练、海量记忆基础上的。很多时候我们惊叹于德国法律专业学生对于法律条文的熟悉,很多人可以做到记住《德国民法典》大量关键条款的条目,比如提到买卖合同马上就想到《德国民法典》第433条,等等。要达到对法律知识这种高度熟悉的程度,没有海量的训练是不可能的。所以,德国法学教育的一个特色就是大量的练习,不断复习与巩固已经学到的知识。这要求学生在课后要投入大量的时间复习和学习。在德国,法律专业学生就业最关键的不是他所就读过的大学,而是国家司法考试的成绩。成绩好坏之差,就业时会有天壤之别。所以,绝大多数(当然不是所有的)法律专业学生学习的热情与精力的投入,是出于非常实际、也可以说非常功利的对于今后就业前景的考虑。说德国的基础法律教育的**核心部分**是一种应试教育,并不为过。[8]

在某种程度上,德国的国家司法考试在强度上更接近中国的高考,德国大学基础法律教育更像中国的高中教育。需要学生课后完成作业,自己督促自己学习,主动找练习题进行复习。在德国,备考国家司法考试,就像在中国备战高考一样。绝大多数德国学生会投入一年到一年半的时间来准备,列出详细的学习计划,尽量通过高度自律来执行。在弗莱堡大学,每个学期会为准备国家司法考试的学生提供模拟考试进行训练。每个星期六上午8点到下午1点,学生在5个小时内完成一个案例分析题。这种模拟考试完全是自愿的,不计入成绩,也没人监考,但是还是有很多学生星期六一大清早赶去参加。人们可以对这种训练抱有怀疑和批判的态度,但不可否认的是,德国法学之所以发达的一个重要原因,就是通过其司法考试促使法律专业毕业生在大学期间积累了大量的知识储备,以供今后之用。因为只有在非常熟练地掌握了大量的法律知识后,才会形成敏锐的问题意识。在弗莱堡大学经常可以看到法律专业学生组成课后学习小组,茶余饭后讨论的都是法律问题。德国司法考试的备考实践之所以要如此之长,是因为德国法律本身规定一般比较详尽,理论又很发达,加上联邦最高法院案例众多,而很多考试题目就是联邦法院案例改

---

[8] 所以德国法学界一直以来也都试图改变这种状况。

编的,所以从法规到理论与司法实践,方方面面都必须在备考中兼顾到。海量训练尤其还有一个好处:就是可能在司法考试中碰到练习中已经做过的题目。

三、中国需要引入案例研习课吗?

这种应试导向使得德国法学教育的优点与弊端都是显而易见的。对于德国法学界而言,绝大多数人还是主张坚持这种培养模式,因为就像中国的高考一样,普遍认为找不到更好的替代方法来保证选拔的公平与公正。但中国的法学教育没有这种包袱,可以自由取舍。中国的法律也未必适合使用案例研习课的方法进行训练。更何况如果中国大学学习期间的考试、司法考试的方法不改变,案例研习课的效用也会大打折扣。因为训练的强度不够,没有使思维方式达到自动化的程度,也不能达到统一思考问题步骤的效果。也就是说,要达到案例研习课在德国法学教育中所发挥的效应,中国法律专业的教学与考试方式必须进行一种天翻地覆的变革,这一点我们即使从长远看也不可能做到,或许也无须做到。这一结论主要基于下面一些考虑。

第一,德国法特色之一为法典化,法典中大量使用提取公因式的立法技术。对法律的体系化处理与法典化,使得没有系统学习过法律的人根本无法适用法律,所以必须要学习法律适用的技术。不使用这一立法技术的国家,可能就感觉不到有对法律适用作统一化处理的必要。比如说,中国行政法这一领域,很多就是采取具体列举方式,法律的抽象程度很低。无论是行政行为的可诉性范围、国家赔偿的范围、行政复议的范围,每个法律的规定都是单独而繁复的。这个立法方式可以说是不经济的,但也可以说是经济的,就看视角如何。如果我们以便于民众主张自己权益为衡量标准,这种立法就是经济的;但如果我们把同样问题同样处理、不同问题不同处理作为法治的理念,这种分散立法造成的法律彼此冲突则是应该尽量避免的。从这一角度出发,法律应该体系化、法典化、教义学化。只有法律的抽象程度提高了,才可能有对于法律适用技术的训练强烈要求,那么就有引入案例研习课的必要,但目前这一前提在一些法律领域并不满足。

第二,德国日尔曼民族长于抽象思维、具有强烈的秩序观念,讲究处理问题按部就班。而中国恰恰在这两方面都比较弱。中国传统上长于实用思维。德国出于保持体系的统一性对于一些法律问题的处理我们可能觉得过于呆板。比如德国民法上不承认侵权案件中的死亡赔偿金,因为人的生命是不能变现的。[9] 在2015年德航飞机因副机长自杀而坠毁的案件中,遇害乘客的近亲属原则上不能得到除了抚养费和赡养费的任何赔偿,除非近亲属能证明因失去亲人自己身心健康受到了损害。这样的结果当然一般民众是无法接受的。换作在中国,我们处理法律问题的思路更趋向中庸之道,注重解决问题的实际效果,是否合乎体系倒是位列其次。这一点似乎是我们引入规范化法律思维培养的一个不可忽视的障碍。

第三,德国法律思维培养方式是否符合当今各个领域的全球化趋势。2014年美国法学教授Mathias Reimann在德国颇有影响的《拉贝尔比较法杂志》上撰文指出,英国、中国和欧洲大陆法学教育的今后发展会对美国律师能否继续主导国际法律市场有直接的影响。[10] 他认为,中国的法学教育是选择美国化还是欧陆化直接会影响到二者在国际竞争中的力量对比。此外,这篇文章提出了一个新观点,即在美国法学教育中,法律被认为是松散的、无体系的,不同来源规则的总和,法律教育的目的是帮助学生在规则丛林中如何为客户利益最大化服务,而国际法律秩序也同样如此混乱,因此美国的律师在学校中所学的技能更适应在这种国际法律环境中工作。与之相反,大陆法系的律师在其本国的法学教育中被灌输的理念是,法律是前后一致、内部没有矛盾的体系,在具体案件中可以通过正确适用法律而得出一个明确的答案。因此,他们在面对迅速变化、不成体系的全球法律秩序时,内心不由自主会对其排斥,这也阻碍了他们为客

---

[9] Frank, Der Wert eines Menschenlebens in Japan, Korea und China—Schadensersatz und Schmerzensgeld im Falle der Tötung, FamRZ 2015, 289 ff.;也是因为此案,《德国民法典》2017年在第844条中增加了一款,即第3款,引入了与死者具有特别亲近关系人的死亡补偿金请求权。

[10] Reimann, The American Advantage in Global Lawyering, RabelsZ 2014, 34.

户服务时的灵活性,因而也影响到对跨国法律市场的占领。不容否认,这一看法提供了一个评价法律教育的新视角,考虑到中国目前法律体系化程度低的现状,这甚至是一个比较契合中国国情的视角。如果说德国的法律思维培养模式已经是穷途末路,那么我们更无须步人后尘。

基于这些考量,引入德国案例研习课的想法是需要寻求正当化理由的。在笔者看来,这种理由也是客观存在的。考虑到中国法学教育途径门类众多,所以这里讨论的仅限于本科法学教育,因为毫无疑问四年制法学本科项目可以说是目前中国法学教育的基石。

四、本科法学教育的问题

学界关于中国法学教育中所存在问题的认识是多种多样的,对于问题症结的分析是多方位的。有人认为法学院建的太多太快,有人指出通识教育的缺乏,有人理解是技能训练的缺位,还有人看到的是培养模式的单一,更有人说是法学教育的定位不清,没弄明白法学专业是职业教育还是学科教育。[11]

(一)通识教育抑或职业教育?

法学是一门实践科学,法学教育应该是一种职业教育,从学制上,中国更接近包括英国在内的欧洲国家,即高中毕业就可以开始法律专业的学习。所以与美国法学院不同,欧陆法学教育中无法回避实现协调职业教育与通识教育双重任务的难题。因为理想的大学教育当然不应该只局限在本专业知识与技能的传授,而是应该为青年学子的人格全面发展创造条件。但在中国,目前法律专业学生从课业负担方面来看,完全有条件自己在通识领域进行大量的探索。在巨大的就业压力阴影的笼罩下,学校与教师对学生通识知识的汲取所应发挥的作用更多的是进行引导,而不是对通识教育做更多强行要求。如果我们肯定法学本科教育应以职业

---

[11] 参见李建新:《学科教育还是职业教育:一种比较视角下的法学教育目标反思》,载《中国法学教育研究》2010年第4期。

教育为主,以通识教育为辅,那么就面临着另外一个问题,什么是法学职业教育?是以知识的传授、技能的培养还是思维的训练为主要内容?

(二)知识抑或实务技能?

如果问中国法学专业毕业生什么是法学本科教育最大的问题,很多人会觉得是大学四年学不到什么真正有用的东西。[12] 从我个人的体会来看,**对于中国法律基本知识的匮乏,对于中国法律规定的轻视以及法律适用技能的生疏**可以说是中国学生比较欠缺的地方。我这里所说的基本知识就是指民法、公法及刑法的相关最重要、最基本法律中规定的内容。在我接触到的在德国求学的中国硕士生、博士生也常常存在这样一个问题就是,他们对自己专攻的题目了解非常多,但对于和自己研究不直接相关,哪怕是同一个部门法的基础知识却相对有限。同时,对于自己研究对象中纯理论的问题比对其操作层面的问题更感兴趣。举个例子:有的学生研究的是瑕疵担保,但是对中国法中瑕疵担保和"三包"的关系却不甚清楚。如果将中国和德国法律专业本科同年级的学生进行对比,撇除两个国家最优秀的学生(因为他们不具有代表性),可以说德国法律学生对于本国法律规定的熟悉程度的平均水平明显高于中国法律学生。那么什么是导致这一差异的原因呢?我觉得最根本的就是,中国法律系学生的学业太轻松了。[13] 课后复习不是习惯,而通常是应付期末考试的应景之作。

我们经常听到对于现有法学本科教育的批评都指向过分强调法律知识的记忆。很多人都提出现有教育局限于书本知识、死记硬背[14],这给人造成一种印象,就是法律知识的记忆并不重要。或是说提倡重技能、轻知识。但实际上,法律技能与法律思维的培养和提升必须要建立在对于法律知识准确与全面掌握的基础之上的。一位出色的法学家、成功的律师或是资深的法官必定至少可以做到对于他所专长领域的法律规定与相

---

[12] 参见葛云松(前注1)。
[13] 参见葛云松(前注1)。
[14] 参见张莉:《道器一体、学以致用》,载《中国法学教育研究》2010年1期。

关问题了如指掌。[15] 在我看来,我们法学本科教育中对于法律知识记忆的要求不是太高,而是太低。这不是我们学生的能力不够,而是我们根本不对他们做这方面足够的要求。[16] 在中国的法学教育中,对于法条重要性的强调还远远不够。在部门法的教学中,一般不要求学生上课时必须携带法律条文,在讲授知识的过程中,也不要求阅读法条,这样就容易造成制定法虚无化的负面影响。而我们要提高中国司法和法学研究的水平,首先就必须从教学阶段重视制定法开始。

因此,大学法律本科教育中,知识的积累是至关重要的。实务技能应该培养,但要考虑时间因素、学生的年龄和社会经验以及已有的知识积累,对于培养目标有一个比较现实的认识。是不是学了合同法,就要能起草合同,这可能是一个仁者见仁、智者见智的问题。学了民事诉讼法,就能上庭代理当事人,无疑也是一个过于理想化的想法。商务谈判是否能在学校里有效学习,也是不无疑问的。我完全赞同葛云松老师与何美欢老师的看法:让大学老师教实务技能,是舍其长而求其短。[17] 学生在大学期间主要就是接受法律基础知识的教育。大学毕业后实践中技能的学习才是最有效的、也是无止境的,但这一切是以扎实的基本知识为基础的。比如在德国,实务技能的培养是在学生通过第一次国家司法考试以后,在包括法院、检察院、政府部门、律师事务所进行2年的实践培训来进行的。在美国,实务技能的训练也是转嫁给律师事务所来完成的。

(三) 法律思维训练

可能有的人说,中国的司法考试对于知识的熟悉程度要求也是很高的,对于知识面的要求甚至高过德国,现在备考司法考试也要花相当长的时间。但是,考试结束后不久绝大多数学的东西还是都淡忘了,仿佛在头脑里没有留下任何痕迹。这个问题与司法考试的风格有很大的关系。目

---

[15] 参见何美欢:《理想的专业法学教育》,载《清华法学》2006年第3期。
[16] 在德国恰恰相反,德国的弊端是要学习的细节知识太多了。参见 Wolf, Perspektiven der Rechtswissenschaft und der Juristenausbildung: Kritische Anmerkungen zu den Empfehlungen des Wissenschaftsrats, ZRP 2013, 21,24.
[17] 参见葛云松(前注1);何美欢(前注15)。

前中国司法考试以及中国大学里的学期考试主要强调纯粹的记忆,要求运用的部分太少,标准化试题依然被青睐。[18] 虽然我们的考试中也有主观题,但是我们借助案例考察的仍然主要是法律知识,不是分析能力,特别是没有考察**在实践中融会贯通运用知识**的能力。更简单地说,就是我们法学本科教育对法律思维的培养严重不足。

那么什么是法律思维呢?这方面的讨论已有文献很多,一般都是把确定培养目标作为讨论的出发点[19],首先追问大学法学专业教育是像德国一样以培养未来的法官为目的,还是像美国一样以培养未来的律师为目的?这种讨论当然有意义。但不可否认的是,无论在这两者之间做出怎样选择,法律思维的培养都被视为最关键的技能培训。[20] 而一般认为法律思维最核心的部分就是法律适用能力。[21] 这一能力的有无就应该是区分受过系统法学教育与没有受过系统法学教育的人的重要标准。法律思维如果不经过训练,就会呈现一种零散的、不全面的、凭直觉的状态。[22] 这样难以保证法律适用的统一性。在中国现今的司法考试制度下,没有受过系统法学教育的人也可以参加。如果在法律适用方面,法学毕业的人也还是依靠普通人的公平感来判断[23],那么就很难体现出本科法学教育的价值。不是说公平的观念不重要,而是个案的公平仅仅是法律要达到的一个目标。一个法治的国家,不应该只强调个案的结果,更应该看到法安定性的重要作用,即尽量把社会生活中可能出现的情形通过明确的法律规则进行规制,使人对其行为的后果有一个合理预期。

关于如何适用法律,有很多专门的讨论,这里就不详述。我这里想强调的是,法律适用的技能是需要训练的。只有通过训练才能在具体案件中做到从容不迫,手到擒来。特别在法律规定有冲突、不明确或是需要自由裁量,或是案件事实比较复杂时,法律适用对法律知识的掌握程度与思

---

[18] 参见李建伟:《刍议本科法学教育对司法考试的影响》,载《中国法学教育研究》2011年第1期。
[19] 参见雷磊(前注2);葛云松(前注1)。
[20] 参见李建伟(前注18)。
[21] 参见葛云松(前注1)。
[22] 当然经验积累到一定程度,直觉可能更接近正确答案。
[23] 参见葛云松(前注1)。

维能力要求实际是非常高的。

(四) 现有的改革

如果我们承认,大学的法学教育无论怎样延长,都不可能教授学生所需要的所有知识与技能,那么就没有必要延长本来就已经并不短的法学本科教育。以前有观点提出取消本科教育[24],但落实到实际中一般是保留现有模式,在此基础上针对特别的市场需要[25],或是培养特别优秀的学生尝试其他的培养模式,如"3+3"[26],"2+2+2"[27]。但笔者认为,在没有证据证明现有的教育结构到了非改不可的程度,也没有论证改革后会解决绝大多数的问题的情况下,应该避免大的变动。比如日本和韩国都对其法学教育进行了改革,日本的改革并不特别理想,韩国时间比较短,还不能判断其成效。所以,比较有推广可能性的应该是一种渐进的、稳妥的方式,比如通过改进教学方法的方式。

五、法律思维的培养与案例研习课

在综合考虑中国法学本科教育存在的问题与德国法学教育模式的优缺点之后,我觉得德国案例研习课应该可以成为解决当前问题的一个新切入点。特别在强化法律思维培养、优化法律知识积累方面应该可以取得非常积极的效果。这种案例研习课不是讲课时的案例例证,也不是案例辅助教学,而是一种以学生参与为主的训练。具体实施的方式,葛云松老师和田士永老师曾作过非常全面的分析。[28] 我要补充的主要包括下面几点。

---

[24] 参见刘坤轮:《当前我国法学学位体系和人才培养模式及其改革的实证研究——以法科学生就业状况为切入点》,载《中国法学教育研究》2011年第1期。

[25] 参见邵培樟:《面向非司法系统的应用型、复合型法学专业人才培养模式探索》,载《中国法学教育研究》2012年第3期。

[26] 季卫东:《我国法学教育改革的理念和路径》,载《中国高等教育》2013年第12期。

[27] 朱新力、胡铭:《职业主义法学教育与"2+2+2"卓越法律人才培养的模式》,载《中国大学教学》2014年第5期。

[28] 参见葛云松(前注1)。

一是练习的强度。也就是什么样的训练强度比较合理的问题。大学四年,学校的任务是如何帮助学生最有效率地学习到最多的专业知识,但同时也必须给学生留有一定的自由空间来从事业余爱好或者积累人生经验。目前本科法学教育练习强度不够,没有体现学习是一个艰苦的过程。但什么样的强度合适,只能摸索前行。但无论如何,我们的法学教育,必须以平均水平的学生的需求、资质、学习动力出发,否则就可能发生偏差。[29] 而且还必须要考虑的是教师的能力和自身的意愿。[30]

二是考试方式的转变。我们加强对学生的要求,可以通过对司法考试的改革,也可以通过对学校考试的改革进行,毕竟学校的分数至少对于找到理想的第一份职业还是有一定影响的。但这需要做很多事情,比如开发相应的教学材料、相关教学人员的补充,等等。

三是教科书与案例书的改进。教科书同质化、内容重复是学界公认的一个问题。而引入案例研习课,除了需要增加案例教学图书外,还要大幅度提高教科书的质量。值得欣喜的是,中国目前独著的教科书逐渐多了起来,这为保证教科书质量提供了重要前提。

四是研究能力的提高。但是什么才是本科生真正需要的研究能力?因为我们知道,在绝大多数的法律职业中都不需要写学术论文,所以说研究能力不应该与学术科研能力画等号。如果从实践需求的角度来看,更需要的是学生要在短时间内,通过检索、收集和汇总资料、信息,查明某一个问题在中国法律上的处理方法,并能用清楚、简要的文字表述出结论。这种能力在案例研习课中也可以得到充分的训练,尤其是通过所谓的大型案例分析(Hausarbeit)。在司法考试前德国学生要完成民法、公法和刑法共3个大型案例分析。每个案例分析,学生共有1个月的时间来完成,要求学生必须要查看、参考法律评注类文献来对结果进行论证。

当然,我们所说的严格意义上的学术能力,那就应该超越这一层次,达到可以对现行法体系化、合理化做贡献的程度,完成教义学所负担

---

[29] 参见葛云松(前注1)。
[30] 参见葛云松(前注1)。

的任务,实现对现有法进行解释、论证和批判的目标。[31] 在德国真正训练这方面的技能主要是通过专题研讨课(Seminar)。但专题研讨课并不是德国法学院主要的授课方式。一般整个4年的法学教育,学生只要写一个研究论文即可。真正的学术能力更多是在攻读博士期间积累的。

六、如何看待美国法学院的训练方法

关于美国法学院对于法律思维培养的优缺点,已有文献有非常深入、有见地的研究。[32] 正如一些学者所指出的那样,美国法学院的判例教学法[33]还是属于理论教育,而不是实践训练。[34] 美国的法律是判例法,所以学习法律必须通过学习案例进行。判例教学可以通过苏格拉底式方法展开,但每个老师运用的频率和程度有很大差别。但是,在美国法学院,通常都要求学生上课前阅读大量的资料。为了督促学生的确完成阅读任务,上课一般需要采取提问或是讨论的方式。这种方法是否更有效率,在美国也是有争议的。[35] 很多学生不认同学生过度参与的授课方式。而且必须考虑到美国法学院学生都已经完成了本科学业,有些还工作过,而中国学生是高中直接升入大学,自学能力、理解能力都要比美国学生差一些。而且,中国法律教学还是力图系统化的传授知识,而提问式教学恰恰难以实现体系化,所以苏格拉底式教学原则上不适合中国本科生。

同理,模拟法庭、法律诊所和参与编辑法律刊物[36]所消耗的教师与学生的时间与精力以及占用法学院的资源与达到的训练成果相比都是没有效率的。考虑到美国法学院高昂的学费,若论本心,很多学生可能更倾

---

[31] Kirchhof/Magen/Schneider (Hrsg.), Was weiß Dogmatik?, 2012, 168.
[32] 参见何美欢(前注15)。
[33] "case method"翻译为判例教学法比较恰当,以便与"case study teaching method"相区分,参见丁芝华:《美国法学教育中的两种案例教学法的比较研究》,载《法律方法》(第17卷),第143页、第144页。
[34] 参见雷磊(前注2)。
[35] 参见丁芝华(前注33)。
[36] 参见肖宝兴:《中美法学研究生教育比较》,载《中国法学教育研究》2012年第1期。

向把有限的时间投入到学习更有用的法律专门知识,而不是去参加诊所教育,所以这也是美国法学院把诊所教育规定为必修学教育的原因之一。

七、结 论

对于国内外法学教育了解的越多,越是失去了因距离而产生的美感。真正的理想的法律教育也许是不存在的,或是也不应该把法学教育理想化。也许我们无法设计出一种完美的法学教育体系与方案,可以培养出大量的高精人才,解决目前存在的所有问题。实际上,无论在美国、德国还是在我们的近邻日本、韩国或是其他法制发达的欧洲国家,其法学教育也都不是只有优点,没有缺点的。法学教育体制的不同,更多是历史原因造成的。而法学教育体制是否能在实践中运行,也是与该国的法律职业市场密切相连的。所以在对中国法学教育进行深入思考,提出改革建议的时候,一定要考虑这些方面的因素。

中国目前法学教育最大的问题包括:没有好的教科书;学生练习的机会严重缺乏;没有学术整合机制;没有实践与学术的互动机制;没有法律职业共同体。一个让莘莘学子面对如此众多遗憾的教学模式无疑是需要改进的。没有让有潜质的学生实现他们的最大潜能,在其学习能力最强的人生阶段充分利用他们的时间,也让为人师者心中不安。一个有抱负的法学院,或者一个有责任心的教师一定会尽最大可能开阔视野、拓展思路为自己的学生创造机会。在一个不完美的体制下,尝试借鉴德国案例研习课的优点,即便达不到这种德国式的强度,无疑也是非常有积极意义的。

第四编

学科文化

德国法学界的现状与发展前景[*]

一、引　言

今天非常高兴有机会与母校南京大学法学院的老师和同学进行交流。非常感谢方小敏老师为这次报告所做细致周到的安排,也非常感谢在座各位老师与同学有兴趣来听报告。在 2012 年年底德国科学委员会发表了一份关于德国法学前景的报告——*Perspektiven der Rechtswissenschaft in Deutschland*(下文简称《报告》)[1]。这是德国历史上第一次由官方机构对于法学这一学科进行全面的评价,所以对于德国法学的发展意义重大。德国重要的法学期刊《法学家杂志》(*Juristenzeitung*)就此议题曾于 2013 年第 14 期发表多篇文章进行评论。我今天就以这份报告为基础,结合自己在德国任教的一些感受,对德国法学界的现状与前景进行介绍。有偏颇与不正确之处,请大家指正。我今天主要讲下面四个方面:一是教席运作的独立性;二是教学人员的考核;三是教授的选拔机制;四是德国法学在世界的影响。要理解德国法学界的运行机制,就有必要了解德国法学对自己的定位。在德国,法学被认为是一种职业教育的学科,而法学研究的一个主要目的就是为了向实务界提供知识配给。[2] 所

---

[*] 本文基于作者于 2013 年 10 月 14 日在南京大学法学院所作报告,原文发表于方小敏主编:《中德法学论坛》(第 12 辑),法律出版社 2015 年版。
[1]《报告》可以在 www.wissenschaftsrat.de 网站下载。
[2] 参见《报告》第 66 页。

以,正如中国台湾地区学者指出,德国不存在大学与实务界的隔阂,学者和包括律师与法官在内的实务界人士都热衷于著书立说,两者构成了法学的共同社区。[3] 另外,我们还必须要了解到德国法学的成就与德国非常严格的国家司法考试有很大关联。

二、教席运作的独立性

德国法学教授一般都是教席教授,在教授之下就是助教,基本上没有编制内的副教授。教席教授都配有秘书和助教,有自己的图书馆、办公室和经费,原则上教席不申请外部的课题经费也可以维持教席的日常运作。可以独立对外交流,不需要通过大学外办。如果教席要举办学术会议,则一般要申请课题经费。由于德国近十年在大学资金划拨方面引入竞争机制,各个大学对于科研成果的重视与日俱增。[4] 所以,目前发展的一个趋势就是大学鼓励老师对外申请课题,像弗莱堡大学有专门的机构帮助教职人员准备申请资料。德国在2000年到2010年十年间,法律系教授平均每人申请到的课题费从18,000欧元增加到34,000欧元。[5] 课题经费与国内不同的一点是,德国的课题经费可以用来聘用助手,有时课题经费的主要部分就是用于支付助手的薪水。

教席申请课题一般无须通过系里同意。有些大型的项目,由系里多个教席参与,一般由系里进行协调。所谓的系领导由系主任与副系主任以及教务长共三人组成,人员一般每两年更换一次,系里事务由院务会决定,系主任的决定权很有限。院务会由教授代表、助教代表与学生代表组成,每学期召开两次例会。这种独立性可以保证,即使同事之间有个人恩怨一般也不会影响到教席的运作。在招收硕士生与博士生方面,德国法律系一般没有专门的入学考试,招收工作由系里的硕士委员会与博士委员会来决定,两个委员会的成员均为全体教授。因为硕士生一般为外国

---

[3] 参见政治大学法律学系研究所:《法学期刊评比之研究》2003年版,第49页。
[4] 参见《报告》第13页。
[5] 参见《报告》第14页。

学生,硕士委员会的主要任务就是认可外国学生在国外取得文凭的有效性和学生从事学术活动的能力,博士委员会所考察的是申请人国家考试的分数是否达到规定的最低分数;如果没有,是否存在可以允许录取该申请人为博士的例外情形。在德国攻读硕士与博士的最关键的前提是找到导师。导师对于学生的辅导方式完全由导师自己决定,比如说导师可以决定博士生是否定期汇报论文进展情况。德国法学专业的学生有15.6%的学生会攻读博士。[6] 每年每个导师平均能够辅导1.9名学生获得博士学位。[7] 截至2011年,德国法学教授的总数为1300人(其中941人为大学法学教授,其他为高等专科学校),法学专业学生的总数为11万人,提供国家司法考试课程专业的大学为41个。[8] 德国法学专业学生的总数占大学生总数的5%,外国学生的比例为10%,在大学中外国学生的总数为1万人左右。

三、教学人员的考核

教学人员的考核是国内老师比较感兴趣的一个话题。基本上说,德国公立大学的教席教授都是终身制,是州政府的公务员,而不是与其所就职的大学签订聘用合同。德国法律系教学人员没有考核,也没有发表文章的硬性任务。那么如何保证老师有科研的动力?又怎样保证其上课与学术的质量?学术研究的动力主要是来自自身的兴趣和对于学术声望的追求。因为在德国,能够被聘用为法学教授的人,他的国家司法考试的成绩都很优异,本来都有机会进入顶尖的律师事务所,获得比做教授要高出很多倍的收入。他们放弃了这样的机会,也是因为觉得教师这一职业更加适合他们自己。绝大多数老师有兴趣教书育人、著书立说,所以即便没有外部压力,也会笔耕不辍。此外,有些老师希望能够在心目中更为理想的学校工作,那么扩大学术界的知名度就是一个必要的前提。还有就是

---

[6] 参见《报告》第15页。
[7] 参见《报告》第15页。
[8] 参见《报告》第11—12页。

来自同行之间比较的压力。所以,虽然没有考核,德国法学教授发表文章的数量也是非常可观的。很多人每年都会发表五六篇文章。与其他国家相比,德国的法学教授是比较高产的,这和德国大学假期比较长,教授都配有助手,而且很多期刊刊登的论文的长度比较适中有很大关系。

德国的法学类期刊可以分为下面几种:教学类、实务类、部门法类、纯学术类(即所谓典藏期刊)。[9] 据不完全统计,德国全国性的法学期刊数量多达200多种。法学期刊没有主办单位,都是由各个出版社自己根据市场需求出版发行,不受刊号与书号的限制。仅贝克出版社一家就出版50多种法学期刊。出版社一般会聘请实务界与学术界的知名人士任编辑或编委会成员,审稿一般由执行编辑进行。德国的综合性法学期刊非常稀缺,多数为部门法或专门性期刊。有些期刊的专门性让人叹为观止,比如德国有专门的垃圾法杂志、汽车法杂志,等等。只要有市场需求,就会有新的杂志产生。这是因为德国的学术期刊完全是市场化运营。每个法学院一般也没有自己的期刊。所以,期刊越是专业,就越能赢得以实务界为主的潜在订户。因为法学期刊发行量大,除了纯学术类的期刊中的少量特例,一般都有稿费,但稿费的多少有差别,有的按文章发稿费,有的按字数发稿费,书评一般没有稿费,所以,书评有时很难找到人来写。而在社会科学的其他领域发表文章一般没有稿费,有时还要交审稿费。德国法学以制定法为中心,这意味着虽然德国的法制史、法哲学与法社会学的研究在国际上的地位也很突出,但参与的群体比较小。德国教学类期刊发行量也很大,都是由大学教授主编、以学生为读者群体的杂志。与中国类似,德国法学学者的学术地位不仅仅看其发表文章的数量,也看其发表在哪一媒体上以及在纯学术期刊上发表文章的数量。

除了在期刊上发表文章,德国法学工作者的一个更为重要的交流媒体是法律评注。法律评注是目前国内民法学界讨论比较多的一个话题。德国法律评注采取对被评注法律逐条评论的形式,整合相关的立法材料、学术研究以及司法判例。法律评注的目的是为了方便实务界适用法律,但是因为对于一些重要条款以及被评注法律每章前都有高屋建瓴的

---

[9] 参见《报告》第17页。

深入评论,所以法律评注被赋予了很高的学术地位。从20世纪90年代中期开始,德国法律类出版社出于市场效益的考虑尝试不断推出新的法律评注,造成同一法律有多种评注的存在,便携式法律评注(Handkommentar)逐渐增多。[10] 因为参与撰写法律评注就意味着要对进行评论的法条相关的所有文献与判例都要进行梳理,而且法律评注的时效性很强,导致撰写工作一方面非常耗费时间与精力,另一方面按时交稿的压力也很大,参与越多,能够投入进行其他方面研究的精力就越少。[11] 因为有些新的法律评注与传统的法律评注相比学术附加值有限,甚至是拼凑现有文献而成,所以法学界反映近年来进行真正有创造性和开拓性研究的时间与精力越来越少了。[12]

法律评注文化是德国法学的一个特色。在大陆法系国家也只有瑞士与奥地利有类似的法律评注传统。其他如法国、西班牙与意大利虽然有法律评注,但是其目的主要是总结相关的司法判例,学术性不高。[13] 有些德国与英国出版社试图向国外输出德国的法律评注文化。因为欧洲法律的统一的关系,这一尝试获得了很好的市场反应。目前国内大陆地区还没有德国法律评注的中文翻译出版,中国台湾地区曾经翻译了德国《行政法院法》的评注,共1600页,20多人参与翻译。德国评注文化也强化了德国法学的实在法取向。在评注中,法条是中心,法制史、习惯法、比较法以及法哲学都是次要的。有些法律评注也以极端的方式体现了其功能性,比如《帕兰特评注》的语言都是极其简化的。

德国现代法律评注出现于19世纪末。法律评注的学术化在刑法领域形成于20世纪20年代,在宪法领域形成于20世纪初,在商法和民法领域也是形成于20世纪初。[14] 德国最初的法律评注也是仅仅给出相关

---

[10] 参见《报告》第68页。
[11] 参见《报告》第67—68页。
[12] 参见《报告》第68页。
[13] 参见《报告》第67页。
[14] Thomas Henne, Die Prägung des Juristen durch die Kommentarliteratur, "Betrifft JUSTIZ" 2006 Nr. 87, 353.

法条立法的过程,列出相关判例。[15] 之所以会出现学术化倾向,是因为法律本身的不完整性。这在民法中尤为突出,因此就要求评注不仅是收集,更要整合判例与学术成果,完善成文法。[16]法律评注有很多功能,在没有数据库的年代,法律评注是查找法学文献与判例不可或缺的媒介。法律评注可以直接影响法官造法。律师、法官在适用法律时都必须考虑法律评注中对于法律的解释。可以说,德国法学教授发表文章的一个重要的目的就是希望其观点能够被法律评注所吸收,进而影响德国联邦最高法院的裁判。如果学术观点没有被法律评注所吸收,一般也不会被人所重视。

法学院与医学院和神学院一样属于所谓的职业院系,这一点决定了法学与实践联系颇为广泛[17],也造成法学界更受图书市场的影响。这一点可以在出版市场追求经济效益对于法学界的影响中看出。比如在最近十年间法律应试类图书种类与数量的增加,再版时间间隔不断缩短。德国应试类图书和中国司考备考类图书类似,也是以考题汇总以及浓缩知识的提纲式图书为主。

在考试方面,德国大学法律系都配有专门的考试办公室,负责安排学生的各类考试,考试从报名到查询分数都是通过考试办进行的。凡是计入成绩的考试,学生都有权查卷,可以通过考试办提出书面异议,批改试卷的老师在收到异议后要给出书面的答复。德国国家司法考试是由各个联邦州的司法考试局组织,大学法律系教师定期为每年第一次司法考试提供新的考题,形成题库,最后司法考试局在试题库中选择题目。德国的国家司法考试,如果考生认为试卷的批阅有错误,可以提起行政诉讼。通过行政诉讼,学生不仅可以要求对试卷重新进行批改,而且如果的确打分有错误,考生也可以要求经济赔偿。所以德国第一次国家司法考试都由两人改卷,如果两人改卷分数相差较大,必须由第三人核对。德国司法考

---

[15] Thomas Henne, Die Entstehung des Gesetzeskommentars in Deutschland im 19. und 20. Jahrhundert, in: in: Kästle/Jansen (Hrsg.), *Kommentare in Recht und Religion*, 2014, 324.

[16] Thomas Henne (脚注15), 321。

[17] 参见《报告》第5页。

试时学生是允许携带和查看法条的。德国司法考试对中国的借鉴意义在于,其不仅检阅学生对法律的熟悉,更主要的是考查学生对于法条的适用能力。

德国司法考试的分数对于学习法律的学生一生的职业生涯都有很大影响。无论是从事学术、在学校应聘教职还是在实务界选升律师事务所合伙人,还是从事其他职业,司法考试的分数都如影相随。德国的一位司法部长,有些法学教授在评价其政绩时甚至还不忘提及其当年司法考试考分不是特别理想。从这种意义上说,德国法律界对于司法考试分数的追求已经达到痴迷的程度。德国国家司法考试的分数是精确到小数点后两位。有些法学教授在60岁时,他的简历上还写着当年司法考试的成绩排名。

四、教授的选拔机制

在德国大学里被聘为教授的前提是在获得博士学位后还要完成教授资格论文。绝大多数有志从教的青年学者一般在完成博士学业后留校,在撰写教授资格论文的同时担任助教。这些助教一般都有教学任务,而且还要负责协助其任职教席的行政工作。而教授资格论文篇幅上一般都长于博士论文,而且更加强调理论性。因为完成教授资格论文耗费很多时间与精力,而从事实务收入远远超出从事学术,所以对于最优秀的毕业生来说,在大学任教这一工作的吸引力在一定程度上不断下降。在2000年到2010年的十年间有志向从教的人数下降了25%。[18]很多教师在完成博士论文与教授资格论文后很长时间内都不再有精力投入其他专著中。

在德国选聘教授是一个比较复杂的过程,整个程序步骤在各个联邦州的《高校法》中有具体规定。原则上由各系自己组织选拔委员会,委员会有系里相关学科的教师代表、其他有关联的教师代表、非本学校的外部成员、助教代表、学生代表、妇女代表组成。教授试讲对外公开,任何人都

---

[18] 《报告》第15页。

可以旁听。选聘委员会一般要推荐三个候选人。该三人名单在校委会通过后,学校向排名第一的候选人发出聘用邀请。第一位候选人可以与学校就聘用条件进行谈判,比如工资、教席经费、人员配置经费、购置图书经费,有时也包括解决配偶工作、解决小孩入托等私人问题。如果双方谈不拢,第一候选人放弃聘用机会,学校会向排名第二位的候选人发出聘用邀请,继续进行谈判。因为整个过程持续的时间长,从半年到两年不等,完全可能会发生排名第二位的候选人已经从别的大学获得了聘书。很多时候,应聘的候选人并不一定真的想到所应聘学校任教,参加应聘只是为了在获得其他学校聘用邀请后与自己目前所在大学进行谈判,要求提高待遇。在法学界,获得的聘用邀请越多,一般就代表其学术地位更为大家所认可。

德国法学教授选拔的标准主要是学术成就以及与应聘专业的关联性。德国法学教授人数有限,有的法律系只有十个教授。基础课程一般由教授承担,与实践联系比较紧密的则由聘请的校外实务界人士承担。教授选拔程序的设计,尽量避免形成裙带关系。但是从选拔结果来看,很多被选聘的老师大多在被聘学校学习过。但是,参加应聘的老师如果没有被聘上,对于选拔委员会的决定不满意,可以提起行政诉讼。在实践中也的确有人提起过这种诉讼。所以选拔委员会一般不会做出明显有瑕疵的决定。这种诉讼可能性在一定程度上保证了选拔过程的公正性。

五、德国法学在世界的影响

谈到德国法学对外国的影响,首先要认识到德国对于欧盟立法有巨大的影响。此外,德国法学在东欧、希腊、土耳其以及东亚的影响也非常可观。[19] 为什么对这几个国家有比较大的影响呢?一个重要的原因,当

---

[19] 在刑法领域,德国刑法在西班牙与拉美地区影响也十分可观,参见马蒂亚斯·施默克尔、大卫·冯·麦恩布尔格:《京特·雅各布斯教授访谈》,周子实译,载《量刑研究》2018年第1辑,"西班牙重要刑法学者中百分之八十会说德语,而且说得还可以。重要的南美同行中,总有超过一半的人会说德语",参见托马斯·杜夫:《克劳斯·罗克辛教授访谈》,周子实译,载《量刑研究》2019年第1辑。

然是继受的传统。比如中国民法受德国法影响很大,很多概念都是源于德国法。此外,德国法学研究非常发达,可以为其他国家提供很多可以借鉴的资源。德国法学以强调体系性,高度抽象性以及概念准确性见长。对于理论的钟爱,使得德国法学能够从现实生活中抽象出大量的理论与概念,便于解释法律现象,因而易于被继受。此外,德国法院系统非常发达,判例数量巨大,判例讲究说理,促进了法学研究。还有德国对于比较法非常重视,有众多以研究外国法与比较法为任务的马普所,与外国交流频繁。

当然德国法学也有很多不利于被继受的因素,一是语言,二是其体系性。德国的法律彼此间关联非常紧密。以民法为例,一个外国人如果想了解德国债法,就必须要了解德国民法总论,还要了解物权法以及婚姻家庭法等方面。这是因为民法典本身为了行文体系的经济性,把共同的部分以提取公因式的方法提取出来单独处理。三是其学术文献和判例的晦涩难懂。要读懂德国的判例,不仅要了解德国实体法,也要了解其诉讼法。更重要的是德国的判例完全是写给内行人的,所以对于外行来说,其写作的风格与用词都让人望而却步。

科学委员会对法学的发展前景主要作了如下建议:一是加强基础学科建设;二是加强跨学科研究;三是加强法学的国际化。德国法学的国际化努力也是出版社推动的。从学者角度来看,是否能在国外期刊用外语发表作品,不是一个特别成就。有些学科的内向性更为明显,在国外期刊发表,也不会为德国法律评注所吸纳,反而对于学术生涯的发展没有帮助。这些都对德国法律学者以外语发表文章产生了负面影响。

附录：德国大学法律系教席设置基本情况

大学	法律系名称	教席数量	大学成立时间(年)
Augsburg 奥古斯堡大学	法律系	民法：9（另有两个助理教授） 公法：7（另有一个助理教授） 刑法：3	1970
Bayreuth 拜罗伊特大学	与经济学合为一个系	民法：11 公法：7 刑法：3	1969
FU Berlin 柏林自由大学	法律专业	民法：8（另有两个助理教授与一个客座教授） 公法：6（另有一个助理教授） 刑法：4	1948
HU Berlin 柏林洪堡大学	法律系	民法：11 公法：9 刑法：5	1810
Bielefeld 比勒菲尔德大学	法律系	民法：12 公法：9（另有一个助理教授） 刑法：4	1972
Bochum 波鸿大学	法律系	民法：14（另有一个助理教授） 公法：10（另有一个助理教授） 刑法：7	1961
Bonn 波恩大学	与国家学合为一个系	民法：13 公法：10 刑法：5	1818
Bremen 不来梅大学	法律专业	民法：5 公法：5 刑法：2 另有一个跨领域教席（性别法、劳动法、社会法）	1971
Düsseldorf 杜塞尔多夫大学	法律系	民法：8（另有一个助理教授） 公法：6 刑法：3	1965

(续表)

大学	法律系名称	教席数量	大学成立时间(年)
Erlangen-Nürnberg 埃尔朗根纽伦堡大学	与经济学合为一个系	民法：11 公法：9（另有一个助理教授） 刑法：3	1743年始建 1972年合并
Frankfurt a.M. 美茵河畔法兰克福大学	法律专业	民法：19 公法：9（另有一个助理教授） 刑法：5	1914
Frankfurt（Oder）奥德河畔法兰克福大学	法律系	民法：7 公法：6 刑法：3 另有3个波兰法教席	1506年始建 1990年复建
Freiburg 弗莱堡大学	法律系	民法：13 公法：9 刑法：4	1457
Gießen 吉森大学	法律专业	民法：10 公法：8（另有一个助理教授） 刑法：4	1607
Göttingen 哥廷根大学	法律系	民法：12 公法：10 刑法：4	1737
Greifswald 格赖夫斯瓦尔德大学	与国家学合为一个系	民法：6 公法：5 刑法：3	1456
Halle-Wittenberg 哈勒大学	与经济学合为一个系	民法：8 公法：5（另有一个助理教授） 刑法：4	1502
Hamburg 汉堡大学	法律系	民法：10（另有三个助理教授） 公法：9（另有四个助理教授） 刑法：3（另有一个助理教授）	1919
Hannover 汉诺威大学	法律系	民法：11（另有一个助理教授） 公法：6（另有一个助理教授） 刑法：3	1831
Heidelberg 海德堡大学	法律系	民法：11 公法：8 刑法：4	1385

(续表)

大学	法律系名称	教席数量	大学成立时间(年)
Jena 耶拿大学	法律系	民法：8 公法：7（另有一个助理教授） 刑法：3	1558
Kiel 基尔大学	法律系	民法：9 公法：4 刑法：4	1665
Köln 科隆大学	法律系	民法：18 公法：13 刑法：6	1388年始建 1919年复建
Konstanz 康斯坦茨大学	法律专业	民法：8（另有一个助理教授） 公法：6 刑法：3	1966
Leipzig 莱比锡大学	法律系	民法：11 公法：9 刑法：5	1409
Mainz 美因茨大学	与经济学合为一个系	民法：11 公法：9 刑法：4	1477
Mannheim 曼海姆大学	与国民经济学合为一个系	民法：12，其中1个为资深教席[20],（另有一个助理教授） 公法：5（另有一个助理教授） 刑法：3，其中1个为资深教席,（另有一个助理教授）	1946
Marburg 马尔堡大学	法律专业	民法：10 公法：5 刑法：3	1527
München 慕尼黑大学	法律系	民法：19 公法：8 刑法：5	前身英戈尔施塔特大学成立于1472
Münster 明斯特大学	法律系	民法：16 公法：11 刑法：5	1774年成立法律系 1780成立大学

---

[20] 资深教席类似于中国退休教授的返聘。

(续表)

大学	法律系名称	教席数量	大学成立时间(年)
Osnabrück 奥斯纳布吕克大学	法律专业	民法：9 刑法：3 另有一个中国法教席	1974
Passau 帕绍大学	法律系	民法：9 公法：5 刑法：3 另有三个教学岗教席与一个普通法教席	1969
Potsdam 波茨坦大学	法律系	民法：7（另有一个助理教授） 公法：7 刑法：3（另有一个助理教授）	1991
Regensburg 雷根斯堡大学	法律系	民法：9 公法：6 刑法：3	1962
Saarland 萨尔大学	法律系	民法：7 公法：6 刑法：2（另有一个助理教授） 另有一个法律信息学教席	1948
Trier 特里尔大学	法律专业	民法：10 公法：6 刑法：3	1473
Tübingen 图宾根大学	法律系	民法：9 公法：6 刑法：4	1477
Würzburg 维尔茨堡大学	法律系	民法：11（另有一个助理教授） 公法：10 刑法：5	1402
Bucerius Law School	博锐思法学院	民法：6 公法：4 刑法：2	2000
European Business School EBS商学院	法学院	民法：5 公法：3（另有两个助理教授） 刑法：1（另有两个助理教授）	1971
Lüneburg 吕讷堡大学	法学院	民法：9 公法：6 刑法：1	1946

(续表)

大学	法律系名称	教席数量	大学成立时间(年)
Oldenburg 奥尔登堡大学	经济与法律系	民法:4 公法:1	1973
Siegen 锡根大学	经济、经济信息学、经济法系	民法:4 公法:4	1972
Rostock 罗斯托克大学	法律系	民法:3(另有一个助理教授) 公法:2(另有两个助理教授) 刑法:1	1419

* 上述信息来源于各大学网站;理工类大学中的法学教席此处未统计。

德国法学学术评价体系[*]

——探寻预支信任与问责要求之间的平衡

一、问题的提出

学术评价体系是一个难以归类的法律问题,但同时却又影响着一个国家的法学发展方向及前景。[1] 一直以来,中国高校管理者们都在探索建立一个公正、有效、透明的学术评价体系,但在对是否进行量化管理、量化评价所用指标这些关键问题上,争议不断。本文讨论这一话题有两个原因:一是中国法学界现有讨论中形成的一个认识是,从数量考察过渡到质量考察是科研评价发展的大趋势。[2] 一个令人向往的状态甚至是完全取消考核,但会产生教师的选聘晋升以及科研激励机制等需要解决的新问题。而德国法学院中没有量化考核,所以对德国情况的介绍可以为中国的讨论提供进一步的思路与线索。当然,学术评价体系根植于高校管理体制中,而高校管理体制又是深深嵌入一个国家的政治体制之内,整套体制运行的巨大惯性使得任何改革都要克服重重困难。即便制度设计

---

[*] 原文发表于《南京大学学报(哲学·人文科学·社会科学)》2019年第4期。

[1] 在德国,这个问题可以被归类于学术法(Wissenschaftsrecht)或者高校法(Hochschulrecht)这个类别。这个部门法有自己的学会,成立于1994年,也有专门的期刊Wissenschaftsrecht(简称"WissR"),研究对象为高校教学与科研管理过程中的法律问题,比如,教师招聘、学科评估,并对相应的法院判决进行分析与讨论。

[2] 参见于飞:《各大法学院领导共议法学研究:反思法学科研评价体系》,载http://we-media.ifeng.com/37164949/wemedia.shtml。

出于良好初衷,也有可能在执行层面被扭曲、流于形式或者产生新的弊端。但即使体制不能改变,局部的改善也可能是可行与必要的,比如在中国现有的学术评价体系中,一些学术活动的价值未得到适当承认,直接打击了学者参与的热情,因此有必要讨论在中国现有的学术评价体系内,是否存在调整的空间,以促进和引导法学研究的进一步发展,这是第二个原因。

因此,虽然学术评价体系是一个非常复杂且富有争议的话题,涉及历史、国情、体制等多个方面,笔者不揣学识有限,希望能够通过对德国法学这方面经验的介绍,抛砖引玉,推动这一领域的讨论。在本文撰写的过程中,笔者愈发体会到学术评价体系这一问题,无论在中国还是德国,所涉及的主体多,意见分歧大,决定了共识的形成是缓慢与艰难的,在很多时候也只能求同存异,但正是因为如此,更有必要放宽视野,以便对各种可能的选项进行深入的思考,以达到评价体系为学科发展服务,使得高校更好地实现推动社会进步的目的。

在进入正题之前,有必要首先简要区分一下德国学界这方面经常使用的、含义近似的一些术语。针对学者个体而言,所使用的名词为评价(Bewertung)与排名(Ranking),扩大到院、系、学校等机构层面,则在评价之外还使用评级(Rating)与评估(Evaluation)两个名词。排名是建立在数量评价基础之上,评级考量的既包含量化数据,也包含定性数据。[3] 排名与评级只是对学术成果进行比较,分出高低,而评估则面向未来,在对现有成果进行评价的同时,指出不足以及可以改进的方面。[4]

二、德国近十五年来的发展动向

(一) 多米诺骨牌效应的触发

总体而言,最近十五年中学术评价体系在德国高校的讨论才愈来愈

---

[3] Wissenschaftsrat, Empfehlung zur Zukunft des Forschungsratings, Oktober 2013, 67.
[4] Wissenschaftsrat (Fn. 3), 27.

多。德国高校向来崇尚平等[5],因此虽然德国大学国内排名始于20世纪80年代中期,但真正引起公众关注的还是德国媒体对于一些国际排名的报道。其中2003年上海交通大学第一次发布世界大学学术排名("上海排名")可以称得上是触发多米诺骨牌效应的最初一击,直接促使德国科学委员会[6]于2004年对高校排名这一现象进行研究并为德国高校提出相应建议。[7] 该委员会得出的结论是,国际排名所采用的方法有缺陷,完全是一种量化评价,并不准确,因此决定自己来设计方法更为科学的评价体系,并于2004年成立专家工作组首先对于化学与社会学两个学科进行试点,之后不断铺开试点学科的范围,将其拓展到电子工程、计算机、英美文学等专业,最后对人文科学、社会科学、工程学、自然科学与医学等学科分别提出学术评价体系方面的建议。[8] 该委员会在2013年综合这些年工作所得出的结论是,科学评估不仅可行、有说服力,也可以被大量学者所接受,因此可以为科研经费的拨付提供判断基础。[9]

虽然同行竞争是欧洲学术界的传统,同行评价从有大学那一天就已经产生[10],但在大学拥有长期自治传统并作为"洪堡"式现代大学理念发源地的德国,引入标准化评价高校管理者所面临的阻力是巨大的。威廉·冯·洪堡所倡导的理念是"国家和社会应该为每个学者**预支信任**,使其能够**孤独**与**自由**地为社会的进步提供知识和才能"[11]。也就是说,选

---

〔5〕 参见胡彬涵:《德国大学均衡传统的没落与改革的兴起》,载《教育评论》2016年第1期。

〔6〕 也有作者将其翻译为"科学和人文委员会",参见朱佳妮:《追求大学科研卓越——德国"卓越计划"的实施效果与未来发展》,载《比较教育研究》2017年第2期;或者"科学审议会",参见陈洪捷:《德国精英大学计划:特点与特色》,载《华东师范大学学报》2016年第3期。

〔7〕 Wissenschaftsrat, Empfehlungen zu Rankings im Wissenschaftssystem, November 2004, 4 ff.; Wissenschaftsrat (Fn. 3), 5.

〔8〕 参见 Wissenschaftsrat, Hintergrundinformation zum Forschungsrating des Wissenschaftsrates, 28. Oktober 2013; Wissenschaftsrat (Fn.3); Wissenschaftsrat, Empfehlungen zur Bewertung und Steuerung von Forschungsleistung, November 2011。

〔9〕 Wissenschaftsrat (Fn. 3), 7.

〔10〕 Wissenschaftsrat (Fn. 3), 12.

〔11〕 Seckelmann, Autonomie, Heteronomie und Wissenschaftsadäquanz, WissR 2012, 211 f.; Wilhelm von Humboldt, Unvollendete Denkschrift 1810, in: von Ernst Anrich (Hrsg.), Die Idee der deutschen Universität: Die fünf Grundschriften aus der Zeit ihrer Neubegründung durch klassischen Idealismus und romantischen Realismus, 1956, 377.

聘学者时要仔细考察,并且重点考察其已经实现的成就,但一旦选定就给予其充分信任,这种知遇之恩与完全信任,会在学者内心中激发出原生的科研动力,而这种信任、原生动力与时间支配自主权是创新研究大量产生的关键。[12] 在国家与社会越来越只相信数字说明力的时代,这种原生动力却可能轻易为评估程序所摧毁殆尽,所以评估与预支信任相比被认为是一种次优的管理办法。[13] 但在世界范围,高校资助与学校成果挂钩已经成为一种常态[14],德国政府也面临随潮流而动的压力。这种对于量化评价必要性的争论被称为"新公共管理"政策(New Public Management)与"洪堡理想"(Humboldt-Ideal)之争,这种争论使得对于评价体系的建立更加难以达成共识。[15]

(二) 批评与质疑

德国学者对于学术评价数量化发展趋势的不满与批评可以说是不胜枚举的。有的指出,学术评比时间投入大,占用了大量科研时间,损害了原生动力,以数量代替质量,引发无风险研究导向,对于排名的兴趣取代了对于科研本身的兴趣。[16] 对于排名与评估的重视会导致各种病态现象的出现[17],比如所谓的装点门面(window dressing),也就是在评估前雇用发表文章特别多的学者,又比如切香肠战术(salami slicing),即把长篇的文章切成可以发表的最小单元,以获得更多的文章数量。此外还有所谓的互相引用卡特尔(Zitatkartell)或者是借助知名学者的名气来发表文章,比如邀请知名学者共同署名,但不要求其对文章做出实质性贡献。甚至有的研究表明,在明镜周刊与德国高校发展中心(CHE Centrum für Hochschulentwicklung)发布的大学排名中,对于参与评价的学生而言,食堂饭菜的可口程度与高校所提供的课程内容同等重要,学生的开心程度

---

[12] Wissenschaftsrat (Fn. 8), 8.
[13] Seckelmann (Fn. 11), 208.
[14] OECD: *Performance-based Funding for Public Research in Tertiary Education Institutions*, 2010, 26.
[15] Wissenschaftsrat (Fn. 8), 9–10.
[16] Wissenschaftsrat (Fn. 3), 14.
[17] Seckelmann (Fn. 11), 209.

而不是课程内容的设计对教学的评分起主要作用,教师颜值的高低更是直接影响了其教学评估的分数。[18]

对于评价的方法也不乏质疑之声[19],这是因为评价参数的确定同样包含着价值取向,如果把毕业生考试分数的高低作为一个参数,那么就可能导致教师赠送给学生更高的分数;如果对于同行审稿的期刊给予更高的权重,那么对于法学这种传统上期刊以主编审稿的发表模式就会非常不利;如果强调国际化,那么一些无法国际化的领域,比如德国的地方立法领域(Kommunalrecht),就会被歧视。此外,定性评价也不能保证公正,比如说外审专家有利益冲突或者整个学术团体太小,使得外审与被评审对象之间处于一种竞争关系,都会影响到评价的中立性。至于期刊的评级也难称得上可靠,无论是由专家组评级还是由所有学者民主评选,评级都有很强的主观性,很多时候评选人是否自己在某一期刊发表过,或者计划向某一期刊投稿,或者曾经被某一期刊拒稿,或者担任过匿名外审,或者是否与期刊主编相识、关系如何,都会影响到评选人的意见。[20]

(三)科学委员会的主导

在这些不满、质疑和批评之声不断增多的背景下,德国科学委员会为何还要投入大量精力对于评价体系进行试点,提出大量优化建议?[21] 这是因为该委员会意识到,由英美主导的高校全球化竞争,已经改变了德国社会公众与政治家对于高校定位的认知,对于大学的问责要求已不同于过去,已经不满足于在相关专业共同体中的评价,而是要面对社会公众中很多外行的问责。[22] 在社会资源总体不足以及高等教育普遍化的时代,德国大学绝大多数都依赖政府拨款,财政拨款力度也要与大学的产出

---

[18] Seckelmann (Fn. 11), 213, 214.
[19] Seckelmann (Fn. 11), 215 f.
[20] Kieser, Weshalb orientieren sich Wissenschaftler an nicht validen Rankings?, HM 2+3/2013, 79 f.
[21] 在德国科学委员会的网站可以搜索到大量的相关的研究报告。
[22] Wissenschaftsrat (Fn. 8), 15.

挂钩,而不能像过去一样一律平等对待。[23] 从20世纪90年代开始,资助力度成为高校激励机制的一个重要的工具,开始引入更多的市场与竞争机制,大学需要与所在联邦州教育部签订一揽子合同,高校与政府之间形成的是一个双务资助关系,实行的是目标负责制,只有在录取学生的人数、特色科研、两性平等、残障人士的融入、国际化、合作网络、技术转让、管理效率的提高等方面达标,才能获得全部预算。[24] 大学可以把目标继续下放到各个专业,与院系、学者签订合约。[25]

这种社会大氛围最终也促使德国大学"卓越计划"的构想于2004年出炉。[26] 对于科学委员会而言,既然要对大学通过资金分配来进行调控,这种调控就需要标准,所以学术评价体系的建立不可避免,与其让外行来确定评估的方式,还不如各个学科主动出击,自己掌握评估的标准,避免其沦为纯粹的量化考察。[27] 德国科学委员会对于学术成果评价所建议的一般参数包括同行评价、著述情况、课题经费、博士生数量、学术荣誉、专利数量等。[28] 对于人文科学,考虑到其与社会科学中的一些学科不同,不以引证率为标准,只能通过同行阅读学者的作品来评价其学术成就的特点,该委员会建议以七年为一个评价周期,每名学者限提交五篇代表作,以便把评价所耗费精力控制在可行的范围内。[29] 此外,也应考虑学者在学界的声誉、获奖情况、其他大学的聘书、科学院院士、荣誉学位、担任外国客座研究员以及成果在大众媒体传播情况。[30] 至于课题经费,因为有的学科对课题经费需求很少,但课题经费可以解决学生攻读博士期间的收入问题,所以可以在考察人才培养情况时加入考察课题经

---

〔23〕 Droege, Finanzmittelzuweisung als Steuerungsinstrument zwischen Wissenschaftsfreiheit und demokratischer Wissenschaftsverantwortung, WissR 2015, 106-107.

〔24〕 Droege (Fn. 23), 106-109.

〔25〕 Droege (Fn. 23), 109-110.

〔26〕 参见孔捷:《从平等到卓越——德国大学卓越计划评析》,载《现代大学教育》2010年第3期。

〔27〕 Wissenschaftsrat, Empfehlung zur vergleichenden Forschungsbewertung in den Geisteswissenschaften, Juni 2010, 12.

〔28〕 Wissenschaftsrat (Fn. 8), 38 ff.

〔29〕 Wissenschaftsrat (Fn. 27), 25 f.

〔30〕 Wissenschaftsrat (Fn. 27), 27.

费数量这一评价标准。[31]

(四) 法学界的参与

德国学术界对于评价体系的一个讨论重点是,评价参数与指标的设计以及其所导致的负面效果,但法学对此参与有限。法学界所关心的问题是学术评价的法律问题,也就是说,科研自由作为宪法权利在什么情况下能够受到国家的限制,而且德国针对教师考核的合法性也有相应的法院判决。[32] 而在中国,这种对于评价体系司法保护层面的讨论,还是陌生的,近期也不太可能出现,所以本文也就不再对这方面进行详细阐述,而是集中在对于评价体系本身的状况与运行的介绍。

但实际上,德国法学界对于学术评价体系方面的发展,并不是特别关心,所以相应信息的收集也并不容易。法学界对评价体系的淡漠至少有两个原因:一是与同属于社会科学的其他专业不同,法学并不采用量化排名,对于法学学者个人而言,要证明自己的能力最简单的办法,就是拿到其他学校的聘书,聘书越多、开的条件越优越,一般表明被认可的程度越高,因此,很多学者应聘其他学校的职位,并非真正打算离职,更多的是为了在本学校争取更好的待遇,所以在招聘程序中,应聘候选人的诚意也是考察内容之一。[33] 为了使这种评价机制能够充分发挥其功能,德国高教法原则上要求获得教授资格学者的第一个教席聘书必须来自其他学校。[34] 其他定性评价的方式包括书评、博士与教授资格论文的评语,是否被列入某一丛书,是否申请到第三方课题等,但是这些评价方式都存在或多或少的缺陷。[35]

二是,学术评价与德国大学"卓越计划"紧密相连,而"卓越计划"中

---

[31] Wissenschaftsrat (Fn. 27), 28 ff.
[32] 比如,德国宪法法院关于是否可以将课题经费作为唯一考核标准的裁决。这一裁定认为评估本身是合宪的,但评估的标准本身必须具有科学性(Wissenschaftsadäquanz),这要求评估标准符合本专业特点,也必须有一定数量的本学科代表参与。参见 BVerfGE 111, 333 (359)。
[33] 当然诚意的考察也很困难,因为应聘学者表面上都会表现出极大诚意,以避免在初选中就被淘汰。
[34] 参见袁治杰:《德国"留校任教授禁止"原则》,载《清华法学》2011 年第 1 期。
[35] Wissenschaftsrat, Perspektiven der Rechtswissenschaft in Deutschland, November 2012, 48, 50.

没有一项法学主导的项目入选,因此,法学配角的地位也决定其对学术评价的关注程度有限。更何况,"卓越计划"在公众压力下,要更多地考虑地区平衡[36],不再是一种纯粹的科研实力竞争,这难免让人对学术评价的意义心生疑问。

三、德国法学学术评价体系的特点

(一)标杆体系

在德国大学里,法学院没有量化考核,也不存在量化的学术评价体系。根据一项问卷调查,大概有1/3的文科专业使用过所谓的标杆体系。[37]但法学界没有这样的标杆体系,也反对创建这样的体系。这是因为通用的标杆体系所使用的指标如引证率、影响因子、第三方课题经费等被认为无法准确反映法学的学科特点,因此这种评价体系无法成为衡量法学研究、教学质量的参数。[38]但对于大学管理层来说,学校有必要对所有院系统一管理。因此,弗莱堡大学法律系曾应学校要求,在大学提供的统一模板基础上,设计了一个细化到包含各种指标的复杂系统。但该体系只能用来评价法律系的整体水平,而不能用来评价某个教席(包括教授本人)的水平。

这一体系的评价标准首先分为科研、教学、社会参与、性别平等与多样化、学术后备力量培养、国际化程度等第一层级的大项,此后再细化每个大项中的具体标准。比如"科研"这一大项包括著述、获奖情况、法学院之外的学术活动、跨学科性、国际性、国际国内排名、第三方课题经费七个第二层级的小项。"著述"小项下又分是否在知名丛书内发表作

---

[36] 朱佳妮指出,在第一次评审时,来自学术界的评委多于政界,虽然降低了政治对学术的干预,但也造成了区域不平衡,因此引发了公众的质疑。参见朱佳妮:《德国"卓越计划"与"精英大学"初探》,载《世界教育信息》2007年第5期。

[37] Nickel, Institutionelle QM-Systeme in Universitäten und Fachhochschulen, Konzepte-Instrumente-Umsetzung, 2007, 181 ff.

[38] Wissenschaftsrat (Fn. 35), 51.

品,在知名期刊上发表论文、参与编撰知名法律评注、实用指南与百科全书,学术出版物翻译成外文的情况,担任法律评注、实用指南、文丛或杂志主编等第三层级的参数。其中所谓"知名期刊"采取的也是开放式名单,法律系教师每个人都可以自由添加新期刊种类。实际上,这一体系把教师的所有职业行为全部纳入评价系统内,参数之多,达到上百个,导致这一评价体系完全无法用于量化衡量。

在德国,教学自由与科研自由是高校教师的宪法权利,是受德国《基本法》第5条第3款与各州高等教育法所保护的。而教授采取终身制,无法解聘,所以考核很难发挥惩戒作用。比如巴符州《高等教育法》第48条第5款要求教授每五年述职一次,不合格的可以削减教席的运营经费。但考核的内容庞杂,有科研、教学、参与大学自治中很多琐碎方面,因为没有考核的硬性标准,所以这也只是理论上的一种惩罚可能。在欧洲的大学中,法学因与神学、医学、数学等同为大学中最古老的学科,而且高校在其做出重要的管理决定时经常需要法学院的专业知识,所以法学院在文科类专业的地位也比较强势,也便于与校方在涉及核心利益方面的决定,比如招生自主权方面,进行谈判。德国没有官方的法学评价体系,不意味着不存在任何评价标准,只是这种标准是历史形成的,也是学术传统的组成部分之一。

(二)排名与积攒排名分

在德国其他社会科学专业中,比如经济学,排名与积攒排名分也是通行的做法,为何到了法学这里就行不通了呢?笔者认为至少有三个原因。

第一,法学界不认为文献计量学的数据如引证率、影响因子能够发挥评价指标的功能,所以也不存在这方面的统计。这是因为一般认为在法学领域被他人引用不必然代表该被引用作品的重要性与思想的原创性,引注也可能是为了指出某一问题的其他文献或者为读者提供进一步研究参考文献的出处,所以,有学者认为,即便发表在知名期刊,也不代表文章质量水平高,而专著的质量也不能用引用率来衡量,那就意味着量化评价完全不可能。[39] 此外,在法学中引注可能是为了列举错误的想法或不同于作者观点,而且法律评注是引证率最高的文献种类,如果以引证率为标准,那就会不当偏向法律评注的撰稿人。[40] 而且,无法否认的是,评价学者的标准应该是其作品的创新性,而不是数量。[41] 德国法学主要为教义学研究,对于科研经费要求有限,一般教席配置的固定经费就已足够,无须额外课题经费就可以开展,所以第三方课题经费数量也无法成为衡量标准。

第二,法学的出版物种类繁多,期刊的重要性近些年虽然有所增加,但不具有统治地位。[42] 在德国,法学作为职业教育学科的定位,决定了其出版物既有传统的学术出版媒介,比如专著与期刊文章,也包括一些针对实际需求的出版物,比如法律评注、实用手册、教科书,还包括会议文集、学者合集以及祝寿文集。在期刊方面,既有实用期刊也有纯学术类的典藏期刊[43],在典藏期刊发表的文章权重较高。但在德国,期刊的发行不受刊号限制,任何人都可以发起新的期刊,所以新期刊的产生层出不穷,新、老期刊面临的是同样的市场竞争。期刊的承办主体主要是出版社,但近些年不少学者、学会为了节省费用、扩大影响兴办了网络期刊,比如《中国法期刊》《日本法期刊》《国际刑法》都是网络期刊。如前文所述,德国使用匿名同行审稿的期刊非常少,多采用主编制,无论是实用期刊还是典藏期刊,绝大多数情况下执行编辑就可以决定是否用稿,只有拿捏不准时,才会让负责主编最后决定。

在所有法学出版物类别中,法律评注[44]是联通实务与学术界的媒

---

[39] Sieweke, die Anforderungen der Wissenschaftsfreiheit an eine leistungsorientierte Mittelvergabe im Hochschulbereich, WissR 2013, 68.

[40] Wissenschaftsrat (Fn. 35), 51.

[41] Stumpf, Quo vadis Rechtswissenschaft, WissR 2013, 232.

[42] 期刊文章发表快、传播广,所以更容易被实务界采纳。部分法律领域的欧洲化与国际化使得相关讨论有必要超越国境,这种趋势就会更加明显。参见 Wissenschaftsrat (Fn. 35), 66。

[43] Wissenschaftsrat (Fn. 35), 17,列举出如下典藏期刊:JuristenZeitung, Der Staat, Rechtswissenschaft, das Jahrbuch für öffentliches Recht, das Archiv für civilistische Praxis, die Zeitschrift der Savigny Stiftung für Rechtsgeschichte, Goltdammer's Archiv。

[44] 对于德国法律评注的情况,参见贺剑:《法教义学的巅峰——德国法律评注文化及其中国前景考察》,载《中外法学》2017年第2期。

介,使用频率最高,在个别法律领域甚至占有统治地位[45],德国高校教师一般都会参与一种或多种评注的编写。对此德国学术界虽然也有批评之声,认为学者精力被这项工作占用过多,无暇去完成创新性论文[46],但这种批评必须在德国评注文化高度发达的语境下来理解,实际上不同评注的口碑与市场认可程度是有很大区别的,所以对于评注也很难进行量化评价。

第三,有学者对法学量化评价进行了深入探讨,并指出量化评价的前提是把期刊进行分级,从 A 级到 E 级,根据刊物级别不同,对学者所发表的文章计分,并以此为基础形成排名。[47] 这一设想的问题在于,德国基本没有法学综合类期刊,绝大多数都是专业细分的部门法期刊[48],如何对刊物进行跨专业评级,就是一个难题。如果每个小方向都有自己的期刊评级,最后的结果就像是把足球运动员马特乌斯与获得六项大满贯冠军的网球运动员贝克尔相比,虽然他们都是球类运动员的佼佼者,但这样的比较显然毫无意义。[49]最为致命的是,对于学术成绩的评价,主要运用于教授资格授予程序与教授招聘程序,是大学自治权的重要表现,如果采取量化衡量,实际上就把高校自治权外包给了期刊的编辑,更不用提这种对于期刊的过于偏重所导致其他出版种类——比如专著——的进一步凋零。[50] 而博士论文与教授资格论文这两种专著是衡量学术水平最重要的基础,科学委员会也建议把科研关注点与有限的写作精力同样投入创新性的专著中。[51]

所以,法学量化评价目前来看在德国还是一个无解的问题,不是完全行不通,但在不改变目前学术生态的前提下是不可能完成的,而法学界对于学术现状还是基本满意的。因此,德国科学委员会对于法学学术评价

---

[45] Wissenschaftsrat (Fn. 35), 68.
[46] 参见卜元石:《德国法学界的现状与发展前景》,载方小敏主编:《中德法学论坛》(第12辑),法律出版社 2015 年版,第 49 页。
[47] Stumpf (Fn. 41), 231-232.
[48] 卜元石(前引 46),第 48 页。
[49] Stumpf (Fn. 41), 235.
[50] Stumpf (Fn. 41), 235.
[51] Wissenschaftsrat (Fn. 35), 67.

标准的建议也充满了矛盾,一方面要求体系透明,另一方面又认为合适的评价方法只可能是定性的,而定性的衡量必然把普通大众与政府部门挡在门外,所以不可能是透明的,这种建议无异于化圆为方[52],也可以说是两面讨巧,既给政客一个交代也不为难法学界。而且,无法回避的另外一个问题是,对于教学的考察更是难以量化。

(三)教授选聘与学术评价体系

在中国,学术评价体系的一个功能是在教师招聘和职称评定方面。而在德国,并没有明确的官方评价体系,只有历史形成的同行之间非正式标准。教授的选聘,遵循的也是这样一种非正式标准。与欧洲其他国家不同,德国法律系的长期教职一般只有一种,即正教授。个别学校法律系引入了助理教授(Tenure-Track Junior Professor),以前也有不配助手、秘书等的非教席终身教授,大致相当于国内的副教授。但后面两种都是特例,数量很少。

是否能够成功入选,取决于几个因素:(1)两次国家司法考试的成绩。该成绩反映的是候选人法学知识的掌握程度与法律思维能力的高低。一般要求至少有一次考试成绩在 9 分以上(总分为 18 分)[53],很多高校甚至将其作为硬性标准。在德国法学界,在哪所大学就读与司法考试的分数相比重要性有限。司法考试在法律专业的毕业生中划定了等级,而且这种影响是终身的,未能达到 9 分的缺陷对于学术生涯来说几乎无法弥补。国家考试成绩近些年虽有注水之虞[54],但仍然是最重要的标杆,也是唯一的量化考察。一般认为,如果教授自己司法考试成绩不佳,意味着他没有掌握法律思维方法与必要的法律知识,也没有能力向学生传授这种方法与知识。(2)发表作品的水平。这一方面的考察不是仅仅看书面材料,而是由招聘委员会的委员在几个应邀参加试讲候选人的

---

[52] Stumpf (Fn. 41), 238.

[53] 近些年达到该成绩的考生德国平均水平大概为 30% 左右,但联邦州之间差别很大,高的在 40% 左右,低的在 10% 左右,这些数据可以在德国联邦司法部网页上查到。

[54] 特别在引入专业方向后,所谓"重点领域",大学考试成绩也计入总成绩。参见田士永:《法治人才法治化培养的德国经验》,载《中国政法大学学报》2017 年第 4 期。

学术成果中,选出代表作亲自阅读,之后每个委员就其所读作品的水准进行评论。对于年轻学者而言,博士与教授资格论文无疑应该是其代表作;对于年长的学者,教授资格论文仍然具有相当的重要性。根据科学委员会的建议,对于候选人作品的评价应该以创新性为准。创新性低的著作包括对于新法状况的描述性文章、对于某一领域司法判决现状的总结、单个司法判决评论以及专著的再版。[55] (3)专业对口程度。德国法学院因为教师人数少,一般在20人左右,因此,很多教席都包括多个专业方向,所以,应聘学者涉足的领域宽广程度也决定了求职的概率。但领域过于宽广,导致没有明确重点方向,反而有可能降低应聘成功的概率。(4)是否有海外求学与研究经历,是否获得法学以外其他专业的学位、国外学位(如LL.M.,SJD),是否在实务界工作,是否有国际合作经历,是否有外文作品发表也是科学委员会建议可供参考的因素。[56] (5)诚意、团队精神等主观性因素,候选人导师的声名、学术地位与他人举荐都会发挥一定作用。对于年轻学者来说,在大学期间获得奖学金情况也会被考虑。[57]

  教职等级上的单一性,导致德国大学教授的选聘不像国内依照层级来进行,而是一步到位。在教授招聘时,应聘者只有两类,一类是其他学校的教授,一类是教授资格论文接近完成或已经完成的讲师,其中也有不少年轻学者。所以,尽管在德国"通向教席的道路漫长、狭窄、崎岖"[58],但无论是在第二次世界大战后的老一代还是新一代的学者中,特别在民法领域,三十五六岁左右被聘为正教授的并不罕见,相对少见的是30—34岁这个年龄段。[59] 这是因为,从大学法学本科教育,到参加两次国家司法考试,并完成博士论文与教授资格论文,再加上海外留学经历,最少也要十多年的

---

[55] Wissenschaftsrat (Fn. 35), 47.
[56] Wissenschaftsrat (Fn. 35), 47.
[57] 很多大学教授在大学本科期间为德国人民奖学金(Stiftung des deutschen Volkes)获得者,这项奖金一般给高中最好的毕业生。
[58] Heidelberger Aufruf gegen die Akkreditierung von Studiengängen, F.A.Z. vom 12.05.2016.
[59] 因此,目前德国"80后"的法学正教授也有不少。Philipp Reimer (1982), Jan Felix Hoffmann (1983), Louisa Specht-Riemenschneider (1985),这几位教师或在弗莱堡大学任教,或在弗莱堡大学完成的教授资格论文。

时间。在德国民法界流传这样的说法,如果一个人在 40 岁之前不能取得教授资格,就比较难以拿到终身教席。统计数据显示,德国 2012 年经济学、法学和社会科学新聘教授的平均年龄在41.4岁。[60]

年轻学者应聘时,从时间上不可能有大量著作发表。所以,一般就是凭借博士论文与教授资格论文两本专著,再加上几篇到十几篇文章。教授资格论文未必很长,虽然有上千页的巨著,但是三四百页也很正常。年轻学者在发表数量方面虽然处于劣势,但未必不为招聘委员会青睐。甚至,一些年少已显露出众才华的青年学者有可能在教授资格论文后期已经被感兴趣的大学预定,甚至在招聘广告的发布上尽量配合该候选人资格论文答辩的时间安排。在这个体系里,博士论文及教授资格论文写得快不是坏事,因为这是一个人自律性、勤奋程度、时间管理能力的表现。当然招聘年轻教授是有风险的,因为终身制,即便今后发展差强人意,也难以改变。但经验表明根据上述标准选出的候选人,通常不会偏离预期。更何况一个学者的基本素质,包括工作习惯、思维能力、观察敏锐度、语言功底等多个方面在青年时期已经形成并在教授资格论文得以体现。

之所以可以选聘年轻学者为教授,德国学术评价体系的灵活性提供了制度前提。此外,由于法学专业优秀的学生就业机会很多,在大型律所做合伙人不仅收入高,而且也可以通过授课、发表作品继续其学术追求,为了吸引人才,高校必须给青年学者创造上升的空间和便利。另外,法学界一直有这样的学术传统,即很多年长教师自己曾经从中受益,所以对于选拔年轻学者并无保留。而因为这种传统的存在,在应聘的后续报批程序中,无论面对大学管理层还是国家教育部门,选聘年轻学者,招聘委员会都不会受到太多的质疑。

(四)科研动力与学术评价体系

德国法学院的教师,无论拿到教职的早晚,一般都不存在科研动力不足的问题,因为第一个教席教职仅仅是学术生涯的起点。值得一提的是,临近退休或者已经退休的教授甚至比在职的教授工作热情还要高。

---

[60] Bundesbericht Wissenschaftlicher Nachwuchs 2017.

他们笔耕不辍,对于写作抱着非常严谨的态度。七八十岁的教授,参与法律评注、更新教科书,有的时候还会创办新的学术刊物。因为没有助手,他们写作时往往要亲自去图书馆查文献、对脚注。德国文献的引用一般要精确到可以查找的最小单位,比如书的边码和杂志的页码,而且所有文献必须引用最新版本,而德国的教科书与法律评注更新的速度又非常快,所以核对引文是一项非常费时费力的工作。如果说写作正文能够带来智识上的愉悦,创作的热情尚且可以理解,那么这些高龄的教授为处理这些技术的细节所花费的辛苦又如何来解释呢?也许是长期以来的工作习惯使然,也许是知识分子社会责任心驱使,也许出于一种纯粹的思考与交流的乐趣。

对于德国的中年学者,从事学术研究、著书立说,动力有多种,其中最关键的是成就感、社会肯定、同行认可等精神层面的需求。另外,声望的提高可以获得更多大学的聘书,这样或者可以跳槽到理想的学校,或者可以为自己在本校争取更多的资源。当然,学者的名气对其经济利益也有帮助,比如知名学者可以有更多的机会为法院、政府部门、立法者出具法律意见书,也可以从事担任仲裁员等比较赚钱的工作。但是大学教授作为公务员,所有兼职活动都需要申报或者需要取得大学批准。大学教授属于德国税后收入最高的5%的人群,但与实务界相比还是比较低。在德国房价高涨的大城市与大学城,很多首次受聘的法学教授,如果不是配偶收入比较高,购房也是一个问题。但不少人会觉得放弃实务界的高薪,而获得精神与时间上的自由、工作的稳定,也是值得的。

在这样一种没有外在激励与考核机制的体系里,是否进行研究写作,完全由学者自己决定。仅就数量而言,没有量化考核并没有导致学术不作为。每个学者可以根据学术兴趣、对自己作品的挑剔程度、家庭负担、身体状况担任行政职务等客观情况,来决定投入学术的精力。

(五)专业排名

德国高校发展中心对于法学院的声誉排名采取的也不是一种量化评价,而是采用问卷调查,邀请德国法学教授列出他们认为学术声誉最好的六家法学院,从中排除学者自己所在的学院以及重复列举,最后形成学术声誉评价的百分比,比如2016—2017年度的排名中,前五名分别为慕尼黑大学(60%)、弗莱堡大学(56%)、波恩大学(约40%)、柏林洪堡大学(约40%)、海德堡大学(39%)。[61]

四、对中国的参考价值

综上,德国高校整体对于学术评价体系的"热"对应的是法学界的"冷",法学界仍然运行在传统的评价体系中。这一体系虽然也存在问题,但可以解决教师招聘与科研动力的两个关键问题,尤其通过其他学校的招聘程序,一定程度上解决了同行评价的问题。[62] 这样一种历史形成的独特体系与中国相比有太多不同,尽管如此,如果定性考核是中国法学的发展方向,还是有必要考察德国体系对于中国的参考价值。

(一)机构设置与治理

德国法律系采取教席制,每个教席相当于一个研究所,教授之下基本没有其他长期教职。公立大学教授为终身制的公务员,享有财力与人力上对科研自由的保障。但代价是教席的数量很少,整个德国法律系共有七百多个教席[63],而且新增教席很少,所以能够进入这一体系的机会非常有限。德国高校自治管理,不仅仅是教授治校,学校的各个相关主体都有自己参与的可能性,小到院务会大到校务会,学术、行政人员,教学与科研辅助人员,都有代表参与。在德国大学里,院长、系主任并不是教授们的上级,而且通常任期很短,一般为两年,也无连任,职权有限,特别是没有人事权与财权。这种体制的优点是行政意志对教师的影响有限,缺点是院系主任能够

---

[61] https://www.talentrocket.de/karrieremagazin/details/uni-ranking-die-10-besten-deutschen-universitaeten-fuer-jura.

[62] 这种方式的负面影响是,在一些招聘程序中,因为获得聘书的候选人都只为了与目前所任职学校谈判更好的条件,而最后无人真正接受聘书,使得招聘程序不得不宣告失败,只好再次重启。这导致大量时间与资源的浪费。但这种情况在德国发生非常普遍,招聘委员会对此是有心理预期的。因此即便候选人拒绝聘书,他们也不会与招聘学校结怨。

[63] Deutscher Juristen-Fakultätstag 2018: Gesamtstatistik 2016/2017.

施展抱负的空间同样有限。事实上因为行政事务的琐碎，不少学者对于担任院系各种职务并不热心，导致找到合适人选都不是很容易。这样，各个法学院排名前后并不会与院系主任的政绩联系在一起，也没有功利心产生的环境。

在像中国这样分职称等级的体制中，必然涉及升等的问题，所以对于评价体系，特别是量化评价的需求会更大。在中国评定职称考虑的不仅仅是学术水平，更要看学术成果的多少。虽然存在破格提升，但这是因为成就相当的前提已经满足，而并不是对这项指标的放弃。另外，在目前的大氛围下，法学界对于高产作者的评选以及科研单位发文数量的统计与排名的关注，使得任何单个法学院，特别是其领导层，都难以抗拒这种评价的压力。

（二）社会背景

在德国这样一个成熟社会，医疗保障与社会福利完善，公立教育体制发达，经济发展平稳，阶层平等，高税收，个体对于金钱追求的动力并不特别强烈，所以虽然没有激励机制，但并未影响德国法学的发达。在中国这样一个转型社会，物质利益与金钱对于个体与家庭的生存状态、生活质量影响太大，使得高校教师本来应该专心从事科研、教学这种分内之事都需要情怀来支撑。谋求经济利益而不是学术建树，对于法学这种实践性学科的教师有时反而是理性的选择。因此，考核的认知的前提就是年轻教师需要外部压力，没有压力必然动力不足。"非升即走""非升即转"制度的引入，使得学术评价体系的重要性日益突出。这种体制就是要增加前期的压力，并以后期的放任来弥补前期的付出。因此，在通常的印象中教授被认为最缺乏学术科研动力，尤其是临近退休的教授。[64]这种说法有一定的事实基础，但不是很全面，至于原因更是很复杂，其中有限的期刊版面使得高质量文章的发表也颇费周折，是一个不可忽视的原因。但无论如何，教授科研动力的下降印证了管理者的预期和管理的必要性，即让

---

[64] 参见苏力：《各行其是：法学与司法》（译者序），载 https://www.guancha.cn/SuLi/2017_07_14_418164_3.shtml。

人认为高校教师就是需要考核这种激励机制的。

(三) 量化考核与定性考察

人情在中国社会的重要性,使得对量化考核的认同,包括对期刊分级不可或缺性的认识,具有广泛的社会基础。[65] 在德国,为了避免人情因素的影响,也有前文所述的留校禁止规定。数量上的考核,最为方便,而期刊文章长度类似,也使得考核拥有了可比性基础。但文章话题的难易程度不同,创新性不同,写就所花费的精力与时间不同,即便同一期刊刊载的文章,精致程度也有所不同,所以量化处理不能全面、准确反映学术研究水平的弊端,应该没有争议。[66] 但作品质量的衡量又难免主观[67],而且一般只能由同专业的同行作出评价,也可能掺杂更多的人情因素。所以,在"量"与"质"两种标准取其一,高校管理者选择更不容易引起纷争的"量"也似乎情有可原。但学术评价体系的设置必须有利于学科的发展,而不仅仅是便于考核,一流大学创建本身也不是终极目的,而是让学科更好为社会服务,引导学术成果的产生方式。在这个意义上,吸引智库、代表作进入评估体系、更为科学地评估课题项目,是探索完善目前体系的尝试。除此之外,还可以考虑把法律评注、外文发表作品等纳入评价体系。

"数量与质量、形式与实质、主观与客观结合,注重同行评价,推广代表作评价"是最近一些学者对于学术评价体系的倡议。[68] 德国科学基金会(DFG)从2010年7月1日起对课题申请人的作品采用代表作制度,这一要求同样适用于法学。但正如在德国一样,定性的考核参与人必须以

---

[65] 参见聂长建、李国强:《从"知识增量"向"知识升质":以法学研究为例》,载《理论与现代化》2012年第3期;曹明:《2017年高水平法学研究的一些形式特点》,载《法律文献信息与研究》2018年第1期;郭旨龙:《谁是中国法学高影响论文作者》,载《法律和社会科学》2015年第1辑。

[66] 具体参见侯猛:《中国法学的实力格局》,载《中国法律评论》2017年第5期。

[67] "这个判断必须是自己看书之后得出来的,不是别人推荐,看广告词,也不看作者知名度、工作单位、国籍或其他如教授之类的符号,不看书中引证了多少中外文资料,也不管其写作风格多么'践',用了多少大词、好词、新词,引用了多少名人名言等等,就一个字,好。"这一评判标准可能只适用于文学性较强的法理学作品,讨论具体法律制度的作品,对非本专业的同行理解可能都是困难的,很难用苏力所指的是否"好"作为标准。参见苏力等:《笔谈:法学研究与论文写作》,载《中外法学》2015年第1期。

[68] 参见"第二届全国法学研究高端论坛共识"。

本专业为主,对于非本专业人士不具有充分透明性,如果大学不分学科统一决定职称评定,那就很难实现定性考察。德国教授的招聘由招聘委员会负责,每个教席要专门成立一个委员会,其中成员主要为本专业人士,这样保证了定性考察的可信性。

五、结　论

学术评价与学术排名有其客观存在的基础。且不谈法律上的问责要求,即便在没有评价体系的年代,学者间私下的较量也从未停歇,更何况今天社会很多主体,比如高中毕业生、政客、雇主、家长、大学校长,他们一些关键性的决定都依赖于排名,这也就是为什么德国、美国均有学者抵制排名,但并未从根本上撼动学术评价体系量化发展的趋势。[69] 定性的评价难免具有一定主观性,知识界同行间互不服气超越学科、超越文化的存在即为明证。量化评价只是掩盖了这一主观性,把主观性提前到量化参数的确定。因此,学术评价体系面临难以调解的三重矛盾:评价客体的复杂性与评价体系的高效性、学者个体的科研自由与财政资助研究的问责要求、评价量化的要求与学术成果的不可衡量性。[70]

在这个大背景下,德国法学因为学科特点,采取的仍然是一种定性评价,使用的参数数量可观。在实践中,教职设置的单一性以及对于第三方课题经费依赖性有限,导致对官方评价的实际需求不大。而且,通过最主要的同行评价方式,即争取其他大学的聘书,把评价的任务转移给其他招聘高校,从而保证了公正性。总体上,德国法学仍然运行在传统的非官方评价体系之中,这一定性评价之所以可行,除了传统的力量以外,还有德国法学界的自我认同。虽然德国法学院在国际排名并不靠前,但因为国际排名倾向于英语国家的大学,所以这一排名并未影响到德国法学对自己现状的认可度。德国法学评价体系更多偏向了科研自由,但是否满足问责要求,是法学界仍需解决的问题。

---

[69]　Kieser (Fn. 20), 81 f.
[70]　Wissenschaftsrat (Fn. 3), 15.

法学的学科文化与法学学术中的女性参与*

——评《法律与事实——法学女教授们》[1]一书

一、引 言

性别与法律,不是一个新话题。[2] 但提到女性与法学,一般人们会想到女性主义法学,也就是法律中的性别问题,对于女性与法学的另一个方面,即女性在法学学术中的参与,在中国的讨论还没有真正起步。[3] 之所以把《法律与事实——法学女教授们》这本德文专著介绍给中国的读者,是出于两个原因。一是与德国类似,中国法学界同样是一个男性主导的世界,女性从事法学学术的道路更为艰辛。已经在高校、研究机构开始了学术之路的学者,在最有创造力的年龄段,因为家庭负担,可支配的时间、精力急剧缩减,才华还未开始充分施展,便已逐渐淡出学术生涯,这直接影响到很多有潜力的学生过早选择放弃继续深造。一直以来,法学

---

* 原文发表于焦洪昌主编:《国家与法治研究》(第2卷),法律出版社2020年版。

〔1〕 Ulrike Schultz/Anja Böning/Ilka Peppmeier/Silke Schröder, De jure und de facto: Professorinnen in der Rechtswissenschaft – Geschlecht und Wissenschaftskarriere im Recht, Nomos Verlag, 2018.

〔2〕 参见周安平:《性别与法律:性别平等的法律进路》,法律出版社2007年版;《环球法律评论》2005年第1期就"性别与法律"组织了几篇文章进行讨论;两位学者指出女性法学在中国仍处于边缘地位。参见但淑华:《女性法学研究的新进展——基于2006—2015年硕博论文选题和内容的分析》,载《妇女研究论丛》2018年第3期;马姝:《我国女性主义法学研究的回顾与展望》,载《河北法学》2012年第11期。

〔3〕 简短地讨论了美国法学院女教师比例,参见刘小楠:《走出私人领域:法学教育、法律职业中的女性》,载《政法论坛》2008年第6期。

学术中的两性平等,是一个研究很少却又非常敏感的话题。但是,笔者近几年愈加感到唤醒这方面的意识的必要性。随着生育政策的放宽,如果不及时采取必要的补救措施,生育与就业冲突的加剧会导致女性人才流失更为严重。学术研究不能功利,但学术生涯需要规划,女性尤其需要这方面的指导、鼓励与制度层面的保障。因此,我们当前非常需要心平气和、客观而有建设性意义的讨论,共同推动性别平等的实现。

一个积极的变化是,中国最近两年来,就这一问题社会氛围在变,法学界的关注度也在增加。[4] 但在性别实质平等的问题上,仅有意愿与动力是不够的,更需要的是解决问题的思路。虽然"中国问题+外国经验=中国方案"的研究方式一直为人诟病,但在中国人口结构越来越与西方靠拢,由此产生的社会问题也越来越相像,参考他国做法仍不失为拓展思路的一种途径。抱着这种想法,笔者试图收集德国的相关资料,在这一过程中接触到这本书,惊叹于该书对德国法学学术界女性参与现状研究的全面性,很多细节的介绍在其他文献中也比较罕见,也为其以德国法学学科文化为入手点所吸引。这本书包含了很多花絮逸事,多处引用访谈记录,生动直白,具有很高的可读性,不仅适合法律学人士阅读,而且适合对于德国学术界的运行方式感兴趣的其他领域人士。这也是把本书推荐给中国读者的第二个原因。

《法律与事实——法学女教授们》一书的第一作者与主要执笔人为Ulrike Schultz女士。她出生于1947年,是德国研究法律领域两性平等的先驱人物与专家,曾经在哈根远程大学工作,著述甚丰。该书共531页,是一个长达三年研究课题的成果,内容非常丰富。本书的作者们在材料的收集方面花费了巨大的精力,在写作过程中投入了很多情感。这本书主要分为以下几个部分:第一章到第五章为导言以及研究现状总结、历史回顾与研究方法。第六章与第七章解析了德国女性在学术界及法律职

---

[4] 2018年4月21日北京交通大学法学院与中国法制出版社联合主办"法律职业女性:现状与思考暨《温柔的正义》新书研讨会"。2018年5月25日中国法学会研究部、中国社会法学研究会、中国法学会婚姻家庭法学研究会在北京共同主办了首届"法律与女性发展"圆桌论坛。当然,一般传统的法律职业是指法官、律师、检察官等,不包括在高校与研究机构的工作。参见宋灵珊、刘方权:《法律职业中的女性:从法学院到法院》,载《法律和社会科学》第15卷第2辑。

业中的比例与数据,讨论了德国法学教育的体制。第八章、第九章与第十章介绍了德国法学的学科文化与学术生涯的各个阶段,这里对于学科文化的剖析主要是根据对于相关学者的访谈来进行的。通过这些访谈,读者可以了解到法学学术道路中存在哪些障碍以及困难。在最后一部分,作者根据与大学性别平等代表以及相关院系管理层的访谈,试图找到扶持女性从事学术道路的措施和可能性。

二、第一章到第五章:研究目的、历史、现状与方法

在该书第一章,作者介绍了开展这项研究的原因。在20世纪80年代,德国766名法学教授中,只有10位是女性。[5] 而今天,德国大学里法律系女教授的比例大约为15%。虽然这一比例已经比30年前高很多,但法律系中女生比例提高更快,在过去10年中已经从20世纪70年代的15%提升到目前的超过半数。可以说,在德国,法学已经从一个男性为主转型为女性为主的专业。尽管如此,有些大学中仍然只有一位或者两位女性法学教授,在作者看来,法学界中显然存在一些特殊体制上的原因,阻碍了女性的学术生涯,使得女性被迫触碰到所谓的玻璃天花板。作者认为这项研究课题的意义就在于,在未来的几年中(指的大概是2008年以后的几年)将有大概1/3的法学教授会因为年龄的原因退休,由此会产生一个规模比较大的代际更替,如果能够找出掣肘女性进入法学领域的原因,那么可以通过排除这些障碍,利用这样一个历史机遇提高女性在法律系教授中的比例(第19页)。

在第二章,作者对德国学术生涯的特点进行了介绍,并指出在德国高校中除了教授这个职位之外,几乎没有任何其他长期研究型岗位。因此,在德国学术生涯是一条直线,没有岔路,直线的终点是成为教授,如果不能成功,直线就只能戛然而止(第24页)。这种高度的不可预见性和高度的不稳定性,构成了德国学术生涯的显著特点,这要求学者必须要满足对于工作机动灵活性与工作地点多变性的要求,而这种工作方式必然

---

[5] 德国大学中开始出现女性代表大致也在20世纪80年代中期,该书第141页。

与学者结婚生子的愿望发生冲突,所以学术生涯更加适合男性。此外,学术与一般的职业不同,不区分工作时间与业余时间,在德国学术被理想化为一种内心的召唤,要求特别的职业伦理,学者必须全身心投入,具有高度的热情与自觉性,把自己的一切献身给学术,学者与学术不可分地融合在一起(第29页)。就此,作者引用马克斯·韦伯的观点,其于1919年就已经指出,学者要具备受难与牺牲的精神。[6] 但学术界中性别的不对称表明了,学术界本身就是一个社会化体制。在这一体制中,参与和成功的概率在不同性别中的分配是不平等的,学术界也不是纯粹根据理性定理而运行,学术的社会性决定了学术界必然无法回避性别问题(第31页)。学术在大学以及科研机构中进行,学者都必须经过复杂的社会化过程,从了解什么是好的学术开始,到自己也可以从事好的学术。一言以蔽之,学术有其客观性,也有其社会性,其社会性的存在是由学者的社会角色所确定的。作者指出,法学的特殊性就在于,它不仅仅是一个研究学科,其研究对象还是一个政治统治与调控的工具,并依赖于社会所赋予的合法性(第38页)。而法学界也不是一个社会性别中立的领域,而是一直以来就由男性所主导。这一点也体现在招聘程序中,教授职位主要在男性之间竞争并为男性所获得,女性要进入这个世界,必须要接受并改造自己以适应这种男性文化(第46页)。

第三章阐述了该书的研究方法,特别是为访谈的设计作出了说明,为了获取最真实的信息,被访谈对象的姓名原则上不予公开。作者在第四章探讨了法学是如何逐渐成为一个威望极高的主导学科,并举例说明法学重要性的一个表现就是法律人在政界中的参与程度。在德国2013年选举产生的第十八届联邦议会中,议员总数为634名,其中136名议员为法律人。法律与权力的紧密关联,也促成了法学的男性主导地位。

该书第五章从历史的角度回顾了女性如何逐渐进入法学学术界。作者把历史分为五段,分别为19世纪、1900年到1933年、1933年到1945年、第二次世界大战之后、1990年后。从作者的介绍中,读者可以了解

---

[6] 因为学术之路的投入太大,又充满了变数,同时法学毕业生可以从事很多其他具有吸引力的职业,使得该书的一位女性受访对象认为,只有失去理智的人,才会选择学术道路(第308页)。

到,德国最初允许女性在大学里学习法律始于 1900 年,而第一位在德国获得教授资格的女性是 1887 年出生的 Schoch 女士。通过对德国早期女教授生平的详细介绍,作者展示了这些先驱人物所经历的艰辛与面对的困难。第二次世界大战后,最初在西德获得教授资格以及教授职位的女性都没有孩子,有些甚至一生未婚。为了能够进入男性一统天下的法学圈,这些女性都变得比较强势,可以说更男性化。在书中第 129 页到第 133 页,作者把在 1959 年到 1997 年期间所有在德国获得教授资格的女性学者的基本信息逐一列举。根据作者的统计,20 世纪 50 年代有 2 名妇女获得教授资格,60 年代有 3 名,70 年代有 5 名,80 年代有 16 名,之后逐渐增加,最多的是 2000 年到 2009 年之间,共有 94 名女性获得教授资格。目前,从事民法的女性教授最多,其次是公法,最后是刑法,当然,这主要是由这三个法学方向教席数量配置所决定的。作者指出,在历史上男性曾经以各种各样荒谬的理由来反对女性从事与法律相关的职业,其中包括女性身体与心理的特性不适合在法院工作、法律职业工作强度太大,应该保护妇女免受其害,只有很少的人承认,他们反对女性从事法律职业是因为不希望受到来自女性的竞争(第 75 页)。

三、第六章、第七章:数据与法学教育

该书第六章对女性在学术界、法院以及律师事务所的数据进行了统计。数据表明,在西方所有国家中,学习法律的女性比例都在逐渐增加,而且已经超过半数。在过去 20 年间,法学在德国女生中是最受欢迎的专业之一,远比在男生中更受欢迎。这是因为一方面读大学女性数量总体在增长,而法学对于那些在专业选择上犹豫不决的人来说是一个安全的备选,因为法学专业毕业生就业面比较宽广。如果能够在法院工作,工资报酬与性别无关,工作稳定,而且可以半职工作,基层法院法官还可以主要在家办工,只有在开庭的时候才需要到法院上班,因此对于有生育意愿的女性来说具有很强吸引力。该书中一名接受访谈的女性感叹道,"法院是妈妈们的天堂"(第 135 页)。

在学术界,在 1975 年女性中攻读博士学位的只有 8.2%,而在 2015 年女性中获得博士学位的比例已经增加到 39.2%。与其他专业不同,攻读法学博士学位,通常不仅仅出于特别的学术兴趣,而更多是为了获得一个头衔,尽管在法院或政府工作,博士学位对于职业生涯并没有附加值。2014 年在德国首次获得教授职位学者的平均年龄为 38.5 岁,其中女教授的平均年龄为 35 岁,男教授的平均年龄为 40.4 岁。这一差异的原因之一是男性要服兵役而女性不需要。此外,在 2014 年获得教授职位的女性年龄分别为 32、34、35、37、43、50 岁,其中年龄比较小的人数较多,因此拉低了平均值。一般说来,女性法学教授首次获得教职的年龄段是 38 岁到 42 岁。但在男女性别分配比例上存在所谓的管漏现象(leaky pipeline),学历越高,女性越少,男性和女性的比例呈剪刀差分布(第 174 页)。在医学和法学这两个职业教育专业,学生的选择受家长职业的影响最大,德国不少法学家出自法律世家。但女性走上法学学术道路,受家庭的影响更大,出生于知识分子家庭的女性法学教授比例远远高于男性(第 186 页)。

该书第七章介绍了德国法学教育的多个方面,如学制、教学方法、学生特征、考试与分数、传统意识。德国法学专业的学制在七年到九年之间,学生需通过两次国家司法考试并经过实践培训,才能成为真正的"完全法律人"。在作者眼中,法学专业同学之间的竞争特别激烈,同学之间喜欢相互比较谁学习时间更长,谁的考试分数更好。女生无法认同法学的男性特征,因此影响了学习的动力,这也被作者解读为导致了女生在大学期间考试成绩比男生要低的一个可能原因(第 221 页)。因为法学本身是一个保守的学科,所以在大学期间所学的案例很多都还来自德意志帝国法院判决。在 20 世纪六七十年代法学的一些教学资料或者考试以及练习所用的案例中,不乏丑化女性的情形出现,比如给女性起类似于"大胸丽塔""情人交际花""傻小娘"等低俗的侮辱性姓名,或是描述她们行为愚蠢、头脑简单(第 226 页)。当然,在今天这种公然的歧视与贬低已经消失,但微妙的性别偏见依然存在。读到此处,笔者非常震惊,也更加理解为何作者对于德国法学的学科文化抱有很强的批判态度。显然,出生于1947年的第一作者本人就是在这种氛围中接受的法学教育,可以说是这种歧视的直接受害者,求学期间的经历显然也影响了作者本人的世界观。

四、第八章:法学的学科文化

第八章的标题是法律系与其学科文化,书中概括了下面这些方面:法律系、教席、教学、科研、兼职工作、发表情况、大学自治、如何出名、理想中的法学教授、人际网络。这方面在现有文献中,因为来自内部视角的信息有限,所以在这里笔者作比较详细的解析。

首先作者指出,一个高校只有拥有了法律专业,才能被称为一个真正的大学。法律系历史悠久,所以在大学组织结构中处于一个强势地位,这也体现在教席配置方面与大学的谈判态度。作者把法律系中的权力分配分为官方与非官方两种。官方的权力主要集中在系主任、副系主任、教务长,以及民法、刑法、公法三个学科的召集人。非官方的权力主要建立在教师资历的基础上,但这种权力的内容不是能够积极地促成某事,更多的是破坏捣乱型的,即以阻碍他人做成某事为内容的。就高校教师是否有权力欲的问题,作者认为教授们最初肯定不是出于权势的考虑才选择学术生涯,但在高校工作的时间长了,就会发现作为教授实际上并没有什么实权,难免心理会不平衡,反而会发展出对权力的欲望(第250页)。权力欲也体现在学科之间的重要性之争。该书受访的刑法学者认为,民法无法参与社会对话,因而重要性低,公法学者又觉得刑法完全是学派之争,只有自己是独一无二的,因此公法自己的定位是国家法,而不只是宪法(第251页)。

从第254页开始,作者介绍了德国法学的教席文化。[7] 传统上很多

---

[7] 在德国大学法律系教席设置的数量方面,存在不小的差异,小规模的如杜塞尔多夫大学、波茨坦大学、康斯坦茨大学有15—18个教席;中等规模的如奥古斯堡大学、巴洛伊特大学、比勒费尔德大学、汉诺威大学有20个教席左右;大规模的如波恩大学、弗莱堡大学、哥廷根大学有26个教席;最大规模的如科隆大学、明斯特大学、法兰克福大学、慕尼黑大学有30多个教席,参见该书第141页。

教席都形成了一种家庭式的结构,教授扮演父亲的形象,秘书扮演母亲的形象,其他的工作人员是所谓的孩子。这样的一个家庭有自己的仪式,也有自己的文化。同一师门的弟子自称是学术上的"一奶同胞"(Milchbruder, Milchschwester)[8],而且德国除了中性的"导师"(Betreuer/in)一词,使用更多的是"博士父亲"(Doktorvater)、"博士母亲"(Doktormutter)、"教授资格父亲"(Habilitationsvater)、"教授资格母亲"(Habilitationsmutter)等名词。教席与教席之间有的关系紧密,有的非常疏远。教席中存在一种强烈的师徒关系,一名比较年轻的受访对象提及自己的导师时,不是直呼其名,而是使用尊称"我尊敬的学术导师"(mein verehrter akademischer Lehrer)。[9] 该书几次提到,这种师徒关系也可能会异化成一种剥削与被剥削的关系。这是因为,年轻学者要想打开学术生涯的局面离不开导师的提携。可以说,导师的声望、人际网络以及在学术界的地位就是学生进入学术界的敲门砖。[10] 一个例子是,各学科的学会对于年轻学者进入学术界具有重要作用,一般在学会组织的专业活动中,导师会把自己的学生介绍给其他知名学者,以便学生可以建立自己的人际网络。在找工作方面,导师也可以启动他的人际关系帮助其学生。作者认为,师出名门在公法领域尤为重要。这是因为,公法问题涉及的不仅仅是学术观点之争,更是政治立场之争(第286页)。而要获得导师的青睐,学生首先要通过自己的工作让老师欣赏。一般说来,学生对导师存在一定的人身依附关系,如果导师和学生的关系交恶,无疑就会成为学生学术生涯中的障碍或者绊脚石。所以,作者借一位受访学者之口总结到,在学术生涯中,最关键的是要找到一个完全没有私心的导师。总体上,导师在挑选学生时,强调"三观"一致,攻读教授资格论文的学生最好在各个方面与自己相似,不少教授的确与其导师的思考方式、说话方式都

---

[8] 这里多少是一种夸张的说法,一般中性的表达是Habilitationsschwester/Habilitationsbruder,相当于中文的师姐、师妹与师兄、师弟。更让人侧目的是,同门师兄弟一般被戏称为来自"同一个窝"(gleicher Stall),同门弟子对导师的教席也使用"巢穴"(Nest)一词来形容,用的都是指代动物的语言。

[9] 但把教师资格导师称为akademischer Lehrer是比较通行的做法。

[10] 该书的一位受访学者指出,教职不像其他工作,到人才市场投简历或者参加招聘工作坊就能找到,必须由导师引路把自己带入行才行(第354页)。

很相像。由于绝大多数法学教授为男性,所以有可能会存在因性别不同而带来的负面影响,尽管现有例证并没有证明这一点。这种对师承关系的重视来源于古罗马,这也正是德国法学重视传统的一个表现。学生在导师退休后接手导师的教科书、法律评注、期刊主编等继承导师衣钵的情况很普遍。

在教学方面,作者讨论了女性的教学方式是否与男性不同,是否更加生动、贴近生活、通俗易懂。因为女性一般比较重视教学,但教学水平的好坏对于个人的学术声誉影响不大,所以女性在教学中的额外投入也鲜有回报。在兼职方面,无论男女教师通常都是通过自己的人际关系才被聘用,所以收入与性别关联不大。也有的访谈学者认为,真正赚钱的仲裁领域的工作,女性完全不能沾边。在发表著作方面,德国的杂志一般不采取同行评审制度,而是由主编决定是否采用稿件,这样稿件发表的比较迅速。无论对司法实践还是涉及法律问题的政治决定而言,这种时效性都具有积极意义。但这样一来,一些重要的期刊主编就有很大的权力,他们可以决定期刊讨论话题的比重以及主题的选择,这些期刊主编主宰了相关学科的发展与调控。在发表文章方面,除了质量之外,数量也很重要,有人戏称这一现象为"学术资本主义"(akademischer Kapitalismus)。而女性学者中存在理想主义倾向,对这种注重数量的写作目的并不认同,也会导致其发表作品数量偏低或者产生写作心理障碍。在大学自治方面,很多委员会都需要有女性的参加,而法律系的女教授人数比较少,导致女教授在学校自治管理方面的精力付出要更多(第283页)。

从第283页到第287页,作者探讨了学者如何出名的问题。首先,作者借鉴了《学生眼中的20世纪德语区民法泰斗们:一部个体叙述的思想史》[11]一书中所使用的评判学术成就的标准。这种标准可以是提出了某种新的方法或是新的理念,或是在国际上引起了强烈反响。其次,关于如何出名,访谈对象的看法不一。有的认为,法律评注最重要,所以能参与贝克出版社出版的评注可以赢得学术地位。也有学者认为,因为法律评

---

[11] Grundmann/Riesenhuber, Deutschsprachige Zivilrechtslehrer des 20. Jahrhunderts in Berichten ihrer Schüler—Eine Ideengeschichte in Einzeldarstellungen, Bd. 1, 2007, Bd. 2, 2010.

注与教科书数量日益增加,所以二者的影响力都在下降,期刊论文才是真正可以提高一个人声誉的重要手段(第285页)。这里比较有趣的是,作者非常直接地、毫不掩饰地讨论学者如何才能尽快出名的问题,一般情况下,对这一问题在正式出版物中多少要比较含蓄。

什么是理想中的法学教授形象?作者认为,祝词、贺词、讣告或者是学生对老师的追忆性文章对法学教授的描绘,一般都突出其积极的一面,通常对被祝贺、追忆的对象进行美化,所以从这类文章中所经常用的表述方式可以勾勒出理想的法学学者形象。法学家经常被提及的美德包括观点明确、论理直接、立场坚定,有的还强调联系实际的能力以及学者的文化修养、对文化的广泛热爱,比如说喜欢歌剧、绘画、文学、哲学,并强调这种爱好达到了专业水平,等等。在作者眼中,对于导师的赞誉也不是毫无私心的,导师的光辉形象能够折射到学生身上。此外,一些教授也会通过自我表演、制造噱头吸引大家注意,其中一位公司法教授回忆自己的导师在参加报告会时,常穿一件有传奇色彩的白色裘皮大氅,戴着宽檐礼帽,以精神贵族的姿态,在报告开始后的第一分钟,当主持人已经开始致辞时进入会场。在一片寂静中和所有观众的瞩目下,从最后一排走到第一排,在学生们对自己的仰慕和崇拜的目光中落座。显然,女性对这种刻意营造某种形象的做派难以认同,甚至反感。

作者在本书中多处提到了法学的服饰文化,并指出法学的学科文化非常保守,这也体现在正统的着装礼仪方面。如果对法学服饰文化不认同,衣着标新立异,就会被认为是异类,也可以被理解为对于法学学科文化的不认同。这一穿着习惯也影响了学生,法律系的学生同样比较注重自己的个人形象,看中品牌。波恩大学的学生曾经玩过一个游戏,即"告诉我你身上穿什么牌子,我来猜你学什么专业"。结果这一游戏命中率最高的就是法学专业的学生。绝大多数男教授只要上班,无论有事无事,都穿西装。女性教师如果穿着比较随意或女性化,就有可能被人当成教授的秘书,因此女性也通常穿着比较正式,衣服色彩偏中性。总体上,德国的法学教授都特别严肃,给人以距离感。与之类似的是,德国的法学书籍的封面一般是黑、灰、棕色,封面很少用图片。

五、第九章、第十章：学术生涯

在第九章，作者就哪些人适合从事学术道路的问题进行了访谈。受访者认为，学者们应具备如下素质：工作能力强、毕业成绩优异、耐力、自律性、不气馁、可以超长时间工作以及原生动力。女性在这方面的素质并不比男性差，但在德国法学界，女性之所以排斥学术生涯，是因为获得教职就必须要完成教授资格论文。而撰写教授资格论文的时间，即30岁到40岁之间，正好是人生最忙碌的阶段。在这个年龄段，年轻学者需要组建家庭、生儿育女、照顾老人，这些工作很多都由女性来承担。虽然德国也引入了助理教授这一制度，但在法学界这项改革措施被证明是失败的。这是因为，法学界要求助理教授也必须完成教授资格论文，而助理教授的教学任务比不是助理教授的年轻学者更重，所以反而更加难以完成教授资格论文。在德国，教授资格论文是评判学者的学术水平最重要的一项标准。该书也提到，因为有完成教授资格论文的需要，学者们才会投入几年的时间只研究一个问题，这种深入的研究对于推动德国法学的发展起到了不可替代的作用。作者在第406页写到，在完成教授资格论文的阶段，女性一旦有了孩子，导师可能就会觉得她受家庭羁绊太大，背叛了学术，所以不再提携或者减少提携的力度。

根据作者的统计，60%的人在获得教授资格以后的两年内获得教授职位，20%的人需要四年，剩下的20%需要十年或者更长的时间。等待的时间越长，找到教职的难度就越大，会被认为是无人问津的滞销产品。在招聘程序中，选拔标准不仅包括专业水准也包括团队精神。[12] 而对于团队精神的判断经常是口口相传，这就要应聘者人脉广，招聘委员会有人替自己进美言。在应聘时，不时会出现同一师门的学者相互竞争的情形，此时有的导师还会规劝女学生要谦让自己的师兄弟，因为男性要养家糊口，而女性可以依靠丈夫的收入。招聘委员会可以使用很多策略把自己

---

[12] 这一点对于院系管理尤为重要，如果没有团队精神，例如，有的教师不愿意分担管理任务，或不具备妥协精神，就可能导致就院系事务难以达成一致意见。

心目中的理想人选放在第一位,本书作者也介绍了一些,比如夸大缺点、打压优点,或者以学校财力不足无法提供高配置为理由,排除一些大牌候选人[13],对于有争议的候选人则直接在第一轮淘汰。当然,应聘者对于招聘结果不满可以起诉高校,但是这样可能导致没有高校再敢聘用这样的候选人,所以真正提起诉讼的候选人一般都已经拥有一定的地位,才能无所畏惧。笔者的观察也验证了德国高校教师的流动性整体下降的趋势,老一代教授中在多个大学工作过的情况比现在要更为普遍。如今很多男性教授的配偶也都工作,无法或者不愿意跟随丈夫经常搬迁,导致配偶子女住在外地、两地通勤的德国男教授人数不低,其中不乏单程要坐六七个小时火车的情形。

作者在第342—353页对法学专业国家考试成绩的异常重要性进行了大篇幅描述。对于德国法学专业毕业生而言,考试分数就是身份和职业生涯的入场券,成绩好的学生可以一生依靠分数,成绩不好就是人生的一个巨大挫折。对于法学的后起之秀,也只有分数好的才能得到教席工作,而这种工作通常是进入学术界的第一步。甚至有的教授戏称国家考试分数会刻在一个人的墓碑上,一名学者认为考试成绩不好给他带来了永远的创伤,即便今后做了教授也有可能会被人轻视。可以这样说,德国国家考试的分数就相当于中国高考的分数。这是因为学习法律的学生人数特别多,而德国大学又不看重排名,只有通过分数才能够看出一个人的专业能力。国家考试的分数在法律人中区分了阶层,法律系学生也不例外,分数达到中上(vollbefriedigend)就跻身了上层社会。事实上,法律系多数学生都是高中里的尖子生,但开始学习法律时,因为没有掌握方法,考试成绩经常会刚刚及格,所以法律系学生在开始学业之初,会对自己的能力产生怀疑,背负巨大的心理负担。

值得注意的是,作者在多处提到学者人际网络的重要性,并指出女性教授人数偏少,所以在人脉方面女性处于劣势。此外,女性因为要照顾家

---

[13] 这是因为一些没有跳槽意愿的教授也可能会应聘,借此测验一下自己的"市场价值"和学术地位,该书的一个受访对象把这种行为称为"赌一把"(第338页),而一旦把聘用邀请发给这类应聘者,就会导致招聘程序的迟延,具体参见卜元石:《德国法学界的现状与发展前景》,载方小敏主编:《中德法学论坛》(第12辑),法律出版社2015年版,第52页。

庭,能够参与的学术活动也比较少,这进一步影响了她们人际网络的扩展(第358页)。一名受访的男老师坦言,在学术会议期间和法学界同行一起喝啤酒对自己学术的发展比发表文章还要重要。[14] 在引用方面,也有熟人之间互相引用,形成了所谓的引用卡特尔现象,这当然对于女性来说也是一个阻碍。

最后,作者总结道,法学界对于女性是否需要优待与扶持有三种看法:一种认为,女性已经获得了足够的扶持;一种认为,女性太过消极被动,总是等着被人发现;还有一种认为,女性没有勇气,不能创造和把握机会(第390页)。根据笔者观察,对于男性而言,在德国获得教授职位除了学术能力与学术成就外,也要靠机遇,因为设置新的教席很罕见,一般只有当现有教席出现空缺时,才产生应聘的机会,男性的学术之路一样充满了不确定性,所以对于优待女性的做法也是不无怨言的,不少人私下认为,没有小孩的女性学者根本就不值得优待,因为她们也没有额外的家庭负担。

六、第十一章、第十二章:扶持措施

在第十一章中作者提出了很多可以在法学界提高女性比例的措施,包括减压措施,用长聘制度(tenure track)取代获得教授资格论文,引入其他可替代性的职位,比如参考英国与美国的制度引入讲师、高级讲师,给予这些教师长期聘用合同。德国高校中也应该鼓励有潜力的女生深造,提高女性学者的自信心、进取心。在这些方面大学和高校教师联合会可提供很多具体的职业辅导项目,包括如何选导师、怎样应聘、怎样与学校谈判教席配置、如何提高领导才能。

最后,第十二章是对全书的总结。法学学科的男性传统、对于教授资格论文的要求使得学术道路对女性吸引力不足。事实上,在德国法院工作可以不用坐班,而且工作压力没有高校那么大,所以可以这样说,在德

---

[14] 这是因为德国法律评注的盛行,很多评注主编倾向于在自己认识的同行中寻找撰稿人,这样主编对于撰稿人的性格至少有一个基本判断,合作起来比较放心。

国选择法学学术生涯,女性所需要的勇气要更大。

七、对中国的参考意义

这本书对中国的参考意义至少有两个方面,一是学科文化,二是对女性学术生涯的政策倾斜。在学科文化方面,通过这一研究我们可以从一个性别研究的视角深入了解德国法学文化。这本书揭示了德国法学界不是象牙塔,也不是一个远离利益纷争与人际关系的世界,而是一个微缩的社会,有自己的游戏规则。虽然说真正的人才不会被埋没,但是初出茅庐的学者也需要有平台来发挥自己的才能,学术能力的提高、学术自信心的培养、学术成就的积累,都离不开前辈的提携和同行的支持,这就需要一定的人际关系做铺垫。总体上,这本书对于德国法学学科文化的描述是具有批判性的,其指出了不少弊端。书中一些内容是比较忌讳的话题,通常学者只是私下交流,不能搬到台面上,比如学生为导师代写文章等有违学术规范的情况。因此,公开讨论这一类问题需要很大勇气,作者作为性别问题专家的身份多少为其提供了一定的保护。如果说2012年德国科学委员会发布的《德国法学的前景》[15]是德国法学文化的浓缩官方版,那么这本书就是德国法学文化的民间未删节版。可以想见,这本书多少也会颠覆中国读者心目中德国法学的正统形象。有人的地方就有政治,学术界也难免沾染江湖气,认识到这一点,可能会让很多年轻学者,特别是年轻女性学者,对学术的崇高形象产生幻灭感。

但德国的经验表明,社会价值观转变的外部压力和学界、高校管理层的共同努力,可以推动学科文化向积极的方向发展,两性实质平等的提高就是一个明证,德国今天的法学学科文化较之三四十年前已经更为平等、宽容与开放。另外,这本书多次引用了其他两本关于法学学科文化的文集,一本为2013年出版的由Helmuth Schulze-Fielitz教授所著的《作为微

---

[15] 参见前引卜元石,第46页及以下。

观宇宙的国家法学:构建公法学社会学与理论的基石》[16],该书把德国公法教授之间的师承关系制作了大型的家谱。另一本为前文所提到的Stefan Grundmann 与 Karl Riesenhuber 两位教授编辑,于 2007 年、2010 年出版的两卷本《学生眼中的 20 世纪德语区民法泰斗们:一部个体叙述的思想史》。这两本文集为了解德国公法文化与民法文化提供了非常有价值的信息,这里顺带推荐给读者。

在第二个方面,中国法学院里女生比例也很高,但法学院教授中女性的比例就比较低。一方面,中国女性要面临更大的婚嫁与生育的社会压力,这使得不少父母反对女生深造、攻读博士,而且中国家庭花在下一代教育上的精力要比德国高出许多。另一方面,有学者认为女性法学教师容易出现职业倦怠的现象,[17]这无疑加重了女性对于自身能力的怀疑、对前途的忧虑。学术研究不同于其他职业的一点在于,其性质是一种不具备重复性的创作型活动,需要连续的时间可以不受干扰地思考、写作。但大学及研究机构时间上的自由,很大程度上把家庭的负担转嫁到了女性身上,在事业与家庭之间必须进行取舍时,女性往往牺牲自己的追求。这是因为,社会更能接受女性缺乏进取心,学术生涯不顺利时,女教师承受的社会压力也比男性要低。如何解决这些问题还需要我们深入思考,但首先就是要培育平等的观念。女性就业是个大问题,法科学生只是一部分,学术界更只是就业的一个小领域。但女性就业平等的改观,也是靠一点一滴努力才能实现,德国法学界三十多年的经验已经证明了这一点。一个完善的社会制度应该能吸纳最优秀的人才,而无论其性别。人尽其才,也应该是社会发展进步的一个终极目标。

---

[16] Staatsrechtslehre als Mikrokosmos: Bausteine zu einer Soziologie und Theorie der Wissenschaft des Öffentlichen Rechts, 2013.

[17] 参见梁文永:《女性法学教师职业倦怠现象调查与分析》,载《教育研究》2008 年第 7 期。

第五编

德国法学与美国法学

德国法学与美国法学：
一个半世纪以来的互动与争锋

德国与美国作为大陆法系与普通法系的代表，在过去的一百多年中总体上一直保持相对密切的互动。就两者之间的关系，德美均有学者予以关注，并有若干专著发表。中文文献中，关于美国法律史、部门法发展史以及法学教育的中文著述、译著[1]也都从不同侧面为了解德美法学关系提供了素材，但是专门就这一问题研究现状的介绍还很少。中国法学在其发展的进程中受到这两个国家的影响比较深刻，因此了解两者之间的关系，可以为理解这两个国家法学的特色多一个视角，获得一些新的认知，并对塑造中国法学的未来提供可供参考的外部经验。对于中国这种法律混合继受国家的读者，德文文献中很多关于美国法内容的分析、特征的论述更能给人意想不到的启发，可以对德国法与美国法形成更为深入的认识。

根据已有研究，可以把德国与美国法学的互动分为下面三个主要阶段[2]：第一阶段为1870年到1918年，这一期间为美国法律形式主义的形成与兴盛时期，以美国向德国学习为主。第二阶段始于20世纪30年代，在这一时期美国法学转向法律现实主义，从此走上了与德国

---

[1] 参见胡晓进：《自由的天性：十九世纪美国的律师与法学院》，中国政法大学出版社2014版；[美]罗伯特·史蒂文斯：《法学院：美国法学教育百年史（19世纪50年代至20世纪80年代）》，阎亚林等译，中国政法大学出版社2003年版。

[2] Lepsius, Der Einfluss deutscher Rechtsideen in den USA, in: Raab/Wirrer (Hrsg.), Die deutsche Präsenz in den USA, 2008, 588.

法学截然不同的道路,当时美国与德国法学界的联系主要通过流亡到美国的德国犹太学者进行的,这一阶段持续到 20 世纪 70 年代。第三阶段为 1980 年到目前,此阶段德国法开始更多受到美国法的影响,具体表现在德国开始借鉴美国法律制度,德国法科学生、学者到美国学习研究越来越频繁。美国法在其成长过程中曾经以德国法为师,但随着美国世界霸权的形成,第二次世界大战后德国与美国法学的角色发生了掉转。

一、第一阶段

美国密歇根大学法学院德裔教授 Mathias Reimann,曾经就德美法学频繁互动的第一阶段有过深入的研究,尤为值得一提的是他于 1993 年所发表的专著《历史法学派与普通法:德国 19 世纪法学对美国法律思维的影响》[3]以及其在同年主编出版的文集《1820 年到 1920 年普通法世界对大陆法思想的继受》[4]。这两部著作对德国法学——特别是以萨维尼为代表的历史法学派——对美国法学影响的缘起与兴衰进行了十分细致的梳理与分析。而明斯特大学教授 Oliver Lepsius 则在 1997 年出版的专著《普通法中的行政法:美国直至罗斯福新政时期的发展》[5]对美国在公法领域对德国法的吸收进行了研究。正如高鸿钧教授所指出的,"基本权利和自由不可剥夺的自然法理念,分权制衡的原则,菲尔德发起的法典化运动,19 世纪后期流行的法律形式主义,以及 20 世纪初期的社会学法学等,都可以追溯到欧洲法学理论与实践"[6]。但这种借鉴过程中的细节还有待进一步挖掘。

---

[3] Historische Schule und Common Law: Die deutsche Rechtswissenschaft des 19. Jahrhunderts im amerikanischen Rechtsdenken.

[4] The Reception of Continental Ideas in the Common Law World 1820–1920.

[5] Verwaltungsrecht unter dem Common Law: amerikanische Entwicklungen bis zum New Deal.

[6] 高鸿钧:《美国法全球化:典型例证与法理反思》,载《中国法学》2011 年第 1 期。

(一)德国历史法学派对美国法学影响的兴盛期

在 19 世纪末 20 世纪初德国大学在世界范围处于领先地位,德国的思想与文化也受到各国学者的追捧。[7] 而此时美国结束了内战,正处于向现代化国家过渡的时期,这表现在人口大量涌入城市,工业化生产取代农业在经济中的地位,国家管理机构不断设立,美国法学在这一时期也为其今后的发展确定了方向。[8] 美国法学的这一时期为"经典时期"(classical era),当时法学家们把法律的科学化作为学科的任务,具体而言就是寻找对普通法内容进行重新梳理的方法,而这一目标与德国历史法学派的主张一致,因此美国学者试图在德国寻找思路与灵感。[9] 在这一时期德国法的知识通过三种途径——德文文献的英译、美国学生留学德国以及学者之间的交流——大量被传播到美国。

当时德文文献的英译多出自英国[10],其中萨维尼的著作被翻译的最多,如《当代立法与法学的使命》《罗马法史》《论占有》《当代罗马法体系》及《债法》。[11] 一些知名的美国法学家如约翰·奇普曼·格雷(John Chipmann Gray, 1839 – 1915)、罗斯科·庞德(Roscoe Pound, 1870 – 1964)[12] 等不仅自己能够阅读德文原著,在自己的作品中大量引用德语文献,也鼓励学生到德国深造。[13] 而正是这些掌握了德语的知名学者从耶林、科勒、欧根·埃利希、康托洛维茨等德语圈学者的思想里汲取营养,创立了法律现实主义等新兴法学流派,从而改变了 19 世纪美国法哲

---

[7] Lepsius (Fn. 2),594.

[8] Reimann (Fn. 3),36.

[9] Reimann (Fn. 3), 38 f.

[10] 18 世纪末时,英国文学界与学术界对德国的文学、哲学、历史学研究的兴趣日渐浓厚,在这个社会大背景下,英国法学学者也开始关注德国的研究,其中包括约翰·奥斯汀,参见 Schwarz, Rechtsgeschichte und Gegenwart, Gesammelte Schriften zur Neueren Privatrechtsgeschichte und Rechtsvergleichung, 1960, 74。

[11] Reimann (Fn. 3), 40-43.

[12] 庞德在内布拉斯加大学学习的是植物学,他在 1889—1890 年间曾经在哈佛法学院就读过一年,也与 Gray 结交。参见 Herget, The Influence of German Thought on American Jurisprudence, 1880-1918, in: Reimann (Hrsg.), The Reception of Continental Ideas in the Common Law World, 第 204 页。

[13] Reimann (Fn. 3), 40.

学落后的局面。[14] 在美国古典法律时期至少有几百名美国法律专业的学生到德国留学,很多留学生如 James Barr Ames、William Cardiner Hammond、Christopher Tiedemann、Henry Adams 后来成了知名学者,他们对于德国法学的推崇扩大了德国法的影响。[15]哈佛法学院图书馆对于现代欧洲法学作品的重视也归功于埃姆斯。[16]而当时德国法学学者虽然也到美国访问,但都是短期的,而且是应邀为美国解决现代法学问题提供指导,并不是为了研究美国法律。[17]在学者交流方面,霍姆斯与冯·基尔克、Ames 与 Brunner 均有书信往来,德国威廉二世与美国时任罗斯福总统在 1905 至 1914 年间也推动柏林的大学与哈佛、哥伦比亚大学之间的教授互访,如果说到人员交流方面的不足,就是德国与美国的法学交流只停留在学术界,实务界基本没有参与。[18]

Reimann 认为历史法学派对于美国私法的影响分为三个方面,即法学学说、方法与文化。在第一个方面,萨维尼所主张的观点,法源于一个民族内在本质及其历史,是民族精神的体现,也是有机发展的结果,在英美两国不同程度被继受。[19] 其中有些学者如 John Norton Pomeroy,James Coolidge Carter、Joseph Henry Beale、Frederick Pollock、James Bryce 或是直接承认萨维尼的影响,或者通过援引德国历史法学派的文献表明了这种影响的存在,但大多数学者虽然观点与萨维尼接近,其思想的来源却难以确定,比如在《古代法》一书中梅因就历史法学派对其思想的影响并没有作出说明,尽管梅因对萨维尼的学术成就赞誉有加。[20]同样,霍姆

---

[14] Herget (Fn. 12),第 203—204 页、第 218 页、第 228 页,在第 226—227 页,Herget 指出庞德在 1904—1917 年发表的 15 篇文章中,共引用了 132 位德语作者,引用总数达 493 次,引文多数为庞德自己的翻译。

[15] Reimann (Fn. 3), 46, 48-49, 113-114.

[16] Reimann (Fn. 3), 48,(脚注 56)。

[17] Reimann, A Career in Itself, in: Reimann (Hrsg.), The Reception of Continental Ideas in the Common Law World, 175.

[18] Reimann (Fn. 3), 51-53.

[19] Reimann (Fn. 3), 79, 87; Sandrock, Über das Ansehen des deutschen Zivilrechts in der Welt? Von der „Weltstellung" des deutschen zur Hegemonie des U.S. amerikanischen Rechts, ZVglRWiss 100 (2001), 3, 10 ff.

[20] Reimann (Fn. 3), 75, 76; Schwarz (Fn. 10), 84.

斯在《普通法》一书所提出的"法律的生命不在于逻辑,而在于经验"的名句,也没有给出思想的来源。[21]而萨维尼的学说在英美法世界之所以能获得巨大反响,Reimann认为有如下三个原因,一是萨维尼的学说为英美法学者反对约翰·奥斯汀所创立的分析法学派提供了理论基础[22];二是萨维尼本人的学术能力、语言造诣、学术成就也展示了历史法学派不仅是一种理论,而且是切实可行的学术方法;三是萨维尼对法本质的认识融合了多种法律思想,所以各种新兴法学思想在萨维尼那里都可以找到论据。[23]

在第二个方面,历史法学派把实在法看成法学研究的对象,这是因为实在法从发展史的角度来看是已经形成、客观存在的,而美国经典法学也持类似观点,只不过在英美法系实在法就是法院的判例而已,因此可以说,历史法学派与美国经典法学都受到经验主义科学思想的影响。[24]此外,历史法学派把法学当成一个概念体系来处理,在这一层面上,美国经典法学对于法学的理解也与之相同,美国借助英国分析法学派吸收了德国历史法学派所提炼出的概念,如法律行为、意思表示[25]、合同、处分行为[26]等。美国对于概念与体系的需求源于1870年后判例迅速增加,工

---

[21] 就这一点Reimann给出的解释是霍姆斯与梅因一样,经常掩盖自己思想源于何处,习惯于把其标榜为自己独创的,参见Reimann (Fn. 3), 77, 80;霍姆斯早期德语也不是很好,所以也未必能够直接阅读德文文献,而且霍姆斯从未将自己思想的来源归功于德国文献,参见Herget (Fn. 12),第203页,(脚注2)。

[22] 尽管约翰·奥斯汀受到包括萨维尼、蒂堡在内德国学者的影响很大,1826年他在伦敦大学获得新成立的一般法学说教席,为准备教学活动,他觉得首先就必须去德国,因为当时欧洲还适用罗马法,而罗马法的研究与实践中心都在德国,他在波恩开始学习德语,并收到Niebuhr等学者的热情接待。奥斯汀的私人藏书以德文书籍为主,在他去世后,由其遗孀捐给位于伦敦的内殿律师学院,书中有大量奥斯汀读书时所作笔记。其认为正是因为吸纳了大量外国理论,所以法理学直到今天(所指为20个世纪30年代)在英国难以立脚,而且他认为奥斯汀心目中的英国法理学,如果不是借助德国这种体系化的法律秩序也未必可能被构建,特别是奥斯汀之后的法律学者如Holland, Salmond, Frederick Pollock也都使用了德国理论,参见Schwarz (Fn. 10), 50 f., 75, 84, 90。

[23] Reimann (Fn. 3), 87-90.

[24] Reimann (Fn. 3), 100.

[25] Reimann (Fn. 3), 122-123, 137-140.

[26] Riesenfeld, The Impact of German Legal Ideas and Institutions on Legal Thought and Institutions in the United States, in: Reimann (ed.), *The Reception of Continental Ideas in the Common Law World* 1820-1920, 92-93.

业化产生新的法律问题使得立法活动更加活跃,而新联邦州的成立也导致法律制度大量地被复制。[27]与英国的分析法学派相比,美国受到德国潘德克顿法学的影响较小,其中一个重要的原因是当时霍姆斯对此的批判,他认为以兰代尔(Christopher Columbus Langdell)为代表的美国形式主义法学注重逻辑的做法是错误的,法律不是数学,而是传统与利益的表达。[28]

在第三个方面,历史法学派作为一种文化展示了学者在法律发展中的突出地位。1870年哈佛法学院院长兰代尔以欧陆法学为榜样,试图把法学提升为一个科学的门类(即法律科学),并引入案例教学法,而且从哈佛法学院聘用埃姆斯开始,美国法学院就更看重法学教授的学术能力,而不是法律实务经验的多少,法学教授也开始撰写欧陆风格的教科书,而且哈佛大学也是把法学院纳为大学学术机构的第一家美国大学。[29]受历史法学派的影响,美国众多学者反对立法对法律的干预,认为法律发展的任务应该交给学者,其中最为著名的是菲尔德与卡特关于美国私法法典化的论战,该论战最后以支持法典化的菲尔德败北而告终。[30]

在20世纪初,德国历史法学派在美国的影响达到了顶峰。当时德国的法学教科书、《德国民法典》,以及德国法学教育的严谨、德国学者的博学、德国学者在社会的地位等德国法学特色在美国都成了被欣赏与模仿的对象。[31]历史法学派的主张也使得欧陆法学更接近普通法系的想法,因此古典法律时期是欧陆法学与美国法学彼此迎合的黄金期。[32]

(二)德国历史法学派对美国法学影响的衰落期

第一次世界大战爆发后,德国法学迅速遭受了彻底的唾弃,德国学者

---

[27] Lepsius (Fn. 2), 589.
[28] Reimann (Fn. 3), 148-155.
[29] Reimann (Fn. 3), 192-206;就这一点参见 Reimann (Fn. 16), 166 ff.
[30] 参见封丽霞:《法典编纂论——一个比较法的视角》,清华大学出版社2002年版,第182—192页.
[31] 有学者认为1820—1840年间大陆法在美国的影响达到顶峰,参见 Reimann (Fn. 3), 251; Sandrock (Fn. 19), 13。
[32] Reimann (Fn. 3), 249.

在美国也成为了被讥讽的对象,这一方面是因为美国法学的法律现实主义与法社会学的转向,另一方面是因为德国包括法学界在内的整个学术界对于战争的支持态度甚至达到狂热的程度,越来越多的美国学者认识到德国社会对威权与军国主义的崇拜与美国崇尚自由的精神格格不入。[33]随着美国学者自信心的不断增加,美国顶级法学院的设施与质量也超过了德国,德国法学逐渐失去了示范效应,美国法学界意识到已经到了开辟自己的学术道路的时候了[34],有学者甚至认为,在19世纪20年代,德国法在美国的影响力几乎为零。[35]

历史法学派对于美国法留存下来的影响包括萨维尼对于法的本质的认识,法学作为一个大学学科的地位以及法学教授的地位与作用,但是作为一种法学研究的方法,历史法学派最后还是以失败告终,美国今天的法学就是一个跨学科的学科门类,对于现行法的梳理已经不被视为法学的主要任务了。[36] Reimann对于历史法学之所以无法在美国立脚的原因进行了深入的分析,他认为一个重要原因是对于法学作为科学的理解不同。历史法学派认为法学研究的对象是法理念(Rechtsidee),而且法学只需选取其中它认为正确的理念,这样就可以构筑一个逻辑自洽的理论体系,而美国经典法学认为法学研究的对象是事实(facts),即案件(cases),而且是所有的案件,但有的案件判决并不符合逻辑,所以法学就无法被视为一个逻辑自洽的体系。[37]也就是说,如果像兰代尔那样剔除不符合逻辑的判决,法学虽然可以解决逻辑自洽的问题,但又会产生新的问题,即法学作为科学其实证的方法要求考察所有的样本,即所有的判决,而不仅是符合逻辑的判决。Reimann指出德国法学本质上是一个概念—体系性(begrifflich-systematisch)学科,而美国则完全抛弃了这种对法学的理解,他认为了解这一点,就会理解为什么美国法学不追求概念的

---

[33] Reimann (Fn. 3), 252, 272.
[34] Reimann (Fn. 3), 273-274,其中(脚注117)引用Felix Frankfurter对此的论述,"indiscriminate importation of foreign ideas . to work out a philosophy of law from the mass of our own material, in light of our own history, designed for our own particular needs"。
[35] Lepsius (Fn. 2), 595.
[36] Reimann (Fn. 3), 278-280.
[37] Reimann (Fn. 3), 284-285.

明晰与体系的构造,这是因为美国法学在古典法律时期对法律体系化尝试的失败使得人们意识到,这种努力在美国注定是没有前途的。[38] 美国学者的任务更多是发掘社会政策(social policy),而法官根据这些社会政策来进行审判,并对是否考虑了这些社会政策在判决中作出说明。[39]

(三)德国法对美国行政法的影响

在19世纪时,公法(public law)在美国还是一个陌生的概念,19世纪末期工业化进程中形成了对于经济调控的需要,随着行政调控机构的设立与制定法的颁布,也相应地产生了行政法问题,但在很长时间里美国法学院不开设行政法的课程,行政法的内容主要由政治学专业来研究,而这一时期德国行政法对美国发挥了可观的影响。[40] 德裔学者 Ernst Freund 在芝加哥大学率先教授行政法,是美国行政法之父,但直至今天,这种影响主要在美国政治学领域,美国法学院对于行政法依然不重视,而且对于行政法的研究也不以法律规范为中心。[41] 其主要原因是行政法在美国不是一个独立的部门法,而是被视为普通法的一部分,行政法问题的解决一般从宪法的范畴或普通法的传统——如正当程序(due process)、司法审查权——入手。美国行政法以法官为中心,把司法保护作为重点,并且"案例教学法"的主导地位导致行政法教学也是通过案例研读,而不是体系化的方法进行。因此,Ernst Freund 的那种把行政法作为独立法律领域的做法在美国注定无法获得广泛的接受。[42] 美国法学院高昂的学费使得学生更倾向于毕业后加入商业律师事务所,相应地对并购法、企业税法的课程需求更大,而行政法很难用来赚钱,所以学生的兴趣有限,行政法不是必修课,很多毕业生在校期间从未修过行政法课程。[43]

---

[38] Reimann(Fn. 3),288.
[39] Herget(Fn. 12),228.
[40] Lepsius(Fn. 2),593.
[41] Lepsius(Fn. 2),593-594.
[42] 在第282页,Lepsius 指出美国行政法学家 Felix Frankfurter 在1932年认为,美国行政法还处于萌芽中,尽管当时州际商务委员会已经成立了45年。参见 Lepsius(Fn. 5),30,256 ff.,306。对于"案例教学法"的弊端,参见明辉:《美国现代法学教育与法理学谱系》,载《浙江社会科学》2014年第1期。
[43] Lepsius(Fn. 5),256.

二、第二阶段

(一) 德国流亡学者对美国法学的影响

1933年德国纳粹上台后开始对犹太血统与自由派、左派学者进行清洗,遭受迫害的法科学者中的大多数因此开始了流亡之路[44],多数人选择了欧洲国家,如瑞典、荷兰、瑞士、法国、英国,也有一些逃到加拿大、澳大利亚。[45] 根据个别学者的统计,大概有70名德国法学教授流亡到美国。[46] 总体上,法律人移居国外后,从事原来的职业面临的难度很大,因为法律职业对语言要求水平高,而且有碍于法律的地域性,在其他国家从事法律职业还要重新学习该国的法律专业知识,参加律师考试,对于那些流亡时年龄较大的学者,还要面临失去社会地位的痛苦。[47] 相对而言,比较法、国际法、罗马法、中世纪法与法哲学,当时在美国相关研究的地域性不强,所以这些方向的学者受到这两方面困难的制约少一些,也有学者转行从事政治学、社会学研究或者被迫放弃学术生涯的。[48] 在第二次世界大战结束时,大约有35名来自德国的讲师与教授获得了科研或者教学的职位,并在美国法学界里站稳了脚跟[49],有些甚至成了知名学者。曾经流亡到美国的德国律师、法学家Ernst C. Stiefel在1991年曾经与Leo

---

[44] Höpel, Die Säuberung der deutschen Rechtswissenschaft-Ausmaß und Dimension der Vertreibung nach 1933, KJ 1997, 438.

[45] Riesenfeld, Die neue Heimat, in: Lutter/Stiefel/Hoeflich (Hrsg.), Der Einfluß deutscher Emigranten auf die Rechtsentwicklung in den USA und in Deutschland, 1993, 10.

[46] Stiefel, Eröffnungsansprache, (Hrsg.), in: Lutter/Stiefel/Hoeflich (Hrsg.), Der Einfluß deutscher Emigranten auf die Rechtsentwicklung in den USA und in Deutschland, 1.

[47] Großfeld/Winship, Der Rechtsgelehrte in der Fremde, in: Lutter/Stiefel/Hoeflich (Hrsg.), Der Einfluß deutscher Emigranten auf die Rechtsentwicklung in den USA und in Deutschland, 184 f.

[48] 在Lutter/Stiefel/Hoeflich所主编的文集"Der Einfluß deutscher Emigranten auf die Rechtsentwicklung in den USA und in Deutschland"中的两篇文章:Nörr, Stephan Kuttner Wissenschaft im Zeichen dreier Kulturen, 349; M. R. Lepsius, Juristen in der sozialwissenschaftlichen Emigration, 23。在其他专业也存在这个问题,参见李工真:《纳粹德国知识难民在美国的"失语性"问题》,载《历史研究》2008年第6期。

[49] Stiefel (Fn. 46), 1.

Baeck 研究所的档案管理员 Frank Mecklenburg 共同撰写了《流亡美国的德国法学家》[50]一书,两年后又就相关话题出版了一部会议文集《德国流亡学者对美国与德国法律发展的影响》[51],Ernst C. Stiefel 参与创建了德国法律人士流亡美国方面的档案库,其所收集的资料保存在纽约的 Leo-Baeck 研究所。这两本书评价了二十多位流亡学者,其中包括埃德加·博登海默(Edgar Bodenheimer)、汉斯·凯尔森(Hans Kelsen)、恩斯特·拉贝尔(Ernst Rabel)、弗里德里希·凯斯勒(Friedrich Kessler)、埃尔贝尔特·艾伦茨维格(Albert A. Ehrenzweig)、马克斯·莱茵斯坦(Max Rheinstein)、鲁道夫·B. 施莱辛格(Rudolf B. Schlesinger)等多位为中国法学界所知悉的法学家,涉及的领域包括法理学、合同法、国际私法、劳动法、反垄断法等众多领域。

　　虽然流亡到美国的德国法科学者在知名法学院获得教职的人数不多,但是对美国法律、法学的发展还是发挥了一定影响,尽管这种影响可能是通过授课与培养下一代学者所间接形成的。在比较法学领域,拉贝尔、莱茵斯坦与施莱辛格等流亡学者把现代比较法这一新兴学科带到了美国并发展壮大[52],《美国比较法杂志》就是在这些流亡学者推动下于1952年创立的。[53] 而凯斯勒对格式合同、特许经营合同及缔约过失等美国合同法问题的研究起到了引领作用。[54]对于博登海默的代表作《法理学》,虽然中外都有读者评论认为其描述性内容比重过大[55],作者自己

---

〔50〕 Deutsche Juristen im amerikanischen Exil:(1933-1950).

〔51〕 Der Einfluß deutscher Emigranten auf die Rechtsentwicklung in den USA und in Deutschland.

〔52〕 参见郑智航:《比较法中功能主义进路的历史演进——一种学术史的考察》,载《比较法研究》2016 年第 3 期;朱淑丽:《挣扎在理想与现实之间——功能主义比较法 90 年回顾》,载《中外法学》2011 年第 6 期。

〔53〕 Bolgár, Albert A. Ehrenzweig-Kurt H. Nadelmann-Stefan A. Riesenfeld,(Hrsg.), in: Lutter/Stiefel/Hoeflich (Hrsg.), Der Einfluß deutscher Emigranten auf die Rechtsentwicklung in den USA und in Deutschland, 95.

〔54〕 在 Lutter/Stiefel/Hoeflich 所主编的文集"Der Einfluß deutscher Emigranten auf die Rechtsentwicklung in den USA und in Deutschland"中的两篇文章:Bernstein, Friedrich Kessler's American Contract Scholarship and its Political Subtext, 89; Joerges, Geschichte als Nicht-Geschichte:Unterschiede und Ungleichzeitigkeiten zwischen Friedrich Kessler und der deutschen Rechtswissenschaft, 222 f。

〔55〕 Durham, Edgar Bodenheimer:Conservator of Civilized Legal Culture, in: Lutter/Stiefel/Hoeflich (Hrsg.), Der Einfluß deutscher Emigranten auf die Rechtsentwicklung in den USA und in Deutschland, 132.

独创的观点不多,但仍然不能否定这本书的历史意义。这本书把德国"法学导论"这种对法哲学与方法论的图书类型引进到美国,而且为美国读者展示了一种"建筑术式论证"(architectonic argumentation)方式。在这种论证方式中,每个论据不是孤立存在的,而是可以回溯到一个法学流派或法学传统,这样每个论据所涵盖的信息量就会因此增加,而美国法律论证的通行方式并不讲究某个论据是可以划归为某一特定流派,一个观点是属于康德主义还是功利主义不会增加其说服力。[56]

在国际私法领域,艾伦茨维格与拉贝尔的贡献值得一提。在流亡前,拉贝尔在德国国际私法学界已经是知名学者;在流亡后,美国法律协会(ALI)资助其在芝加哥法学院完成四卷本的巨作《冲突法——比较研究》。该书虽然在美国评价很高,但被引用的次数很少,一个重要的原因是美国更重视州际法律冲突,而不是国际法律冲突。[57]此外,20世纪二三十年代时美国因为"一战"的反德情绪蔓延,导致美国作者开始尽量避免引用德国作者作品。[58]

大部分流亡学者都或多或少把欧洲与德国的法学学术研究成果带到美国,但也有例外。比如反垄断法学者 Heinrich Kronstein 认为德国法对于卡特尔的宽容态度导致了德国经济的高度垄断化,而后者为纳粹的统治提供了便利,因此他竭力避免美国反垄断法受到德国法的负面影响。[59]为了"保护"美国反垄断法,他在美国所发表的著作都对德国与欧洲的竞争法进行了刻意的负面评价,有学者对此评价说,从长远看他自己也许会觉得这是一个错误做法。[60] 第二次世界大战后,流亡学者之中只有非常少的人愿意并能够回归德国恢复原职,在大多数情况下,原来的教职已经被其他忠于或亲近纳粹政权的学者所占据。[61]但有一部分学者频

---

[56] Durham (Fn. 56), 134-136.

[57] Clark, The Influence of Ernst Rabel on American Law, in: Lutter/Stiefel/Hoeflich (Hrsg.), Der Einfluß deutscher Emigranten auf die Rechtsentwicklung in den USA und in Deutschland, 121.

[58] Großfeld/Winship (Fn. 47), 198.

[59] Gerber, Hinrich Kronstein and the Development of United States Antitrust Law, in: Lutter/Stiefel/Hoeflich (Hrsg.), Der Einfluß deutscher Emigranten auf die Rechtsentwicklung in den USA und in Deutschland, 163-166.

[60] Gerber (Fn. 59), 168.

[61] Höpel (Fn. 44), 460.

繁往来于德美之间,为推动两国法学交流做出了重要贡献,比如莱茵斯坦推动了芝加哥法学院对德学生交流项目,Heinrich Kronstein 推动了乔治城大学与法兰克福大学法律系的联系。[62]此外,流亡学者的学术成果在第二次世界大战后也起到了反哺德国法学界的作用,比如在破产法领域。[63]这一现象部分原因是德国法学在1933年后就已经陷入了停滞,在第二次世界大战结束后德国对于美国法的关注,很多就是对流亡到美国的德国学者作品的关注。[64]

(二)卡尔·卢埃林

中国法学界对于卡尔·卢埃林(1893-1962)的名字并不陌生,他主导了美国《统一商法典》的起草,也是法律现实主义的代表人物,但他与德国法的密切关系在中国却介绍不多,而且大多出自对伦敦大学教授 William Twinning 所撰写的传记《卢埃林与现实主义运动》的介绍。[65] 事实上,卢埃林可以称得上美国在近100年来最后一个深受德国法影响的著名法学家。[66] 卢埃林在青少年时期曾经在德国度过三年高中时光,精通德语,在第一次世界大战期间自愿在德军中服役,并在战争中负重伤,因此获得铁十字勋章。[67] 在其学术生涯中他也与德语区学者一直保持联系,他曾经在1928—1929年、1931—1932年间在莱比锡大学讲学,并在此期间发表德文著作,他的学术成果受到德国法的影响是不争的事实。但出于种种原因,卢埃林有时刻意隐瞒其思路源于德国法,比如《统一商法典》中一些制度是吸收了德国法的内容,而且其语言与美国制定法一般冗长、繁复的风格不同,更加德国化,使用了一般条款与抽象法律概念如"合理""交易

---

[62] v. Marschall, Max Rheinstein, in: Lutter/Stiefel/Hoeflich (Hrsg.), Der Einfluß deutscher Emigranten auf die Rechtsentwicklung in den USA und in Deutschland, 337 f.; Gerber (Fn. 59), 160 f.

[63] Stürner, Kurt Hans Nadelmann und Stefan Riesenfeld und ihr Einfluß auf das deutsche und europäische Insolvenzrecht, in: Lutter/Stiefel/Hoeflich (Hrsg.), Der Einfluß deutscher Emigranten auf die Rechtsentwicklung in den USA und in Deutschland, 496-503.

[64] Nörr, Stephan Kuttner Wissenschaft im Zeichen dreier Kulturen, 348.

[65] 参见刘剑:《现实主义法学家:卡尔·卢埃林》,载《社会科学论坛》2006年第2期。

[66] Sandrock (Fn. 19), 23.

[67] 指出他是唯一获得此荣誉的美国人,参见 Sandrock (Fn. 19), 21; Twinning, Karl Llewellyn and the Realist Movement, 2. Ed., 2012, Preface.

习惯"等,但卢埃林对此尽量掩饰,尽管这一点在美国法学界也是公开的秘密,但只有少数学者对此予以明确指出。[68] 卢埃林的法律现实主义,也受到了德国自由法学派的影响,但有时也没有公开出处。[69] 卢埃林在与一个德裔学者的私人对话中对此解释说,千万不要把自己某个观点是基于外(德)国法的事实公之于众,因为这相当于为其宣判了死刑(kiss of death)。[70]

在纳粹上台后,卢埃林曾经帮助犹太学者流亡到美国[71],但他对于德国学者拉贝尔流亡后的态度又令人费解。卢埃林曾经参与拉贝尔组织的统一国际货物销售法的活动[72],也曾请求拉贝尔在其研究所主编的《外国私法与国际私法杂志》通过书评给予赞誉,但在拉贝尔流亡到美国后不久,卢埃林就中断了与其的书信往来。有学者认为,这是因为二者都个性太强,无法互相欣赏与合作,并指出卢埃林与庞德无法合作也是基于这一原因。[73]

三、第三阶段

(一)继受

1. 领域、形式与原因

第二次世界大战后在众多领域,如反垄断法、合同法、公司法、资本市场法、国际仲裁法、国际公司法、财会法、破产法与法的经济分析,美国法在德国所扮演的是一个单向输出者的角色。[74] 这种法律继受既有通过立

---

[68] Juenger, Schlesinger's Influence on the Development of American Law, in: Lutter、Stiefel、Hoeflich (Hrsg.), Der Einfluß deutscher Emigranten auf die Rechtsentwicklung in den USA und in Deutschland, 264; Sandrock (Fn. 19), 23.
[69] Großfeld/Winship (Fn. 47), 193.
[70] Riesenfeld (Fn. 26), 91.
[71] Stiefel/Mecklenburg (Fn. 50), 56.
[72] Clark (Fn. 57), 124.
[73] Großfeld/Winship (Fn. 47), 198-199.
[74] Eidenmüller, JZ 2009, 641, 652; Kühne, Das deutsche Wirtschaftsrecht unter dem Einfluss des US-amerikanischen Rechts-Zusammenschau eines vielschichtigen Phänomens, in: Ebke/Elsing/Großfeld/Kühne (Hrsg.), Das deutsche Wirtschaftsrecht unter dem Einfluss des US-amerikanischen Rechts, 2011, 253; Lepsius (Fn. 2), 604.

法来进行,也有通过行政部门制定规则(如德国企业治理指南)吸收美国法来进行,也有学者认为如果在订立合同时(如公司并购合同)主要参照美国法,也构成一种法律继受或法律同化(Rechtsangleichung)。[75]德国在第二次世界大战后曾经被强制继受美国反垄断法的内容,但在德国恢复了主权后,对美国法的引进都是自主进行的。[76]

至于美国法为何被继受,其中原因包括美国的经济实力与德国法自身的发展滞后性。德国法在特定领域、特定问题上的发展落后于美国法,比如在公司并购法方面德国过去几乎是真空,德国资本市场法中对于内幕交易的规制,也包括德国破产法中的重整制度都受了美国法的启发。[77]此外,国际化与全球化,比如证券法与银行法,仲裁法中证据开启程序,使得德国法要向美国法靠拢。[78]另外,美国法的继受与英语的流行有很大的关系,德国社会一些领域的美国化对于法律继受也起到了推动的作用。[79]最后,美国顶尖法学院是德国法学毕业生留学的首选,在美国留学或访学的经历对于职业发展的促动作用,也使得德国在各个法律职

---

[75] Kühne (Fn. 74), 254; Merkt: Grundsatz- und Praxisprobleme der Amerikanisierungstendenzen im Recht des Unternehmenskaufs, in: FS für Otto Sandrock, 2000, 684; von Hein, Die Rezeption US-amerikanischen Gesellschaftsrechts in Deutschland, 2008, 4.

[76] Kühne, Das deutsche Wirtschaftsrecht unter dem Einfluss des US-amerikanischen Rechts, in: Ebke/Elsing/Großfeld/Kühne (Hrsg.), Das deutsche Wirtschaftsrecht unter dem Einfluss des US-amerikanischen Rechts, 2011, 54, 65.

[77] 认为德国与欧洲对于内幕交易的规制源于美国,但比美国的模式更优越,美国禁止内幕交易被认为是一种普通法欺诈的特别形式,以交易人对公司负有诚信义务为前提,如果不满足这一前提就无法对交易进行制裁。在Chiarelle案中,Chiarelle是一家印刷厂,因印刷某一收购要约说明书而获得关于收购的信息,进而买进收购对象的股票,因为其与发行人无诚信义务关系,所以被无罪释放,但根据欧洲与德国法,Chiarelle显然可以被认定为内部人,参见 Berger, Gelungene oder unvermeidbare Rezeptionen: Bank- und Kapitalmarktrecht, in: Ebke/Elsing/Großfeld/Kühne (Hrsg.), Das deutsche Wirtschaftsrecht unter dem Einfluss des US-amerikanischen Rechts, 83 ff.; Hentzen, Hegemonie oder Symbiose: Zur Rezeption des US-amerikanischen Rechts in der Vertragspraxis des M&A-Geschäfts, in: Ebke/Elsing/Großfeld/Kühne (Hrsg.), Das deutsche Wirtschaftsrecht unter dem Einfluss des US-amerikanischen Rechts, 102; Merkt (Fn. 75), 658。

[78] 认为德国民事诉讼法中的文书提出义务以及物证出示义务源于美国法,这是对当事人主义与辩论原则的削弱,参见 Kühne (Fn. 74), 256; Saenger, Unerwünschte Rezeptionen im Prozessrecht, in: Ebke/Elsing/Großfeld/Kühne (Hrsg.), Das deutsche Wirtschaftsrecht unter dem Einfluss des US-amerikanischen Rechts, 147。

[79] Kühne (Fn. 74), 260-262.

业群体中了解美国法的人才数量不断增加[80],甚至德国一些法律草案也是由德国行政机关委托美国律师事务所德国分所来协助完成。[81]在特定部门法如公司法,也存在其他促进继受美国法的因素。[82]在这个意义上,高鸿钧教授从八个方面就美国法在第二次世界大战后对于欧洲法学影响的分析,在很大程度上也同样适用于德国。[83]

2. 对于继受的态度

在德国继受美国法这个问题上,根据现有的文献笔者把德国学术界的态度大致分为三种:第一种态度把这种继受似乎看成一种既成事实,是由市场因素所决定的,对其好坏不作评价,或者对此不重视,其所关心的重点是如何在技术上更好地继受与解释外来制度[84];第二种态度认为继受美国法总体上是有益的,美国金融法、公司法有很多创新,完全可以为德国与欧洲的法律发展提供思路,而且美国的跨学科研究方法也值得德国借鉴,但同时这一学者群体认为借鉴不等同于复制,要因地制宜地向美国学习,他们不认为美国法在世界的影响因为次贷危机而受损[85];第三种态度认为德国目前继受美国的法律制度过多,过于盲目,公开主张这一观点的学者在德国是少数。[86] 第二种态度与第三种态度的不同之处在于,第二种态度对于继受美国法的反对只是针对具体制度,对于这一现

---

[80] Merkt (Fn. 75), 658, 688.
[81] Stürner, AcP 2010, 114.
[82] von Hein (Fn. 75), 395-396.
[83] 参见高鸿钧(脚注6),19-24。
[84] Merkt, US-amerikanisches Gesellschaftsrecht im Blickpunkt des Interesses, RIW 2014, 1; Merkt (Fn. 75), 686-688.
[85] Ebke, Der Einfluss des US-amerikanischen Rechts auf das Internationale Gesellschaftsrecht in Deutschland und Europa, ZVglRWiss 2011, 3.
[86] 包括苏黎世大学退休教授在其文章中指出多处他认为美国法文化的荒谬之处,比如,外国人入境卡上要填写入境时是否抱有在美国从事犯罪、贩毒、有违自然的性行为等目的;加州的一项法律规定员工如厕后不洗手要受惩罚;旧金山市在商业区违章停车一律被拖走,无论车辆是否阻碍交通;在美国,交警进行检查时必须保持不动,手放在方向盘上,否则可能被击毙;在马路上不能实施急救,否则可能要承担赔偿损失责任;《三振出局法》,等等,都展示了美国法文化中缺乏比例原则的理念。此外,美国的惩罚性赔偿与医疗责任都导致社会弊端的产生。德国继受的美国法律制度大都失败了,比如,德国宪法法院的设立对于德国的法律与政治文化都没有好处,参见 Honsell: Amerikanische Rechtskultur, in: Forstmoser/von der Crone/Weber/Zobl (Hrsg.), FS Zäch, 1999, 39 ff.

象本身还是支持的,而第三种态度已经超越了具体制度,对于引入美国法本身就表示反对。这三种态度可以简化概括为技术派、支持派与反对派。值得注意的是,是否在美国学习或进行研究、与美国联系的紧密程度对于某一学者属于哪一群体影响不大。与此相反,就美国法与德国法关系发表意见的学者基本上全都对美国非常熟悉,与美国学者的交往也很频繁,所以这种观点的针锋相对不能简单地归为亲美与反美的抗衡,而应该理解为自由派与保守派思想之争。

技术派的代表人物——弗莱堡大学教授 Jan von Hein,他的教授资格论文《德国对美国公司法的继受》一书正文部分达到近千页,具体分析了继受的形式、原因、成功的前提、继受法的解释与适用等诸多问题。该书认为纠结于继受一词的负面含义是没有必要的,被继受的法律未必质量一定优于继受国的法律,完全可以把继受这一概念进行中性处理,没有必要使用一些如"趋同""本土化"(Assimilation)、"美国化""适应"(Adaption)、"移调"(Transposition)、"移植"(Implantation)等似是而非的代名词,并指出美国法渗透到德国公司法的程度已经相当可观,所以 von Hein 对于继受研究的着重点是如何更好应对这种美国法的影响。[87]

支持派的学者很多,而且各个部门法领域都有,难以找到一个可以称得上代表人物的学者,而且这一群体内部在面对具体问题上也有观点的分歧。比如科隆大学教授 Klaus Peter Berger 认为,继受本身并不表示被继受国的法律具有更高的威望,也不说明被继受的规范或者制度品质更好,这一点显然与上述认为继受是一种法律落后表现的观点相矛盾,而且 Berger 自己也承认有一些继受是无法避免的。[88]就德国如何对待美国法的问题上,Clausthal 理工大学退休教授 Gunther Kühne 的观点比较全面。他认为首先要区分欧盟层面与德国层面的美国法继受,在欧盟层面德国立法者的应对可能性要受到其他成员国的限制,但德国也可以发挥自己的影响力,避免引入一些不利于德国的美国制度,但对于美国法不加区分

---

[87] von Hein(Fn. 75),21,959.
[88] Berger(Fn. 77),77;比如,反垄断领域参见 Kühne(Fn. 76),67。

的抵触心态是不正确的。[89]正确的态度是要考察被继受制度在美国的发展情况,比如惩罚性赔偿在美国也是广受批评的对象,那引入时就应谨慎;如果引入美国法的制度是不可避免的,或者是可取的,那么在继受过程中应该注意与现行法律体系的匹配性。最后,在一些领域应尽量寻求欧洲统一的解决办法,而且应该加强在全球的领域规则制定时欧洲的参与,比如说国际律师协会关于证据规则的确定。[90] Oliver Lepsius 总结出美国法的四个优点与四个缺点,并指出德国可以向美国学习如何处理事实、处理判例、对待基础学科与对待理论。[91]

反对派的代表人物——弗莱堡大学教授施蒂尔纳从 20 世纪 80 年代起[92],一直就毫无掩饰地把美国法称为法律霸权(Rechtshegemonie),在其 2007 年发表的专著《竞争与市场高于一切?》一书中对美国法中市场与竞争主宰一切的理念进行了无情的批判。这本书出版不久,美国就爆发了次贷危机,而施蒂尔纳在其书中恰恰指出了金融衍生品的巨大风险与危机产生的可能。他的基本观点是,美国的规模、政治制度、治理理念与德国不同,所以引进美国的法律制度必须非常谨慎。美国地广人稀、资源丰富,美国人的乐观主义与爱国主义精神,使得美国抵御危机的能力更强,比如新奥尔良市 2005 年因为飓风卡特里娜所遭受的巨大损害,或者 20 世纪 70 年代美国东北部经济衰落地区变成所谓的"铁锈带"(rust belt),都可以借助这两个因素可以得到更好地解决。而德国人口密集、资源贫乏、面积有限,承受因治理危机而产生的社会动荡的能力要差很多,所以德国必须要坚持自己的传统。

也许是因为"霸权"一词的贬义色彩,很多学者并不赞同施蒂尔纳教

---

[89] Kühne (Fn. 74), 262-263.
[90] Kühne (Fn. 74), 263-264.
[91] Lepsius 认为的四个优点是:法的事实取向、法的时间相对性、对政治的关注、对理论的重视。四个缺点是:(1)判例法匹配性与法院中心论;(2)法律本身没有一个明确的结构,美国的法律通常繁复,同一个概念在每一部法律都要重新加以定义,因此美国法更像操作手册;(3)美国法学对实践的影响很小;(4)美国法缺乏国际性,对于比较法不够重视。参见 Lepsius, Was kann die deutsche Staatsrechtslehre von der amerikanischen Rechtswissenschaft lernen?, in: Schulze-Fielitz (Hrsg.), Staatsrechtslehre als Wissenschaft, Die Verwaltung 2007, Beiheft 7, 335 ff.
[92] Stürner, Die Rezeption des US-amerikanischen Rechts in der Bundesrepublik Deutschland, in: Eyrich/Odersky/Säcker (Hrsg.), FS für Kurt Rebmann, 1989, 839 ff.

授的观点。Klaus Peter Berger 教授认为,不同国家的法律之间是以交流促进发展的关系,而且在合同法领域,大多数情况下谈判双方实力相当,达成合同也有需要双方共识,所以把美国法称为霸权是不恰当的,美国法与德国法是一种共存共生(Koexistenz und Symbiose)的关系,更何况德式简洁的合同规定模式也有可能获得美国商业伙伴的青睐。[93]另有学者认为,过去美国也吸收了很多欧陆的法学思想、法律制度,只不过现在继受的方向掉转过来,但从长远看只有双向继受才会使得德国与美国的交流更为持久。[94]

值得一提的是,汉堡马普外国私法与国际私法研究所退休所长 Heinz Kötz 的反驳观点更为彻底。他认为在德国法中,特别是合同法领域根本不存在对美国法的继受,虽然融资租赁合同、保理合同、特许经营合同等名称德国法使用的都是英语术语,但这些合同的规制内容早就被本土化了,并为德国租赁法、买卖法、贷款法与债权让与法所吸收,所以并不意味着德国法在这些方面已经美国化了,之所以保留了英语术语,是因为德国人——非常不幸地——过于喜欢使用英文单词。[95]

3. 欧盟的作用

很多情况下美国法对于德国的影响是通过欧洲法层面发生的,因为在某些领域立法权限已经移转到欧盟,德国立法者的选择余地是有限的,这也就是为什么德国法学界对于美国法私下抱有保留态度的学者虽然不少,但仍然无法阻挡德国一些法律领域美国化的进程的原因。比较典型的是反垄断法的领域,比如反垄断行为的刑事责任、对于举报者的减轻处罚、民事赔偿等美国法律制度在德国的继受都有欧盟的影子在里面,因此德国明斯特大学教授 Petra Pohlmann 把欧洲对于美国反垄断法的继受分为三种类型:第一种类型是"单阶层继受"(einstufige

---

[93] 一个业务合并的意向书,美国律师可能需要 200 页的篇幅,而德国律师 30 页就可以解决。参见 Berger (Fn. 77), 113; Hentzen (Fn. 77), 113, 112。

[94] Riesenfeld (Fn. 26), 97.

[95] 参见 Kötz, Der Einfluss des Common Law auf die internationale Vertragspraxis, in: Lorenz et al (Hrsg.), FS für Andreas Heinrich, 2005, 778 f.; Sandrock (Fn. 19), 26,对此的观点正好相反,他认为德国民法在世界范围的影响早已风光不再。

Rezeption),即只有欧盟的执行机构引入了美国的制度;第二种类型是"平行继受"(parallele Rezeption),是指既有欧盟机构也有个成员国机构负责对于继受的内容进行执行;第三种类型是"飞越继受"(Sprungrezeption),即欧盟要求成员国继受美国法的内容,比如反垄断法的民事赔偿。[96] 在平行继受的情形中,欧洲竞争法对其目标的定义为提高包括消费者在内的整体福利,导致是否违反竞争法取决于行为对社会福利的促进或阻碍作用,因此行为合法性的判断必须借助经济学知识才能做出,而欧盟成员国的反垄断机构有的对于经济学的强势介入并不赞同,有的未必配有首席经济学家,有的虽然有首席经济学家带领的团队,但在最终决定时未必有表决权,这就造成在同一反垄断机构不能遵循统一的经济学考量,这会影响反垄断法的融贯性。[97] 飞越继受因为欧盟不负责执行,同样可能并不关注实施过程中的问题,也会出现要求成员国继受与其原来法律不匹配的美国法内容。这种继受应尽量避免。[98]

美国法对于欧洲的影响是通过美国律师事务所进行的,英国对美国法在欧盟的扩张也发挥了辅助作用。[99] 很多欧盟机构的工作人员都有在美国留学的经历,对美国的思维方式能够接受,并且对吸收美国法更有热情。[100] 另外,有学者认为在欧盟立法时美国法之所以更容易被继受,源于美国就事论事的法律思维,而德国更倾向于体系化思维,即把一个问题放置在整个体系之中来解决,这样就增加了解决问题的难度,比如在德国讨论产品责任是应归类为侵权责任还是合同责任,影响了这一问题的迅速解决,而且就事论事的解决方案更容易被沟通。[101] 与之相反,富有德国特色的解决方案不容易被欧盟其他成员所接受,比如《欧洲示范民法典草案》就是因为其结构安排与术语的使用上属于德国潘德克顿法学式,导致

---

[96] Pohlmann, Probleme der Rezeption US-amerikanischen Kartellrechts („more economic approach") im europäischen Kartellrecht, in: Ebke/Elsing/Großfeld/Kühne (Hrsg.), Das deutsche Wirtschaftsrecht unter dem Einfluss des US-amerikanischen Rechts, 74, 75.

[97] Pohlmann (Fn. 96), 71.

[98] Pohlmann (Fn. 96), 74 f.

[99] Stürner (Fn. 81), 109 f., 112.

[100] Stürner (Fn. 81), 112.

[101] Kühne (Fn. 74), 261.

欧盟多个国家拒绝接受。[102]

(二)德国法对美国法的影响

第二次世界大战后德国法对美国法的影响虽然微不足道,但正如 Oliver Lepsius 所说,在除了英国法以外的所有外国法之中,恐怕德国法对美国法的影响是最大的。[103]这种影响主要存在于德国法与美国法的不同之处,Lepsius 共总结出下述六项差异[104]：第一,德国法学更注重体系思维,而美国法反感"体系"这一概念,尽量避免使用这一术语;第二,德国法律思维具有规范性取向,美国法律思维则是事实取向,以法律适用中的类推为例,德国法以价值判断为基础,而美国法以事实为基础[105];第三,德国法学具有理想主义倾向,而美国法学倾向现实主义,所以在对相邻学科的关注上德国法学更偏向哲学,美国法学更偏向实证类学科,特别是社会科学;第四,德国法学把法律与政治相分离,而美国法学把法律与政治相连,主张法律是实现政治利益的手段,而在德国法律政治化与政治法律化都不是人们所希望达到的后果,特别是在民法领域,一般认为应该是与政治完全无涉的[106];第五,美国法学强调法学跨学科性,而德国强调法学独立性;第六,美国法律思维的主导力量是法官,很多法官都有传

---

〔102〕 《欧洲示范民法典草案》吸收了如下美国法内容：民法中一般反歧视保护、先合同告知义务、消费者撤销权。参见 Schulze, Vom Entwurf für einen Gemeinsamen Referenzrahmen zum optionalen Europäischen Vertragsrechts, in：Ebke/Elsing/Großfeld/Kühne（Hrsg.）, Das deutsche Wirtschaftsrecht unter dem Einfluss des US-amerikanischen Rechts, 121-124。

〔103〕 Lepsius (Fn. 2), 581, 588.

〔104〕 Lepsius (Fn. 2), 584-586.

〔105〕 美国法律更加强调事实,法学研究也更注重事实。例如,对于法院判决的评论,事实部分尤为详细,甚至在德国读者看来有些过于繁复,但这种事实取向也使得其他的学科更容易介入法学。此外,美国法学不认为法律构成一个体系,事实的多样性与不可预见性,导致事实导向的法学否认体系的存在,所以在美国也不可能产生法教义学。美国法学界有影响的作品都是理论性的,即过去的法怎样,未来的法应该怎样,很少讨论现法。对于美国现行法的描述主要通过所谓的 hornbooks,作者多在二线法学院工作,这类书在学术讨论中作用有限。虽然美国也有顶尖学者关心现行法,比如,宪法学者 L. H. Tribe 所著的 American Constitutional Law, 3rd ed., 2000,但他已经对该书不再更新,因为 Tribe 认为已经无法对现行美国法进行系统性阐述。参见 Lepsius (Fn. 91), 326, 336, 340 f。介绍现行法的书既无法在学术导向的大学出版社出版,也无法在法学刊物上发表。参见沈明：《法学院的生意：美国法律教育困境的制度分析》,载《法律和社会科学》2015 年第 1 期。

〔106〕 Lepsius (Fn. 91), 334.

记,而德国没有这类出版物,德国法律体系学者占主体,学者传记非常普遍。

Lepsius认为这些差异存在的根本原因是在于对于,规范理解(Normverständnis)的不同。在美国法律思维中规范的结构不同而且事实导向非常明显,因此"涵摄"这一概念在美国法中是不存在的,而德国法中事实与规范是相分离的,法律规范的约束力具有实体法的普遍性和抽象性,不是基于事实比较而是基于价值判断比较,美国法律规范的约束力体现在诉讼中,因而具有个案性与具体性。美国即便有制定法,适用时也不是进行抽象涵摄,而是主要参考根据该法所作出的法院判决,而且法律如何适用取决于哪个法官主审。更不可思议的是,这种法解释的主观性、人格化色彩被认为是积极的。[107]美国法律解释不是从规范本身出发,而是以解释法律的机构,即法院、立法者与行政机关为出发点,一种超越时间、超越个体、广泛适用的规范意义与目的是不存在的。[108]这种对于规范的理解,也影响了制定法的效力:在美国法律越具体,规范约束力就越大,因为其便于法院适用,而德国的理解与做法正相反。[109]此外,美国法律更为多元,而德国法律强调统一,德国具体法律部门的划分就是因为德国法律分类更加强调实体法,而不是法律运行的机制,而美国的大学中没有德国这样对于部门法学科的严格划分。[110]

具体而言,在20世纪80年代后,一些在美国担任教职的德裔学者以及个别美国法学教授成为了美国研究德国法的主要力量,他们所关注的两个重点,一是基础学科、法律史与法理学,其中对魏玛时期的学者如凯尔森、卡尔·施密特的研究兴趣最为强烈;二是比较法,特别是比较宪法。[111]

---

[107] Lepsius (Fn. 91), 322-323, 330.
[108] Lepsius (Fn. 91), 325.
[109] Lepsius (Fn. 91), 326.
[110] Lepsius (Fn. 91), 333.
[111] Lepsius (Fn. 2), 601-603.

四、争　锋

(一) 法律制度

与德、美之间法律继受相关联的一个问题是国与国之间法律制度的竞争。此话题在德国晚近的兴起,源于英国与威尔士法律协会(Law Society)在 2007 年向海外宣传英国法律制度与在英国诉讼的优势。为了应对这一宣传攻势,德国司法界与律师界开始传播德国法与德国诉讼的长处,推出了所谓的"法律——德国造"(Law made in Germany)的宣传册。英、德法律实务界这样你来我往的进攻与反击,引发了德国学界的关注以及对如下问题的探讨:法律制度是否是一种"产品"? 如果是,这种产品之间如何竞争? 作为一个国家,如何应对这种竞争?[112]

以原慕尼黑大学法学教授 Horst Eidenmüller(现为英国牛津大学教授)为代表的学者们认为法律制度已经成了一种产品,而且也出现了相应的法律市场(Rechtsmarkt),既存在需求方也存在供给方,在公司法领域美国存在这样的市场已经是不争的事实,比如特拉华州的公司法就是竞争中的获胜者。[113]具体而言,企业与个人可以通过合同中的法律适用条款,选择他们认为更为便利的法律,而立法者也试图通过给予合同中强势一方更灵活的法律选择条款,来增加自己法律制度的吸引力。在法律市场中,德国法给人的感觉是过于僵化、对企业不够友好。尽管如此,Eidenmüller 认为法律竞争是积极现象,可以为发现最优的法律制度提供便利,而且不会对法律制定过程中的民主原则造成威胁,值得欧盟原则上进行鼓励,各欧盟成员国也应努力使自己的法律更有竞争力,开发出更好的法律产品。[114]其他大多数学者对此支持,认为法律竞争可以促进德国

---

[112] 而且这一讨论也直接推动了德国法兰克福国际商事法庭的设立。
[113] Eidenmüller (Fn. 74), 643.
[114] Eidenmüller (Fn. 74), 652 f.

法发展[115],而且应该完善德国法,使其更有吸引力,还应该促进德国法律思维在国外、特别是在美国的传播。[116]

对于 Eidenmüller 观点提出质疑的学者数量并不多,其中包括美因茨大学教授 Meinrad Dreher,他指出法律不具备要素流动性,一方面哪个国家的法律更为优越难以查明;另一方面,这种优越性的判断通常太过笼统。法律秩序竞争的可行性需要满足几个前提:有明确对优越性评判的标准,对部分群体甚至自身利益不予考虑,只考虑制度竞争的利益而且着重行为的长期性效应,而在民主国家最后一点很难实现。[117]此外,即便法律秩序竞争可能实现,但也可能导致负面后果,比如政客操纵这一过程为自己所代表的利益群体谋求不当利益,法律秩序也可能并非因其优越性,而是因其市场体量在竞争中获胜,而这种跨国竞争会导致受益国家对在国外造成的环保、健康领域等方面负面的后果不予考虑,因此法律秩序的竞争原则上是不可行的。[118]

此外,奥斯纳布吕克大学法学教授克里斯蒂安·冯·巴尔(Christian von Bar)从欧洲法的角度指出,对于法律制度竞争的讨论,不是真正为了鼓励竞争,而是因为恐惧竞争,一项法律制度的好坏不能仅根据其国家来源来判断,好的法律制度可能因为国家小、语言不通用而不为人所知,所以这种竞争必然是扭曲的。欧盟内部就更不需要这种竞争,因为这种竞争没有意义,欧洲私法本来就应该统一,所以应该放弃法律的民族观念,最终要达到的效果是只认法律规则,而不论其源于哪家。[119]这种所谓

---

[115] Dierksmeier, Kapitalgesellschaften aller Länder willkommen! Die deutsche GmbH im internationalen Wettbewerb der Rechtsformen 2010, in: Ebke/Elsing/Großfeld/Kühne (Hrsg.), Das deutsche Wirtschaftsrecht unter dem Einfluss des US-amerikanischen Rechts, 212 f.

[116] Mirow, 20 Jahre IRZ-Stiftung: Rückblick und Ausblick, in: Hülshörster/Mirow (Hrsg.), Deutsche Beratung bei Rechts- und Justizreformen im Ausland: 20 Jahre Deutsche Stiftung für Internationale Rechtliche Zusammenarbeit (IRZ), 2012, 25; Kötz, Deutsches Recht und Common Law im Wettbewerb, AnwBl 2010 Heft 1, 7.

[117] Dreher, Wettbewerb oder Vereinheitlichung der Rechtsordnungen in Europa, JZ 1999, 109.

[118] Dreher (Fn. 117), 109 f.

[119] von Bar, Konkurrenz der Rechtsordnungen und „Law made in Germany", in: Liber Amicorum Ole Lando (Copenhagen 2012), 13-25; Kühne (Fn. 74), 264 f.

的法律制度竞争只是一种法律沙文主义与自恋的表现。[120]

对 Eidenmüller 的观点公开给予批判的另一位学者是施蒂尔纳教授。他于 2010 年在《民法实务档案》(AcP) 所发表的《英美法文化霸权下的意思自治与竞争?》一文中认为资本的逐利性使得企业会选择能够使盈利最大化的国家投资,因此法律制度的竞争不是"法律"作为产品的竞争,而是资本实力的竞争,并不取决于法律制度本身的质量,而且如果认为法律是一种产品,那么像其他产品一样,对这一产品市场也需要政府规制,最终哪一法律制度胜出也就不再是市场力量所能决定的。[121]

法律制度竞争还发生在另外一个领域,即发达国家向发展中国家推销自己的法律制度。德国有一些为发展中国家的法制建设提供咨询服务的官方与半官方机构,对他们而言法律制度竞争就是提供类似服务国家之间的竞争,而美国就是德国的主要竞争对手。在原东欧国家到底是德国的咨询更受欢迎还是美国的,也没有定论。有观点认为,东欧国家更愿意向世界强国——美国学习。[122]但根据实际参与这种咨询的德国专家而言,美国的咨询机构固然经费充足,但在原东欧国家、巴尔干国家,因为历史传统的原因,德国欧陆式的理念更能获得接受。[123]此外,欧洲内部的咨询机构也存在竞争,比如欧洲委员会、欧洲安全与合作组织、成员国的政党基金会也都参与东欧国家的法制改革。[124]最后,法律制度竞争也表现在为欧洲、国际规则的制定提供解决方案时不同建议的抗衡。[125]

(二) 法学教育

在法学教育方面,德、美之间的模式差别很大,相互之间的影响很小。德国个别大学引入了法律诊所式教学,但到目前为止实践意义有限。事

---

[120] von Bar, The Role of Comparative Law in the Making of European Private Law, Juridica International xx/2013, 6.

[121] Stürner (Fn. 81), 186 f.

[122] Sandrock (Fn. 19), 35 f.;高鸿钧(脚注6),第15—19页。

[123] Mirow (Fn. 116), 26.

[124] Hülshörster, Aus der Tätigkeit der IRZ-Stiftung, WiRO 2011, 191.

[125] Voßkuhle, Allgemeines Verwaltungs- und Verwaltungsprozeßrecht, in: Willoweit (Hrsg.), Rechtswissenschaft und Rechtsliteratur im 20. Jahrhundert, 944.

实上,德国法学教育对于分数的极端重视,使得任何不能计入司法考试成绩的教学活动都难逃被边缘化的命运。至于欧陆与美国法学教育模式的优劣,Mathias Reimann 在《拉贝尔外国法与国际私法杂志》上于 2014 年与 2018 年分别撰文加以比较。他认为美国法学教育的优点是美国法学毕业生更倾向于把法律看成是弹性的,是与社会政策目标联系在一起的,是为解决社会冲突提供务实方案的工具,而现代全球法律秩序也存在这样的特征,因此,美国法学毕业生更适应在这种国际环境中工作。

欧陆法学教育在 Reimann 看来更强调对制定法知识的掌握以及对于法律问题有步骤,甚至是机械性地解决,而国际层面的法律通常不注重逻辑的一致性,所以欧洲法科毕业生的这种技能在跨国语境中可能是劣势的,欧洲法学教育的优势在于处理规范文本的能力以及法律知识视野的广阔。[126]他指出,美国法学院的学生不爱读也不信任制定法,他们更情愿去读判例,因为阅读制定法在他们看来既枯燥又困难,而判例阅读起来比较简单,乐趣也更多,但越来越多的美国法学院提供,甚至要求学生参加立法与规定的专门课程。[127]

此外,欧洲法学的实证主义传统则是优劣并存,一方面把法律分析局限在对已有规则及其形式上的适用在很多场合都构成一种劣势,另一方面,在国际争端解决中,实证主义与形式主义却也是一种优势。[128]之所以把其称为劣势,是因为欧洲法律人太注重规范的表面意思,不去探求其背后所隐藏的问题,比如规范所要解决的问题,利益冲突与术语的不确定性,因此美国法律人更能认识到规范的模糊性。欧陆法律人对现存法与未来法加以明确区分,美国法律人把自己的工作定义为社会工程师,而当前跨国法律秩序主要是政策主导,法律人的工作是影响立法进程,因而美国法律人优势明显。但在国际纠纷解决领域,原则与规则起主导作用,因此欧洲法律人更具优势。[129]

---

[126] Reimann, European Advantages in Global Lawyering, RabelsZ 2018, 890 ff.
[127] Reimann (Fn. 126), 892.
[128] Reimann (Fn. 126), 891;德国、奥地利、法国比北欧、瑞士的实证主义与形式主义倾向更强,参见 Reimann (Fn. 126), 900。
[129] Reimann (Fn. 126), 901 ff.

在法律思维的培养中,德国、瑞士的学生学习的是如何有步骤地基于案情来检查问题发生在何处,他们被培养成"清单核对员"(checklist-runner),而美国学生学习专注"大问题"(big issues),被培养成"问题发现者"(issue-spotter)。[130]欧陆法学毕业生对法律具有"全局性视野"(panoramic view),美国法学教育的培养目标为传授"如何向法律人一样思维",但其方式为把法律的部门与问题分解开来,美国法学院中必修课很少,多集中在第一年,而且很多基础课程都不是必修课,比如有的法学院宪法不是必修课,密歇根法学院财产法在最近改革中也被定为选修课,所以美国法学院毕业生对其法律体系并无全局性认识。[131]欧洲法律教育培养学生把不同的法律领域联系在一起,比如在民法中把合同法、侵权法、物权法联系起来;而美国法律人倾向认为法律就是一堆彼此基本互无联系的零件。在跨国环境中,这种广阔视野与建立关联的能力显然是一种优势。[132]

笔者认为,德国大学法律系在名望上当然有区别,但在教学的内容与质量的差别上并不很明显,毕业生的就业前景也与所就读的大学无关,不同大学的学生的视野、见识也并无太大不同。在美国则完全不同,名校与非名校学生在校的所受教育有着巨大的差别,而且知名法学院通常只从知名法学院的毕业生中招聘教师,非知名法学院的教师大多也是知名法学院的毕业生,因此美国法学教育中的精英主义取向与德国强调平等的理念也有着根本性的不同。

美国法学院学费高昂,德国大学完全免费,经济负担的天壤之别对于毕业生的择业意愿与职业伦理的影响也不可小视。美国的法律人思维(thinking like a lawyer)所指的主要是作为律师为当事人如何谋取最大利益,落脚点是思维的主体——法律人,着重的是思维的目的性;而在德国,法律思维(juristisches Denken)指向的是思维的步骤与有序,落脚点是思维的客体——法律,强调的是思维的规范性,而思维的主体,即法官,在

---

[130] Reimann (Fn. 126), 895.
[131] Reimann (Fn. 126), 897.
[132] Reimann (Fn. 126), 898.

法律思维的这一概念本身中并不出现,它是以默认的方式存在,因此德国的法律思维是指适用法律、解决纠纷的技术。[133]

五、结　论

可以说,虽然两大法系有趋同的迹象,但无论在法源方面判例与制定法的作用,还是学者与法官的角色区别依然明显。在德国,法学作为一门古老的学科,与国家权力机器的密切相连,使得其一直都是一门显学,无须捍卫其在学术界的位置。在美国,法学的历史并不比其他社会科学更为悠久,没有可为学科独立性提供支撑的传统,但也无须背负延续特定研究范式的历史负担。就法论法(strictly legal point of view),德国法的技术派模式胜出一筹,但在横向思维方面,寻求复杂社会、经济问题的解决,美国法的模式又具有优越性。两种模式可否融合,如何取长补短也是德国当代法学所面临的挑战。

---

[133] Schütte, Die Einübung des juristischen Denkens, Juristenausbildung als Sozialisationsprozeß, 1982, 215.

德国法学界反思纳粹时期
自身角色的坎坷历程

一、引　言

　　2019年8月的最后几天,笔者在韩国参加东亚德语法学家论坛,主题之一为德国与东亚对民法与公法发展的全面检视。德国两位非常资深的同行,原德国马普欧洲法律史研究所所长米歇尔·施托莱斯(Michael Stolleis)教授与奥斯纳布吕克大学法学教授克里斯蒂安·冯·巴尔(Christian von Bar),在报告中对第二次世界大战期间德国法学异变为国家恐怖的工具均作出了深刻的反思。这一经历在某种意义上唤起了笔者对这一问题的敏感度,在后来研读德国法学文献时觉察到,纳粹时期被提及的情况实际上非常普遍,贯穿了德国法学的方方面面[1],只是如果不

---

〔1〕　除了学术思想外,学术媒体也受到了影响,比如,德国法学期刊《新法学周刊》(NJW)的前身《法学周刊》(JW)与《德国法学家报》(DJZ)当时属于知名期刊,在1933年也全面实施纳粹的种族政策,参见 Rüthers, Rechtslehren und Kronjuristen im Dritten Reich, 2. Aufl., 1989, 50。1933年后,犹太人所有的出版社也被迫转卖,贝克出版社就收购了奥托·利普曼(Otto Liebmann)出版社,而DJZ就是在利普曼出版社出版,贝克出版社在其250周年社庆的文集中对这段历史进行了详细的回顾。

掌握一些相关的背景知识[2],即便读到也未必能意识到作者的寓意。可以说,如果要全面了解德国,就必须了解德国在纳粹统治期间所犯下的反人类罪行,以及德国各界在第二次世界大战后对此的反思、悔过与赎罪。对于德国法学,同样如此。不了解第二次世界大战时期的德国法学与战后德国法学界对自身所扮演角色的清算,对德国部门法、法理学、法哲学、方法论、法律史以及部分学者的认识就会有所欠缺。

对于德国纳粹时期法学界和司法界状况的中文文献虽不鲜见,如2000年中国政法大学出版社出版的英戈·穆勒所著《恐怖的法官——纳粹时期的司法》的中译版[3],揭露了德国司法界在纳粹时期参与对犹太人与异见分子的迫害;高仰光发表于《比较法研究》2017年第6期上的长文《纳粹统治时期德国法律史学的源流、变迁与影响——以价值与方法的"连续性"为视角》详细地介绍了德国纳粹时期法学的总体状况;[4]民法学界的卡尔·拉伦茨以及公法学界的卡尔·施密特与纳粹政权积极合作,充当思想先锋的经历,在中国法学界也同样为人所知,但这一话题总体上在中国的关注度还比较有限。在我们通常的印象中,德国比日本更

---

[2] 当时常用的一些表述:如法律更新(Rechtserneuerung)、纳粹法律更新(Nationalsozialistische Rechtserneuerung)、民族м族法思想(völkisches Rechtsdenken)、一体化(Gleichschaltung)、制度性法思维(institutionelles Rechtsdenken)。制度性法思维包括,卡尔·施密特所提出的具体秩序思维(konkretes Ordnungsdenken;KOD)以及拉伦茨所提出的"具体——一般概念"(konkret-allgemeine Begriffe;kaB)。具体——一般概念可用于取代抽象——一般概念,而实现这种转换所使用的工具为类型(Typus)。周万里在其对克莱默的《法律方法论》中译版的说明中指出,正是因为拉伦茨教科书的影响导致类型化思维在中文文献中的流行,载 https://www.sohu.com/a/303612056_671251;在德文文献中类型概念因无法定义,削弱了其影响力,参见 Bumke, Rechtsdogmatik: eine Disziplin und ihre Arbeitsweise-zugleich eine Studie über das rechtsdogmatische Arbeiten Friedrich Carl von Savignys, 2017, 143。但纳粹主义并未形成统一的法哲学与法理论,只产生了三个主要的发展方向:种族法思想(代表人物:Reinhard Höhn 等)、威权法思想(代表人物:卡尔·施密特、Ernst Forsthoff)与新黑格尔主义(代表人物:拉伦茨),参见 Alexy, Fortwirkungen nationalsozialistischer Denkweisen in Rechtslehre und Rechtsprechung nach 1945?, Was war die Kieler Schule?, in: Säcker(Hrsg.), Recht und Rechtslehre im Nationalsozialismus, 1992, 219。

[3] 该书在中国的书评,参见谌洪果:《以国家正义的名义——纳粹法规的堕落与辩解》;施宙吾:《法律如何沦为杀人机器——纳粹时期的法律、法官与判决》,载《同舟共进》2014年第12期。

[4] 此外中文相关书籍还包括,何勤华、朱淑丽、马贺《纽伦堡审判:对德国法西斯的法律清算》,中国方正出版社2006年版;史广全《法西斯主义法学思潮》,法律出版社2006年版;顾祝轩:《制造"拉伦茨神话"·德国法学方法论史》,法律出版社2011年版。

具有忏悔精神。的确,德国敢于直面历史罪行,承认并悔过的态度使得其能够重新加入世界文明社会之列,解决了与邻国特别是法国长期敌对的关系,但这不意味着德国在对纳粹历史清算的过程中未遇到阻碍。与此正相反,对于这段黑暗历史的揭露与反省,其先驱者克服了重重困难。[5] 甚至有观点认为,如果没有英美主导的纽伦堡审批,仅靠德国自身的力量也许直到今天深刻的反思还都不会发生。

这其中一个重要原因在于纳粹极权是建立在德国民意基础之上,而不是强加于德国民众的[6]。德国民众在第二次世界大战期间经济上也是受益者,所以在1942年后尽管德国一般民众对纳粹迫害犹太人的罪行也广泛知晓,但真正抵抗的力量少之又少。在这个意义上,纳粹罪行是德意志民族所有人都要面对的历史负担,而并不仅仅是那些直接参与了种族清洗的个人。在第二次世界大战结束初期,德国每个家庭都有可能与纳粹分子扯上干系,更为重要的是,第二次世界大战后联邦德国民主与法治重建中的主导力量中也有很多人或多或少带有历史污点。[7] 这是因为在1933年希特勒上台后,尽管纳粹政权对法律极其反感、鄙视,德国法学界绝大多数人对于纳粹当政并不是抵抗,而是选择配合,甚至争相为纳粹效力。[8] 因此,不难理解第二次世界大战后,受牵涉的法学家,越是知名,越是倾向于沉默与逃避责任,由此形成了德国法学界一种集体性的美

---

[5] 参见景德祥:《二战后德国反思纳粹历史的曲折过程》,载《学习月刊》2005年第7期;景德祥:《德国为什么能忏悔》,载《世界知识》2005年第10期;景德祥:《再谈德国的忏悔》,载《世界知识》2005年第15期。

[6] 纳粹政权因此也被称为一种Zustimmungsdiktatur,正如Rainer Paris发表在德国的时政杂志《西塞罗(Cicero)》(网络版)"Verbrechen lassen sich nicht aufrechnen"(罪行无法被抵销)一文中所指出的那样,德国当前在纪念第二次世界大战的活动中,都认为第二次世界大战的终结也使德国人民获得解放,但在第二次世界大战刚结束时绝大多数德国民众的感受并不如此,在整个战争期间,德国人并非恐惧纳粹的打压,而是担心纳粹政权在第二次世界大战中会失败,一般民众要为此承担不利后果。

[7] 只有15个对纳粹时期法官提起的公诉案件,大约90%的法学教授在第二次世界大战后都得以保留教席,参见 Rottleuthner, Kontinuität und Identität-Justizjuristen und Rechtslehrer vor und nach 1945, in: Säcker (Hrsg.), Recht und Rechtslehre im Nationalsozialismus, 1992, 242 ff. 比如,拉伦茨1945年被英国占领军要求停课,1949年被允许重返其教席,参见 Rüthers, JZ 2011, 595。

[8] Rüthers (Fn. 1), 19 ff, 21, „Wer steht schon gern abseits, wenn die Begeisterung für eine neue nationale Weltepoche Triumphe feiert."

化、淡化以及规避纳粹时期自身角色的态度。

今天的德国,对于纳粹时期法学的研究已经积累了大量文献,但在半个世纪前,这方面的研究还是一个禁区,敢于触及这一领域的学者不得不面对人身攻击、报复与排挤。战后年青一代中的个别学者敢于打破禁区,勇于对这段历史进行清算,才使得世人能够了解真相,让历史真正发挥其警戒作用。这其中包括康斯坦茨大学教授伯纳德·魏德士(Bernd Rüthers),他先后发表了《无限制的解释:纳粹时期私法秩序的变迁》[9](1968年),《第三帝国中的卡尔·施密特》(1989年),《被异化的法——第三帝国的法理论与桂冠法学家》(1994年),《被美化的历史、被粉饰的人生》(2001年)等书籍以及若干揭露纳粹时期德国法学界学者行为的文章,也曾经与卡纳里斯就其导师拉伦茨在纳粹时期所扮演的角色展开论战。另外一个先驱者为米歇尔·施托莱斯教授,他在1974年出版的教授资格论文《纳粹法的公共福利公式》(Gemeinwohlformeln im Nationalsozialistischen Recht),也是对纳粹法异化的揭露。此外,法兰克福大学法律史教授Joachim Rückert也就纳粹期间法学进行了广泛与深入的研究。

德国学界对于纳粹时期法律的研究涉及多个方面,既有针对单个学者在纳粹时期思想的考察[10],也有对部门法学在纳粹时期的学科史回顾[11],或者对律师、法官等法律职业以及司法部、外交部等政府部门在纳

---

[9] 德国法学对于第二次世界大战的清算,方法论也是一个重要视角,这是因为纳粹期间,大部分法律保持不变,但政治体制与意识形态发生了变化,所以法律人主要通过对法解释与方法论的变更来使得原有法律能为纳粹政权服务。

[10] Heike Stopp, Hans Welzel und der Nationalsozialismus: Zur Rolle Hans Welzels in der nationalsozialistischen Strafrechtswissenschaft und zu den Auswirkungen der Schuldtheorie in den NS-Verfahren der Nachkriegszeit, 2018.

[11] Rückert, Unrecht durch Recht-Zur Rechtsgeschichte der NS-Zeit, 2018; Stolleis, Recht im Unrecht: Studien zur Rechtsgeschichte des Nationalsozialismus, 1994.

粹时期角色的调查[12],还有对当时法律条文的形成与适用的研究。[13]加上其他学科对于纳粹时期的研究,相关的材料非常丰富,以一篇文章的篇幅难以全面介绍,因此,本文主要描述德国法学界战后对自身在第二次世界大战期间行为反思的曲折过程,之所以选取这一重点,是考虑目前中文文献很少涉及这一方面。本文的写作很大程度上基于魏德士的研究成果,尤为值得一提的是他所引入的"社会化群组"(Sozialisations-kohorte)的概念。

二、纳粹政权对德国法学界的清洗与德国法学界当时的反应

纳粹政府从1933年开始对于德国学术界进行了清洗,解聘了犹太血统与配偶为犹太人的教职员工,德国大学因此失去大约1/4的法学教授[14],各个法学领域都有众多知名学者受到影响[15],其中罗马法领域受到最大的影响。[16] 纳粹政权当时计划通过将对地处基尔、哥尼斯堡(Königsberg)、弗罗茨瓦夫(Breslau)三个所谓"边疆大学"(Grenzlanduniversität)改造为"政治突击队"(politischer Stoßtrupp),把纳粹思想逐渐推广到那些势力强大、难以被影

---

〔12〕 Michael Löffelsender, Kölner Rechtsanwälte im Nationalsozialismus – Eine Berufsgruppe zwischen „Gleichschaltung" und Kriegseinsatz, 2015; Görtemaker/Safferling, Die Akte Rosenburg: das Bundesministerium der Justiz und die NS-Zeit, 2. Aufl., 2016.

〔13〕 例如,Martina Plüss, Der Mordparagraf in der NS-Zeit-Zusammenhang von Normtextän-derung, Tätertypenlehre und Rechtspraxis – und ihr Bezug zu schweizerischen Strafrechtsdebatten, 2018;在纳粹时期产生的法律概念包括:事实合同、履行障碍、劳动关系、婚姻破裂、取消公法与私法区别、诚信原则的客观化等,参见 Rückert, Unrecht durch Recht – zum Profil der Rechtsgeschichte der NS-Zeit, JZ 2015, 794 f。

〔14〕 参见 Höpel, Die Säuberung der deutschen Rechtswissenschaft – Ausmaß und Dimension der Vertreibung nach 1933, KJ 1993, 438 ff.;但也有说法认为是 1/3,参见 Stiefel, Eröffnung-sansprache, in: Lutter/Stiefel/Hoeflich (Hrsg.), Der Einfluß deutscher Emigranten auf die Rechtsentwicklung in den USA und in Deutschland, 1993, 1;关于大背景的介绍,参见李工真:《纳粹德国流亡科学家的洲际移转》,载《历史研究》2005年第4期。

〔15〕 罗马法学当时几乎完全被灭绝了,参见 Stolleis, Geschichte des öffentlichen Rechts in Deutschland, 3. Bd, 2002, 253;提到对罗马法的影响,参见 Beatson/Zimmermann (Hrsg.), Jurists Uprooted – German-Speaking Emigré Lawyers in Twentieth Century Britain, 2004。

〔16〕 在公法领域如下知名学者遭到驱逐,Hans Kelsen, Erich Kaufmann, Hermann Heller, Franz Neumann, Otto Kirchheimer, Ernst Fraenkel, Karl Strupp, Albert Hensel, Gerhard Leibholz, Gerhard Lassar, Kurt Perels, Walter Jellinek, Erwin Jacobi, Hans Nawiasky,参见 Stolleis (Fn. 15), 254。

响的大学法律系,如柏林弗里德里希·威廉海姆大学、哥廷根大学、莱比锡大学等。[17] 在清洗最为彻底的基尔大学法律系,原有的教授队伍只保留了一人,新招聘的年轻学者创建了所谓的"基尔学派",其成员包括法哲学领域的拉伦茨,刑法学领域 Georg Dahm(拉德布鲁赫的学生)、Friedrich Schaffstein,国家法学与宪法理论领域的 Ernst Rudolf Huber,民法学领域的 Karl Michaelis、Wolfgang Siebert、Franz Wieacker,其中拉伦茨、Dahm 以及 Huber 当时都在 30 岁左右,构成了基尔学派的核心。[18] 基尔学派举办过所谓的"基岑伯格年轻法学教师营"(Kitzenberger Lager für junge Rechtslehrer)来推进纳粹思想的传播。[19] 不过基尔学派仅仅维持了几年,大多数被聘的年轻学者都把基尔大学当作跳板,随着 1937 年、1938 年 Huber、Michaelis 受聘莱比锡大学,Siebert 受聘柏林大学,基尔学派开始解体。[20]

被清洗的学者中一些人通过流亡到海外,才得以幸存,但他们的流亡之路也充满了艰辛,因为种种原因,国外的学者、学术机构很多时候并没有伸出援助之手。[21] 当时哥伦比亚大学罗马法教授 Arthur Schiller 因专业之故与德语圈学术界联系密切,在 20 世纪 30 年代到 40 年代收到很多德国法学界学者的求助信,这些求助信记载了那些被驱逐学者的悲惨生活以及绝望处境,但只有很少的学者足够幸运,成功地逃往美国。[22] 即便当时声名显赫的学者也不免被清洗的遭遇,其中恩斯特·拉贝尔就是一个典型的例证。拉贝尔于 1926 年创建了威廉皇帝外国私法与国际私法研究所,1927 年创办了《外国私法与国际私法杂志》,即今天《拉贝尔外国私法与国际私法杂志》的前身,而且曾担任多个国际学术、仲裁机构的委员。在纳粹上台之后,拉贝尔先是被免去某些职务,之后被禁止发表文

---

[17] Eckert, Was war die Kieler Schule?, in: Säcker (Hrsg.), Recht und Rechtslehre im Nationalsozialismus, 1992, 47.
[18] Eckert (Fn. 17), 49.
[19] Eckert (Fn. 17), 55.
[20] Eckert (Fn. 17), 55.
[21] 参见李工真(脚注 14),第 149—155 页,对这些原因作出了详尽的描写。
[22] Hoeflich, Legacy, in: Lutter/Stiefel/Hoeflich (Hrsg.), Der Einfluß deutscher Emigranten auf die Rechtsentwicklung in den USA und in Deutschland, 15.

章或书籍,最后在1937年时被撤销他一手创立的研究所所长一职,1939年在其65岁时流亡到美国,在异国他乡重新开始其学术生涯。[23]拉贝尔在美国期间虽然得到美国法学界的多方照顾,但因其才能与成就不为美国同行所知晓、尊重,仅仅获得一个research associate的职位,在客居美国期间充满了愤懑。[24]可想而知,对于那些名气不如拉贝尔的流亡学者,被斩断了与故乡的联系,在异国他乡又无法落地生根,其精神上的孤寂与经济上的窘迫也许更为严重。

对于犹太同事的大清洗,敢于仗义执言、主持正义的德国法学家几乎没有,不少人因为清洗获得了教职,是纳粹种族政策的受益者。[25]在1933年之后的最初几年法学专业期刊中发表的文章,不少为当时纳粹政府实施其种族清洗献计献策。[26]尽管为保住教职至少要保持对纳粹政权表面上的忠诚,但大多数人实际上并未仅仅停留在表面上的忠诚。[27]为什么法律界会发自内心地拥护纳粹的独裁统治?魏德士认为这有两个原因[28]:一是受到第一次世界大战战争赔款以及当时世界经济危机的影响,德国出现了严重的通货膨胀,中产阶级的财产急剧缩水,失业率畸高,约有一半有劳动能力的人处于失业状态,党派之间的争斗演变成持续性巷战,社会动荡不安,人们的正常生活受到很大影响,包括学者在内的广大民众希望有一个强势政府来恢复正常社会秩序。[29]二是当时法律专业的毕业生都来自富裕家庭,能够负担得起大学学习以及实务培训期间的费用。这些家庭对德皇表示忠诚,把当时的社会问题都归罪到魏玛共和国。学生中右翼势力异常强大,在1932年就已经开始干预大学的管

---

[23] 参见杜涛:《德国比较法学之父——恩斯特·拉贝尔(Ernst Rabel)——生平、著作及思想》,载《比较法研究》2004年第6期。

[24] Großfehld/Winship, Der Rechtsgelehrte in der Fremde, in: Lutter/Stiefel/Hoeflich (Hrsg.), Der Einfluß deutscher Emigranten auf die Rechtsentwicklung in den USA und in Deutschland, 190.

[25] Rüthers, Geschönte Geschichten – Geschonte Biographien: Sozialisationskohorten in Wendeliteraturen, 2001, 35 f.

[26] Rückert (Fn. 13), 804; Rüthers (Fn. 25), 33.

[27] Rüthers (Fn. 25), 35.

[28] Rüthers (Fn. 25), 37-45.

[29] 这里的学者不限于法学,比如,历史学界也同样如此,参见景德祥:《纳粹时期的德国史学》,载《山东社会科学》2008年第8期。

理,并对教职人员、院长、校长施加反犹压力。[30]

在这样的极权体制下,法学家们如果要反对纳粹政权,只能移居国外,否则就意味着要放弃法学界的职业前途。当然选择一些远离政治的职业或是保持沉默,也不是不可以,但绝大多数人还是选择保住饭碗。魏德士因而感慨道,"聪明人无论何时何处都想挤到前面,即便在国家与社会秩序已经处于向威权或是极权社会发展的道路上"[31]。当时,这些法学家的行为有出于机会主义的考虑,但无可否认的是,在社会体制发生重大变革之后,如果知识分子对于原有体制极度失望的话,那么对于新体制的憧憬会使其陷入一种高度感情化,甚至是狂热的情绪之中,此时对于新体制的效忠完全有可能出于内心的信仰。[32]这也就是为什么一些学者在纳粹上台初期为新政权摇旗呐喊,在认清纳粹本质后就开始与之保持距离的原因。[33]

但即便向纳粹效忠,也未必就能逃脱被打压的命运,学者之间政治生涯的竞争在极权社会完全可能演变为生死挣扎。利益法学的代表人菲利普·赫克在希特勒上台后,认为其学说适合利用纳粹价值观指导法律适用,发表著作一方面从理论上为自己辩护,另一方面向纳粹政权一表忠心,但在 Julius Binder、Karl Larenz、Ernst Forsthoff、Wolfgang Siebert 等基尔学派成员的尖锐攻击下,势单力薄,反抗乏力,最后于 1943 年在愤懑中去世。[34]

卡尔·施密特于 1933 年加入纳粹党,成为第三帝国的桂冠法学家,但在与多个竞争对手的较量中最终败北而归。其竞争对手之一是施密特科隆大学的同事 Otto Koellreutter,与施密特不同,Koellreutter 一直是纳粹种族政策的狂热分子,他公开撰文攻击施密特的观点,并私下给多人及多家机构写信告发施密特的机会主义;第二个是 Karl August Eckhardt,当时柏林大学

---

[30] Stolleis (Fn. 15), 250.
[31] Rüthers (Fn. 25), 27.
[32] Rüthers (Fn. 25), 26, 157.
[33] Rüthers (Fn. 1), 19 f.; Stolleis (Fn. 15), 267.
[34] Rüthers (Fn. 1), 38-40;朱晓喆:《布洛克斯的德国民法总论及其法学方法论》,载《东方法学》2014 年第 1 期。

的法学教授,曾写信给多个纳粹头脑让他们提防施密特这个机会分子。[35]还有一个是 Reinhard Höhn,也是法学教授,曾任党卫军冲锋队头目,利用其地位与职权在 1936 年夏天对施密特进行监视。[36]为了向纳粹表示忠诚,施密特 1933 年在《西德意志观察者报》发表了《德国知识分子》一文,对被驱逐的犹太知识分子进行抨击,其中也包括那些曾经与其私交不错的学者,施密特所没意料到的是,这些被迫流亡海外的犹太学者开始对施密特进行舆论反攻,并揭露施密特的机会分子本色,这些出版物为施密特在德国的对手提供了对其实施打击更多的素材。[37] 1936 年纳粹党卫军在其报纸《黑色师团》对施密特公开进行攻击,施密特最终觉察到人身安全受到威胁,不得不放弃几个重要的职务,不再积极投身政治,转而研究国际公法问题。[38]在纽伦堡审判时,施密特曾经为自己开脱说,"纳粹政权就是其学术舞台,他没有另外的舞台可以从事学术"[39]。纳粹政权对学者要求绝对忠诚,因此即便像卡尔·施密特这样对纳粹政府整体上忠诚,但对个别制度进行批判的学者也同样会受到打击,这也许是因为专制社会的意识形态中需要敌我分明,卡尔·施密特 1927 年在《政治的概念》一文中也提到这一点。[40]

三、对历史清算所遇到的阻挠

德国法学界虽然在 20 世纪 70 年代就开始对纳粹期间的历史进行清算,但当时这一活动仍然遇到很多阻挠。不仅受牵连的高校教师集体抵制,其培养的下一代学生也对此进行抵抗。在战后最初的几年,在哥廷根

---

[35] 对其生平作了简介,Eckhardt 的学术成就曾经非常惊人,他在 31 岁时就已经发表 70 余篇作品,获得 3 个大学的聘用邀请,在基尔大学期间受纳粹学生的影响从纯粹的学者转变为纳粹狂热分子,自 1935 年起与纳粹头目希姆莱保持朋友关系,并因此在 1938 年被提拔为党卫军冲锋队头目。参见 Eckert (Fn. 18), 50 ff.

[36] Rüthers (Fn. 1), 126-128.

[37] Rüthers (Fn. 1), 129-133.

[38] Rüthers (Fn. 1), 140-142.

[39] Rüthers (Fn. 1), 179-180.

[40] Rüthers (Fn. 25), 27, 30.

大学,通常要回避引用 Wilhelm Ebel、Karl Michaelis、Werner Weber、Franz Wieacker 等作者在 1945 年之前所发表的作品;在慕尼黑大学,拉伦茨等人的作品属于禁区,鼓吹纳粹思想的法学家著述被单独保存在图书馆中一般人不能够接触的角落。[41] 只有在那些没有显赫的纳粹学者的大学里[42],年轻学者才可以对纳粹期间法学界的角色进行深入研究,撰写博士论文或者教授资格论文,而且即便在这些大学也有不少人反对这种研究,敢于触碰这一话题的学者还要面临社会制裁或职业起步的困难。[43] 魏德士回忆到,在他 1967 年发表了《无限制的解释》一书之后,那些曾经积极鼓吹纳粹思想的学者对他进行集体排挤,并且阻碍他获得教职,这些学者的学生写信对他进行人身攻击。[44] 魏德士自身的经历使得其不得不思考,为什么在联邦德国成立之后,对纳粹历史进行清算没有被捕入狱风险的情况下,绝大多数人对此仍然抱持沉默? 根据魏德士的著述,笔者认为可以总结出如下几个原因。

一是在法学界,无论从事司法实务还是学术研究,那些带有纳粹污点的一代人在联邦德国成立之后,如果通过"去纳粹化"考察期,仍然得以重新担任原来的公职,这些人本身就倾向于为自己的不光彩行为进行开脱,其中一些人甚至对纳粹思想继续保持认同,开始了双面人生。比如德国公法学者台奥多尔·毛茨(Theodor Maunz)在第二次世界大战期间鼓吹废除所有个人的宪法权利,1949 年以后,他升任巴伐利亚州文化部部长,而且一直是知名德国宪法评注 Maunz/Dürig 的主编,并培养了多名战后宪法学者。但他暗中与德国一份极右报纸《德国士兵报》的主编保持密切联系,并在该报匿名发表了很多文章,其内容与他在基本法评注所持观点完全背道相驰。[45]

---

[41] Rüthers (Fn. 25), 22 f., 165.
[42] 这些学者包括:Joachim Haupt、Heinrich Lange、Karl Larenz、Arthur Philipp Nikisch、Wolfgang Siebert、Frank Wieacker、Hans Würdinger 等,参见 Rückert (Fn. 13), 796。受到纳粹影响最大包括:慕尼黑大学、哥廷根大学、科隆大学、波恩大学、美因茨大学的法律系,参见 Rüthers, Die Risiken selektiven Erinnerns–Antwort an C.-W. Canaris, JZ 2011, 1150。
[43] Rüthers (Fn. 25), 154.
[44] Rüthers (Fn. 25), 23.
[45] Rüthers (Fn. 25), 18 f.

二是第二次世界大战前已经知名的那些法学家在联邦德国成立后所培养的大批学术新生力量,对其导师在纳粹时期可耻的活动也同样保持沉默。比如在1988年出版的为庆祝贝克出版社成立225周年的祝贺文集中,对于拉伦茨以及一系列其他著名学者的生平介绍,完全没有提及他们在纳粹期间的活动,有一些文章直接越过1933年到1955年这个时间段。[46] 在魏德士看来,这些战后所培养的学者行为的动机既有为报恩竭力去保护他们的导师,也包括维护他们自己学术出身的纯洁性,捍卫自己其学术前途的考虑。[47] 这些后代学者构成了一个社会化群组,当导师受到攻击的时候,学派的所有成员就会自发地,有时可能无意识地形成一个抵抗共同体,这样最初非正式的社会化群组就会演变为一个正式的有组织的行动团体,进而在学术界形成了一个"沉默的螺旋"(Schweigespirale)。在政治风向转变时,这一"沉默的螺旋"就又可能转变为一个"写作的螺旋"(Schreibespirale),这些作品就会形成所谓的"变革文学(献)"(Wendeliteratur),这也解释了为什么那些没有参与纳粹行为的同一学派的第二代、第三代学者也会对师祖一代的行为保持沉默。德国这样的例子不少,其中包括卡尔·施密特以及卡尔·拉伦茨的学生,在其他学科也存在这种现象。[48]

后代学者之所以能够克服重重阻挠对纳粹时期的历史进行清算,根据已有研究,也可以总结出如下的原因:一是1968年的德国学生运动所产生的社会压力[49]。二是后代学者规模的增加,形成了新的社会化群组,这一群体与老一代群体争夺对历史事件解释的话语权,正是在社会化群组之间的竞争斗争中历史真相不断浮出水面。[50] 三是德国大多数人对于第二次世界大战的认识,随着时间推移不断变化。战争结束后多年,德国民众一直认为第二次世界大战是德国军事与道德上的彻底破

---

[46] Rüthers(Fn. 25),150.
[47] Rüthers(Fn. 25),22,165.
[48] Rüthers(Fn. 25),9,157;例如,德国史学界的反思也在20世纪60年代开始起步,参见李工真:《对纳粹暴政与德意志历史最早的反思——德国流亡社会科学家与纳粹主义研究》,载《世界历史》2011年第3期。
[49] 参见景德祥(脚注5),《二战后德国反思纳粹历史的曲折过程》,第32页。
[50] Rüthers(Fn. 25),150-152.

产,直到1985年德国联邦总统魏茨泽克在纪念第二次世界大战结束40周年的活动中指出,5月8日也是德国人的解放日,德国人才开始认为战争的失败也是德国人的胜利,德国被从纳粹的统治下解放出来[51],这种心理认知的变化也使对第二次世界大战清算的正当性更容易被接受。德国在首都柏林中心位置修建的第二次世界大战纪念碑林,也是德国反思纳粹暴行的一个具有历史意义的举动。

尽管如此,魏德士认为德国法学界的反应还是过于迟缓了[52],德国公法与民法学会直到1998年和2013年才以其法制史以及方法论史作为其年会的主题进行反思。针对纳粹时期大清洗给德国法学界所造成的损失,德国学界直到20世纪80年代末才开始进行研究。法学界虽然对于纳粹时期清算的研究成果不少,但很多学术研究成果都只停留在一些小众领域,研究人员也都在大学以外的研究机构,所以他们的研究成果并没有为一般人众所了解。对于基础学科的忽视,使得这些内容在大学课堂里被广泛地剥离出去。[53]

四、学者本人的反思

在那些积极鼓吹纳粹思想的学者中,能够勇于自我反思的人几乎没有。就此魏德士回忆到,拉伦茨及其学生很长时间如果在学术会议中遇到他,都尽量躲避,但拉伦茨在1980年的时候曾经把他邀请到家中,就其在纳粹期间的行为进行长谈。根据拉伦茨自己的说法,这是他第一次就这一话题与他人对话,但中心议题仍然是为自己辩解,尽管拉伦茨在这一次交谈中自言自语道:"我曾经是纳粹吗?我当时真的相信我1934年之后写的那些可怕的东西?我现在自己也不知道。1934年后我其实应该保持沉默,这是更明智的做法,但我当时还是不心甘。"[54]

如果了解拉伦茨坎坷的求职经历,也许就更能理解他这段话的意思。

---

[51] Rüthers (Fn. 25), 164.
[52] Rüthers (Fn. 25), 163 f.
[53] Rüthers (Fn. 25), 175 f.
[54] Rüthers, JZ 2011, 595.

根据魏德士的说法,在纳粹上台前,拉伦茨于1930年在哥廷根大学获得教授资格后[55],职业生涯一直毫无起色,作为讲师过着非常凄惨的生活,工资不高,还要养活一个四口之家,晚上他与其导师相互朗读黑格尔的著作来打气,纳粹上台对信仰犹太教或具有犹太血统的教职人员的驱逐为拉伦茨职业生涯创造了机会。[56] 1933年拉伦茨在基尔大学获得了第一个教席,也就是说拉伦茨是纳粹种族政策的直接受益人,而且纳粹上台时他的学术之路刚刚起步,这决定了他会选择积极参与而不是全身而退。1987年拉伦茨写信给当时的法理学家Ralf Dreier,为自己的行为辩解,指出他当时被人蒙骗以为可以通过自己的学术活动把纳粹政权引向理性之路,并同意其去世后发表这封信件[57]。拉伦茨去世后,其学生卡纳里斯在对其生平的回忆中[58]对其在纳粹期间的种族学术思想有淡化倾向,指出拉伦茨既不是狂热虔诚的纳粹也不是种族主义分子,只不过是"和豺狼一起吼叫而已"(mit den Wölfen geheult)。但魏德士反问道,如果的确如此,那么拉伦茨到底是一个什么样的人?难不成也像其他人一样同是机会主义分子?[59]魏德士认为拉伦茨在纳粹时期攻击的对象菲利普·赫克于1943年已经过世,使得拉伦茨及后代学生逃脱了更早被清算的命运。[60]

---

[55] 拉伦茨出生于1903年,死于1993年,其博士论文《黑格尔归责学说与客观归责概念》于1927年完成,其教授资格论文题为《法律行为解释的方法》。

[56] Rüthers (Fn. 25), 4–5.

[57] 卡纳里斯指出,当时他就知道有人早就等着他写这样的文章,好在里面挑刺,但他经不住《学生眼中的20世纪德语区民法泰斗们:一部个体叙述的思想史》一书主编的鼓动,最终同意撰写这篇回忆录。参见JZ 2011, 879。

[58] 提到他与拉伦茨并不熟悉,仅仅见过一次,拉伦茨之所以给他写这封信是因为Dreier写了一篇关于拉伦茨导师的文章,并把这篇文章寄给了拉伦茨,拉伦茨在回信中提及了自己在纳粹时期的行为,但明确说这些内容只是让Dreier一人知道,在Dreier的同事Karl Michaelis的劝说下,拉伦茨才同意Dreier在其死后发表这封信,参见Dreier, Karl Larenz über seine Haltung im „Dritten Reich", JZ 1993, 454 ff.

[59] Rüthers, JZ 2011, 1149.

[60] Rüthers (Fn. 25), 85.

五、反思的意义

为什么要对纳粹时期法学家的不道德行为进行清算？其意义何在？德国史学界有人认为，学者们在纳粹时期摇旗呐喊实际上作用有限，他们不过书生而已，即便没有他们发表的著作，大屠杀一样会发生。[61]魏德士的助手就曾经问他，你希望第二次世界大战后像拉伦茨那些有历史污点的学者应该怎样做才更为合适？他们后来不是培养了很多知名的法学家吗？他们本人不也为学术做出了很多贡献吗？难道他们在战后放弃教席，远离学术界，认识、纠正错误并保持沉默，就是对德国法学界更好的选择吗？魏德士的回答是，今天这一代人并没有权利对于过去所发生的事情进行笼统的道德裁判。如果时空倒转，今天的这一代被放在当时的历史环境，很有可能做出类似的举动，趋利避害是人的本能，在特定的历史环境下，当事人或者没有意识到自己在作恶，或者本身就没有其他选择。对于历史的清算是要让后一代德国人了解历史真相，要避免类似悲剧的重演，其中最重要的一点是避免整个国家陷入那种狂热的状态[62]，对这种苗头的出现要保持警惕，因为一旦国家已经成为一种极权社会，那么每个个体的选择就非常有限，可能的选项只有离开这个国家或者是保持沉默。[63]彰显正义，才能恢复原有的道德标准，警示世人能够在不危及自身安全的情况下，能够为善就不要为恶。能够直面历史，反思并忏悔、赎罪，也是一个民族文明进步程度的体现。

在法律意义上，这种反思也是必要的。在讨论个人所应负的刑事责任时，必须考虑到德国的集体过错，但集体过错这一概念也是有争议的，比如魏德士认为，即便是参与严重非正义行为的责任，仍然应由个体承担。[64]所有为纳粹政权工作的人通过他们的行为维持了纳粹政权的运行，以使得那些纳粹高官得以实施他们种族灭绝的计划，如果对责任的

---

[61] Rüthers (Fn. 25), 153.
[62] Rüthers (Fn. 1), 172 ff.
[63] Rüthers (Fn. 1), 180.
[64] Rüthers (Fn. 25), 158.

追究只是集中在少数纳粹精英,这种清算无疑是不全面的,但如果把责任人不断扩大,就必然会不恰当地摊薄每个人过错的份额。正如在第二次世界大战期间,德国法学自始至终保持对体制忠诚的是少数,但明确对此批判的也是少数,大多数人处于中间地带,专心"事务性工作"(sachliche Arbeit)[65],能否将这些人称为"书桌罪犯"(Schreibtischtäter)?[66] 因此,学界的反思未必是为集体过错与个体罪行之间的关系构建一种理论,施托莱斯认为这样全面性的理论根本就不存在,这种理论或是所有事实的集合,或是空洞的宏观公式,并不具有附加的解释价值,反思纳粹时期法学更多的应该是对事实的整理,以便能够对历史进行更准确的描述与理解,明确相应的责任。[67]

---

[65] Stolleis (Fn. 15), 404-408.
[66] 据推测,这一名称在 1962 年对纳粹战犯 Adolf Eichmann 审判时首次出现,参见 Rose, in: van Laak/Rose (Hrsg.), Schreibtischtäter Begriff-Geschichte-Typologie, 2018, 15。
[67] Stolleis (Fn. 15), 405.

第六编

德国法学与中国

中国法海外研究的样本:德国[*]

在中国改革开放以来的 40 年中,中德两国政府官方与民间在法制方面展开了多渠道、多方面、多领域的对话与交流。中国法学界对于德国法研究与引介的重视毋庸多言,但中国法在德国的研究现状,对于大多中国学者而言是陌生的。与此相对应的是,首先,一段时间以来中国官方鼓励扩大中国学术在海外的传播与影响,一些知名法学院以及中国法学会创办英文期刊,国家社科基金的外译项目也为此设立。在中国愈加重视中国法研究在海外推广时,把德国作为一个样本,了解中国法在德国被关注的状况更能让人对相关问题获得感性认识。因为研究时间有限,本文提供的只是一个概况,也期待后续研究能够发掘出更多细节问题。其次,自2006 年起,德国有学者每年收集涉及中国法的英文、德文出版物,汇总成文献目录发表[1],因此,本文关注的焦点不是具体的著述,而是这些出版物背后所隐藏的中国法研究方面规律性特点以及形成这些特点的原因。最后,本文将重点讨论德国学者以中国法为主要内容所撰写的博士论文,这是因为博士论文对于特定中国法律问题的讨论更为深入、全面,对中国法研究贡献也更大,也更能够反映中国法在德国研究的水平与深度。本文最后附带一份 1978 年至今发表的以中国法为主要内容的德国本土法学博士论文清单,以便读者对于这些论文所涉及的领域、具体的问题能

---

[*] 原文发表于方小敏主编:《中德法学论坛》(第 16 辑)(上卷),法律出版社 2019 年版。此次发表对文后所附论文清单更新到 2020 年 6 月。

[1] 作者通常为 Knut Benjamin Pißler 与汉堡私法马普所的助教,文献目录发表在《中国法杂志》。

够有个总体认识。

一、历史回顾

德国对于中国大陆法律的研究起步于20世纪70年代中期,当时德国法学期刊上就逐渐有一些关于中国法律内容的文章发表,内容涉及的领域也很广泛,包括合同法、知识产权、保险法、反垄断法、涉外经济法、法学教育、法制史和法理学。这些文章主要刊登在《国际经济法》(RIW)[2]、《比较法研究杂志》(ZVerglRwiss)[3]、《域外宪法与法律》(VRÜ)[4],其中《国际经济法》面向的读者群为实务界人士,因此更倾向刊发一些与德国企业在中国投资相关内容。在1949年到60年代末,德国关于中国法律的专著几乎是空白。在"文化大革命"期间,也有极个别德语区学者克服了重重困难到中国进行研究。[5] 即便在80年代,对于德国学者来说,研究资料的收集仍然面临着意想不到的困难。当时,中国法律方面的信息多被认为是国家机密或者是内部资料,并不对外国人开放。一名德国律师回忆当年的经历写到,北京大学有四个图书馆藏有法律图书,但只有一个图书馆对外国人开放,在那个年代,法律图书销售也非常快,必须在新书面世后尽快购买,否则就可能脱销。[6]

早期在德国专职从事中国法研究的主要有三名学者,即汉堡外国与国际私法马普所的门策尔教授(Frank Münzel,1937-2020),科隆大学哲学系的何意志教授(Robert Heuser,1943年生)以及弗莱堡大学汉学系的

---

[2] 该杂志在20世纪70年代共有6篇论文发表,涉及的领域为:外贸仲裁、中德贸易合同、外贸法、信用证、合资企业,作者主要为Robert Heuser与Frank Münzel。

[3] 该杂志从20世纪80年代开始有中国法文章发表,至1990年共有6篇论文发表,涉及的领域为:法制史、自治区立法、商标法、涉外经济合同法、技术进口,其中两篇为Robert Heuser所著。

[4] 该杂志20世纪70年代共有9篇广义上的法学文章发表,涉及的领域包括:立法制度、社会管控、宪法、国家理论、国际公法、刑法、工会,作者主要为Oskar Weggel。20世纪80年代有3篇文章发表,涉及公证制度、经济特区设立与私人所有权。

[5] 参见胜雅律:《我在北京大学的留学收获(1975—1977)》,载http://www.cnedu-ch.org/publish/portal64/tab4128/info131896.htm,2019年4月10日访问。

[6] Andreas Lauffs:Ein guter Rat von Dr. Münzel, ZChinR 2017, 147.

胜雅律教授(Harro von Senger，1944年生)。门策尔教授在1972年起的30年间在汉堡马普所担任东亚法负责人，期间他除了推动中德法学交流，还将大量中国法律翻译成德文，并配以相关的注释，在互联网上发表，直到今天仍然是了解中国法律的重要渠道。[7] 何意志教授在1992年到2011年期间在科隆大学执教，研究范围广泛，专长为公法，但民商法、法制史、刑法等领域都有著述发表。胜雅律教授在1989年到2009年期间在弗莱堡大学汉学系执教，主攻计谋学，在法学领域关注马克思主义法学、人权法学等。三名学者的研究领域交叉不多，相互补充，使得德国的中国法研究领域非常宽广。此外，原汉堡亚洲法研究所研究员Oskar Weggel(1935年生)的研究领域也包括中国法律，曾在70年代出版多部专著，涉及中国与社会主义国家签订的条约(1971年)、国际公法(1972年)、宪法(1976年)、外贸法(1976年)、法制史(1980年)。

三位学者中的两位博士论文与中国法制史相关，其中门策尔教授的论文题目为《中国古代刑法：中国明史刑法志》(1968年)，胜雅律教授法学博士论文题目为《传统中国买卖合同》(1969年)，其哲学博士学位的论文题目为《大宝令中的中国土地制度：仁井田升对再现中国唐朝土地制度的贡献》(1981年)。何意志教授也曾经撰写过《晋书刑法志：对中国早期法律的理解》(1987年)。

最后，值得一提的是帕绍大学的孟文理(Ulrich Manthe)教授，他的研究方向为罗马法，但出于对中国文化的兴趣，曾经从1973年到1974年在北京语言学院学习过中文。帕绍大学针对法律系学生开设有专门汉语强化教学，20世纪90年代到中国留学的德国法律系学生很多都来自这一大学。孟文理教授曾经指导过7名中国博士生，13名以中国法为主要内容的德国博士生[8]，对推动中国法在德国的研究发挥了很大的作用。

---

[7] 该网站为www.chinas-recht.de。
[8] 包括Matthias Geyer, Beatrix Joos, Simon Werthwein, Jakob Riemenschneider, Thomas Pattloch, Dunja Stadtmann, Anne Daentzer, Markus Masseli, Ralf Widmer, Bettina Bokeloh, Ulrike Glück, Dirk Rüffert, Christian Wolff。

二、关注与研究群体

1. 群体的划分

2000年之后,中国法的研究力量逐渐壮大。本文把相关群体作如下分类:首先可以将其分为关注型与研究型两种,在研究型群体内再分为长期型与短期型。这是因为在德国对中国法感兴趣群体中的绝大多数仅仅关注中国法的发展,自己并不进行研究或者偶尔参与研究活动,并有著述发表,这一群体属于关注型。之所以有必要了解关注型群体的组成,是因为他们是中国法研究出版物的受众,直接决定了相关研究的重点与倾向性。

在研究型群体中,长期型是指那些以研究中国法为职业的学者,这一群体的数量非常少。短期型是那些在一段时间内以研究中国法为主要工作的学者,这一群体主要包括在德国高校以德文或英文撰写,以中国法为主要内容的德国本土与来自中国的法学博士生。之所以说他们是短期型,是因为中国博士毕业后或者回国,或者留在德国从事实务,德国本土博士毕业后从事的职业也很少为研究型,多为律师或在法院、政府机关工作从事公职,因此,他们对于中国法的研究主要局限于撰写博士论文期间。随着中国留学生在德国攻读博士人数近些年的上升,加上他们的相关研究也多为中德法律比较,短期在德国研究中国法的这一群体规模也在不断地扩大。德国本土博士生在论文完成后一般由研究型转变为关注型群体。

当然,一些来自中国的访问学者以及在中国进行研究,但在德国的出版载体上发表著述的作者,也为德国读者开辟了了解、接触中国法的可能性,但他们毕竟不在德国法学研究体制之内,所以只能看成是广义上以德语为工作语言研究中国法律的群体。

2. 关注群体

在德国关注中国法的群体颇具规模。相应的协会,即德中法律家协会[9],拥有会员约 700 人[10],以实务界人士为主。而其中以中国法业务为主业的律师是一个较小的群体。目前在中国司法部登记的德国律师事务所代表处共有 12 家,这些事务所在德国的分所一般也有负责中国业务的德国律师。这些律师虽然只是业余参与中国法的研究,但也构成了德国研究中国法的一支重要力量。

在关注型群体中,也有一些综合大学法律系的教授,因为所供职的高校与中国的大学存在合作办学关系,经常到访中国授课或者举办学术报告,其中包括柏林洪堡大学的 Reinhard Singer、康斯坦茨大学的 Astrid Stadler、Jochen Glöckner,明斯特大学的 Sebastian Lohsse、哥廷根大学的 Rüdiger Krause、Hans-Peter Stoll、弗莱堡大学的 Rolf Stürner、Uwe Blaurock、不来梅大学的 Wolfgang Däubler、萨尔大学的 Michael Martinek,等等。此外,有一些德国法学教授曾经指导过多名中国博士生[11],也因此对中国法比较关注。

关注群体中另外一个重要的组成部分是法学专业的学生,目前不少德国大学开设有中国法课程,包括弗莱堡大学、柏林洪堡大学、科隆大学、奥斯纳布吕克大学、慕尼黑大学、哥廷根大学、美因茨大学、奥古斯堡大学、特里尔大学。此外,一些法律系学生曾经通过校际或院系交流项目在中国留学,或者参加哥廷根大学每年举办的中国法暑期班,这些学生也都对中国法抱有兴趣。

最后,值得一提的是德国与中国自 2000 年起一直进行"法治国家对话",这一对话的渠道多种多样,其中比较重要的活动有两项:一项为中德

---

[9] 德国这类针对特定外国法的法律协会很多,例如,德日、德美、德国与西班牙、德国与以色列等法律家协会。

[10] Uwe Blaurock, Rückblick auf 30 Jahre DCJV, ZChinR 2016, 311.

[11] 指导了 8 名中国博士生的柏林洪堡大学教授 Thomas Raiser、帕绍大学教授 Ulrich Manthe、弗莱堡大学教授 Hans-Jörg Albrecht、原哥廷根大学教授 Christiane Wendehorst,指导了 6 名中国博士生的柏林自由大学教授 Franz Jürgen Säcker,指导了 5 名中国博士生的弗莱堡大学教授 Uwe Blaurock、明斯特大学教授 Reiner Schulze、海德堡大学教授 Burkhard Hess、马尔堡大学教授 Gilbert Gornig,指导了 4 名中国博士生的法兰克福教授 Ingwer Ebsen、Helmut Kohl、弗莱堡大学教授 Rolf Stürner、哥廷根大学教授 Hans-Peter Stoll、耶拿大学教授 Walter Bayer 与 Elisabeth Koch。

两国每年组织的主题研讨会,至 2018 年为止已举办了 18 届;另外一项为德国司法部每年春季在柏林举办的"德中法律领域合作大圆桌会议"(Der große runde Tisch zur Rechtszusammenarbeit mit China)。特别是后一项活动中,与中国法律领域有频繁交流活动的人士都会受邀参加,包括联邦律师协会、公证员协会,等等。这一群体中的很多人或多或少对于中国法的发展比较关注。

3. 长期研究群体

德国综合性大学里以中国法为重点的教席目前有三个,分别设立在弗莱堡大学、科隆大学与奥斯纳布吕克大学。其中科隆大学的教席设置在哲学系,早在 20 世纪就已经设立,另外两个设置在法律系,而且属于 2000 年之后新设。德国教席的设置名称与研究领域等均由大学所在联邦州教育部决定,因此新教席的设置颇为周折,相应也比较少见。奥斯纳布吕克大学的中国法教席属于私人基金会捐赠教席,但与美国不同,德国这类捐赠教席还非常罕见。[12] 汉堡大学民法教授 Hinrich Julius,美因茨大学民法教授 Christina Eberl-Borges,因戈尔施塔特大学经济法教授 Claus Luttermann 也都比较关注中国法,并有相应著述发表。

此外,在高等专科学院(Fachhochschule)[13] 中也有几个法学教授在其主页中把中国法列为研究方向之一,比如 Pforzheim 高等专科学院的 Andrea Wechsler 教授、Ludwigshafen 高等专科学院的 Barbara Darimont 教授、Osnabrück 高等专科学院的 Hendrik Lackner 教授、Ostfalia 高等专科学院的 Winfried Huck 教授。

汉堡私法方向的马普所设中国部,目前负责人为 Knut Benjamin Pißler 教授。弗莱堡刑法方向的马普所以及慕尼黑知识产权方向的马普所过去也有专人负责东亚地区,而其他领域如民事诉讼法、公法的马普所则没有聘用针对中国法的研究人员。在美国,研究中国法的学者多是从

---

〔12〕 只有 5%的捐赠教席设立在法律系,参见 Wissenschaftsrat, Perspektiven der Rechtswissenschaft in Deutschland, 2012, 第 12 页。

〔13〕 高等专科学院的教职不以完成教授资格论文为前提,但高等专科学院不提供传统的法学教育,毕业生不能参加国家司法考试,在法律领域只能从事辅助性工作,高等专科学院的法学教授不能单独指导博士生。

律师转行到大学或研究机构,但在德国这种转型非常困难。这主要是因为在德国大学中获得长期教职通常以完成教授资格论文为前提,而这一论文的完成至少也需要三四年的时间。

最后,汉学专业中同样也有个别学者研究方向为中国法律,比如弗莱堡大学教授 Daniel Leese 研究方向为中国法制史与中国刑法,柏林自由大学助理教授 Catherine Ruth（Katja）Levy 研究方向为中国法社会学、民间组织法。但汉学专业研究方法、发表媒体与法学学者有所不同,因此两个群体的交集有限。

因为专职研究群体小,使得在德国专门研究中国法的学者每个人都要覆盖很多领域,以满足德国法律界对于中国法律知识的需要,因为研究者的精力、时间与知识积累等方面的限制,无疑会导致研究无法深入的情形发生。

三、著述情况

1.期刊论文

在期刊论文方面,首先必须提及的是《中国法杂志》,其前身为德中法律家协会的 Newsletter,1994 年出版了第 1 期。2004 年改版为目前的期刊形式,2015 年后再次增加网络版,与纸质版并行出版。《中国法杂志》一个最重要的功能就是翻译中国最新法律,并对新出台法律以文章的形式进行评论与引介,这一功能在 2013 年延伸到了最高人民法院的指导性案例。《中国法杂志》的编辑部设在南京大学中德法律研究所,主编为德中法律家协会,编委会由 Knut Benjamin Pißler 与 Björn Ahl 两位教授组成。《中国法杂志》为季刊,每期在 100 页左右,除了刊登上述内容,剩余版面就比较有限,主要刊登一些中国法律更新情况的文章。

此外,德国众多领域都有针对比较法的杂志,比如民法的《拉贝尔比较法期刊》(RabelsZ),知识产权方面的《工业产权与著作权杂志国际版》(GRUR Int),民诉法方面的《民事诉讼法杂志国际版》(ZZP Int),刑法方面《国际刑法教义学期刊》(ZIS),公法方面的《外国公法与国际法期刊》

(ZaöRV),还有之前提及的《国际经济法》《比较法研究期刊》《域外宪法与法律》。总体上,德国所有法学期刊都刊发外国法为内容的论文,只是针对德国本土法教义学的典藏期刊刊发数量较少。尽管如此,德国期刊中关于中国法的论文数量非常少。以《国际经济法》为例,该期刊是《中国法杂志》以外发表中国法内容文章最重要的媒介,覆盖几乎所有法律领域,每年刊发中国法文章的数量都只在个位数左右,发表最多的年份集中在美国次贷危机波及德国的几年(2007—2009年),这还是因为当时业务相对冷清,律师们有时间投入到学术研究之中。

2. 专著

在学位论文之外关于中国法的专著,作者主要是专职研究人员,涉及的领域包括经济法、行政法、知识产权、物权法、合同法、司法改革、继承法等,这里不再一一介绍。专著类出版物中,数量最多的是一般导论性图书,前后有门策尔教授1982年出版的《中华人民共和国法律:历史与现状的导论》,胜雅律教授1994年出版的《中国法导论》,何意志教授1999年出版的《中国法文化导论》(2006年第3次印刷),以及笔者所写的《中国法导论》(2009年第1版,2017年第2版),Christina Eberl-Borges教授2018年出版的《中国法导论》。这些书虽然书名近似,甚至完全一致[14],但内容、侧重点、写作风格有很大区别。尽管如此,似乎还是有必要探讨一下出现这种现象的原因。首先,下表中概括了这五本导论的主要信息:

	门策尔(1982年)	胜雅律(1994年)	何意志(1999年)	卜元石(2017年)	Eberl-Borges(2018年)
作者在前言中阐述的写作动机	西方常用语言中关于中国法的信息太少,而法律是评判一个国家的重要方面	外交官、政府官员、政治家、商人、律师、学者、记者有必要了解中国法律	了解中国法,必须了解整个中国法文化,特别是法制史;同时该书为区域学专业的教科书	对中国法进行概括介绍,并着眼学理研究与法律适用中的最新动向	为未掌握中文的读者提供了解中国法的一个入口

---

[14] 比如,胜雅律教授与Christina Eberl-Borges教授的书名是完全一致的。

(续表)

	门策尔 (1982年)	胜雅律 (1994年)	何意志 (1999年)	卜元石 (2017年)	Eberl-Borges (2018年)
结构	分4个章节,共211页,法律思想(共34页)、国家法(共26页)、刑法(共49页)、经济法(共89页)	分19章节,共363页,主要包括:中华人民共和国成立前的法律(共18页)、两个权威(共14页)、中国部门法概况(共122页)、中国马克思主义的三个基本组成部分(共23页)、中国马克思主义分析与解决问题的方法以及其对中国法律的影响(共55页)、共产党的三个基本党内规范类型(共10页)、党内规范(Parteinorm)与国家制定法关系(共3页),等等	分五个部分、17个章节,共518页,主要包括:绪论(共18页)、中国法律文化各种形成要素(共144页)、法律的渊源(共54页)、司法及律师业(共20页)、法律诸目的(共211页)	分六个部分,27个章节,共376页,主要包括:绪论(共24页)、公法(共58页)、民法(共107页)、企业法(共38页)、经济法(共80页)、民事诉讼法与仲裁法(共50页)	分5章节,共216页,主要包括:中国文化与法制史(共49页)、国家机构(共32页)、私法(共68页)、争端解决(共13页)、中国法律精神(共10页)

(续表)

	门策尔（1982年）	胜雅律（1994年）	何意志（1999年）	卜元石（2017年）	Eberl-Borges（2018年）
内容	不包括民法,因为当时还没有民事法律;不包括民诉法、劳动法、社会法,因为大部分信息属于内部资料;不包括家庭法、涉外经济法、税法、环境法,因为已有其他出版物覆盖这些领域[15]	重点为私法,但视角更广,对政治与意识形态背景有详细介绍,因为作者认为这样才可以避免对中国法律的误判。中国法的发展可能与西方不同,因为"有可能世界所有的法律都朝着一个终点发展,即市民特色的西方自由主义法治国;但世界的法律也有可能朝着不同方向多极发展"[16]	涵盖三个大部门法：刑法、民法与公法;此外,对于中国古代法律思想与法律制度、清朝与民国时期法律、毛泽东与邓小平法律思想都有详细论述	重点为民法与经济法,不包括刑法	私法为重点,公法也有涉及,因为作者认为公法对民法也发挥影响[17]

根据这一图表,可以看出这些导论性质的图书有下面的几个特点：第一,德国本土作者[18]对于影响法律在中国现实运作情况的因素比较重视,对于微观具体制度的研究则比较简略。这可能与门策尔、胜雅律与何意志三位学者在中国学习研究的经历有一定关系,他们对中国社会的亲

---

[15] Frank Münzel, Das Recht der Volksrepublik China: Einführung in die Geschichte und den gegenwärtigen Stand, 1982, 1 f.

[16] Harro von Senger, Einführung in das chinesische Recht, 1994, 8 ff.

[17] Christina Eberl-Borges, Einführung in das chinesische Recht, 2018, 7.

[18] 笔者的导论以具体部门法为重点,与其他著作有所不同。对笔者导论的批评也包括针对执政党在法律领域的影响给予的篇幅不够,参见 Knut Benjamin Pißler, RabelsZ 2018, 412。

身接触更容易觉察到中国法实践的不同。当然,也不排除出于预想受众范围比较广的考量,对中国法的介绍更趋向宏观。第二,给予法制史超比例的篇幅,比如 Eberl-Borges 的著作对于中国各个朝代的历史都有介绍,占全书 1/4 的比例,何意志的著作与此类似。在西方读者的印象中,中国法律独创的部分更多来源于中国古代,现行法律多为继受而来,特色不强。这种对于中国古代法制史的强调,对于西方(包括德国)作者而言,是一种善意的举动,是一种消除中国法制落后偏见的努力[19],而且在过去,这种着重历史视角的写法甚至形成了一种学术传统,不容偏离。[20] 第三,对于中国执政党在法律运行中的作用都比较关注,胜雅律教授 1994 年的著作中超过 1/3 的内容是关于马克思主义与党内规范,这一重点的选取与胜雅律教授的研究兴趣有关,但作者当初也未必预料到党内法规今天会成为一门新兴显学。

对比德国学者所撰写的英文《德国法导论》[21]可以发现,其中对于法制史的讨论篇幅非常有限,重点是集中在具体法律制度上。在德国出版的针对其他国家法律导论类图书中[22],对于法律外因素关注之多,中国可能是唯一的,这凸显了中国法律的特殊性。对于德国读者而言,这种特殊性至少体现在两点:一是可以概括为"上有政策,下有对策"[23],既然法律规定与法律实践分离在中国是一种常态,那么在这种导论类的书籍中似乎也没必要细致探讨具体法律制度。二是法律在中国社会中的真正作用并不明确。一名在中国法领域执业长达 30 多年的德国律师仍然感慨,尽管中国法律的内容对于西方法律界人士而言并不陌生,但是中国

---

[19] 参见张冠梓:《美国学者眼中的中国法制化——哈佛大学安守廉教授访谈》,载《国外社会科学》2010 年第 3 期。

[20] 参见苏亦工:《当代美国的中国法研究》,载《中外法学》1996 年第 5 期。

[21] Gerhard Robbers, *An Introduction to German Law*, 6th ed., 2017; Mathias Reimann (ed.), *Introduction to German law*, 2nd ed., 2005.

[22] 贝克出版社与 Nomos 出版社各有一个这样的外国法导论系列,其中所涉及的国家与地区包括:法国、意大利、美国、澳大利亚、巴西、英国、以色列、加拿大、荷兰、卢森堡、波兰、葡萄牙、俄罗斯、西班牙、捷克、土耳其、匈牙利、北欧、日本、新加坡。

[23] Scheil, Durchsetzung, Ausnutzung und Umgehung von Rechtsnormen in China, ZChinR 2017, 129, 该书第 143 页也把其原因归纳为国家与公民间的博弈,"一些领域的过度规制直接导致规范合法性效果的弱化以及对于规范规避与利用行为的普遍发生"。

法律与政党的关系对于西方人而言仍然难以琢磨。[24]

3. 文集

文集类出版物多产生于学术会议,但也有一些是多位作者围绕某一主题的合集。从20世纪80年代至今出版的针对中国法的文集涉及了民商法、国际私法、劳动法、经济法、农业法、刑法、民事诉讼法、法学方法论多个领域。德国多家出版社也推出了面向东亚法与中国法的文丛,比如De Gruyter出版社的《德中法律家协会文丛》,Nomos出版社的《东亚法》《中国法与法文化研究》,Mohr Siebeck出版社的《东亚私法文丛》《东亚刑法文丛》,以及LIT出版社《东亚法文丛》。但这些文丛都面临同一问题,即可供出版的书目过少,因为每年在德国召开与中国法相关的会议数量非常有限,而且会议论文出于经费与影响力的考虑,也可能选择在期刊上发表,而不是结集出版。[25] 这些文丛也收录博士论文,但高质量的博士论文也经常因导师推荐在研究所属领域的专门文丛出版,所以这些东亚法的文丛内容来源的匮乏非常明显。

此外,在德国一些部门法国际实用指南类图书中或者特定主题比较法文集中也包括中国部分,比如反不正当竞争法、电子商务法、公司法等,还有一些法律评注也会在国际部分涉及中国法。这类出版物关于中国法的内容对于该特定专业以外的读者而言比较隐蔽,因为无论使用书名还是关键词都难以搜索到这些图书的章节。

4. 博士论文

(1)数量

以中国法为内容的博士论文在20世纪70年末即已出现,但都属于其他专业,最初2篇德国法学博士[26]论文发表于1989年。最近30年这一数量并没有随着中德的经贸、文化往来的发展明显增加,除了个别年份

---

[24] Stricker-Kellerer, Frank Münzel-Gedanken zum Houhai-Spaziergang, ZChinR 2017, 145.

[25] 比如,2017年9月在北京召开的"中德刑法研讨会"中,陈光中、陈卫东、胡铭、许美君、孙长勇、李本森、左卫民等学者的文章都刊登在GA、ZIS两本杂志中;2018年7月在德国弗莱堡召开的"中德民法总则研讨会"上的论文也发表在《中国法杂志》。

[26] 本文主要考虑的为法学专业的博士论文,经济学、政治学、汉学等专业也有一些中国法内容的博士论文,总数为10余篇,此外,还有少量论文只涉及我国台湾地区相关制度,或者是多国与地区中比较涉及中国的法律,这些论文本文原则上不做进一步考察。

如2009年达到7篇、2004年达到6篇以外,通常保持在每年1—5篇的水平,而在同一期间德国法学专业攻读博士的人数大幅上升。[27] 这其中的原因,笔者认为是在于博士论文对于中文水平要求高,作者时间投入大,而德国法学教育完成一般就已经需要花费七八年左右的时间,导致有志攻读博士学位的学生希望能够在比较短的时间内完成博士论文,所以即便有法学毕业生对中国法抱有兴趣,甚至曾经在中国留学,但其博士论文也未必选择与中国法有关的方向。这里一个需要指出的背景知识是,博士学位对于德国法学毕业生来说与学术生涯没有直接联系。在实务界工作,拥有博士学位同样重要,个别律师事务所甚至把博士学位作为聘用前提。因此,优秀的德国法学毕业生攻读博士学位非常普遍。

(2)动机

对于那些选择中国法内容的德国法学博士,他们做出这一决定的原因在其论文中通常没有给出直接的回答。笔者所了解的选择中国法作为博士论文题目的动机有多种,既有出于对中国文化或者法律发展的兴趣,也有出于职业规划的考虑,特别对于有志于在国际组织或德国政府部门如外交部门工作的学生而言,中文背景也能增加求职成功的概率,还有一些是因为配偶来自中国。总体上,中国法对于德国法学博士生来说一直是一个小众的方向。德国法学毕业生,无论出于什么原因决定撰写中国法内容的博士论文,对于中国法研究的决心都最坚定,其中很多也是德国法学毕业生中最为优秀的一批。

(3)领域与选题

从内容上看,博士论文的选题多集中在民商法领域,其中民法方面论文数量最多,其次为商法、知识产权法、竞争法、国际贸易法、劳动法、仲裁法,而刑法、公法、国际法方面的论文数量最少,这也与德国法律界对于中国法知识需求的领域成比例。从研究的主题来看。

① 在民法领域,关注最多的领域是合同法,特别是买卖合同(1篇),此外还有承揽合同(1篇)、运输合同(1篇)、借款合同(1篇)、代理

---

[27] 参见王洪亮:《德国法学博士教育及其对我国的启示》,载《法学教育研究》2018年第1期。

(1篇)、违约责任(1篇)、合同的订立与效力(1篇)。物权法是另外一个研究比较多的领域,共有 6 篇论文产生,讨论的内容主要是中国《物权法》产生过程(2篇)、所有权概念与保障(2篇)、不动产法(1篇)、典权(1篇)。关于侵权法有 3 篇,涉及基础理论、产品责任与航空运输责任,人格权、家庭法各 1 篇论文。国际私法论文共有 5 篇,包括概论、继承法冲突规范、国际私法的意思自治、知识产权的国际私法、中国区际国际私法。在民事诉讼法领域有 4 篇论文,分别为调解、判决执行与商事仲裁(2篇)。

② 商法的论文主要集中在公司法与外商投资法,特别是对于投资法的研究涉及该领域的各个方面,包括合资企业(3篇)、投资领域的法安定性(1篇)、投资司法保护(1篇)、公司法与投资法的关系(2篇)、商贸与投资法(1篇)。其次,内幕交易、资本市场、信托制度、破产法、股份有限公司法各有 1 篇论文产生。

③ 知识产权方面的论文包括专利法(2篇)、商标法(3篇)、著作权与邻接权(1篇)、TRIPS 协议的影响(1篇)、反假冒(1篇)。

④ 包括反不正当竞争法在内的竞争法是一个热点,共有 6 篇论文产生,其中既有概括性质的,也有就具体问题的研究如企业集中(3篇)。

⑤ 国际贸易法共 4 篇,涉及货物进出口、保险监管、市场地位与反倾销、保障措施,国际公法共 2 篇,涉及国际公约适用等。

⑥ 劳动法方面,在 1990 年曾经有 2 篇论文发表,之后在 2010 年后至今再次有 2 篇论文发表,中间则是长达 20 年的空白,这可能与中国相关的立法进程有关。社会法方向也有 1 篇论文发表。

⑦ 法制史在 20 世纪 80 年代后至今为止只出版了 1 篇,研究对象为吐鲁番契约文书(1995 年),以在敦煌发现的古代契约为研究对象。[28] 对于德国法学学者而言,法制史的研究与实际需要联系最少,而花费的精力最多,而且需要法学与史学两个学科的学术训练,所以难度更大,这也是中国法制史研究最少的原因。值得注意的是,在 80 年代产生的其他专业的博士论文则以中国法制史为主。

---

[28] 另有一篇《关于中国法文化与法现实的关系》(2015 年)也可以归入此类。

⑧ 关于中国宪法、行政法的博士论文,在过去的40年间,共出现了6篇,分别涉及经济行政法任务的中德比较(2009年)、行会与协会(2010年)、中国行政强制法(2017年)、特区立法(2018年)、香港特区法律(2篇)。公法论文偏少的原因,笔者推测有这样几个因素:一是出于职业发展的考虑,很多博士生更倾向于民商法,对于公法的兴趣有限;二是已有的中国行政法研究比较少导致了德语和英文文献比较少,所以相关论文都是一种开拓性研究,花费的精力就更多;三是与中国法学界联系比较密切的德国公法学者比较少。从总体上而言,在德国行政法在比较法方面也远没有民商法发达。[29]

⑨ 中国刑法方面的德国本土法学博士论文只有1篇,是关于中国刑法与苏维埃刑法的关系(1993年),此外有2篇其他专业的博士论文涉及刑法,分别为关于1979年到1983年中国刑法立法(1985年)、刑法中的正当防卫(2015年)。刑法论文数量低的原因与行政法并不相同,一是关于中国刑法的由中国学者在德国所撰写的博士论文数量不少,达到30本;二是刑法方面中德交流也非常频繁,对中国刑法感兴趣的德国刑法学者也不在少数。所以,德国博士生对中国刑法热情有限,主要原因可能是出于对职业发展帮助有限的考虑。

在选题上,德国博士生有关中国法内容的论文与中国立法节奏关系不大,也没有明显追捧热门话题的倾向。此外,德国法学博士论文的热点领域,与同期在美国的中国法研究的重点也有很多相近之处。[30] 在这个意义上,西方世界对于中国法的研究,尽管语言不同,但联系还是比较紧密的。而且自从2006年欧洲中国法研究协会(European China Law Studies Association,ECLS)成立之后[31],每年年会都不仅吸引了来自欧洲各国的中国法学者,还有来自美国、大洋洲等国家和地区的中国法学者参

---

〔29〕 Ruffert, Rechtsvergleichung als Perspektivenerweiterung-Neuorientierung(en) für Verwaltungsrecht und Verwaltungsrechtswissenschaft, in: Burgi (Hrsg.), Zur Lage der Verwaltungsrechtswissenschaft, Die Verwaltung 2017, Beiheft 12, 166 ff.
〔30〕 对于早期美国的中国法研究中的重点领域,参见苏亦工:《当代美国的中国法研究》,载《中外法学》1996年第5期。
〔31〕 该协会最初发起的动因与中欧法学院的设立相关,目前有300多名会员。

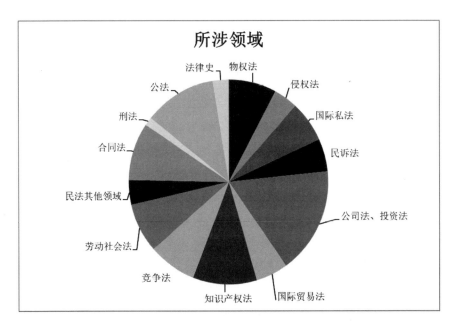

加,成为西方中国法研究的一个重要全球交流平台,因此,海外中国法的研究有逐渐超越国界,形成一个国际学术圈的趋势。当然,这一发展对于德语区的中国法研究带来的影响并不一定有利。国际化研究,所用工作语言一般为英语,这种情况下,研究成果在国际上的影响尽管更大,但如果研究成果不转化为德语文献,在德国的影响实际是递减的。

(4)学位授予的大学

上述论文多数产生于帕绍大学、哥廷根大学、汉堡大学、弗莱堡大学、科隆大学,这主要是因为这些大学中一些法学教授对中国法兴趣浓厚,更倾向于指导中国法内容的博士论文。

(5)方法与影响

从这些论文的写作方式来看,绝大多数还是属于通常的法教义学方法。但是,因为中国法理论与实践差别较大,所以很多论文作者在写作过程中都尝试在中国通过问卷调查、访谈等方式来了解实践运行状况。另外,这些博士论文的绝大多数只是针对中国法,而与德国的比较研究属于少数,这与中国博士生在德国写就的法学博士论文有很大的不同。究其原因,主要是比较研究所耗费的时间与精力要成倍增加,对德国法相关制度作出创新性研究困难较大,中德某些具体制度的可比性有限,等等,而把研究重点放在中国法更能为丰富德语文献做出开拓性贡献。

上述博士论文对于中国法在德国的研究起到的推动作用至关重要。一方面,这些研究针对性强、更加深入,对中国文献的考虑更加全面,可以大幅拓展该特定领域的中国法知识。另一方面,在攻读博士期间积累的中国知识也可以为这一群体在博士毕业后能够参与中国法相关研究做准备。可以这样说,如果没有这些在实务界工作的博士,需要多人合作的中国法研究在德国就无法开展。

四、评价与分析

总结德国对于中国法的研究现状,可以发现,如果不计算中国博士生在德国所撰写的法学博士论文,关于中国法出版物的数量虽然有所增加,但仍稳定在一个比较低的水平,并没有因为中国经济的发展、中德经贸往来的加强而有大幅提升。这可能与我们的预期有所不同。那么,这一现象的原因何在?笔者认为至少有如下三个因素值得考虑:

第一,对中文、中国的兴趣停滞。2016—2017学年度与2011—2012学年度相比,在德国中学里学习中文的人数没有增加,在多个联邦州出现人数大幅下降的情况[32],到中国留学的德国大学生数量也没有明显增加,甚至在2015年一度下滑。[33] 一方面,因代际兴趣不同,不同时代的年轻人在选择留学目的地方面流行趋势不同。经贸关系的紧密度并不一定直接转化为民众兴趣的增加。另一方面,德国政府、德国学术交流中心(DAAD)等学术交流机构支持德国学生到中国留学的态度并没有改变。德国政治、经济决策层对于了解中国重要性的认知与一般大众是有

---

[32] 关于此点可参见 Frenzel/Wassermann, China Mapping „Chinesisch an der Schule: Erhebliche Unterschiede je nach Bundesland"。

[33] 关于此点可参见 DAAD: Länderstand China: Kurze Einführung in das Hochschulsystem und die DAAD-Aktivitäten I 2018, 22;"交流不止步——德国是否需要提高与中国合作能力?"讨论会,载 http://www.daad.org.cn/zh/aktuelles-china/podiumsdiskussion-austausch-plus-braucht-deutschland-mehr-china-kompetenz,2019年4月10日访问。

差别的。目前三个中德合作办学项目(南京大学、中国政法大学、上海同济大学)都包含针对德国留学生交流的部分。南京大学与同济大学还开办了针对德国学生的双学位项目。这些都为法律专业的德国学生留学中国创造了便利条件。此外,国内知名法学院针对外国学生的硕士项目也有少量的德国学生。德国大学与中国大学的学生互换项目数量也在增长。最后,德国二代华裔的数量不断增加,其中也有一些在大学选择法律专业。所以,德国在中国留学生数量的变化应该不是中国法研究规模小的一个最重要的原因。

第二,中国法律研究难度的增加。对于想了解中国法的外国法律界人士而言,随着中国法律的不断复杂化与琐碎化,确保对中国法律状况的准确把握已经越来越困难,某些涉及多个法律领域的问题,似乎成了难以完成的任务。特别是法律评注的缺失,已经构成外国学者深入研究中国法的一个巨大障碍。而此中的艰难不只是语言障碍,而是在打开数据库,搜索很多关键词出现成百上千个匹配结果时的绝望和在花费巨大精力读完一篇文章而发现内容完全无用时的沮丧。所以,对于德国法学专业毕业生而言,选择中国法作为博士论文的研究对象,除了语言天赋,多少是需要一些理想主义与无畏、乐观主义的精神。能够高质量地完成论文,也需要与中国学者的频繁交流。但与在德国留学的中国学生一样,德国学生即便掌握中文,如果不在中国工作,中文就很多时候在工作中无法发挥作用,艰辛的付出并不一定有直接的回报。

第三,法律知识与职业的地域性。德国法律专业人士在中国工作,主要就是从事律师职业。而与其他很多专业不同,法律是一个地域性非常强的学科,律师行业对于人际网络、文化背景要求很高,加之在中国外资所随着内资所竞争力的提升发展空间比以往更为缩小[34],使得长期在中国工作对于德国律师而言在职业发展上并不一定是最优的选择。随着全世界范围法律更新速度的加快和法律咨询专业化程度的提高,在中国工

---

[34] Glatter, Ausländische Anwaltskanzleien in China, ZChinR 2017, 124 f. 其中引用一位美国律师的说法,大约70%的外资所在中国都是入不敷出,其原因不仅是外资在法律上的限制,而且中国从经济方面来说也是一个难以经营的市场。

作的德国律师返回德国后,或多或少都面临着专业知识与人际关系脱节的问题。可以说,与中国法结缘,改变了这些德国法律人的人生轨迹,在收获不一样的人生经历的同时,也失去了很多原有的机会。反而是那些改行做投资的律师,更能利用中国经济的发展机遇,获得经济上最大的利益,但这种情形都是特例。这些经验教训使得年轻的德国法学毕业生在选择到中国工作或者研究时,不得不反复考虑再三,这也直接导致在中国有留学经历的德国法学专业学生虽然不少,但能够坚守中国法这一领域的人不多。在对中国文化喜爱的情怀无法支撑人生发展的规划时,不少已经在中国工作的德国律师也选择回流。

五、愿景与实现

如果从中德法学交流的角度而言,虽然中国法在德国的研究力量有所增加,但总体状态显然无法令人满意,究其根本原因,是在于两个国家彼此对于对方的法律知识需求程度不同,决定了研究力量的不对等。但即便在欧洲主要国家之间,对于法律状况的相互关注程度也有落差。[35] 当然,中国法学界对于德国研究中国法的状况,还并不特别在意,也还谈不上有什么具体愿景。但对致力于中德法学交流的学者群体来说,没有愿景,就连努力的方向都没有,改善现状也就无从提起。因此,笔者尝试着描绘这方面的理想状态,以及思考通过哪些工作可以实现这样的状态。本文设想的愿景包括两个方面,一个是知识生产,一个是知识利用。

第一,在知识生产方面,理想状态是有更多的德国学者用德文进行中国法研究。德国学者更清楚德国读者的兴趣与需求、相关的已有知识,更能从德国法视角指出中国法的不同,使得对于中国法研究的知识更加通俗易懂。但基于刚刚提到的各种困难,这是一个逐步实现的过程。在这过程中,中文一手资料的使用固然不可或缺,但同样不能忽视德文二手资料的作用。如果某个中国法领域已有的德文研究成果积累较多,后续研

---

[35] 在某种程度上,中小学阶段外语科目的开设情况都决定了未来研究力量的分配,比如,德国还有相当多的小学外语只开设法语,而法国选学德语的中小学生则非常少。

究开展起来就比较顺畅,针对性更强也能使研究更为深入。在这个意义上,所有增加德语中国法研究内容的学术活动都是积极的,包括中国学者在德国期刊、文集上发表的中国法文章以及把中文著作翻译成德文,但至今为止,外译项目中只有一本被译成德文。[36] 从广义上说,中国法学英文期刊都可以进一步推动非英语区国家海外中国法研究。但是,鼓励中国学者在海外发表,可以把中国的研究成果传递出去,展示最新学术水平,区域不应该只局限在英语区媒介。当然,这里也存在一些现实的困难,比如德文学术成果不为现有国内学术评价体系所认可、相关成果不为国内同行所知晓与参考等。前者有待学术界形成共识后对于评价体系进行适当调整,后者则是一个因为语言屏障而形成的、在所有非英语区国家都可能出现的问题,而且在法学尤为突出,这是由法学的研究对象,即制定法所使用的语言所决定。在德国,出于学术生涯发展的考虑,很多学者也没有动力在国外期刊使用外语发表作品。[37] 这一问题,笔者认为目前只能通过学者多语种发表研究成果来解决。[38]

第二,在知识利用方面,理想的状态是中国法学界可以给予德国中国法研究更多关注。以往学界对于美国、日本的中国法研究有零星追踪[39],近来一些学者已经开始有计划地引入域外中国法研究成果,推出了像《海外中国法研究译丛》《远观译丛》这类文丛。这些都表明中国法

---

[36] 参见陈玺、景倩倩:《东法西渐:当代中国法学学术著作的世界传播——以国家社科基金"中华学术外译项目"法学类作品为中心》,载《法学教育研究》2018年第2期。

[37] 参见卜元石:《德国法学界的现状与发展前景》,载方小敏主编:《中德法学论坛》(第12辑),法律出版社2015年,第53页。

[38] 多语种发表在绝大多数都不是直接翻译,通常作者必须根据受众的不同,重新安排内容与表述方式,对此,可参见刘思达、侯猛、陈柏峰:《社科法学三人谈:国际视野与本土经营》,载《交大法学》2016年第1期。这方面的一个例证是两位德语区作者所写的一篇文章《法律思维的差异演变》,徐杭译,刊载在笔者所编辑的《域外中国法评论》2009年版第1辑,该文的英文版发表在 Hastings International and Comparative Law Review。虽然是同一内容,但繁简处理上两个版本有很大区别,英文版更容易理解,而德文版则有明显德语区法学学术出版物的文风,即雷磊在其所翻译的《法理论有什么用?》导读中(第8页)所概括的,"德国式简约"。这种风格优点是信息量大,缺点是对于读者的知识储备要求高,不通俗易懂。把更多的信息尽可能压缩到一篇文章中,而同时不显得庞杂,也是德语区评价学术论文的一个标准,因此,很多时候支端末节部分只能点到为止。

[39] 参见苏亦工:《当代美国的中国法研究》,载《中外法学》1996年第5期;浅井敦:《比较法学和日本的中国法研究》,载《法律科学》1991年第1期。

学界在此方面意识的增强。海外学者的中国法研究,无论从视角的转换[40]、治学态度与方法运用[41],还是"先发的时间优势"[42]、立场与观点的新颖性,哪怕有所偏颇,也可能会使我们自己的思考更加深入。即便目前德国中国法研究中可供参考的部分还不多,但其中的真知灼见也值得关注,也应该有中国学者从事这方面引介的工作,使其能够进入国内学者的视野。[43] 外国学者对于中国法客观、坦诚、有见地的评价,也需要中国学者去搜寻与发掘。这是因为,中国学者所批判的法律东方主义[44],至少在德国法学界,都是学者们所力图避免的[45],对一些争议话题在某种程度上甚至比中国学者还要敏感,甚至有些矫枉过正。在很多中德法学学术研讨会中,考虑到中国同行的感受,德国学者的报告对中国法更多的是友善同情的理解和谦和礼貌的赞许,少有的批评也谨慎委婉,针锋相对的辩论几乎没有。在我们期待真诚与深入对话的时候,听到的是外国同行对我们眼中并不成熟的某部中国法律大唱赞歌,的确是遗憾的、甚至是可悲的。[46] 在这个意义上,对中国法律认真、哪怕是善意的批评,不仅需要学识,也需要求真的精神,而正是如此,这样的见解也值得被认真对待。

---

[40] 参见苏亦工:《另一重视角——近代以来英美对中国法律文化传统的研究》,载《环球法律评论》2003年第1期。

[41] 参见苏亦工:《当代美国的中国法研究》,载《中外法学》1996年第5期。

[42] 李红勃:《美国法学院的中国法教学》,载《法律文献信息与研究》2017第1、2期。

[43] 下文中所提的络德睦《法律东方主义》,虽然不是德语著作,却是一个很好的例证。如果该书没有翻译成中文,那么在中国的关注度不会这么高,虽然对此书评论的学者阅读原版著作毫无问题,但一些其他关于中国法更为经典的英文著作,因为没有中文版,在中国关注度趋于零,就很能说明问题。

[44] 参见郑戈:《法律帝国主义、法律东方主义与中国的法治道路》,载《交大法学》2017年第3期;魏磊杰、支振锋、郑戈、田雷、田飞龙:《聚焦"法律东方主义"》,载《上海政法学院学报》2018年第2期。对于该书的评价,参见马剑银:《"想象"他者与"虚构"自我的学理表达——有关〈法律东方主义〉及其中国反响》,载《交大法学》2017年第3期;"该书移译适逢其时",契合了中国政治话语以西方理论来佐证的诉求,参见鲁楠:《迈向东方法律主义?——评络德睦〈法律东方主义〉》,载《交大法学》2017年第3期。

[45] Schünemann, Der deutsch-chinesische Diskurs auf dem Gebiet des Strafverfahrens als Weckruf aus dem dogmatischen Schlummer, ZIS 2018, 145.

[46] "很可惜,甚至是可悲的是,关于中国法整体状态的研究和言说的最新发展,给我们判断逆耳忠言的空间越来越小。"参见程金华:《理性对待中国的无法、有法、反法与超法——"法律东方主义"的启示》,载《交大法学》2017年第3期。

附录：1978年以来以中国法为主要内容的德国本土法学博士论文清单[47]

作者	论文题目	毕业学校	出版时间（年）	出版社
Ma, Anna	《中国与欧盟购并实体审查》	汉堡大学	2019	Nomos
Müller-Kolodziej, Martin	《言论自由在西方与东方：国际法与文化规范下的德国、日本、中国香港、中国比较》	哥廷根大学	2019	Carl Heymanns Verlag
Prusinowska, Monika	《中国国际商业仲裁-在裁决前的国家参与：一项比较分析》	汉堡大学	2019	Online
Postweiler, Jan	《贿赂在中国合同法中的效果：从企业有关角度的研究》	科隆大学	2019	Nomos
Martinek, Madeleine	《效率与合法性之间的中国实验性立法：下放给深圳特区的立法权》	哥廷根大学	2018	Springer
Pelzer, Nils	《和解与调解：以中德为基础的体系研究》	海德堡大学	2018	online
Siebel, Yue	《中德法院判决的承认与执行》	帕绍大学	2018	JWV
Schuldo, Matthias	《中国外汇的自由化》	耶拿大学	2018	Einband
Wersborg, Sarah Katharina	《哪国法适用？中、德、欧洲国际继承法中关于适用法的规定》	维尔茨堡大学	2018	zerb verlag
Wawrzyniak, Bodo	《中国行政强制法——行政义务执行的现代工具》	弗莱堡大学	2017	Kovač
Putz, Alexander	《所有权中德比较：产生、现状与发展研究》	曼海姆大学	2017	Nomos
Roth-Mingram, Berrit Maike	《社会市场经济中的企业社会责任——参考美国与中国的体系与比较法思路》	海德堡大学	2017	Nomos

---

[47] 翻译时个别过长题目有所简化，正文中只对2018年之前的论文进行了考察。

(续表)

作者	论文题目	毕业学校	出版时间（年）	出版社
Zuber, Tobias	《中国市场经济地位与反倾销》	哈勒大学	2017	Kovač
Leibküchler, Peter	《中国国际私法里的意思自治：中国与德国、欧洲法律比较》	汉堡大学	2017	Mohr Siebeck
Goertz, Corina	《中国反垄断法》	基尔大学	2016	Kovač
Ertl, Peter	《现代中国法文化与实践——历史与文化基础》	耶拿大学	2015	Einband
Geyer, Matthias	《中国航空运输责任》	帕绍大学	2015	Kovač
Allmendinger, Johannes	《中国集体劳动合同法》	弗莱堡大学	2015	LIT Verlag
Bir, Sophia-Antonia	《中德内幕交易：禁止内幕交易规则的比较研究》	拜罗伊特大学	2015	Duncker & Humblot
Rossbach, Markus	《国际合资企业——以中德合资企业为例》	吉森大学	2015	Lehmanns
Stursberg, Christian	《资合公司与外商投资企业法二元化立法》	弗莱堡大学	2014	LIT Verlag
Hübner, Patrick Alois	《外商投资在中国的司法保护》	弗莱堡大学	2014	De Gruyter
Heimberg, Luisa	《考虑到汉字特点的商标恶意注册》	德累斯顿工大	2014	Einband
Joos, Beatrix	《中国法中的承揽合同》	帕绍大学	2013	Kovač
Hofmann, Patrick	《专利实施的中、韩比较》	博锐思法学院	2013	Peter Lang
Remuta, Andreas	《保障措施对于世贸法律体系的影响：以中国入世为例》	萨尔大学	2013	Kovač
Lotz, Benjamin	《香港特别行政区的保护国家立法与新闻言论自由》	柏林自由大学	2012	Duncker & Humblot
Seibert, Nils	《劳动关系与劳动合同的设立与解除：对中国法的论述与分析》	哥廷根大学	2012	Peter Lang

(续表)

作者	论文题目	毕业学校	出版时间（年）	出版社
Zinser, Rebecka	《中国物权法：中国法学界讨论的分析》	哥廷根大学	2012	Peter Lang
Kuhn, Kerstin Carolin	《商标及专利的假冒产品：关于中国反假冒产品的法律、经济与技术措施论述》	奥古斯堡大学	2012	Peter Lang
Deißner, Susanne	《中国区际国际私法：关于中国国际私法的论文》	科隆大学	2012	Mohr Siebeck
Orth, Ingo	《中德作品网络传播权比较》	杜塞尔多夫大学	2011	Josef Eul Verlag
Masseli, Markus	《中国反垄断法中的企业集中审查》	帕绍大学	2010	Springer
Mesenbrink, Lars	《政治与竞争法张力中的中国反垄断法：以禁止卡特尔与企业集中审查为例》	哥廷根大学	2010	Nomos
Sorg, Julia	《TRIPs对中国与泰国在经济上的影响》	德累斯顿工大	2010	Nomos
Beck, Klaus	《中国行会以及协会的法律比较研究》	汉堡大学	2009	Carl Heymanns
Werthwein, Simon	《中国人格权立法》	帕绍大学	2009	De Gruyter
List, Julia Beate	《中国与德国经济行政法的任务：在考虑到不同政治体制与经济制度的法律比较》	汉堡大学	2009	Carl Heymanns
Kroymann, Benjamin	《中国资合公司法：外商投资的法律框架分析》	图宾根大学	2009	Mohr Siebeck
Maier, Tobias	《德中反不正当竞争法比较》	奥古斯堡大学	2009	Nomos
Ahl, Björn	《国际公约在中国的适用》	海德堡大学	2009	Springer
Behnes, Raimund Christian	《中国法中的信托：以英国信托法和德国信托制度为背景对中国2001年《信托法》的阐述》	哥廷根大学	2009	De Gruyter
Riemenschneider, Jakob	《中国借款合同》	帕绍大学	2008	De Gruyter

(续表)

作者	论文题目	毕业学校	出版时间（年）	出版社
Schröder, Christoph	《中国多式联运合同》	哥廷根大学	2008	De Gruyter
Ruhe, Bettina	《所有权在中国的保障和界限》	不来梅大学	2007	LIT Verlag
Blasek, Katrin	《中国商标法：对满足世贸要求的分析与评价》	弗莱堡大学	2007	Carl Heymanns
Stadtmann, Dunja	《中国抚养、赡养、扶助义务：法历史概况、子女抚养和继父母与继子女之间的抚养关系》	帕绍大学	2007	Peter Lang
Baumann, Xiaoyan	《中国新物权法：在德国法影响下的发展》	科隆大学	2006	C.H.Beck
Theusner, Alexander	《中国民法中的总则与分则的理念：德国法在中国继受的机制、原因、教义学背景》	帕绍大学	2005	Kovač
Mirko, Wormuth	《中国破产法：传承与变革》	汉堡大学	2004	IFA
Pißler, Knut Benjamin	《中国资本市场法：股票交易所法与股票交易法》	汉堡大学	2004	Mohr Siebeck
Darimont, Barbara	《中国社会保险法：参考退休保险与其改革问题》	法兰克福大学	2004	Nomos
Au, Hans	《中国竞争法：经济政策目标与法律实施》	弗莱堡大学	2004	IFA
Kniprath, Lutz	《中国国际经济贸易仲裁委员会的仲裁：管理与程序》	科隆大学	2004	Carl Heymanns
Lamb, Nina	《中国律师业的发展与今天的地位》	汉堡大学	2003	Peter Lang
Hanisch, Holger	《中国加入世贸组织对中国保险监管法的影响》	奥古斯堡大学	2003	Lagrev
Pattloch, Thomas	《中国知识产权法中的国际私法问题》	帕绍大学	2003	Mohr Siebeck
Chen, Genghiz	《中国大陆与台湾地区的产品责任法比较研究》	法兰克福大学	2002	Peter Lang

(续表)

作者	论文题目	毕业学校	出版时间（年）	出版社
Himmelmann, Nicolas	《在中国投资的法安定性：以汽车工业为例》	奥伦登堡大学	2001	Juristisches Seminar der Carl von Ossietzky Universität Oldenburg
Feuerstein, Mario	《中国非合同责任的基础与特点》	奥斯纳布吕克大学	2001	Universitätsverlag Rasch
Daentzer, Anne	《中国代理法》	帕绍大学	2000	Roderer
Widmer, Ralf	《中国对外经济法中的违约责任：参考1999年的中国合同法》	帕绍大学	2000	IFA
Glück, Ulrike	《典权：一个中国传统法律制度的今昔》	帕绍大学	1999	Duncker & Humblot
Sommer, Jörg	《香港与中国大陆商事仲裁法》	柏林洪堡大学	1998	Peter Lang
Bokeloh, Bettina	《中国股份公司的法律基础：一个计划经济的私有化趋势》	帕绍大学	1998	Peter Lang
Bohnet, Uwe	《中国与俄罗斯商标法：与德国法律发展的比较研究》	慕尼黑大学	1996	Carl Heymanns
Scheil, Jörg-Michael	《吐鲁番中国合同文书》	哥廷根大学	1995	Franz Steiner Verlag
Thümmel, Martin	《中国土地制度与不动产法》	哥廷根大学	1995	IFA
Tetz, Stefanie	《中国合同订立与有效性：兼论中国1979年合同法发展》	波恩大学	1994	IFA
Zahn, Frank	《国际合资企业作为与发展中国家企业合作形式的法律设计》	奥斯纳布吕克大学	1994	Einband
Rüffert, Dirk	《中国买卖合同中物的瑕疵担保责任》	帕绍大学	1994	Shaker

(续表)

作者	论文题目	毕业学校	出版时间（年）	出版社
Auer von Herrenkirchen, Wolffhart	《中国的刑法：特别考虑苏维埃刑法》	雷格斯堡大学	1993	Nomos
Scheuer, Martin P.	《香港与澳门根据两个联合声明的法律状况：特别考虑中国宪法与香港、澳门基本法》	萨尔大学	1993	Peter Lang
Steinmann, Matthias	《中国专利法概述：专利法实施五年后现状》	慕尼黑大学	1992	Carl Heymanns
Jung, Martina Violetta	《中国货物进口的法律与实践》	明斯特大学	1992	Verl. Recht und Wirtschaft
Süß, Rembert	《中国国际私法概述》	奥斯纳布吕克大学	1991	Carl Heymanns
Lauffs, Andreas	《中国劳动法：发展与重点》	波恩大学	1990	IFA
Wolff, Lutz-Christian	《1986年劳动合同制中的中国劳动合同》	帕绍大学	1990	IFA
König, Thomas	《中外合资企业与其在中国经济中的地位》	慕尼黑大学	1989	VVF
Glatter, Joachim	《与中国在合资企业外领域进行贸易与经济合作的法律基础》	哥廷根大学	1989	IFA

中国法科学生留学德国四十年的回顾与展望

——基于博士学位论文的考察[*]

一、引　言

中国实行改革开放四十年来，中国的法律体系逐渐完善。各个部门法在回顾其成长历程时，都或多或少提及域外法在这一过程中所起的作用，而留学海外的学者群体无疑为中国与其他国家法律领域的沟通与交流构筑了桥梁。虽然可供选择留学的目的国家有多个，但因为清末以来中国法律继受的传统，德国对于很多有志于学术的学人而言，有巨大的吸引力。自20世纪80年代初以来，中国法科留学生源源不断地奔赴德国，希冀负笈归来能够为中国法治建设贡献自己的力量。那么，中国学

---

[*] 原文发表于《法学研究》2019年第2期。此次发表修改了原文中个别错误，文后所附论文清单更新到2020年8月。

　　本文在信息收集方面，获得方小敏、高旭军、周遵友、吴桂德、霍旭阳、刘培培、杨登杰、李昊、李陶、杜如益、纪海龙、剌森的帮助；对博士论文标题中术语的中文翻译，获得雷磊、朱轶凡的指点；在博士论文作者中文姓名的查找方面，金晶、丁天立、佟玲、沈恒亮、徐杭、杨娟提供了帮助。在此一并表示感谢。本文主要信息来源为德国国家图书馆目录、德国各个法律院系之间的信息交流、部分德国法律院系网站、部分德国研究所的年度报告、部分中国大学网站，以及从个别德国法律院系问询所得信息。博士论文的中文标题，能找到作者自译的版本（此类为少数），则直接援用；无法找到作者自译版本的，为笔者所补充；极个别标题较长或与中文表述习惯不同的，笔者加以简化和调整。作者中文姓名无法查找的，在其音译后相应注明。正文中少部分注明为2018年的论文时间为答辩通过时间，正式发表时间参见文后附录。

人留学德国,对于德国加深对中国法的了解起到了怎样的作用?这些中国学人学成归国之后,在中国法学发展和法治建设中发挥了什么作用?展望未来,如何更好地利用中国学人留学德国的契机,推动中德法律领域的进一步交流与中国法学的进一步发展?

为了回答这些问题,笔者试图对改革开放以来中国留德法学博士的毕业论文进行一个初步考察[1],并以此为切入点,对于中国法科学生留学德国的情况进行一个总结。为此,笔者共收集到中国留学生撰写的法学博士论文313篇。[2] 由于数量众多,尽管使用多种收集方法,并得到多位留德法律界同行的帮助,但仍然难免疏漏。笔者在此表示抱歉的同时也期待读者予以指正。特别是少量博士论文因为完全不涉及中国法,寻找起来比较困难,疏漏部分可能主要在这方面。

在对收集到的论文进行分析之前,有几点需要说明。其一,本文讨论的对象只包括中国大陆留学生,这是因为中国台湾地区学者进入中国大陆学术体制属于少数,而留德的中国台湾地区学者对于我国台湾地区的影响,则是完全不同的另一个问题,也非笔者研究能力所及。其二,在本文中,博士论文的年代以首次公开发表的时间为准。一般博士学位的获得早于论文发表,但博士学位的获得时间有时无法查找。为了保证准确性,以发表时间为统计标准。博士学位的获得与论文发表在时间上的迟滞一般在半年左右,但也有因为论文需要修改才能发表的,推迟时间会达到两三年。个别尚未正式发表的博士论文以其通过时间为准。其三,2018年完成的论文有一部分还没有发表,但是作者已经通过答辩等环节,发表只是时间问题。为了保持完整性,凡是可以收集到的也一并列入,但因为相关信息交流的滞后,所以这一年的信息是不完整

---

[1] 根据丁天立(南京大学与弗莱堡大学联合培养博士)的调查,民国时期留德的法学博士总共18人,其中可以找到其博士论文的有16人,参见何勤华、周小凡:《我国民法典编纂与德国法律文明的借鉴——中国继受1900年〈德国民法典〉120年考察》,载《法学》2020年第5期。

[2] 本文正文及其他脚注处未提及的留德法学博士学位获得者包括(按论文发表时间顺序):张曦、刘汉富、叶峰、韩赤风、许浩明、石平、程岗、刘祚泫、刘懿彤、江清云、张芳(音)、丁凌、高菲(音)、肖军、刘静、黄喆、谢立敏、郑海明、傅广宇、李忠夏、杜晓凡(音)、何丽行、杨军、翟巍、李娜、高薇、曾燕斐、赵晓鹏、夏昊晗、王振、施埕、原野、张小溪、谢远扬、张抒涵、杨国栋、王立栋、严益州、黄笑岩、李运柊。此外2018年之前还有如下作者的博士论文发表:赵亮、殷盛、李承亮、常虹、项妍琳、杨永红、刘志阳、李勇、吴一兴、于程远、杨菲,这里加以补充。

的。此外，2018年的统计中也包括10篇于2018年完成，但之后才出版或尚未出版的博士论文。其四，因为涉及论文数目较多，限于篇幅，无法对所有论文逐一提及，部分论文只列出作者姓名。

二、博士论文基本情况分析

本部分首先对中国留学生博士论文的基本情况进行分析，主要包括数量、专业、选题及其动因、就读高校及导师等方面。这里考察的信息很多记载在博士论文的前言中，在早期博士论文的最后还通常附有作者简历。此外，一些博士论文封底印有关于作者的简要介绍。对于那些年代久远的论文，这一信息来源尤为重要，因为目前在互联网上也很难查找这些作者的资料。

(一) 数量

改革开放以来的40年间，中国留学生在德国获得法学博士学位的人数曲线图如下。

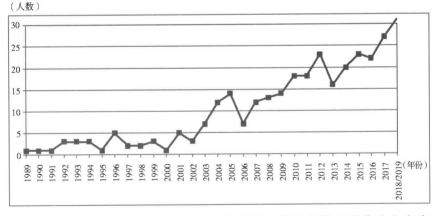

根据现有信息可以看到，中国留学生第一篇法学博士学位论文发表

于 1989 年。[3] 初期留德人数很少，从 1989 年到 2000 年，一般每年一两个人、最多时有五个人毕业。当时与国外联系比较困难，这些早期留学德国机会的获得也有很大的偶然性，往往因为学术活动结识了德国学者或通过早期从事比较法研究的中国学者的引介，才能够联系到导师，一些回忆性文章也记载了当时的情形。[4] 早期留学生在赴德前多在高校、研究机构工作，也有少量在政府部门、法院系统任职。北京的几所高校和科研机构，如北京大学、中国人民大学、中国政法大学以及中国社会科学院法学研究所当时在国际交流方面占据很大优势，而南京大学与德国哥廷根大学签有合作协议，两校教师的互访在 20 世纪 80 年代中期就已经开始。[5] 2001 年到 2009 年，在德国攻读法学博士学位的学生数量快速平稳增长，通常每年可以达到接近 10 名博士毕业的水平，在 2010 年之后跃升为年均 15—20 人左右，2015 年后提升到每年 20 人以上。从比例上看，1989—1999 年共有 25 篇中国留德学生的博士论文发表，2000—2009 年共有 88 篇，2010 年之后共有 200 篇。德国每年获得法学博士学位的超过千人[6]，所以中国学生所占比例还是非常小的，但目前已经构成外国留学生在德国攻读法学博士学位的重要群体。

中国留德法学博士生在数量上增长有其原因。20 世纪 90 年代末，随着中国经济的发展，留学国外在法学专业学生中越来越普遍。相比英语国家，德国的法学发达、费用又低，因此成为中国学生留学的主要

---

[3] 最早一批获得德国法学博士学位的中国留学生在 20 世纪 80 年代初就已经来到德国，例如，王延凤女士于 1982 年开始在弗莱堡大学学习，张颖女士于 1985 年开始在哥廷根大学学习。等到她们启动博士学业时，就已经到 80 年代末了。

[4] 参见陈兴良:《耶赛克教授与中国刑法学》，载《刑事法评论》2011 年第 1 卷；汉堡私法马普所的门策尔（Frank Münzel）教授与慕尼黑知识产权马普所的阿道夫·迪茨（Adolf Dietz）教授在这方面起到了很大的推动作用，很多早期中国留学生在论文序言中都提及了这两位教授。参见王晓晔:《我的反垄断法研究之路》，载 http://www.iolaw.org.cn/showArticle.asp?id=3687，2019 年 3 月 10 日访问。

[5] Blaurock, Rückblick auf 30 Jahre DCJV, ZchinR 2016, 307；杨冬、王为民:《书生意气自纵横——访南京大学法学院代院长、法学博士邵建东教授》，载《法学天地》2001 年第 7 期。

[6] 参见王洪亮:《德国法学博士教育及其对我国的启示》，载《法学教育研究》2018 年第 1 期。

目的地之一。几个中德合作办学项目[7]每年向德国共输送30名左右的硕士生,其中一些学生毕业后选择继续深造,并且也带动了一些相识的同学留学德国,加之一些资深学者推荐其学生到德国留学,这样使得整体上中国留学生在德国攻读法学博士学位的人数迅速增加。但是,语言障碍使得法学专业中国留学生增长的数量实际上仍然非常有限。此外,中国留学基金委于21世纪初开始资助中国学生在海外完成博士学业,使得有志深造的学生比较容易获得奖学金,大幅改变了留学德国的总体状况。在此之前,中国留学生攻读博士学位主要依靠德国基金会如德意志学术交流中心(DAAD)与德国各个政党基金会的资助。这些德方提供的奖学金的资助力度与规模,与中国留学基金委相比有一定差距,所以在今天,这些德国基金会的资助作用已经从主导型变为辅助型。总体上,自费在德国攻读博士学位的中国留学生数量比较小。

(二)专业与选题

在部门法分布方面,博士论文中民法方向75篇,刑法方向31篇,公法方向20篇,其他方向187篇。[8]中国博士生对于专业的选择,除了出于兴趣,还有出于今后就业的实际考虑。特别是,如果并非有明确意向进入高校工作,选择民商法是通行的做法。对于那些目标坚定、有志于从事学术的学生,专业方向的选择与该专业中国现有知识谱系对特定域外知识的需求度有着直接的关系。确定专业方向之后,中国博士生在选题方面总体来看存在下面三个特点。

首先,大多数博士论文都是中德法律比较,这也能体现出留学德国的意义,即通过对德国法的研究发现中国法的特点与改进的可能。但这类比较法研究的难度越来越大,因为不同于20世纪90年代初期,目前

---

[7] 中国政法大学中德法学院于2002年成立,2006年开始向德国选派留学生。成立于1989年的南京大学中德经济法研究所(后于2001年更名为中德法学研究所)在2000年中期也扩大招生。同济大学中德国际经济法研究所也于2013年开始与德国康斯坦茨大学与柏林洪堡大学合作,但该项目目前还未有留德博士毕业。

[8] 此处以德国法学一般划分方式为参照,把部门法划分为私法、公法与刑法三大领域。在这一体系中,私法的概念作广义理解,包括商法、劳动法、知识产权与竞争法等特别私法在内。

网络的发达与中国学术文献的飞增、德国文献更新速度的加快，使得保持对两国法律发展的追踪需要很大的投入，否则无法保证研究的时效性。因此，也出现了一些以中国法为主，间或与德国法进行对比的论文。此外，不少论文也把美国法作为比较对象之一。

其次，一定程度上，选题取决于特定时期中德两国彼此之间对相关法律知识的需要。从德国的角度来看，从 20 世纪 80 年代末开始，中德贸易增加，德国经济界自然就产生了对于中国合同法以及产品责任方面法律信息的需求[9]，因此这一时期产生了两篇针对中国买卖合同的博士论文及一篇关于产品责任的论文。[10] 从中国的角度来看，中国留德学生的博士论文也有与中国立法进程相吻合的情况，特别突出的是在物权法方面[11]，而侵权法的论文最早也在 2007 年左右才出现[12]，这可能与中国当时侵权责任法的起草与制定有很大关系。

最后，外国博士生在选题方面与德国本土博士生有一些不同，后者更倾向于选择时兴的话题。而外国博士生特别是有志于学术的学生则更加关注学说史，对于在德国已经形成定论的题目也抱有浓厚兴趣。当然，通常博士论文的选题都是基于导师的建议，这使得中国博士生的选题也更加倾向于德国法语境的时效性，但从中国视角来看却可能比较冷僻。

1. 私法领域

自民国以来，中国民法的知识结构与概念体系就主要源于德国。因此，为研习民法，留学德国似乎无须特别理由。中国留学生的论文涉及民法的所有领域：民法总论、合同法、物权法、不当得利法、侵权法、婚姻

---

[9] 参见奥托·桑德罗克（Otto Sandrock）为丁强所著《中德产品责任比较》撰写的前言（2004 年版）。

[10] 参见徐国建：《中国国际买卖法的适用问题》（1994 年汉堡大学）；苏颖霞：《联合国国际货物销售合同公约中的货物约定品质：中德比较》（1996 年波恩大学）；郑晓清：《从风险承担的角度看合同履行障碍时的风险分配：中国、德国、联合国国际货物销售合同公约比较》（1996 年哥廷根大学）。

[11] 最早的物权法论文在 2004 年、2005 年才出版，分别为，张双根：《公示原则与动产意定取得》（2004 年柏林洪堡大学）；周梅：《间接占有的返回请求权》（2004 年帕绍大学）；王洪亮：《不动产担保物权中德比较》（2005 年弗莱堡大学）。

[12] 参见焦美华：《中德精神损害与损害赔偿比较》（2007 年奥斯纳布吕克大学）；姜龙：《〈德国民法典〉第 280 条以下及第 311a 条第 2 款中之损害赔偿请求权的辨析》（2011 年美因茨大学）；张红：《死亡、侵害人身权与健康权损害赔偿中德比较》（2013 年奥斯纳布吕克大学）。

法与继承法。在民法中，担保法特别是担保物权法是研究最多的领域，共产生博士论文13篇，有史伟所著《中德信贷担保法比较》（1999年雷根斯堡大学）、王洪亮所著《不动产担保物权中德比较》（2005年弗莱堡大学）、丁晓春所著《简单所有权保留》（2008年法兰克福大学）、胡晓媛所著《中德所有权保留制度比较研究》（2008年拜罗伊特大学）、欧阳苏芳所著《德国民法典中的共同土地抵押权与共同土地债务》（2009年帕绍大学）、罗静（音）所著《抵押中德比较研究》（2011年不来梅大学）、庄加园所著《让与担保缺乏公示性引发的利益冲突》（2012年科隆大学）、袁力所著《担保的抽象性设定作为意思自治的根本表达》（2012年哥廷根大学）、李诚所著《中德两国保证比较》（2014年明斯特大学）、刘英所著《不动产担保中德比较》（2014年耶拿大学）、祁悦实所著《质押与让与担保基本原则的中德比较》（2016年耶拿大学）、何蓉所著《中国法中的不动产抵押》（2016年帕绍大学）以及傅梅瑛所著《抽象担保中德比较》（2016年弗莱堡大学）。这一领域论文的集中源于德国物权法对于中国物权法的影响，特别是物权行为无因性[13]作为德国法中的"招牌"，吸引了众多中国学人投身于对此问题的研究。

　　商法方面，虽然通常感觉在总论领域德国法的影响较大，在商事单行法领域，德国法对中国法的影响有限，但事实上，公司法、破产法都为中国博士生所青睐，产生了大约40篇论文。但他们很多人毕业后都从事了实务工作，直接影响到其在德国所学转化为中文法学知识。破产法领域共产生博士论文11篇，除了后面将提及的葛平亮与洪艳的两篇，还包括许德风所著《担保物权人在企业破产程序中的法律地位：一项对德国、美国与中国法的比较分析》（2008年慕尼黑大学）、王艳柯所著《中德破产法中根据破产重整计划的企业重整：特别是债权人的分组》（2009年弗莱堡大学）、沈恒亮所著《中德破产法中的别除权：德国经验与中国实践》（2009年雷根斯堡大学）、何旺翔所著《重整程序框架下的企业收购》（2012年慕尼黑大学）、贺超（音）所著《中德破产程序比较》（2013年

---

[13] 直接以此为题的还有，涂长风：《抽象的处分与有因的负担？——论把法律行为认定为处分行为还是负担行为对于判断其抽象性还是有因性的无意义性》（2007年波恩大学）。

马尔堡大学)、徐杭所著《中国破产法:法历史与比较法研究》(2013年弗莱堡大学)、何人可所著《中国破产法中的重整:与德国与美国破产法比较》(2015年耶拿大学)、赵天书所著《破产开启程序中债务人财产保全的中德比较》(2016年汉堡大学)、吴彬所著《从德国经济伙伴对比的视角看中国破产程序》(2017年奥格斯堡大学)。这些研究既有对破产法的整体评价,也有对各种具体问题的关注,与其在国内比较边缘的地位相比,破产法在德国是一个为中国博士生所青睐的领域,但毕业后从事学术研究的仅有四人。[14]

公司法方面的论文数量可观,且有一定规律可循。一是,公司治理是一个明显的重点[15],这是因为中国公司法关于监事会的规定源于德国,但实践运行却并不理想,所以追本溯源地研究德国监事制度也容易理解。此外,德国公司治理中的员工参与也是其特色之一,因此吸引了不少中国学人的注意。二是,研究对象中有限责任公司[16]与公司并购[17]是重点。这

---

〔14〕 分别为,许德风、何旺翔、赵天书、葛平亮。
〔15〕 乔文豹:《股份公司中董事会与监事会之间的斗争》(2004年哥廷根大学);胡晓静:《中国公司治理的法律问题——以中德比较为基础》(2006年科隆大学);丁佳:《公司治理与资本市场法作为中国企业监管的组成部分》(2011年图宾根大学);张海晨:《公司治理中的员工参与:中德比较》(2013年柏林洪堡大学);杨大可:《比较法背景下中国上市股份公司监督机制的选择》(2014年柏林洪堡大学);陈霄:《中德股份公司中的管理与监督比较研究》(2015年柏林洪堡大学);闫文嘉:《小股东代表在公司治理中的作用:美国、欧洲和中国比较》(2016年汉堡大学);张怀岭:《封闭性公司董事义务研究——德国、中国以及欧盟有限责任公司(草案)比较为基础》(2017年柏林洪堡大学)。
〔16〕 参见高旭军:《有限责任公司中财产混同作为责任前提》(2001年柏林洪堡大学);白江:《有限责任公司股份回购》(2005年柏林洪堡大学);孙立峰:《有限责任公司财产固定用途中德比较》(2010年柏林洪堡大学);蒋舸:《中国有限责任公司发展比较研究》(2011年萨尔大学);赵守政:《中德有限责任公司危及公司生存时股东的责任》(2014年明斯特大学);余永利:《有限责任公司实物出资》(2017年弗莱堡大学);李云琦:《有限责任公司股份向第三人转让:中德比较研究》(2018年弗莱堡大学);王亚飞:《中德设立中有限责任公司比较》(2018年柏林洪堡大学)。
〔17〕 参见马倩:《公司并购中物的瑕疵》(2007年萨尔大学);章贺铭:《企业收购履行障碍比较研究》(2009年耶拿大学);郑观:《恶意收购中目标公司管理层的行为义务》(2012年波恩大学);杨娟:《上市公司恶意收购中的防御措施中德法律比较》(2015年哥廷根大学);佟玲:《上市公司并购中不受欢迎的股东》(2015年耶拿大学);任宏达:《特殊目的公司在企业并购中的作用》(2017年耶拿大学)。

三个关注点之外的论文数量就非常有限了。[18]

知识产权是一个国际化很强的专业,而且在中国构建自己的知识产权体系的初期,德国积极参与其中[19],使得最早在德国获得法学博士学位的中国学人选择知识产权方向的人数不少,这一兴趣一直持续至今。在过去的 40 年中,相关论文覆盖了知识产权的所有方面,包括著作权、商标权、专利权、商业秘密、不正当竞争、地理标志、企业名称等。[20]

此外,竞争法长期以来都是中国留学生博士论文的一个重点方向。改革开放初期,一些留学生就已经选择了这一方向,这在当时非常超前。20 世纪 80 年代,反垄断法在中国还是一个非常陌生的概念。江平在其给位于德国汉堡市的私法马普研究所的中国法专家门策尔教授 70 寿辰的贺词中写道,他在 1984 年随中国代表团访问欧洲时,第一次了解到有反垄断法这样的法律存在。[21] 基于进一步了解这方面法律的想法,江

---

[18] 参见吴越:《中国企业集团与跨国公司法律问题》(2003 年法兰克福大学);杨继:《股份公司的代理体系》(2005 年法兰克福大学);主力军:《上市公司股份发行招股说明书责任》(2005 年奥格斯堡大学);丁勇:《股份法中股东撤销诉讼的滥用》(2011 年慕尼黑大学);王鲜蕊:《无表决权的优先股——法教义学与法事实》(2016 年耶拿大学);余佳楠:《中德公司股东贷款的特别处理》(2017 年柏林洪堡大学);邹青松:《退市时的小股东保护:中德法律比较》(2018 年科隆大学);霍旭阳:《中国公司法与投资法中的股东协议》(2018 年弗莱堡大学)。

[19] "1980 年成立的中国专利局可以说是中德合作的结晶。德方对中国专利局从人员到物力上的大力协助一直延续了十多年。"参见《中德政府法治对话》,载 http://www.china.com.cn/chinese/ch-yuwai/216200.htm,2019 年 3 月 10 日访问。

[20] 参见韦之:《中国著作权保护》(1995 年慕尼黑大学);刘晓海:《企业商业秘密的法律保护》(1999 年汉堡大学);周兴生:《德国反不正当竞争法在中国语言学方面的继受与文化特征的考量》(2003 年汉诺威大学);罗莉:《网络版权开发与保护的法律新发展比较研究》(2004 年科隆大学);俞迅:《著作权法中的损害赔偿请求权:中德对比》(2005 年哥廷根大学);刘雪琳:《职务发明中德比较》(2008 年特里尔大学);喻玲:《关于混淆与误认保护的中德比较研究》(2009 年拜罗伊特大学);曹晶晶:《专利保护在中国的实施》(2010 年慕尼黑大学);王旭明:《中国新专利法对化学和药品专利的保护》(2011 年慕尼黑大学);乐思成:《互联网域名及其作为商标使用的法律问题:中德比较》(2012 年拜罗伊特大学);梁思思:《生物制药工业处理基因专利的反公有地(anticommons):以设立专利池为策略》(2012 年慕尼黑大学);李里晶:《著作权通过集体管理组织集体管理的中德比较》(2012 年法兰克福大学);张轶:《中国知识产权法和债法中的许可合同》(2014 年慕尼黑大学);钟莲:《在国际立法影响下地理标志在中国的法律保护》(2014 年慕尼黑大学);李鑫:《中德著作权法比较研究》(2015 年马尔堡大学);陈戈:《著作权与国际谈判》(2017 年哥廷根大学);段路平:《标识法中的相同名称:中德比较》(2017 年慕尼黑大学);汪叶:《中国网络版权法保护》(2018 年弗莱堡大学);武卓敏:《生物技术发明在中国的法律保护与国际发展》(2018 年慕尼黑大学)等。

[21] Jiang Ping, Herausragender Kenner des chinesischen Rechts —wahrer Freund des chinesischen Volkes, ZchinR 2007, S.130 (由 Marcus Nestle 译为德文)。

平当时推荐了中国政法大学的教师程建英到德国汉堡马普所，追随当时所长恩斯特-约阿希姆·麦斯特迈克尔（Ernst-Joachim Mestmäcker）教授攻读反垄断法的博士学位。大约在同一时期，南京大学的教师张颖来到哥廷根大学，1990年在乌尔里希·伊蒙伽（Ulrich Immenga）教授的指导下完成了题为《限制竞争作为〈德国反限制竞争法〉第1条中的关键要件》的博士论文。之后，王晓晔、邵建东、方小敏也分别在汉堡马普所与哥廷根大学完成了与竞争法相关的博士论文。中国反垄断法出台后，这一领域的受关注度也没有降低，并且与一个新兴的领域——规制法，共同构成中国留学生的兴趣点。[22] 尤为引人注目的是，在企业集中审查方面产生了7篇论文，这些研究覆盖了各个方面的问题，包括王晓晔所著《中国经济中的垄断与竞争：基于对美、德并购审查的比较研究》（1993年汉堡大学）、陈兆霞所著《欧洲并购审查改革后的法律问题：对于欧美并购审查的比较研究及其对中国反垄断法的影响》（2008年法兰克福大学）、袁嘉所著《欧洲、美国、中国反垄断法中的合营企业》（2012年波恩大学）、周万里所著《经营者集中救济措施和银行援助救济措施的法律与经济学分析》（2014年波恩大学）、赵婷婷所著《中国企业并购审查法》（2015年慕尼黑大学）、金枫梁所著《企业集中审查的启动门槛》（2015年柏林自由大学）、黄晓洁所著《欧盟与中国反垄断法中的合营企业》（2019年纽伦堡大学）。论文在这一领域大量产生的原因可能是德国法律实践对这方面知识的需求较大。

民事诉讼法的论文出现得比较晚，大概从2008年开始有一些民事诉讼法的博士论文发表，研究对象包括临时救济（周翠2008年海德堡大学）、非金钱（债权）执行（赵秀举2008年拜罗伊特大学）、集团诉讼（张

---

[22] 除下文专门提及的企业集中审查外，反垄断法领域还有下列论文产生，董一梁：《中国电信规制中的并网》（2009年汉堡大学）；刘鸿雁：《欧盟与中国竞争法中的定期船联盟》（2010年汉堡大学）；于馨淼：《论欧盟反垄断法的域外适用代替反倾销法的可能性》（2010年哥廷根大学）；刘阳：《电网收费的成本取向》（2012年波恩大学）；李升：《国家监管与竞争张力中的电力经济：中德法律比较》（2015年拜罗伊特大学）；王艳虎：《网络经济中的行业规制与一般竞争法监管：以电网与电讯行业为例的中德比较》（2016年柏林自由大学）；剌森：《欧盟与中国竞争法的私人赔偿诉讼》（2016年汉堡大学）；张芸：《反垄断赔偿诉讼中适格被告的中德比较》（2018年柏林自由大学）。

陈果 2009 年法兰克福大学）、民事证据（吴枚 2010 年海德堡大学）、真实义务与协同主义（任重 2013 年萨尔大学）、诉讼标的（马丁 2013 年弗莱堡大学）、交通事故中的证明责任（欧元捷 2017 年慕尼黑大学）、债务人异议之诉（金印 2019 年海德堡大学）以及和解程序（见后文）等。过去，中国民事诉讼法因为多位知名学者均有留日背景，受日本法影响较大，而日本民事诉讼法继受自德国，所以留学德国在概念、话语体系的可对接性方面不存在隔阂，而且可以绕过日本法直接从德文文献中获得德国法的最新内容。在知识获得方式方面的优越性，使得有志于学术的优秀年轻学者把民事诉讼法作为主攻方向。此外，也有中国博士生论文涉及仲裁法[23]，但德国仲裁业并不发达，所以中国博士生选择这一方向的比较罕见。

劳动法很早即为中国留学生所关注，共有 8 篇论文发表。[24]

2. 刑法

中国刑法学界对于德国法的重视大概始于 21 世纪初。虽然早期中国留学生在德国撰写的法学博士论文中就有 3 篇的研究对象为刑法问题，[25]但在 1993 年到 2004 年的十余年间，未产生一篇新的刑法博士论文，而在 2007 年之后，又每年都有刑法博士论文发表。个中原因，值得揣摩。一方面，中国在 2003、2004 年间开始的就犯罪构成四要件与三阶

---

〔23〕 仲裁法方面共有 3 篇论文，包括，孙珺：《德国与中国国际商事仲裁——历史与法律观察》（2002 年马尔堡大学）；张志：《仲裁改革中的自由化、国际化和本土化：〈贸法会仲裁示范法〉背景下的中德仲裁法改革比较研究》（2012 年海德堡大学）；王源：《最高人民法院在国际商事仲裁中的作用》（2018 年哈勒大学）。

〔24〕 参见范剑虹：《根据德国比例原则与中国劳动仲裁调解固有原则的雇主解雇法律基础与控制体制》（1997 年弗莱堡大学）；李光：《在德国的中国雇员之劳动关系》（2005 年弗莱堡大学）；王倩：《中国新劳动合同法中的解雇保护：与德国的对比分析》（2012 年不来梅大学）；王茜梦：《企业（部分）并购与劳动关系归属》（2012 年慕尼黑大学）；朱军：《德国债法现代化后的雇员差额责任》（2013 年哥廷根大学）；沈媛：《企业并购时劳动合同的承继》（2014 年科隆大学）；张维文：《对于员工的录像监控》（2017 年帕绍大学）；李羡蓓：《劳务派遣中被派遣员工的法律保护》（2016 年纽伦堡大学）。

〔25〕 分别为李海东：《国际刑法原则：中国与德国国际刑法的比较研究》（1991 年弗莱堡大学）；张美英：《中国与德国刑法执行领域的发展与体制》（1992 年图宾根大学）；郑伟：《侵占的客体与主体：以德中法律为重点的比较研究》（1992 年帕绍大学）。

层理论的论辩,直接引发了对于德国刑法知识的需求。[26] 一些与德国刑法学者有联系的中国刑法学者,开始推荐中国学生赴德攻读刑法博士学位。国内资深刑法学者对于德国刑法的认同,直接鼓舞了青年学者到德国攻读博士学位的热情。而这些青年学者学成之后,大都进入中国学术界,也使得德国刑法教授更加有动力接纳中国学生,从而形成良性循环。值得一提的是,位于德国弗莱堡市的刑法马普研究所在过去四十间共培养了中国刑法博士14名,除了早期的两名博士,其他人都活跃在高校与科研机构中。此外,德国刑法学界对于中国刑法兴趣之强烈,也远远超过其他部门法。2010年成立了中德刑法学者联合会,既有定期学术活动的举办[27],也有合作著述的出版[28],这使得中国青年学者能够获得更多的与德国刑法学界交流的机会。刑法马普所每年组织与中国有关的学术活动,数量非常可观,这与其现任的两位所长都有一定的中国情结有关,他们也更倾向于招收中国青年学者攻读博士学位。

刑法学与犯罪学的博士论文研究对象比较分散,似乎不存在规律性特点。部分论文在研究对象上存在交集,比如有两篇研究贿赂罪的博士论文,即余高能所著《面向更合理有效打击惩罚贿赂的策略》(2012年波恩大学)与陈昊明所著《中德贿赂刑法处罚比较研究》(2018年法兰克福大学);两篇关于诈骗罪的博士论文,即蔡桂生所著《诈骗罪中对于未来事件的欺诈:从实证主义到目的合理的事实概念》(2014年波恩大学)与

---

[26] 这一推测来源于周遵友的提示,参见梁根林:《犯罪论体系与刑法学科建构》,载《法学研究》2013年第1期;劳东燕:《刑法学知识论的发展走向与基本问题》,载《法学研究》2013年第1期。

[27] 中德刑法研讨会分别于2011年、2013年、2015年、2017年已经举办了四届。此外还有汉学系参与组织的刑法会议,如2017年11月30日—12月2日在弗莱堡大学举办的"中国的刑法体系:历史根源、当前状况及未来挑战"研讨会(此次会议有多名中国法史学者参加);2017年12月15—16日在科隆大学举办的"中国司法改革与刑事诉讼法"研讨会。这个系列的会议旨在增加德国对中国刑法的了解。

[28] 维尔茨堡的埃里克·希尔根多夫(Eric Hilgendorf)教授与梁根林教授在德国Mohr Siebeck出版社创立了《东亚刑法文丛》,在德国已经出版5卷,在中国也有对应的文集出版,例如,《中德刑法学者的对话:罪刑法定与刑法解释》《中德刑法学者的对话(二):刑法体系与客观归责》《违法性论:共识与分歧——中德刑法学者的对话(三)》《责任理论与责任要素——中德刑法学者的对话(四)》四部书。《当代德国刑事法研究》也是中德合作出版的另外一个文集,目前出版了2卷。

王静所著《财产处分在盗窃与诈骗二者关系中的作用》(2016年弗莱堡大学);两篇关于国际刑事法庭的博士论文,即魏武所著《国际刑事审判庭中公诉人的角色》(2007年弗莱堡大学)与赵晨光所著《国际刑事法庭与中国》(2017年弗莱堡大学)。除此之外,中国法学博士所选择的题目从刑法总论到刑法分则,从刑法到刑事诉讼法,范围非常宽广。[29]

3. 公法

在公法方面,欧陆法系与英美法系对中国的影响彼此抗衡,在知识对接上存在一定障碍,而且公法研究也更多受到国体不同的影响,所以公法的论文比较少,增长也比较缓慢,一直保持在一个比较低的水平。其中,第一篇论文为王维达1993年发表的《经济行政法对于中国经济发展的作用:经济行政法作为调控手段的功能》,十年之后才有第二篇论文,即刘飞所著《司法审查作为中国行政法发展的因素:中德比较研究》发表。宪法方面,论文数量稍微多些,前后有谢立斌《关于中德经济宪法》(2007年汉堡大学)、陈征《关于新调控模式与宪法的关系》(2009年汉堡大学)、刘道前《关于德国宪法法院地位与功能》(2013年哥廷根大

---

[29] 参见杜海龙:《中德视野中的财政背信罪:中德对于违法使用公款的可处罚性》(2004年慕尼黑大学);樊文:《犯罪生涯——犯罪、制裁和再犯》(2009年弗莱堡大学);杨萌《中德两国关于预备行为的可处罚性》(2009年慕尼黑大学);王莹:《著作权的刑法保护》(2011年弗莱堡大学);刘家汝:《上市公司机关成员因为违反忠诚义务行为在中国的刑事处罚》(2011年海德堡大学);熊琦:《大众媒体与刑事判决》(2012年弗莱堡大学);王钰:《因无刑事处罚需要而不追究刑事责任的量与质限制手段》(2013年慕尼黑大学);牛露露:《德国刑法典第283条及以下可处罚性的客观前提》(2013年波恩大学);王钢:《营救酷刑的刑事合法化——德国与美国的比较研究》(2014年弗莱堡大学);周遵友:《安全与自由的平衡——中国与德国反恐立法研究》(2014年弗莱堡大学);黄礼登:《刑事程序中检察院作用的中德比较》(2014年柏林洪堡大学);谢焱:《惩治有组织犯罪刑事法对策的中德比较研究》(2014年慕尼黑大学);黄河:《犯罪人与受害人平衡关系的发展》(2015年波鸿大学);李倩:《德国刑事诉讼法第252条的证据禁止》(2015年柏林自由大学);林静:《中国银行机构反洗钱规制与合规》(2016年弗莱堡大学);周子实:《性犯罪的历史现状与发展:中德关于性犯罪法与性犯罪政策的比较》(2017年弗莱堡大学);张正宇:《中德犯罪概念的比较》(2017年马尔堡大学);张婷:《网络犯罪对共同犯罪理论的挑战》(2017年汉堡大学);隗佳:《家庭暴力的刑法保护》(2018年弗莱堡大学);王华伟:《互联网服务商的刑法责任》(2018年弗莱堡大学);王颖:《青少年处罚缓刑及缓刑帮助的中德比较研究》(2018年海德堡大学);宗玉琨:《刑事程序中的证据禁止:德、美、中法律的比较研究》(2018年弗莱堡大学)。

学)共三篇论文发表。此外,关于所有权的宪法保护共有两篇论文产生[30],关于社会基本权利保护(吕海英 2014 年柏林自由大学)、立法程序(张小丹 2017 年法兰克福大学)、政治党派(曹茨 2010 年图宾根大学、刘刚 2013 年柏林洪堡大学) 以及种族画像(刘宗路 2018 年弗莱堡大学) 亦有博士论文发表,但后面的 3 篇论文都没有或者只是附带性涉及中国。[31] 行政法方面的论文还关注国家公用设施保证(朱静文 2007 年慕尼黑大学)、DNA 基因库立法(秦静 2012 年弗莱堡大学)和公交系统调控(刘冬阳 2018 年汉堡大学)。

4. 其他领域

在国际私法[32]与国际公法方面,也有不少中国博士生撰写的毕业论文发表,国际公法的论文一般使用英文。[33] 在法理学与法哲学方面,因为中国资深学者与德国的联系很紧密,所以尽管研究难度大,依然有一些中国博士生选择这一方向。而且因为罗伯特·阿列克西之故,大多集中在基尔大学,但在其他个别大学也有少量论文产生。[34] 中国留学生在关于具体制度的研究中都包含有法制史的梳理,但纯粹法制

---

[30] 参见白媛媛:《财产作为征收补偿:中德赔偿法比较》(2012 年奥斯纳布吕克大学);宋新:《社会主义持续与变革张力中的中国新物权法:论中国对私有财产宪法保护的再发展》(2013 年法兰克福大学)。

[31] 例如,刘刚的论文中只有最后部分,有 6 页(全文共 198 页)讨论的是中国的情况。

[32] 参见赵杭:《与国有企业签订的国际债务合同适用的法律:主要参考中国与德国国际私法》(1992 年曼海姆大学);马琳:《中国区际冲突法——特别是在继承与家庭法方面:与德国区际冲突法比较》(1997 年汉堡大学);陈卫佐:《国际条约的冲突规范中的反致和转致》(2004 年萨尔大学)。此外还有秦瑞亭与薛童的论文(见后文)。

[33] 参见葛勇平:《香港与欧盟——兼论国际法上的主体资格和缔约权限问题》(2003 年马尔堡大学);王贵勤:《南海特别是南沙群岛的领土问题》(2005 年马尔堡大学);杨海江:《沿海国对于内陆水域和领海上外国商船的管辖权》(2006 年汉堡大学);徐以祥:《气候保护纳入中国法律体系》(2008 年图宾根大学);贺赞:《国际法院临时保护措施实践》(2010 年科隆大学);徐梦瑶:《世界贸易组织公约在中国的适用》(2012 年图宾根大学);唐雅:《人权条约的保留》(2015 年图宾根大学);聂明岩:《建立亚洲外层空间合作的法律框架与基础》(2016 年科隆大学);王润宇:《南极矿产资源开发国际法》(2017 年汉堡大学);扶怡:《湄公河盆地国际水权制度分析》(2017 年哥廷根大学);卢婧:《国际法视角下的国家分裂》(2018 年雷根斯堡大学)。

[34] 参见张龑:《人民、权威与基本权利——一项商讨理论的研究》(2010 年基尔大学);张青波:《后果取向的法律论证:法律论证对中国的意义》(2010 年法兰克福大学);朱光:《分离命题与包容性实证主义》(2012 年基尔大学);王晖:《法律适用的主观性与客观性》(2013 年基尔大学);胡峰:《法经济学作为法律适用的方法》(2018 年柏林洪堡大学);汤沛丰:《康德论财产与国家》(2019 年弗莱堡大学)。

史的研究比较少，仅查找到 4 篇论文。[35] 社会保障法方面在 2010 年开始逐渐起步，共有 5 篇论文发表。[36] 在海商法、税法与环境法领域也有一系列的博士论文发表。[37]

5. 选题的集中性

在论文选题方面一个比较引人注意的现象是题目的重叠性，而且在各个部门法中都存在。最突出的是关于格式条款的研究，共有 6 篇博士论文发表，分别为张里安所著《公用企业的格式条款》（2001 年特里尔大学）、朱岩所著《格式条款内容规制的中德比较》（2004 年不来梅大学）、贺栩栩所著《格式条款规制与银行业务中的格式条款设计》（2012 年慕尼黑大学）、祁春轶所著《生产过程中的法律移植：中德格式条款规制》（2013 年法兰克福大学）、王剑一所著《德国格式条款规制与欧洲合同法对于非议定条款的规定：对中国格式条款规制改革的比较研究》（2015 年明斯特大学）以及刘培培所著《中德一般交易条款与格式条款内容规制比较》（2015 年柏林自由大学）。从德国视角来看，对这一选题的重视程度与格式条款在实践中的意义是相匹配的，并不显得突兀。

在国际私法领域，虽然论文整体数量不多，但有 3 篇论文关注当事人自治，分别为秦瑞亭所著《当事人自治：一个比较法上的研究》（2003

---

[35] 参见焦莉：《德国〈民法典〉对于中华民国 1929 年〈民法典〉的影响》（2009 年基尔大学）；雷勇：《寻找现代国家：伯伦知理一般国家理论对梁启超国家思想的影响》（2010 年法兰克福大学）；韩毅：《德意志帝国时期的动物法律保护》（2014 年科隆大学）；杨若濛：《中国在儒家背景下对于欧洲私法的继受：以侵权法在中国 20 世纪初的继受为例》（2015 年法兰克福大学）。

[36] 参见肖慧芳：《法定意外保险中德比较》（2008 年法兰克福大学）；娄宇：《中德社会医疗保险制度比较研究》（2011 年法兰克福大学）；刘冬梅：《中国社会福利制度改革——特别关注宪法与国际机构的作用》（2011 年慕尼黑大学）；左菁：《中德农业社会保障比较》（2011 年科隆大学）；胡川宁：《社会保障房建设中德比较》（2014 年耶拿大学）。

[37] 海商法方向的论文包括，朱玲：《燃油污染损害的强制保险与赔偿》（2007 年汉堡大学）；黄渝娜：《船舶源污染造成纯粹经济损失的可赔偿性》（2011 年汉堡大学）。税法方向的论文包括，寿舒宁：《2008 年企业税务改革法中的利息限制》（2010 年慕尼黑大学）；孙博：《现代营业税原则：德国、欧盟与中国比较》（2016 年柏林自由大学）；朱轶凡：《德国与欧盟通过生态税进行环境保护——作为中国引入生态税的前景》（2016 年哥廷根大学）；刘志鑫：《直接税领域的一贯性原则与体系正义要求》（2017 年慕尼黑大学）；廖涛：《德国增值税法中的产权全部转让与所得税法中的个人所得转让行为研究》（2017 年柏林自由大学）等。环境法方向的论文包括，朱国林：《中国与德国环境民法保护》（1996 年特里尔大学）；吴梅：《环境专业规划中的公众参与》（2013 年特里尔大学）；陈思宇：《中德法中的环境影响评价》（2017 年柏林自由大学）等。

年法兰克福大学)、薛童所著《中国国际私法中的当事人自治》(2016年科隆大学)以及陈婕所著《当事人自治之镜中的国际劳动合同中适用法与法院管辖约定:中德法律比较》(2017年莱比锡大学)。

在侵权法方面,医疗责任亦有2篇论文,即曾见所著《中国医疗侵权责任:概况、发展与德国的比较》(2011年哥廷根大学)与贺剑所著《医疗侵权中的比例责任》(2017年曼海姆大学)。在产品责任方面,杜佳(2001年特里尔大学)和丁强(2004年明斯特大学)所著论文题目几乎一致,均为"中德产品责任比较"。在人格权方面,亦有倪宁所著《中国人格权保护:特别是针对员工而言——与德国〈民法典〉及〈一般平等法〉的比较》(2011年图宾根大学)及陈娜所著《中德一般人格权法教义学与法历史的比较》(2013年耶拿大学)。

在民事诉讼法领域,就和解程序也有2篇论文,即田洁所著《非诉讼纠纷解决程序中德比较》(2007年雷根斯堡大学)和刘思思所著《德国诉讼和解经验视角下中国调解的发展》(2015年科隆大学)。在公司法与资本市场法方面,研究有限责任公司股权转让的博士论文有两篇,分别为白江(2005年)与李云琦(2018年)所著。[38] 马卫华(1999年雷根斯堡大学)以及杨亦莹(2015年弗莱堡大学)的论文都是关于银行监管的中德比较研究。

这些论文研究的问题近似,但侧重点、入手点有所不同,因此可能产生内容与风格完全不同的论文。如果写就的年代不同,相关法律的变动使得内容上无论如何也是有差别的。但也有时间比较靠近、研究问题也比较接近的论文产生。比如在破产法领域,葛平亮所著《中德企业集团破产的程序设计:对德国规定与经验的借鉴》(2016年汉堡大学)与洪艳所著《企业集团破产时的实体合并:对美国、德国、中国的比较研究》(2019年柏林洪堡大学)都是关于企业集团破产的处理方式的研究,而且也都是在对美国的实体合并与德国的程序合并这两种解决问题的不同进路进行比较后,为中国的处理方式提出建议。

---

[38] 见前引(16)。

(三)授予博士学位的高校

在授予博士学位的高校方面,存在相当大的不均衡,在区域上总体是西部多、东部少,而且所在地为大城市的大学多。已毕业中国留德法学博士主要集中在几所大学,具体数据如下:

慕尼黑大学(31)、弗莱堡大学(30)、汉堡大学(27)、哥廷根大学(24)、柏林洪堡大学(23)、法兰克福大学(21)、科隆大学(18)、明斯特大学(13)、耶拿大学(12)、柏林自由大学(11)、波恩大学(11)、图宾根大学(9)、帕绍大学(9)、马尔堡大学(9)、海德堡大学(8)、拜罗伊特大学(6)、奥斯纳布吕克大学(6)、特里尔大学(6)、雷根斯堡大学(5)、萨尔大学(5)、基尔大学(5)、不来梅大学(4)、美因茨大学(3)、奥格斯堡大学(2)、曼海姆大学(2)、埃尔朗根-纽伦堡大学(2)、波鸿大学(2)、莱比锡大学(2)、哈勒大学(1)、吉森大学(1)、维尔茨堡大学(1)、格赖夫斯瓦尔德大学(1)、施派尔行政学院(1)、汉诺威大学(1)、德累斯顿工大(1)。

这一分布差异的原因主要有:其一,中国留学生因为实习、兼职以及生活等方面的便利性需求,更偏向大城市,所以毕业人数最多的6所大学中,除了弗莱堡大学与哥廷根大学之外,都在大城市。其二,慕尼黑大学、弗莱堡大学、汉堡大学和法兰克福大学均是马普所所在地的大学,而马普所没有授予博士学位的资格,所以在马普所攻读博士,学位最终由马普所导师所兼职的大学授予。比如,从弗莱堡大学毕业的中国法学博士,大约近一半是在刑法马普所完成其博士论文,而知识产权方面的论文很多产生在慕尼黑的知识产权马普所。其三,授予博士学位最多的8所高校均与国内高校有合作办学项目或者其他合作关系,比如南京大学与德国哥廷根大学共同创办的中德法学研究所,中国政法大学与慕尼黑大学、弗莱堡大学、汉堡大学、法兰克福大学、柏林洪堡大学、科隆大学及明斯特大学合办的中德法学院,中国人民大学与慕尼黑大学也存在紧密的合作关系。其四,对于中国博士生来说,德国大学的排名只有参考作用,而且像海德堡大学这样的名校,对于德语水平与专业成绩要求很高,导致很难获得攻读博士学位的资格,所以从海德堡大学毕业的中国法学博士并不多。

(四) 导师

中国博士生在选择导师方面,有两个特点。

一是名师多。导师中除了有原德国联邦宪法法院法官外[39],还有各个领域的知名学者,比如刑法马普所所长齐白(Ulrich Sieber)、[40]侵权法方面的冯·巴尔(Christian von Bar)[41]、竞争法领域的原德国竞争委员会主席丹尼尔·齐默尔(Daniel Zimmer)[42]、汉堡私法马普所荣休所长尤尔根·巴瑟多(Jürgen Basedow)[43]、法理学领域的罗伯特·阿列克西(Robert Alexy)、贡塔·托依布纳(Gunther Teubner)、克里斯托夫·默勒斯(Christoph Möllers)等。

二是导师的选择也比较集中。一些热门导师都曾指导过多名中国法学博士,如指导了8名中国博士生的柏林洪堡大学教授托马斯·莱塞尔(Thomas Raiser)[44]、帕绍大学教授孟文理(Ulrich Manthe)[45]、弗莱堡大学教授汉斯-约格·阿尔布莱希特(Hans-Jörg Albrecht)[46]、原哥廷根大学教授文德浩(Christiane Wendehorst)[47],指导了6名中国博士生的柏林自由大学教授弗兰茨·尤尔根·塞克(Franz Jürgen Säcker)[48],指导了5名中国博士生的弗莱堡大学教授乌维·布劳洛克(Uwe Blaurock)[49]、海德堡大学教授博克哈德·汉斯(Burkhard Hess)[50]、明斯特大学教授赖讷尔·舒

---

[39] 原德国宪法法院法官费迪南德·德基霍夫(Ferdinand Kirchhof)指导过曹芡,原德国宪法法院法官迪特·格林(Dieter Grimm)指导过刘刚。
[40] 指导中国留学生:王华伟、周遵友、宗玉琨。
[41] 指导中国留学生:宗绪志、焦美华、张红。
[42] 指导中国留学生:周万里、郑观、袁嘉。
[43] 指导中国留学生:黄渝娜、刘鸿雁、朱玲。
[44] 指导中国留学生:王亚飞、张怀岭、余佳楠、唐磊、白江、张双根、赵亮、高旭军。
[45] 指导中国留学生:刘学萍、何蓉、欧阳苏芳、刘萍、迟颖、周梅、甄童。
[46] 指导中国留学生:隗佳、周子实、林静、赵晨光、熊琦、王莹、樊文。
[47] 指导中国留学生:袁力、张杭、曾见、张姝、纪海龙、俞迅、刘青文。
[48] 指导中国留学生:王琦、张芸、朱骏、王艳虎、刘培培、金枫梁。
[49] 指导中国留学生:李云琦、杨亦莹、孙静、郑晓清、邵建东。
[50] 指导中国留学生:金印、卢佩、张志、吴枚、周翠。

尔茨(Reiner Schulze)[51]、马尔堡大学教授吉伯特·高尼希(Gilbert Gornig)[52],指导了4名中国博士生的法兰克福大学教授英格沃·埃布森(Ingwer Ebsen)[53]与赫尔穆特·科尔(Helmut Kohl)[54]、弗莱堡大学教授罗尔夫·施蒂尔纳(Rolf Stürner)[55]、科隆大学教授罗伯特·霍恩(Norbert Horn)[56]、慕尼黑大学教授贝恩德·许内曼(Bernd Schünemann)[57]、哥廷根大学教授史彼得(Peter-Tobias Stoll)[58]、耶拿大学教授瓦尔特·拜耳(Walter Bayer)[59]与伊丽莎白·科赫(Elisabeth Koch)。[60]

  如果考虑到目前在读博士生以及因种种原因中止或放弃博士学业的学生,这些导师指导中国学生的总数实际上还要更多。造成这种现象的原因,一方面当然是名师的吸引力,并且这些导师对中国与中国法抱有兴趣,也有一些导师希望在海外扩大影响,上述这些德国教授大都多次到访中国。另一方面,选择已经指导过中国学生的导师是比较保险的做法,这样师生间对于论文的完成情况有一定的心理预期。最后一点是,德国教授招收博士生没有名额限制,上面所列部分教授指导过的博士生接近甚至超过百人。虽然获得博士入学资格要求法律硕士毕业成绩达到一定分数甚至是德国成绩等级中的最高分,但也有一些变通的方法。因此,只要有导师愿意接收某一学生为博士生,一般都可以被录取。选择名师的缺点与优点同样明显。知名学者事务繁忙,用于指导学生的时间比较有限,如果招收学生数量众多,那么不在导师教席工作的博士生与导师专业方面的交流就比较有限,导师与博士生的关系远不如国内那样密切。

---

[51] 指导中国留学生:王剑一、金晶、李诚、周露露、魏佳。
[52] 指导中国留学生:李丽、王贵勤、葛勇平、孙珺、杨永红。
[53] 指导中国留学生:张小丹、娄宇、喻文光、肖慧芳。
[54] 指导中国留学生:丁晓春(原由德国知名物权法教授曼弗雷德·沃尔夫指导,在其2007年突然过世后转由赫尔穆特·科尔指导)、袁治杰、李里晶、杨继。
[55] 指导中国留学生:王洪亮、马丁、徐杭、傅梅瑛。
[56] 指导中国留学生:孙筱、黄树稳、罗莉、郭光。
[57] 指导中国留学生:杜海龙、杨萌、王钰、谢焱。
[58] 指导中国留学生:扶怡、朱逸凡、陈戈、王祯。
[59] 指导中国留学生:任宏达、王鲜蕊、佟玲、何人可。
[60] 指导中国留学生:温大军、章贺铭、祁悦实、米婷。

(五)论文完成时间

在德国攻读博士学位,学制方面没有固定期限。一些学校规定录取后一定时间内没有完成博士论文,入学资格就被取消,但允许申请延期或者再次申请入学资格。德国为本国学生攻读法学类博士提供的奖学金非常有限,而且申请期限固定、周期长,所以本国博士生通常选择在导师的教席或者律师事务所兼职。德国博士生完成论文的时间长短不一[61],在一些热门专业如公司法、资本市场法、网络法等方向,因为被录取的很多是国家司法考试成绩最优秀的毕业生,具有良好的工作习惯和时间管理能力,所以有一些人在不到 2 年的时间内就能够完成论文。而外国博士生需要的时间要长很多,中国博士生毕业的年龄大概都在 30 岁左右。[62] 德国基金会与中国留学基金委资助攻读博士学位的时间最长为 4 年,这也是外国学生完成博士论文通常需要的时间。

中国留学生博士论文的篇幅一般都不长,在 200 页上下,所以 4 年内完成是比较现实的。之所以读博花费时间长,首先,是因为德语在中国属于小语种且难度较大,仅学习语言就要花费大量时间。其次,很多导师希望外国学生在攻读博士学位前,能够先攻读本校的法律硕士学位,以便为撰写博士论文打下基础,并进一步熟悉德国法与德国学术规范。而很多中国留学生已经在国内获得了法学或者法律硕士学位,再完成一个法律硕士学位则把开始读博的时间推迟了一到两年。此外,在德国攻读博士学位一般无须上课,博士生与导师的接触也非常有限,完成论文主要依靠博士生的自律性。而包括中国留学生在内的外国学生游离在德国博士生的主流群体之外,来自同龄人的压力更小。很多博士生为了今后的就业,积极参与国内学术活动,投身翻译项目、撰写国内期刊论文,或者兼职、实习,也因此推迟了毕业时间。

---

[61] 参见刘毅、张陈果:《德国法学教育访谈》,载《社会科学论坛(学术评论卷)》2007 年第 3 期。

[62] 毕业时的年龄信息来源于德国国家图书馆录入的出版物信息。当然,因为德国法学教育时间长,所以很多德国博士生毕业时也差不多是这个年龄。

三、对于中德法学交流和发展的推动

中国留学生在德国虽然主要抱着学习德国法的目的撰写博士论文,但他们的研究成果因以德语发表之故,首先惠及的是德语区读者。归国后,如果这些博士从事学术研究,一般都有机会将其研究成果再通过中文出版物传播,对于中国相关法学学科视野的拓展、知识的丰富,都起到了一定的推动作用。在这个意义上,这些留德法学博士无疑是中德法学学术交流的重要使者。具体而言,他们对于增进中德法律领域的发展与相互了解的作用,至少包括如下两个方面。

(一)推动德国对中国法的研究

随着中德经贸往来的深化,德国对于中国法知识的需求不断增加,而中国留德学生无论在研究力量还是研究成果方面,对于德国增进对中国法的了解均发挥了可观的作用。这主要体现在这样几点:其一,德国专职研究中国法的学者数量很少,因而以中国法为研究对象的法学博士生是德国研究中国法力量的重要组成部分,而这一领域,来自中国的留学生远远超过德国本土博士生的数量。根据笔者的初步统计,在1978年以来的40多年间,德国本土作者发表的以中国法为内容的博士论文不到90篇。其二,德国对于中国法的研究在专著方面以博士论文为主。德国本土作者的兴趣主要集中在商法、知识产权与反垄断法,而中国留学生的研究领域更为宽广,大大增加了德语世界之中国法文献的供给,并为德国本土作者开展进一步研究提供了重要的基础。其三,中国留德学生与德国本土的中国法研究力量存在频繁的互动,很多研究中国法的德国本土博士生也选择前文提及的热门导师来指导论文,从而促进了德国的中国法研究社区的形成。德国导师通过指导中国留学生的博士论文,也进一步拓宽了自身的研究领域,并积极推动、参与中德法学交流。这些推动作用的发挥在一定程度上取决于、也体现在中国留学生博士论文的影响力上。

考虑到德国已有数据库并不特别搜集论文的引用情况,而且多数博士论文被其他博士论文引用较多,而书籍中的引用情况更加难以查找,所以本文不对中国留学生的博士论文作引用上的数量考察。除了引用情况外,对于中国留学生博士论文的影响力评价还包括下面几个因素:一是论文发表的出版社;二是书评中的评价;三是论文获奖情况。这几个因素中,除了出版社,除非作者在自己的简历中注明,其他信息查找起来都比较困难,所以这里也只能是一个非常粗略的介绍。

德国有几家主要出版法学博士论文的学术出版社水平相当,但因为董科与胡姆布洛特(Duncker & Humblot)出版社的出版费用最高,所以在该出版社出版的难度最大。[63] 在这些出版社出版博士论文,一般都要纳入相应的文丛,而文丛的主编也会在质量上再次把关。所以能够在这些出版社出版论文,至少表明该论文水平突出,而且该作者对于德国的学术运行机制比较熟悉,并能够运作到必要的出版资金。很多时候,导师在这方面的提示与提携尤为重要。近几年,这些专业出版社也推出了关于中国法的文丛,包括德古意特(De Gruyter)出版社的《德中法律家协会文丛》,诺莫斯(Nomos)出版社的《东亚法文丛》《中国法与法文化研究》,摩尔·兹贝克(Mohr Siebeck)出版社的《东亚私法文丛》《东亚刑法文丛》。但出版社只是一个指标。中国法学博士的论文很多都在兰培德(Peter Lang)、利特(LIT)和科瓦克博士(Dr. Kovač)出版社出版,英文的论文也多选择施普林格(Springer)出版社。其中兰培德、利特出版社以出版各专业博士论文为主,质量中规中矩,而科瓦克博士出版社因为费用最为便宜,出版周期短,所以颇受欢迎,也有不少优秀论文在此出版社出版。但是科瓦克博士出版社对于论文内容不做审查,所以难免良莠不齐。最后,还有一些论文发表在互联网上,也有自己装订成册由大学分发给相应的图书馆,以满足发表要求。

---

[63] 本文研究的博士论文中,在此出版社出版的共有18本:汤沛丰、宗玉琨、陈霄、樊文、贺剑、蒋白果、李羡蓓、林静、刘刚、刘家汝、马丁、田丽春、熊琦、许德风、王钢、张小丹、赵晨光、周遵友。

书评是德国法学进行同行评价的一个途径[64],一些图书馆订购新书时也参考杂志书评的目录,所以一本博士论文如果能够找到书评人,就是其水平的一个体现。如果书评能够刊登在知名期刊,而且评价是积极的,那么也是对论文品质的肯定。中国法学博士论文在不同专业的关注度不同,知识产权法最高,民事程序法(包括破产法)也超出平均水平,其他领域的趋势并不非常明显。如果论文可以在博士文丛中出版,基于主编的人际关系,获得书评的可能性就更高。以中国法为内容的论文被评的机会相对比较小,这是因为潜在最主要的书评人就是德国几个专职研究中国法的学者,这些学者还要互相为彼此的著述撰写书评,而近几年每年出版的中国法(包含德国本土作者在内)博士论文高达 30 多部,所以书评力量严重不足。即便如此,还是有一些中国留学生的博士论文为书评所关注,包括陈霄、贺剑、葛平亮、李鑫、李里晶、刘道前、杨若濛、谯荣德、沈恒亮、熊琦、王钢、王莹、王媛媛、许德风、张青波、钟莲、周翠。这些论文绝大多数代表了中国留学生博士论文的最高水平,但也有书评人给予一般评价的情形。

论文的获奖情况比较难以查找,因为论文奖项种类较多,而且获奖情况未必公布,所以主要以作者简历上的说明以及博士论文的前言为线索进行检索。在公开材料中能查找到的有齐晓琨的论文《中国与德国民法对名誉权保护之区别的背景研究》获得 2004 年度米歇尔曼奖[65]以及陈霄所著的《中德股份公司的管理与监督》获得柏林洪堡大学 2014 年三篇最佳博士论文之一。[66]

(二) 对中国法学的影响

目前,国内学术界对于德国法学博士的需求虽然不小,但在职业生涯起步期,高校教师的压力远比实务界同仁大,所以不少人倾向选择在

---

[64] Wissenschaftsrat, Perspektiven der Rechtswissenschaft in Deutschland: Situationen Analysen, Empfehlungen, 2012, 49 ff.
[65] https://idw-online.de/de/news83322.
[66] 该博士论文前言言及此。

实务界工作。粗略统计,从事学术与非学术的比例大致各为一半。不同专业,这个比例也不同,刑法、法理、公法与民事诉讼法方向的博士从事学术研究的比例较高,而知识产权、破产、公司法方向的则较低。随着德国法学博士毕业人数的增加,其回国后工作的分布区域越来越广阔,有向内地扩展的趋势。归国留德法学博士对于部门法具体制度方面的贡献,因为太过广泛,不是本文考察的对象。本文更倾向于讨论的是留德法学博士这个群体对于中国法学的超越部门法的整体影响。总体上,这种影响是一种从知识到方法的延伸,这里的方法包括治学的方法与教学的方法。归纳起来,大致有下面四个方面。

第一,通过启动、参与翻译项目与创办集刊对德国法知识的传播。相应的文丛包括米健主持的《当代德国法学名著》、吴越主持的《德国法学教科书译丛》、邵建东、方小敏主持的《德国联邦最高法院典型判例研究》以及李昊推动的《外国法学教科书精品译丛》。这些德语著作的翻译主要是由在德国获得博士学位的学者所承担。[67] 在这些系列外,还有针对特定领域创立的外国法文丛,也都有留德法学博士参与翻译工作。此外,德国期刊论文的翻译很多是在邵建东、方小敏主编的《中德法学论坛》以及王洪亮、张双根与田士永创办的《中德私法研究》两本集刊中发表,借此引介了大量的经典论文以及反映德国法学发展最新动态的文章。

第二,对于法教义学在部门法中应用的推动。法教义学在中国近十年的广泛讨论与德国法的直接影响密不可分,也催生了大量本体论著述的发表。最先发掘这一话题的学者来自法理学界,而对于其在部门法特别是民法领域应用的推动,留德博士的贡献最为明显。对于法教义学在刑法、宪法行政法以及民事诉讼法等领域的应用,留德学者也起到了

---

[67]《当代德国法学名著》系列有丁强、王洪亮、王晓晔、朱岩、刘飞、张双根、张学哲、杨继、迟颖、邵建东、陈卫佐、徐国建、程建英、马丁参与。《德国法学教科书译丛》系列有吴越、丁晓春、周翠、喻文光、罗莉、殷盛、石平、齐晓琨参与。《德国联邦最高法院典型判例研究》系列有邵建东、刘青文、高旭军参与。《外国法学教科书精品译丛》系列有张艳、杨大可、蔡桂生、沈小军、温大军、葛平亮参与。

参与的作用。[68] 在民法领域，教义学讨论的启动始于许德风[69]，他对于方法论的关注，在其德国博士论文中就已经有所体现。之后，2010年《中德私法研究》亦就此话题组织讨论；2015年《北航法律评论》第1辑针对法教义学与法学教育刊发了多篇原创与翻译作品，把德国最新的研究成果推介到中国，加深了中国法学界对于法教义学在学术与教学的作业方式方面的直观了解；2016年在华东政法大学召开了首届中德法学方法论论坛。[70] 这些活动都有大量留德博士的参与，促进了法教义学在民法学界讨论的深入与繁荣以及法教义学论文写作方式的引入。

第三，案例练习课的引入与推广。案例练习课是德国大学法学教育中最有特色的组成部分[71]，其在中国的引入与推广也得到有德国留学背景的学者的广泛参与。[72] 案例练习课的引入不仅是授课手段的增加，更是法学教育理念的转变，即强调法律知识的储备，并通过反复训练强化知识的运用与记忆，提高学生在具体案件中发现法律问题的敏锐

---

[68] 在刑法领域，资深学者如陈兴良，很早就已经主张刑法的教义学转向，参见陈兴良：《刑法教义学方法论》，载《法学研究》2005年第2期。在宪法领域同样如此。关于民事诉讼法的教义学转型，吴泽勇认为《重点讲义》"是我国第一部具有清晰的法教义学方法论意识的民事诉讼法学著作"。其所说的"著作"指的可能是图书类著作，因为论文类著作中，如果以讨论对象是否为中国法律规定的解释问题、素材是否为中国法院判决、引用的是否主要为中文文献为标准，尽管立法论与解释论相糅合的论文占大多数，但还是有一些民事诉讼法教义学文章发表。参见吴泽勇：《民事诉讼法教义学的登场——评王亚新、陈杭平、刘君博〈中国民事诉讼法重点讲义〉》，载《交大法学》2018年第3期；

[69] 参见许德风：《论法教义学与价值判断——以民法方法为重点》，载《中外法学》2008年第2期；许德风：《法教义学的应用》，载《中外法学》2013年第5期。

[70] 参见华东政法大学网站，载 http://fashi.ecupl.edu.cn/s/316/t/107/60/ca/info24778.htm，2019年3月10日访问。

[71] 参见季红明、蒋毅、查云飞：《实践指向的法律人教育与案例分析——比较、反思、行动》，载《北航法律评论》2015年第1辑。

[72] 上引季红明前文（第220页以下）列出如下教师：田士永、葛云松、许德风、刘哲玮、李昊、金可可、张定军、黄家镇、胡川宁。此外，朱晓喆也交流了其在这方面的心得体会，参见朱晓喆：《请求权基础实例研习教学方法论》，载《法治研究》2018年第1期。中国政法大学中德法学院自2015年暑期开始、中南财经政法大学自2017年暑期开始，每年均开设"德国法案例分析暑期班"。

度,增加思维及分析的条理性,培养法律专业毕业生的实际工作能力。[73]

第四,对法律评注在中国落地的推动。法律评注是德国法学最为重要的一种文献类型,是学术研究、司法、律师、行政部门实务工作以及法学教学必不可少的工具。[74] 在黄卉等留德学者的大力推动下[75],法律评注在中国渐为人知。在由朱庆育组织的为《法学家》撰写评注的作者团队中,也有很多成员具有留德背景。

四、对于个人求学以及学术积累的意义

尽管接触、研究德国法的渠道、方式多种多样,不少年轻的学子还是有到德国读博的情结。在海外使用非母语完成法学博士论文无疑是艰辛的。远离亲人与熟悉的环境,即便通信工具发达、沟通便利,孤独、苦闷、焦虑时常伴随着读博的整个过程,有时还面临着与国内学术圈、实务界脱节的风险。没有国内导师的提携、同门的眷顾,也会使得海归博士面临人际网络上的劣势。尽管国内一些高校优先录用海外博士,对这种付出多少是一种补偿,但是这种补偿是否合理,也面临着一些质疑。在2017年年底发表的一项高影响力青年法学者名单中,被提及的具有德国法学博士学位的仅有2位。[76] 那些在德国仅有访学经历的学者,包括

---

[73] 这种思维的训练即便对于大学一年级的德国学生而言,也是一种脱胎换骨的经历,很多高中毕业时成绩最为出色的学生在大学开始接触这种训练时,考试成绩都有可能是刚刚及格。参见葛云松、金可可、田士永、黄卉:《法治访谈录:请求权基础的案例教学法》,载《法律适用·司法案例》2017年第14期。

[74] 参见贺剑:《法教义学的巅峰——德国法律评注文化及其中国前景考察》,载《中外法学》2017年第2期。

[75] 参见朱芒、庄加园、纪海龙、杜仪方、黄卉:《五人对话:法律评注中的案例编写》,载《法律适用·司法案例》2017年第8期;张双根、朱芒、朱庆育、黄卉:《对话:中国法律评注的现状与未来》,载《中国应用法学》2017年第2期。

[76] 参见侯猛:《中国法学的实力格局——以青年学者的引证情况为分析文本》,载《中国法律评论》2017年第5期。

洪堡学者及总理奖学金获得者[77],在高影响力群体中比例并不低,这使人不得不反思留学投入的意义。

留学的经历,无论是否以攻读学位为目的,都会使留学生开阔视野,增加阅历,认识到职业生涯与人生道路更多的可能性。对于从事学术研究抱有坚定信念的群体而言,德国法学以严谨与规范见长,在这个学术体系内完成博士论文,是一个难得的学术训练。但一名学者的研究能力是否因此获得本质上的提升,与其个人资质、知识积累、悟性、毅力、抱负、勤奋程度、治学态度等有很大关系。因此,留学的经历更多是一个助力。此外,从内容上看,很多中国留德博士生撰写的论文为中德比较,其中的困难在于需要对于两国制度、学说、判例达到同等深度的研究[78],而且在文献方面一般要求尽量穷尽材料,因此对于中国法的分析不仅要参考中文发表物,对于德文、英文来源也要予以关注。[79] 特别在比较热门的商法、反垄断法、知识产权等领域,德文文献关于中国法的研究也很详尽,因此即便中国留学生撰写的博士论文仅涉及中国法,面临的也不仅仅是外文写作而产生的困难,还有处理大量外文文献而产生的附加工作量。

不容忽视的是,随着国内高校对于招聘新科博士所发表的期刊论文方面要求的增加,有志回国从事学术的年轻学者无法把精力完全集中在博士论文上,导致博士论文完成时间大幅延长。而在德国攻读法学博士,如果论文进度慢,在多数情况下会导致完成时间的成倍增加。这是因为,博士论文在提交时,所有的文献必须使用最新版本,而德国常用法学文献如法律评注、法学教科书等更新的速度非常快,导致即便论文

---

[77] 截至2019年3月10日,在洪堡基金会网站上(www.humboldt-foundation.de)以"中华人民共和国"与"法律专业"为关键词,可以查找到法学专业洪堡学者(包括总理奖学金获得者)共42名,分别为:陈昉、程迈、陈卫佐、程啸、杜涛、高旭军、郭雳、黄卉、黄喆、贾兵兵、李剑、李枚、李勇、刘国福、刘慧慧、米健、穆治霖、任雪丽、沈建峰、申卫星、孙宪忠、田坤、王洪亮、王宇、吴泽勇、许德风、徐美君、杨开湘、杨若濛、杨阳、叶金强、尹飞、于飞、于凯、喻玲、俞翔、岳礼玲、张海晨、赵晶、周翠、周家伦、朱岩。这个名单是不完整的,一部分中国法学专业的学者,比如,王世洲、冯军并不为这两个关键词所覆盖。

[78] Vgl. Adolf Dietz, ZChinR 2015,339; Peter Leibküchler, RabelsZ 2018,429.

[79] Vgl. Adolf Dietz, ZChinR 2013, 291.

主体部分已经完成，文献的更新仍然需要耗费相当大的精力。而且如果需要更新的不仅是页码、边码等形式要件，还包括内容方面，那么论文相关部分也需要相应调整，有时甚至要推倒重来，这无疑大幅增加了完成博士论文所需的时间投入，严重削减了可以用于撰写期刊论文的精力。因此，在学术起步阶段，留德博士毕业时的学术积累虽然可能更多，但发表的研究成果反而会少于国内博士，因此政策上对于留学人员的倾斜有一定的正当性。

应该看到，虽然留学德国并非刚刚开始，但德国高校大规模培养中国法学博士却是最近几年的事。在高校中"70后"的留德博士人数本身就不多。绝大多数活跃在高校的留德法学博士都还很年轻，还处在学术的起步或上升阶段，虽然一些成绩突出的个体已经展示了他们未来的成就不会逊色于目前的资深一代，但判断这个群体整体的未来发展，还为时过早。而且必须考虑学术能力的施展也与学术资源的分配机制相关。[80] 更何况，学术研究需要个人力量与团体力量相互配合，优秀的个人所能发挥的作用永远是有限的，法学水平的提升依靠的更多是群体的力量。且不论大型学术项目中需要群体合力协作，仅是学术观点的回应，也只有在相应的群体达到一定规模后才能实现，而没有学者之间的对话，个体的观点也无法上升为学术界的共识，难以影响立法与司法。

当然，在教育背景、职业兴趣、人生规划等方面，赴德攻读法学博士学位的群体本身具有很大的异质性，而中国留德法学博士有近一半从事实务，所以考察留学的意义不应仅限于对学术界的影响。

五、展　望

展望未来，虽然无法准确预测中国学生赴德攻读法学博士学位将如何发展，但也可以观察到一定的趋势。目前在德国比较大的法律系中还有不少在读中国留学博士生，而且像在笔者所在的高校，近几年每年都有3—5名新录取的攻读法学博士学位的中国学生。所以，获得德国法

---

[80] 对此参见前引(16)，侯猛文。

学博士学位的中国学生数量短时间不会减少。一些中国大学法学院对于国际化的重视、与德国法学院合作的增强以及国际班的开设，使得在德语与法学相结合的专业会有越来越多的学生在本科、硕士阶段留学，语言的便利性使得这一群体在德国读博会更加顺畅自然。当然，这些毕业生是否都转化为法学学术界的新生力量，则是另外一个问题。即便进入实务界，如果能够促成具有学术氛围的精英律师事务所的形成，也未必不是一件好事。从长远看，只要中国法学对德国法学知识存在比较强烈的需求，或者留学德国是在中国深造的一个可行替代，那么在德国攻读博士学位的人数会保持在一定水平。有鉴于此，有必要深入思考如何能够更好地利用留学德国的契机，培养中国未来的法律人才，并使之归国后更好地发挥才能。

一方面，归国初期，留学博士或多或少都面临人际网络以及期刊论文发表数量上的劣势，影响到教职的应聘与科研局面的打开。所以重新融入国内的法学群体，以便学识为同行所认可，是留德归国法学博士所必须面对的一个挑战。特别在近几年"留学国别主义"为法学界所批判的大环境下[81]，考虑到德国法学在民法、刑法两个部门法的影响[82]，留德学者所要承载的质疑可能更多。但"留学国别主义"问题的解决，除了通过教义学等研究使法律知识本土化之外，恰恰需要充分利用留学机会来解决。在域外法学文献并不稀缺的今天，中国比较法的研究方式也需要调整。对于外国法律制度，不仅需要强调研究的准确性与时效性，还应该注重制度在实践中的运行状态，这很多时候是无法单凭阅读而了解的，必须通过与该国法律专业人士的沟通才有可能获知。而在国外攻读博士学位，如果能够融入同时期读博、不限于中国学生的群体，因为经历的共同性，能够更好地结交外国同行，更多参与当地学术活动及国际

---

[81] 参见林来梵:《宪法学:中国主体立场及其他》，载《清华法律评论》2016年第1期；杨立新:《当代中国民法学术的自闭与开放》，载《法学研究》2011年第6期；丁胜明:《刑法教义学研究的中国主体性》，载《法学研究》2015年第2期。

[82] 笔者认同目前"中国民法已经开始走向高度德国法化的学说继受和方法继受之路"的看法，参见章程:《日台民法学坛过眼录》，载《北航法律评论》2015年第1辑。

交流,争取与导师沟通的机会,这些都有助于准确把握外国法。[83] 这一点对于不在各类马普所这样的汇聚多国研究人员、学术交流非常频繁的研究机构攻读博士学位的学生尤为重要。此外,目前国际上解决单个比较法学者视野有限问题的办法,通常是组织多国学者合作研究特定法律制度,以问卷调查的方式查明每个国家的法律状况,形成国别报告。国内已有学者建议采取这种研究方法[84],但是付诸实现,还需要中国比较法学者在国际上广泛人际网络的形成,而留学正是实现这一目的的一个契机。

对于刑法学而言,更应充分利用目前中德刑法交流的兴盛时期所带来的宝贵机会,使得优秀的中国青年学子能够在自己人生学习能力最强的时期,在马普所这样的一流国际性科研机构深造。这种交流的盛况与资深一代中国刑法学者的努力、铺垫与付出是分不开的。就在十年前,国内最优秀的刑法专业学生即便有志在德国读博,寻找导师也面临重重困难。与其说德国刑法马普所培养的是一些亲近德国法的中国学者,不如说是为中国培养了一批真正具有国际视野和国际人脉的青年学者。民法等其他学科的青年学子显然还没有这样的便利,在汉堡马普所获得博士学位、仍然活跃在学界的中国学者也不多。[85] 中德刑法交流的兴盛是否可以持续,中德法学其他领域的交流是否可以赶上,目前尚未可知,但是开放的心态是必要的前提。

另一方面,在法学专业留学国家多样性日益增加的今天,考虑到德国法学的特色是法教义学,留德法学博士可以充分发挥其对法教义学的应用更为熟悉的优势,为中国法学知识的体系化、本土化作出应有的贡献。虽然法教义学与社科法学的争议至今尚未平息,但中国知名法学院

---

[83] 针对"法益"与"客观归责"这两个德国法理论,作者发出如下感慨:"我们现在在对域外学说进行引介时,是否完整、准确地理解了它的真实含义和在其本国的命运?有没有过于夸大它的地位和作用?在引入的同时,我们是否存在只搬运而不注意与中国刑法话语的衔接与转换呢?"参见刘仁文:《再返弗莱堡》,载《法制日报》2017年第9版。

[84] 参见金可可:《民法实证研究方法与民法教义学》,载《法学研究》2012年第1期。

[85] 这个群体包括王晓晔(1993年)、程建英(1993年)、刘晓琳(音)(1996年)、马琳(1997年)、周潞嘉(1998年)、朱玲(2006年)、杨海江(2006年)、董一梁(2009年)、刘鸿雁(2010年)、黄渝娜(2011年)。括号中年份为博士论文发表时间。

的教师规模通常是德国法学院的数倍,而且中国法学教育设置的灵活性使得教师更为可能具有多学科背景,因此中国部门法学更有条件实现各种法学研究方法的平行发展,而不再纠结于方法间的高下。德国法律评注的发达,法律知识通过评注这种载体高度体系化集成,法律问题的解决方案、延伸文献的查找都异常便捷,中国留德博士因而拥有知识获取方面的巨大优势。很多百思不得其解的问题通过查阅德国相关评注,思路就能够豁然开朗。如何抗拒这一优势所引发的走捷径的诱惑,在参考域外文献的同时,能够对本土产生的法学知识给予应有的重视,也是留德博士融入本土学界不可或缺的态度。

  回首过去,这 40 年间中国留德学生的法学博士论文不论厚薄,都倾注了作者的心血,也见证了中德法学交流的发展与繁荣。总结这样一段历史,更是为着眼当下,让未来留德学生的求学生涯更有规划,归国之后贡献更多。

附录：留德法学博士名单及论文相关信息一览表（1978—2021）*

（共 370 名）

---

* 此表格根据笔者收集的信息整理而成，相关工作单位信息来源于各高校、科研部门网站，受限于来源，不能保障其完整性，信息更新截至 2021 年 9 月 25 日。在高校或研究机构工作的博士注有其工作地点。发表的网络版与纸质版的年份不同的，分别注出。

尚未发表论文

Name 姓名	Titel der Dissertation 论文题目	Universität 授予大学	Jahr 年份	Betreuer 导师	Verlag 出版社
Zhao Xueshuang 赵雪爽（中国政法大学）	Die notwendige Teilnahme–Zum Strafgrund der Beteiligten im Rahmen der Zuständigkeitslehre	Freiburg 弗莱堡大学	2021	Prof. Michael Pawlik	--
Wang Qiankun 王乾坤	Die kündigungsrechtliche Stellung des Compliance-Beauftragten	Passau 帕绍大学	2021	Prof. Frank Bayreuther	--
Wu Yiyue 吴逸越（中国政法大学）	Der Ersatz immaterieller Schäden beim Unfalltod – eine vergleichende Studie zwischen deutschem und chinesischem Recht	HU Berlin 柏林洪堡大学	2021	Prof. Reinhard Singer	--
Li Fupeng 李富鹏（中国政法大学）	Translating Weimar—The Cultural Translation of the Weimar Constitution in China (1919–1949)	Frankfurt 法兰克福大学	2020	Prof. Thomas Duve	--
Zhang Yuhui 张宇晖	Die gesellschaftsrechtliche Treuepflicht bei der Gesellschaftsinsolvenz–Retrospektive auf die Suhrkamp-Insolvenz	Köln 科隆大学	2020	Prof. Barbara Grunewald	--
Huang Yuzhou 黄钰洲（中国社会科学院大学）	Gesinnung und Sittlichkeit in Hegels Rechtsphilosophie	Freiburg 弗莱堡大学	2020	Prof. Michael Pawlik	--
Jin Jian 金健（南京大学）	Eingriffsbefugnisse der staatlichen Überwachungsmaßnahmen im chinesischen Lebensmittelrecht — mit Hinweis auf das deutsche Recht	Göttingen 哥廷根大学	2020	Prof. José Martínez	--

(续表)

Name 姓名	Titel der Dissertation 论文题目	Universität 授予大学	Jahr 年份	Betreuer 导师	Verlag 出版社
Yuming Ruiheng 禹明睿衎	The Incentive in Compliance Programs A Legal Comparative Research on Compliance Programs Incentivizing and Whistleblowing Regulation between the USA and Germany	Freiburg 弗莱堡大学	2020	Prof. Hans-Jörg Albrecht	--
Wu Xunxiang 吴训祥	Der Extrakt der römischen Gesetze im Gesetzgebungsverfahren des ALR	Tübingen 图宾根大学	2020	Prof. Thomas Finkenauer	--
Pan Wenbo 潘文博（中国政法大学）	Schuld und Prävention bei der Strafzumessung. Eine vergleichende Studie der deutschen und chinesischen Strafzumessungsdogmatik	Freiburg 弗莱堡大学	2019	Prof. Hans-Jörg Albrecht	--
已发表论文					
Du Zhihao 杜志浩（湖南大学）	Urheberrechtliche Schranken im Internet: Einführung einer Schrankengeneralklausel? Untersuchung zum chinesischen im Vergleich zum deutschen und US-amerikanischen Recht	Göttingen 哥廷根大学	2021	Prof. Andreas Wiebe	Cuvillier
Li Dingxi 李鼎熙（中国人民大学法学院博士后）	Das Phantom der "Rechtswissenschaft" während der Rechtsrezeption Chinas: die Wirkung und Wirkungslosigkeit der Rechtstheorie	Jena 耶拿大学	2021	Prof. Christian Fischer	打印装订版
Liu Chang 刘昶（同济大学）	Missbrauch des Beweisantragsrechts im Strafprozess und Missbrauchsabwehr	München 慕尼黑大学	2021	Prof. Bernd Schünemann	Duncker & Humblot

(续表)

Name 姓名	Titel der Dissertation 论文题目	Universität 授予大学	Jahr 年份	Betreuer 导师	Verlag 出版社
Sun Xinkuan 孙新宽（北京师范大学）	Risikoverteilung beim Missbrauch von Zahlungsinstrumenten in Deutschland und der VR China	Heidelberg 海德堡大学	2021	Prof. Christoph Kern	Peter Lang
Wei Liming 韦力铭	Reasons for Reforms to the WTO Agreement on the Implementation of Article VI of GATT 1994 in the Doha Round Negotiations—Is There Any Way out of The Doha	Halle 哈勒大学	2021	Prof. Christian Tietje	网络版
Yin Yuanyuan 尹园园	Die Wirkungen von Tarifverträgen in Deutschland und China–eine rechtsvergleichende Untersuchung	Bremen 不来梅大学	2021	Prof. Wolfgang Däubler	网络版
Zhao Jin 赵进（首都经贸大学）	Sytematische Reform des Chinesischen AGB-Rechts und seine Anwendung auf Arbeitsverträges	Hu Berlin 柏林洪堡	2021	Prof.Dr. Reinhard Singer	网络版
Zhou Zishi 周子实（湖南大学）	Das Sexualstrafrecht in Deutschlard und China… Eine vergleichende Darstellung von Geschichte, Stand und Entwichlungen	Freiburg 弗莱堡大学	2021	Prof. Hans-Jörg Albrecht	Dunker & Humblot
Chen Dachuang 陈大创（中南财经政法大学）	Die Treuhand als Rechtsform für Sondervermögen	Köln 科隆大学	2020	Prof. Norbert Horn	Nomos
Chen Lijing 陈丽婧（华东政法大学）	Die Haftungsverteilung bei der nichtautorisierten Überweisung und Kreditkartenzahlung aus rechtsvergleichender Sicht	Köln 科隆大学	2020	Prof. Hans-Peter Haferkamp	Duncker & Humblot

(续表)

Name 姓名	Titel der Dissertation 论文题目	Universität 授予大学	Jahr 年份	Betreuer 导师	Verlag 出版社
Chen Xinming 陈心明	"Made in China" als geographische Herkunftsangabe. Möglichkeiten und Grenzen des Aufstiegs im Rahmen des deutschen Kennzeichenschutzes	Freiburg 弗莱堡大学	2020	Prof. Yuanshi Bu	Peter Lang
Fan Ximeng 范西蒙	Der abstrakte dingliche Vertrag als gesetzliche Konstruktion im deutschen Zivilrecht und seine unvollständige Anerkennung durch das chinesische Zivilrecht	Köln 科隆大学	2020	Prof. Barbara Dauner-Lieb	Kovač
Huang Xiaoyan 黄笑岩	Technik vs. Gesetz–Zu Internetkriminalität und Datenschutz im deutsch-chinesischen Vergleich	Würzburg 维尔茨堡大学	2020	Prof. Eric Hilgendorf	Nomos
Ji Hongming 季红明 （中南财经政法大学）	Vermögensauseinandersetzung bei der Scheidung in Deutschland und der VR China	Hamburg 汉堡大学	2020	Prof. Hinrich Julius	网络版
Kui Jia 隗佳 （南开大学）	Strafrechtlicher Schutz bei häuslicher Gewalt	Freiburg 弗莱堡大学	2020	Prof. Hans-Jörg Albrecht	Duncker & Humblot
Li Jinlou 李金镂 （中南财经政法大学）	Mitverschulden des Geschädigten bei Nebentätern. Eine Rechtsvergleichende Untersuchung zwischen dem deutschen und chinesischen Recht	Köln 科隆大学	2020	Prof. Hans-Peter Haferkamp	Peter Lang
Li Lin 李琳 （浙江理工大学）	Die wesentliche Vertragsverletzung – vergleichende Betrachtung der Rechtslage nach CISG, CESL, VG und BGB	Hamburg 汉堡大学	2020	Prof. Marian Paschke	LIT

（续表）

Name 姓名	Titel der Dissertation 论文题目	Universität 授予大学	Jahr 年份	Betreuer 导师	Verlag 出版社
Li Tao 李陶 （中央财经大学）	Multifunktionalität, Monopol und sektorspezifische Aufsicht. Verwertungsgesellschaften aus interdisziplinärer und rechtsvergleichender Perspektive	München 慕尼黑大学	2020	Prof. Ansgar Ohly	Mohr Siebeck
Li Yanbing 厉彦冰 （上海财经大学）	The Breathing Space within the Confines of the Author's Integrity Right An International and Comparative Study	Freiburg 弗莱堡大学	2020	Prof. Thomas Dreier	打印装订版
Li Yunqi 李云琦	Die Veräußerung von GmbH-Geschäftsteilen an Dritte – eine rechtsvergleichende Untersuchung zwischen dem deutschen und chinesischen Recht	Freiburg 弗莱堡大学	2020	Prof. Uwe Blaurock	LIT
Lin Huanmin 林洹民 （浙江大学）	Zivilrechtliche Kernfragen des Franchiserechts und Vorschläge für ihre Lösung im chinesischen Recht. Deutschland als Modell für die Weiterentwicklung des chinesischen Franchiserechts	Frankfurt 法兰克福大学	2020	Prof. Moritz Bälz	Kovač
Long Rui 龙睿	Die Aufgreifkriterien der Chinesischen Fusionskontrolle: Minderheitsbeteiligung, Gemeinschaftsunternehmen, Konzerninterne Umstrukturierung und neue Fragen Zum Digitalen Markt aus rechtsvergleichender Sicht mit deutschem und europäischem Recht	Fu Berlin 帕林自由大学	2020	Prof. Franz Jürgen Säcker	Peter Lang
Su Renzai 苏仁再	Das Aufsichtsratsgremium in den börsennotierten Aktiengesellschaften in China – Ein Vergleich mit dem deutschen Recht	Hamburg 汉堡大学	2020	Prof. Hinrich Julius	Duncker & Humblot

(续表)

Name 姓名	Titel der Dissertation 论文题目	Universität 授予大学	Jahr 年份	Betreuer 导师	Verlag 出版社
Tao Huan	Financial Crisis Supervision and Institutional Innovation	Marburg 马尔堡大学	2020	Prof. Gilbert Gornig	Kovač
Wang Meng 王蒙 (华东政法大学)	Die deliktsrechtliche Verkehrspflicht im deutsch-chinesischen Vergleich	Münster 明斯特大学	2020	Prof. Nils Jansen	Duncker & Humblot
Wang Nijie 汪倪杰 (复旦大学博士后)	Vertragliche Nebenpflichten im Kaufrecht Eine rechtshistorische Untersuchung vom römischen über das deutsche zum chinesischen Recht	Konstanz 康斯坦茨大学	2020	Prof. Matthias Armgardt	Mohr Siebeck
Wang Shuang 王爽	Parental Custody After Separation or Divorce. A Comparison Between German and Chinese Law	Passau 帕绍大学	2020	Prof. Wolfgang Hau	Peter Lang
Wei Lizhou 魏立舟 (浙江大学)	Decoding Trademark Use: A Theoretical and Comparative Study	München 慕尼黑大学	2020	Prof. Annette Kur	打印装订版
Zhang Feihu 张飞虎	Äußerungsrechtlicher Unternehmensschutz im Internet. Ein Rechtsvergleich des deutschen und chinesischen Zivilrechts	Konstanz 康斯坦茨大学	2020	Prof. Astrid Stadler	Peter Lang
Zhao Jing 赵静 (北京化工大学)	Die Rechtsphilosophie Gustav Radbruchs unter dem Einfluss von Emil Lask. Eine Studie zur neukantianischen Begründung des Rechts	Frankfurt 法兰克福大学	2020	Prof. Ulfrid Neumann	Nomos

(续表)

Name 姓名	Titel der Dissertation 论文题目	Universität 授予大学	Jahr 年份	Betreuer 导师	Verlag 出版社
Zhu Hongrui 朱泓睿	Die Einpersonen-GmbH im deutschen und chinesischen Recht	HU Berlin 柏林洪堡大学	2020	Prof. Thomas Raiser	Kovač
Chen Sisi 陈思思	Die Rolle der Schiedsinstitutionen in der internationalen Handelsschiedsgerichtsbarkeit: Eine vergleichende Studie zur Schiedsgerichtsbarkeit in Deutschland und in China	Heidelberg 海德堡大学	2019	Prof. Burkhard Hess	Peter Lang
Du Ruyi 杜如益 (暨南大学)	The Dawn of Modern Property - Legal institutions of the land's airspace/subsurface in urban areas of Germany, the US, and China	Hamburg 汉堡大学	2019	Prof. Hinrich Julius	Online
He Tan 何坦 (长沙学院)	Verschulden des Geschädigten und dessen konkrete Anwendung im Bereich der Gefährdungshaftung: mit der dogmatischen Auslegung des entsprechenden Paragraphen der VR China als Mittelpunkt	Hamburg 汉堡大学	2019	Prof. Hinrich Julius	Online
Hong Yan 洪艳	Materielle Konsolidierung bei Konzerninsolvenz-eine Studie aus rechtvergleichender Perspektive zu den USA, Deutschland und China	HU Berlin 柏林洪堡大学	2019	Prof. Christoph Paulus	Nomos
Hu Jian 胡剑	Haftung für Erfüllungsgehilfen nach deutschem und chinesischem Recht-eine rechtsvergleichende Sicht im Spiegel der Lehre und Rechtsprechung	HU Berlin 柏林洪堡大学	2019	Prof. Reinhard Singer	Online
Huang Xiaojie 黄晓洁	Gemeinschaftsunternehmen unter europäischem und chinesischem Kartellrecht	Erlangen-Nürnberg 埃尔朗根 纽伦堡大学	2019	Prof. Jochen Hoffmann	Peter Lang

(续表)

Name 姓名	Titel der Dissertation 论文题目	Universität 授予大学	Jahr 年份	Betreuer 导师	Verlag 出版社
Huo Xuyang 霍旭阳 (中国人民大学)	Die Gesellschaftervereinbarung im chinesischen Gesellschaftsrecht und Investitionsrecht	Freiburg 弗莱堡大学	2019	Prof. Yuanshi Bu	LIT
Jin Yin 金印	Die Übertragbarkeit der deutschen Vollstreckungsgegenklage in das chinesische Zivilprozessrecht	Heidelberg 海德堡大学	2019	Prof. Burkhard Hess	Nomos
Jin Yuxi 金昱茜 (湖南大学)	Entwicklung des gesetzlichen sozialen Grundaltersversicherungssystems in der Volksrepublik China: Nachhaltigkeit als gesetzliches Prinzip im SozialversicherungsG	Münster 明斯特大学	2019	Prof. Heinz-Dietrich Steinmeyer	Nomos
Lei Weiwei 雷巍巍 (中国计量大学)	Flexibilisierungstendenzen bei den gesetzlichen Erbquoten im chinesischen Erbrecht: eine rechtsvergleichende Evaluation	München 慕尼黑大学	2019/2020	Prof. Anatol Dutta	打印装订版/Peter Lang
Li Hai 李海 (西南政法大学)	Ad-hoc-Publizität nach Art. 17 MAR: eine vergleichende Untersuchung mit chinesischem Recht	Frankfurt 法兰克福大学	2019	Prof. Johannes Adolff	Online
Li Yunyang 李运杨 (华东政法大学)	Rücksichtnahmepflichten und Haftung für deren Verletzung im chinesischen und deutschen Recht: Eine rechtsvergleichende Untersuchung	Bochum 波鸿大学	2019	Prof. Claudia Schubert	Nomos
Li Yuxi 李雨溪	The implementation of central clearing counterparty (CCP) in the OTC derivative markets	Hamburg 汉堡大学	2019	Prof. Roland Broemel	Online

(续表)

Name 姓名	Titel der Dissertation 论文题目	Universität 授予大学	Jahr 年份	Betreuer 导师	Verlag 出版社
Liang Fengzhuang 梁奉壮	Abstrakte Gefährdungsdelikte und ihre Anwendung in der gegenwärtigen Risikogesellschaft	Würzburg 维尔茨堡大学	2019	Prof. Eric Hilgendorf	Logos
Qian Wenyu 钱文宇	China's Insurance Regulatory and Supervisory Regime: Analysis and Advice Based on the Comparison with EU's Solvency II System	Frankfurt 法兰克福大学	2019	Prof. Manfred Wandt	Nomos
Ruan Shuang 阮爽（常州大学）	Vorratsdatenspeicherung in Deutschland und in der Volksrepublik China: eine Auseinandersetzung mit den einschlägigen Regelungen und den rechtlichen Anforderungen an die Speicherung von Vorratsdaten in Deutschland und China sowie Vorschläge für gesetzgeberische Anpassungen	Münster 明斯特大学	2019	Prof. Bernd Holznagel	Online
Tang Peifeng 汤沛丰（暨南大学）	Eigentum und Staat bei Immanuel Kant	Freiburg 弗莱堡大学	2019	Prof. Michael Pawlik	Duncker & Humblot
Wang Huawei 王华伟（北京大学）	Die strafrechtliche Verantwortlichkeit von Internet-Service-Providern	Freiburg 弗莱堡大学	2019	Prof. Ulrich Sieber	Duncker & Humblot
Wang Pei 汪沛	Kreditsicherung durch Grundpfandrechte in Deutschland und China	Köln 科隆大学	2019	Prof. Norbert Horn	Kovač

(续表)

Name 姓名	Titel der Dissertation 论文题目	Universität 授予大学	Jahr 年份	Betreuer 导师	Verlag 出版社
Wu Yong 吴勇	Die betriebsbedingte Kündigung in Deutschland und China	München 慕尼黑大学	2019	Prof. Martin Franzen	Nomos
Yang Lili 杨丽丽	Die rechtsmissbräuchliche Markenanmeldung–Ein Vergleich zwischen chinesischem und deutschem Recht	Marburg 马尔堡大学	2019	Prof. Michael Kling	Online
Yao Yu 姚煜 (中国计量大学)	Missbräuchliche Ausnutzung standardessentieller Patente in der VR China	Siegen 锡根大学	2019	Prof. Peter Krebs	Online/ Sharker
Yu Huan 于焕 (南京航空航天大学)	Studies on National Space Legislation for the Purpose of Drafting Chinas Space Law	Lüneburg 吕讷堡大学	2019	Prof. Lesley Jane Smith	Online
Zha Yunfei 查云飞 (浙江大学)	Die Regulierung rechtswidriger Informationen im Internet unter besonderer Berücksichtigung von Sperrmaßnahmen gegen Access-Provider: Vergleich zwischen Deutschland und China	Münster 明斯特大学	2019/ 2021	Prof. Bernd Holznagel	Online/ wvb
Zhan Penghe 展鹏贺 (湖南大学)	Verwaltungsverfahrensabhängiges Informationsrecht Privater in der Bundesrepublik Deutschland und der Volksrepublik China: auf dem Weg von der traditionellen Verwaltungsgeheimhaltung bis zur allgemeinen Verwaltungsöffentlichkeit	Münster 明斯特大学	2019	Prof. Dirk Ehlers	LIT

(续表)

Name 姓名	Titel der Dissertation 论文题目	Universität 授予大学	Jahr 年份	Betreuer 导师	Verlag 出版社
Zhou Yu 周育 (华东政法大学)	Naturrecht im Verhalten: eine systematische Studie zum rechtsphilosophischen Gedanken bei Hermann Heller	HU Berlin 柏林洪堡大学	2019	Prof. Christoph Möllers	Kovač
Zou Qingsong 邹青松 (广东财经政法大学)	Schutz der Minderheitsaktionäre beim Delisting–Eine rechtsvergleichende Untersuchung zwischen deutschem und chinesischem Recht	Köln 科隆大学	2019	Prof. Barbara Dauner-Lieb	Peter Lang
Chen Haoming 陈昊明 (四川大学)	Korruptionsstrafbarkeit in Deutschland und China	Frankfurt 法兰克福大学	2018	Prof. Cornelius Prittwitz	打印装订版
Hu Feng 胡峰	Rechtsökonomik als Rechtsanwendungsmethode: Die Auswahl rechtsdogmatischer Lehrsätze durch die positive Rechtsökonomik bei der Rechtsanwendung	HU Berlin 柏林洪堡大学	2018	Prof. Gerhard Wagner	LIT
Li Yong 李勇 (中国计量大学)	Das Gleichheitsprinzip bei der Steuererhebung	Göttingen 哥廷根大学	2018	Prof. Werner Heun	Cuvillier
Liu Yanan 刘亚男 (中央司法警官学院)	Compliance – Richtlinien und die Umsetzung im Arbeitsrecht	Passau 帕绍大学	2018	Prof. Frank Bayreuther	Peter Lang
Liu Zhiyang 刘志阳 (武汉大学)	Sonderweg über Strafschadensersatz in China im Vergleich zum deutschen Recht	München 慕尼黑大学	2018	Prof. Andreas Spickhoff	打印装订版

(续表)

Name 姓名	Titel der Dissertation 论文题目	Universität 授予大学	Jahr 年份	Betreuer 导师	Verlag 出版社
Liu Zhonglu 刘宗路 (西北政法大学)	Racial Profiling: Die Verfassungsmäßigkeit der polizeilichen Kontrolle zwecks Verhinderung und Unterbindung von unerlaubter Einreise nach § 22 I a BPolG am Maßstab des Art. 3 III S. 1 GG	Freiburg 弗莱堡大学	2018	Prof. Silja Vöneky	Kovač
Lu Jing 卢菁 (中山大学)	On State Secession from International Law Perspectives	Regensburg 雷根斯堡大学	2018	Prof. Robert Uerpmann-Wittzack	Springer
Wang Lidong 王立栋 (吉林大学)	Das Problem des Doppelspiels beim gutgläubigen Erwerb-Eine rechtsvergleichende Untersuchung zwischen dem deutschen und chinesischen Recht	Köln 科隆大学	2018	Prof. Hans-Peter Haferkamp	Peter Lang
Wang Qi 王琦 (北京航空航天大学)	Die Haftung des Kfz-Nutzers bei Straßenverkehrsunfällen nach dem chinesischen Recht	FU Berlin 柏林自由大学	2018	Prof. Franz Jürgen Säcker	Kovač
Wang Yafei 王亚飞	Die Vor-GmbH im deutschen und chinesischen Recht	HU Berlin 柏林洪堡大学	2018	Prof. Thomas Raiser	Online
Wang Ye 汪叶 (湖南大学)	Network Copyright Protection in China-from the perspectives of legislative, judicial and administrative enforcement	Freiburg 弗莱堡大学	2018	Prof. Thomas Dreier	Kovač
Wang Ying 王颖 (武汉大学)	Die Aussetzung der Jugendstrafe zur Bewährung und die Bewährungshilfe. Ein Ländervergleich zwischen Deutschland und China	Heidelberg 海德堡大学	2018	Prof. Dieter Dölling	Kovač

(续表)

Name 姓名	Titel der Dissertation 论文题目	Universität 授予大学	Jahr 年份	Betreuer 导师	Verlag 出版社
Wang Yuan 王源 (西华师范大学)	The Role of the Supreme People's Court in Chinese International Commercial Arbitration	Halle-Wittenberg 哈勒大学	2018	Prof. Christian Tietje	Uni.-Verl. Halle-Wittenberg
Wu Yixing 吴一兴	Das Spannungsfeld zwischen Immaterialgüterrecht und Antimonopolrecht in China	München 慕尼黑大学	2018	Prof. Joseph Straus	打印装订版
Wu Zhuomin 武卓敏	Der Schutz biotechnologischer Erfindungen in der V. R. China unter Berücksichtigung internationaler Entwicklungen	München 慕尼黑大学	2018	Prof. Joseph Straus	Herbert Utz
Yan Yizhou 严益州 (复旦大学)	Rechtsschutz im chinesischen und deutschen Vergaberecht-Funktionaler Vergleich und mögliche Reformansätze	München 慕尼黑大学	2018	Prof. Martin Burgi	Nomos
Yang Fei 杨菲 (中国计量大学)	Die Haftung von Plattformbetreibern für die Mitwirkung an fremden Rechtsverletzungen nach deutschem und chinesischem Recht; Eine Untersuchung zum Urheber-, Marken- und Lauterkeitsrecht	Kiel 基尔大学	2018	Prof. Haimo Schack	V&R
Yu Chengyuan 于程远 (中国政法大学)	Die Konkurrenz zwischen Gewährleistungsrecht und Informationspflicht	Bonn 波恩大学	2018	Prof. Martin Schermaier	Online
Zhang Dongyang 张冬阳 (中国政法大学)	Bessere Daseinsvorsorge durch Regulierung im Bereich des ÖPNV-Rechtliche Hinweise für China	Hamburg 汉堡大学	2018	Prof. Hans-Heinrich Trute	Online

(续表)

Name 姓名	Titel der Dissertation 论文题目	Universität 授予大学	Jahr 年份	Betreuer 导师	Verlag 出版社
Zhang Yun 张芸（西南财经大学）	Passivlegitimation bei kartellrechtlichen Schadensersatzklagen nach dem chinesischen Recht	FU Berlin 柏林自由大学	2018	Prof. Franz Jürgen Säcker	Kovač
Zong Yukun 宗玉琨	Beweisverwertungsverbote im Strafverfahren–Eine rechtsvergleichende Forschung im deutschen, US-amerikanischen und chinesischen Recht	Freiburg 弗莱堡大学	2018	Prof. Ulrich Sieber	Duncker & Humblot
Chen Ge 陈戈（Durham 大学）	Copyright and International Negotiations – An Engine of Free Expression in China?	Göttingen 哥廷根大学	2017	Prof. Peter-Tobias Stoll	Cambridge
Chen Jie 陈婕	Die Rechtswahl und Zuständigkeitsvereinbarung im internationalen Arbeitsvertrag als Spiegel der Privatautonomie–ein Rechtsvergleich zwischen Deutschland und China	Leipzig 莱比锡大学	2017	Prof. Thomas Rauscher	打印装订版
Chen Siyu 陈思宇（福建省社科院法学所）	Die Umweltverträglichkeitsprüfung im deutschen und im chinesischen Recht	FU Berlin 柏林自由大学	2017	Prof. Philip Kunig	Kovač
Duan Luping 段路平	Gleichnamigkeit im Kennzeichenrecht–Eine vergleichende Untersuchung zwischen Deutschland und China	München 慕尼黑大学	2017	Prof. Josef Drexl	Herbert Utz
Fu Yi 扶怡（上海对外经贸大学）	The Analysis of the International Legal Water Regime of the Mekong River Basin	Göttingen 哥廷根大学	2017	Prof. Peter-Tobias Stoll	Online
He Jian 贺剑（北京大学）	Anteilige Haftung für ärztliche Behandlungsfehler	Mannheim 曼海姆大学	2017	Prof. Andreas Engert	Duncker & Humblot

(续表)

Name 姓名	Titel der Dissertation 论文题目	Universität 授予大学	Jahr 年份	Betreuer 导师	Verlag 出版社
Liao Tao 廖涛（常州工学院）	Geschäftsveräußerung in § 1 Abs.1a UStG und Veräußerung eines Geschäfts in § 16 EStG	FU Berlin 柏林自由大学	2017	Prof. Markus Heintzen	Shaker
Liu Zhixin 刘志鑫（中国社科院法学所）	Das Folgerichtigkeitsgebot im Bereich der direkten Steuern	München 慕尼黑大学	2017	Prof. Peter Huber	Kovac
Ou Yuanjie 欧元捷（中国政法大学）	Beweislastprobleme beim Straßenverkehrsunfall	München 慕尼黑大学	2017	Prof. Peter Schlosser	打印装订版
Ren Hongda 任宏达（中国社科院国际法研究所）	Special Purpose Vehicles bei Mergers & Acquisitions: eine systematische, empirische und rechtsvergleichende Untersuchung direkter und indirekter Übernahmen chinesischer Unternehmen durch ausländische Investoren	Jena 耶拿大学	2017	Prof. Walter Bayer	JWV
Wang Runyu 王润宇	International Law on Antarctic Mineral Resource Exploitation	Hamburg 汉堡大学	2017	Prof. Rüdiger Wolfrum	Peter Lang
Wu Bin 吴彬	Das chinesische Insolvenzverfahren aus der vergleichenden Sicht eines deutschen Wirtschaftspartners	Augsburg 奥古斯堡大学	2017	Prof. Christoph Becker	LIT
Xie Yuanyang 谢远扬（中国政法大学）	Informationelle Selbstbestimmung im Privatrecht und deren Hinweise für den chinesischen Schutz der personenbezogenen Information	Hamburg 汉堡大学	2017	Prof. Reinhard Bork	Online

（续表）

Name 姓名	Titel der Dissertation 论文题目	Universität 授予大学	Jahr 年份	Betreuer 导师	Verlag 出版社
Yang Guodong 杨国栋（西南政法大学）	The Institutional Accountability in the European Union and its Crisis: The Loss of Democratic Control and Institutional Balance during the Euro Crisis	Hamburg 汉堡大学	2017	Prof. Armin Hatje	Online
Yang Yonghong 杨永红（西南政法大学）	Sovereignty in China's Perspective	Marburg 马尔堡大学	2017	Prof. Gilbert Gornig	Peter Lang
Yu Jianan 余佳楠（中国社科院法学所）	Sonderbehandlung von Gesellschafterdarlehen im deutschen und im chinesischen Recht	HU Berlin 柏林洪堡大学	2017	Prof. Thomas Raiser	Nomos
Yu Yongli 余永利	Die Sacheinlage bei der Gründung einer GmbH nach chinesischem Gesellschaftsrecht	Freiburg 弗莱堡大学	2017	Prof. Yuanshi Bu	Kovač
Zhang Huailing 张怀岭（西南财经大学）	Die Rechtspflichten der Leitungsorgane der geschlossenen Kapitalgesellschaften: Ein Vergleich der gesetzlichen Regelungen im deutschen GmbHG, im Entwurf einer Verordnung der EU für die Privatgesellschaft und im chinesischen Gesellschaftsgesetz	HU Berlin 柏林洪堡大学	2017	Prof. Thomas Raiser	Kovač
Zhang Shuhan 张抒涵	Verschuldenshaftung und Gefährdungshaftung: eine Untersuchung zu den Haftungsprinzipien des deutschen Rechts vor dem Hintergrund der Reform des chinesischen Haftpflichtrechts	Münster 明斯特大学	2017	Prof. Nils Jansen	Cuvillier

(续表)

Name 姓名	Titel der Dissertation 论文题目	Universität 授予大学	Jahr 年份	Betreuer 导师	Verlag 出版社
Zhang Ting 张婷 (中国政法大学)	How Cybercrime Challenges the Theory of Joint Commission: in German and Chinese Perspectives	Hamburg 汉堡大学	2017	Prof. Florian Jeßberger	Shaker
Zhang Weiwen 张维文	Videoüberwachung von Arbeitnehmern	Passau 帕绍大学	2017	Prof. Frank Bayreuther	Peter Lang
Zhang Xiaodan 张小丹	Stufenordnung und Verfahren der Setzung von Rechtsnormen in der Volksrepublik China. Eine historische und normative Studie	Frankfurt 法兰克福大学	2017	Prof. Ingwer Ebsen	Duncker & Humblot
Zhang Xiaoxi 张小溪	Venture Capital Limited Partnership in Financing Innovation. A Comparative Study between the U.S. and China	Frankfurt 法兰克福大学	2017	Prof. Isabel Feichtner	Online
Zhang Zhengyu 张正宇 (中南财经政法大学)	Der Straftatbegriff im chinesischen und deutschen Strafrecht	Marburg 马尔堡大学	2017	Prof. Georg Freund	Tectum
Zhao Chenguang 赵晨光 (北京师范大学)	The ICC and China: The Principle of Complementarity and National Implementation of International Criminal Law	Freiburg 弗莱堡大学	2017	Prof. Hans-Jörg Albrecht	Duncker & Humblot
Zhu Jun 朱骏	Die Sicherheit der Energieversorgung als Aufgabe des Energierechts	FU Berlin 柏林自由大学	2017	Prof. Franz Jürgen Säcker	Shaker

(续表)

Name 姓名	Titel der Dissertation 论文题目	Universität 授予大学	Jahr 年份	Betreuer 导师	Verlag 出版社
Fu Meiying 傅梅瑛	Abstrakte Sicherheiten in China und Deutschland	Freiburg 弗莱堡大学	2016	Prof. Rolf Stürner	Online
Ge Pingliang 葛平亮（中国政法大学）	Die Verfahrensgestaltung der Konzerninsolvenz in Deutschland und China	Hamburg 汉堡大学	2016	Prof. Heribert Hirte	Peter Lang
He Rong 何蓉	Die Immobilienhypothek im Recht der Volksrepublik China	Passau 帕绍大学	2016	Prof. Ulrich Manthe	Kovač
La Sen 剌森（北京工商大学）	The Private Damages Action of Competition Law in EU and China	Hamburg 汉堡大学	2016	Prof. Hans-Heinrich Trute	Online
Li Xianbei 李羨蓓	Der Schutz des Leiharbeitnehmers vor dem Entleiher	Erlangen–Nürnberg 埃尔朗根纽伦堡大学	2016	Prof. Steffen Klumpp	Duncker & Humblot
Lin Jing 林静（中国政法大学）	Compliance and Money Laundering Control by Banking Institutions in China: Self control, Administrative control, and Penal control	Freiburg 弗莱堡大学	2016	Prof. Hans-Jörg Albrecht	Duncker & Humblot
Liu Xueping 刘学萍	Die Entwicklung der Rechtsprechung zum Rechtsinstitut der ehebezogenen Zuwendung unter Ehegatten	Passau 帕绍大学	2016	Prof. Ulrich Manthe	Kovač

(续表)

Name 姓名	Titel der Dissertation 论文题目	Universität 授予大学	Jahr 年份	Betreuer 导师	Verlag 出版社
Lu Pei 卢佩 (对外经贸大学)	Die Wahrung der Rechtseinheit in Deutschland und der VR China–Eine vergleichende Untersuchung unter besonderer Berücksichtigung der Funktion des jeweiligen obersten Gerichts	Heidelberg 海德堡大学	2016	Prof. Burkhard Hess	Nomos
Nie Mingyan 聂明岩 (南京航空航天大学)	Legal Framework and Basis for the Establishment of Space Cooperation in Asia	Köln 科隆大学	2016	Prof. Stephan Hobe	LIT
Qi Yueshi 祁悦实	Das Pfandrecht und die Sicherungsübereignung im deutschen und chinesischen Recht: eine vergleichende Darstellung besonders im Hinblick auf die Grundsätze	Jena 耶拿大学	2016	Prof. Elisabeth Koch	Kovač
Shi Cheng 施呈 (天津大学)	Rechtliche Rahmenbedingungen für die Entwicklung der Handelsbeziehungen zwischen China und der EU im Rohstoffsektor	Hamburg 汉堡大学	2016	Prof. Marian Paschke	LIT
Sun Bo 孙博 (常州大学)	Grundsätze moderner Umsatzbesteuerung: Deutschland, Europäische Union und Volksrepublik China im Vergleich	FU Berlin 柏林自由大学	2016	Prof. Markus Heintzen	Shaker
Sun Xiao 孙筱	Die Verträge zur Restrukturierung von Banken nach deutschem Recht	Köln 科隆大学	2016	Prof. Norbert Horn	Kovač

(续表)

Name 姓名	Titel der Dissertation 论文题目	Universität 学校大学	Jahr 年份	Betreuer 导师	Verlag 出版社
Wang Jing 王静	Die Bedeutung der Vermögensverfügung für das Verhältnis von Diebstahl und Betrug–Eine rechtsvergleichende Untersuchung des deutschen, japanischen und chinesischen Rechts	Freiburg 弗莱堡大学	2016	Prof. Walter Perron	Nomos
Wang Xianrui 王鲜蕊	Die Entwicklung der Vorzugsaktie–Rechtsdogmatik und Rechtstatsachen	Jena 耶拿大学	2016	Prof. Walter Bayer	JWV
Wang Yanhu 王艳虎	Das Verhältnis von sektorspezifischer Regulierung und allgemeiner Wettbewerbsaufsicht in den Netzwirtschaften: am Beispiel der Stromwirtschaft und Telekommunikation in Deutschland und China	FU Berlin 柏林自由大学	2016	Prof. Franz Jürgen Säcker	Shaker
Xue Tong 薛童 (中国政法大学)	Parteiautonomie im chinesischen internationalen Privatrecht	Köln 科隆大学	2016	Prof. Heinz-Peter Mansel	PL Academic Research
Yan Wenjia 闫文嘉 (澳门科技大学)	The Role of Representatives of Minority Shareholders in the System of Corporate Governance: In the Context of Corporate Governance in the US, EU and China	Hamburg 汉堡大学	2016	Prof. Heribert Hirte	Peter Lang
Yuan Ye 原野 (河海大学)	A Comparative Study: China's Water Pollutants Discharge Permit System with reference to the National Pollutants Discharge Elimination System of the United States of America	Köln 科隆大学	2016	Prof. Kirk W. Junker	Online

(续表)

Name 姓名	Titel der Dissertation 论文题目	Universität 授予大学	Jahr 年份	Betreuer 导师	Verlag 出版社
Zhang Yan 张艳（上海社科院）	Die vorvertraglichen Pflichten der Kreditgeber in der Verbraucherkredit-Richtlinie 2008/48/EG	HU Berlin 柏林洪堡大学	2016	Prof. Stefan Grundmann	Köster
Zhao Tianshu 赵天书（中国政法大学）	Sicherung des schuldnerischen Vermögens im Eröffnungsverfahren: eine rechtsvergleichende Untersuchung zwischen dem deutschen und dem chinesischen Insolvenzrecht	Hamburg 汉堡大学	2016	Prof. Reinhard Bork	Peter Lang
Zhu Yifan 朱轶凡	Umweltschutz durch Ökosteuern nach dem deutschen und europäischen Recht als Perspektive für die Einführung einer ökologischen Steuerreform in der Volksrepublik China	Göttingen 哥廷根大学	2016	Prof. Peter-Tobias Stoll	Uni.-Verl. Göttingen
Chen Xiao 陈霄	Die Leitung und Überwachung der chinesischen und der deutschen Aktiengesellschaft: ein Rechtsvergleich auch mit Rücksicht auf börsennotierte Tochtergesellschaften	HU Berlin 柏林洪堡大学	2015	Prof. Christine Windbichler	Duncker & Humblot
He Renke 何人可	Der Aspekt der Sanierung im chinesischen Insolvenzrecht-Ein Vergleich mit dem deutschen und dem US-amerikanischen Insolvenzrecht	Jena 耶拿大学	2015	Prof. Walter Bayer	Online
Huang He 黄河（中国政法大学）	Die Entwicklung des Täter-Opfer-Ausgleichs in China: zugleich eine Studie zu den gesellschaftlichen Strukturen der Konfliktschlichtung und Mediation in China und Deutschland	Bochum 波鸿大学	2015	Prof. Thomas Feltes	Felix

(续表)

Name 姓名	Titel der Dissertation 论文题目	Universität 授予大学	Jahr 年份	Betreuer 导师	Verlag 出版社
Jin Fengliang 金枫梁 (上海大学)	Aufgreifkriterien in der Fusionskontrolle: Eine rechtsvergleichende Untersuchung des europäischen (§ 3 FKVO), deutschen (§ 37 GWB), taiwanesischen (§ 6 FHG) und festlandchinesischen (§ 20 AMG) Rechts	FU Berlin 柏林自由大学	2015	Prof. Franz Jürgen Säcker	Peter Lang
Li Qian 李倩 (天津大学)	Das Beweisverbot des § 252 StPO	FU Berlin 柏林自由大学	2015	Prof. Klaus Rogall	Kovač
Li Sheng 李升	Die Elektrizitätswirtschaft im Spannungsfeld von Staatsaufsicht und Wettbewerb: ein Vergleich der deutschen und chinesischen Rechtslage	Bayreuth 拜罗伊特大学	2015	Prof. Jörg Gundel	Kovač
Li Xin 李鑫	Urheberrecht in Deutschland und der Volksrepublik China: ein Rechtsvergleich	Marburg 马尔堡大学	2015	Prof. Georgios Goumalakis	Kovač
Liu Peipei 刘培培	Die Inhaltskontrolle von Allgemeinen Geschäftsbedingungen und formularmäßigen Vertragsklauseln im deutsch-chinesischen Vergleich	FU Berlin 柏林自由大学	2015	Prof. Franz Jürgen Säcker	Peter Lang
Liu Sisi 刘思思	Die Entwicklung der gütlichen Streitbeilegung in China im Lichte der deutschen Erfahrung bezüglich des Prozessvergleichs	Köln 科隆大学	2015	Prof. Hanns Prütting	Peter Lang

(续表)

Name 姓名	Titel der Dissertation 论文题目	Universität 授予大学	Jahr 年份	Betreuer 导师	Verlag 出版社
Mi Ting 米婷 (华东政法大学)	Das Notariat in Deutschland und in China: Ein Vergleich	Jena 耶拿大学	2015	Prof. Elisabeth Koch	打印装订版
Shen Xiaojun 沈小军 (上海对外经贸大学)	Das Zusammenspiel von der Kfz-Haftpflichtversicherung mit der verschuldensunabhängigen Haftung beim Verkehrsopferschutz: Eine vergleichende Untersuchung zwischen dem deutschen Recht und dem chinesischen Recht	Köln 科隆大学	2015	Prof. Heinz-Peter Mansel	Peter Lang
Tang Ya 唐雅 (中国政法大学)	Vorbehalte zu Menschenrechtsverträgen	Tübingen 图宾根大学	2015	Prof. Martin Nettesheim	Online
Tong Ling 佟玲	Unerwünschte Aktionäre im Kontext von Übernahmen börsennotierter Aktiengesellschaften: eine Untersuchung zum deutschen Aktien- und Kapitalmarktrecht	Jena 耶拿大学	2015	Prof. Walter Bayer	JWV
Wang Jianyi 王剑一	Die deutsche AGB-Kontrolle und nicht im Einzelnen ausgehandelte Klauseln im europäischen Vertragsrecht: eine rechtsvergleichende Untersuchung zur Reform des chinesischen Klauselrechts	Münster 明斯特大学	2015	Prof. Reiner Schulze	Cuvillier
Wang Zhen 王振	Der Menschenrechtsschutz in der VR China und seine Geschichte aus chinesischer Sicht	Osnabrück 奥斯纳布吕克大学	2015	Prof. Georg Gesk	Online
Zhao Tingting 赵婷婷	Chinese Merger Control Law-An Assessment of its Competition-Policy Orientation after the First Years of Application	München 慕尼黑大学	2015	Prof. Josef Drexl	Springer

(续表)

Name 姓名	Titel der Dissertation 论文题目	Universität 授予大学	Jahr 年份	Betreuer 导师	Verlag 出版社
Wen Dajun 温大军	Symbolische Kodifizierung des Richterrechts in der Schuldrechtsreform: dargestellt am Beispiel des Wegfalls der Geschäftsgrundlage	Jena 耶拿大学	2015	Prof. Elisabeth Koch	打印装订版
Xia Haohan 夏昊晗 (中南财经政法大学)	Die Pflicht zum Produktrückruf gemäß § 823 Abs. 1 BGB unter Berücksichtigung der neueren Rechtsprechung	Bonn 波恩大学	2015/ 2019	Prof. Martin Schermaier	打印装订版/wvb
Yang Juan 杨娟	Verteidigungsmaßnahmen börsennotierter Aktiengesellschaften gegen feindliche Übernahmen: ein Vergleich zwischen deutschem und chinesischem Recht	Göttingen 哥廷根大学	2015	Prof. Gerald Spindler	Nomos
Yang Ruomeng 杨若濛	Rezeption der europäischen Privatrechte in China vor dem Hintergrund der konfuzianischen Tradition am Beispiel der Rezeption des Deliktsrechts in China im frühen 20. Jh.	Frankfurt 法兰克福大学	2015	Prof. Albrecht Cordes	Peter Lang
Yang Yiying 杨亦莹	Entwicklung des Bankenaufsichtsrechts in China	Freiburg 弗莱堡大学	2015	Prof. Uwe Blaurock	LIT
Zeng Yanfei 曾燕斐	Sonderkontrolle der Vertragsstrafe	Hamburg 汉堡大学	2015	Prof. Reinhard Bork	PL Academic Research
Zhao Xiaopeng 赵小鹏	Die rechtliche Regulierung der Menschenfleischsuche im Internet	Göttingen 哥廷根大学	2015	Prof. Andreas Wiebe	Peter Lang
Cai Guisheng 蔡桂生 (中国人民大学)	Zur Täuschung über zukünftige Ereignisse beim Betrug: von einem positivistischen zu einem zweckrationalen Tatsachenbegriff	Bonn 波恩大学	2014	Prof. Urs Kindhäuser	Kovač

(续表)

Name 姓名	Titel der Dissertation 论文题目	Universität 授予大学	Jahr 年份	Betreuer 导师	Verlag 出版社
Chang Hong 常虹 （西北政法大学）	Scientific Research under the International Law of the Sea in the Era of Marine High-Tech	Trier 特里尔大学	2014	Prof. Alexander Proelβ	厦门大学出版社
Gao Wei 高薇	Rechtsprobleme des Investitionsschutzes im deutsch-chinesischen Rechtsverkehr	Münster 明斯特大学	2014	Prof. Dirk Ehlers	LIT
Han Yi 韩毅 （华东政法大学）	Gesetzlicher Tierschutz im Deutschen Reich	Köln 科隆大学	2014	Prof. Hans-Peter Haferkamp	PL Academic Research
Hu Chuanming 胡川宁 （西南政法大学）	Der soziale Wohnungsbau im Vergleich zwischen Deutschland und China	Jena 耶拿大学	2014	Prof. Eberhard Eichenhofer	Kovač
Huang Lideng 黄礼登 （西南财经大学）	Die Rolle der Staatsanwaltschaft im Strafverfahren: Rechtsvergleich zwischen Deutschland und China	HU Berlin 柏林洪堡大学	2014	Prof. Martin Heger	Kovač
Jin Jing 金晶 （中国政法大学）	Der Nacherfüllungsanspruch und der Übergang zu weiteren Rechtsbehelfen im europäischen Verbraucherkaufrecht	Münster 明斯特大学	2014	Prof. Reiner Schulze	LIT
Li Cheng 李诚	Bürgschaft im chinesischen und deutschen Recht	Münster 明斯特大学	2014	Prof. Reiner Schulze	LIT

（续表）

Name 姓名	Titel der Dissertation 论文题目	Universität 授予大学	Jahr 年份	Betreuer 导师	Verlag 出版社
Li Li 李丽（南京财经大学）	Potenzial und Grenzen der Missbrauchskontrollregelung in der Europäischen Union und in der Volksrepublik China: eine rechtsvergleichende Analyse am Beispiel der Kampfpreisstrategien	Marburg 马尔堡大学	2014	Prof. Gilbert Gornig	Peter Lang
Liu Ying 刘英（河南师范大学）	Immobiliensicherheit in Deutschland und China	Jena 耶拿大学	2014	Prof. Stefan Leible	打印装订版
Lu Haiying 吕海英	Der Schutz sozialer Grundrechte: Eine rechtsvergleichende Untersuchung zur Volksrepublik China und der Bundesrepublik Deutschland	FU Berlin 柏林自由大学	2014	Prof. Philip Kunig	Online
Shen Yuan 沈媛	Übernahme der Arbeitsverhältnisse beim Betriebsübergang: ein Vergleich zwischen deutschem und chinesischem Recht	Köln 科隆大学	2014	Prof. Ulrich Preis	Kovač
Wang Gang 王钢（清华大学）	Die strafrechtliche Rechtfertigung von Rettungsfolter in Deutschland und den USA	Freiburg 弗莱堡大学	2014	Prof. Walter Perron	Duncker & Humblot
Wang Yu 王钰（浙江大学）	Qualitative und quantitative Instrumente zur Einschränkung der Strafverfolgung bei fehlendem Strafbedürfnis. Ein deutsch-chinesischer Rechtsvergleich	München 慕尼黑大学	2014	Prof. Bernd Schünemann	LIT

(续表)

Name 姓名	Titel der Dissertation 论文题目	Universität 授予大学	Jahr 年份	Betreuer 导师	Verlag 出版社
Xiang Yanlin 项妍琳	Die Gesellschafterklage in der GmbH vor dem Hintergrund des gesellschaftsrechtlichen Minderheitenschutzes in Deutschland und China	TU Dresden 德累斯顿工业大学	2014	Prof. Ursula Stein	打印装订版
Xie Yan 谢焱 （同济大学）	Die strafrechtliche Bekämpfung der organisierten Kriminalität: eine vergleichende Untersuchung zum deutschen und chinesischen Strafrecht	München 慕尼黑大学	2014	Prof. Bernd Schünemann	Kovač
Yang Dake 杨大可 （同济大学）	Die Auswahl eines Aufsichtsmechanismus für chinesische börsennotierte Aktiengesellschaften vor dem Hintergrund rechtsvergleichender Erfahrungen	HU Berlin 柏林洪堡大学	2014	Prof. Stefan Grundmann	wvb
Zhang Yi 张轶 （深圳大学）	Der Lizenzvertrag im chinesischen Schutz– und Schulrecht	München 慕尼黑大学	2014	Prof. Reto M. Hilty	Herbert Utz
Zhao Shouzheng 赵守政 （上海外国语大学）	Gesellschafterhaftung wegen Existenzvernichtung der GmbH im deutschen und im chinesischen Gesellschaftsrecht	Münster 明斯特大学	2014	Prof. Matthias Casper	Cuvillier
Zhong Lian 钟莲 （四川大学）	Der Rechtsschutz geografischer Herkunftsangaben in China: unter dem Einfluss der internationalen Gesetzgebung	München 慕尼黑大学	2014	Prof. Annette Kur	Herbert Utz

(续表)

Name 姓名	Titel der Dissertation 论文题目	Universität 授予大学	Jahr 年份	Betreuer 导师	Verlag 出版社
Zhou Wanli 周万里（华东师范大学）	Abhilfemaßnahmen in der Fusionskontrolle und Ausgleichsmaßnahmen in der Banken-Beihilfenkontrolle: eine rechtliche und ökonomische Betrachtung	Bonn 波恩大学	2014	Prof. Daniel Zimmer	Springer
Zhou Zunyou 周遵友（中南民族大学）	Balancing security and liberty: counter-terrorism legislation in Germany and China	Freiburg 弗莱堡大学	2014	Prof. Ulrich Sieber	Duncker & Humblot
Chen Na 陈娜（武汉理工大学）	Das allgemeine Persönlichkeitsrecht im deutschen und chinesischen Recht–Ein rechtsdogmatischer und rechtshistorischer Vergleich	Jena 耶拿大学	2013	Prof. Gerhard Lingelbach	Kovač
He Chao	Das chinesische und das deutsche Insolvenzverfahren im Vergleich	Marburg 马尔堡大学	2013	Prof. Johannes Wertenbruch	Kovač
Li Na 李娜（东北财经大学）	Die Vervollkommnung des chinesischen ehelichen Güterrechts: mit rechtsvergleichender Analyse	Greifswald 格莱夫斯瓦尔德大学	2013	Prof. Hans-Georg Knothe	Köster
Liu Daoqian 刘道前（中国刑事警察学院）	Stellung und Funktion des Bundesverfassungsgerichts: Verfassungsgerichtsbarkeit und ihre Perspektiven in China	Göttingen 哥廷根大学	2013	Prof. Christoph Möllers	Peter Lang
Liu Gang 刘刚	Moderne politische Repräsentation und die Stellung der Parteien	HU Berlin 柏林洪堡大学	2013	Prof. Dieter Grimm	Duncker & Humblot

(续表)

Name 姓名	Titel der Dissertation 论文题目	Universität 授予大学	Jahr 年份	Betreuer 导师	Verlag 出版社
Ma Ding 马丁 （南京师范大学）	Die Entwicklung der Streitgegenstandslehre in Deutschland und Europa und ihre Vorbildwirkung für das chinesische Recht	Freiburg 弗莱堡大学	2013	Prof. Rolf Stürner	Duncker & Humblot
Niu Lulu 牛露露	Die objektive Bedingung der Strafbarkeit der §§ 283 ff. StGB	Bonn 波恩大学	2013	Prof. Urs Kindhäuser	Kovač
Qi Chunyi 祁春轶 （中南财经政法大学）	Rechtstransfer in Chinas Produktionsregime?: zur Kontrolle der allgemeinen Geschäftsbedingungen im deutschen und chinesischen Recht	Frankfurt 法兰克福大学	2013	Prof. Gunther Teubner	Nomos
Ren Zhong 任重 （清华大学）	Wahrheitspflicht und Kooperationsmaxime im Zivilprozess in Deutschland, Japan und China	Univ. des Saarlandes 萨尔大学	2013	Prof. Michael Martinek	Peter Lang
Song Xin 宋新 （浙江师范大学）	Das neue chinesische Eigentumsgesetz zwischen sozialistischer Kontinuität und Wandel: zur Weiterentwicklung des verfassungsrechtlichen Schutzes des Privateigentums in der VR China	Frankfurt 法兰克福大学	2013	Prof. Thomas Vesting	Kovač
Wang Hui 王晖 （浙江大学）	Subjektivität und Objektivität in der Rechtsanwendung	Kiel 基尔大学	2013	Prof. Robert Alexy	PL Academic Research
Wu Mei 吴梅 （北京联合大学）	Öffentlichkeitsbeteiligung an umweltrechtlichen Fachplanungen	Trier 特里尔大学	2013	Prof. Reinhard Hendler	Nomos

(续表)

Name 姓名	Titel der Dissertation 论文题目	Universität 授予大学	Jahr 年份	Betreuer 导师	Verlag 出版社
Xu Hang 徐杭	Das chinesische Konkursrecht: Rechtshistorische und rechtsvergleichende Untersuchungen	Freiburg 弗莱堡大学	2013	Prof. Rolf Stürner	LIT
Zhang Haichen 张海晨	Arbeitnehmerbeteiligung an der Corporate Governance: ein Vergleich zwischen der deutschen und der chinesischen Rechtsordnung	HU Berlin 柏林洪堡大学	2013	Prof. Christine Windbichler	Online
Zhang Hong 张红 (武汉大学)	Schadensersatz bei Tötung, Körper– und Gesundheitsverletzung im deutschen und chinesischen Recht	Osnabrück 奥斯纳布吕克大学	2013	Prof. Christian von Bar	Kovač
Zhu Jun 朱军 (上海交通大学)	Die Mankohaftung im Arbeitsverhältnis nach der Schuldrechtsmodernisierung	Göttingen 哥廷根大学	2013	Prof. Rüdiger Krause	Peter Lang
Bai Yuanyuan 白媛媛 (西南政法大学)	Das Vermögen als Gegenstand der Enteignungsentschädigung: ein Vergleich zwischen dem Entschädigungsrecht der Bundesrepublik Deutschland und der Volksrepublik China	Osnabrück 奥斯纳布吕克大学	2012	Prof. Wulf Eckart Voß	Tectum
He Wangxiang 何旺翔 (南京财经大学)	Unternehmenserwerb im Insolvenzplanverfahren – unter Berücksichtigung des Entwurfs für ein Gesetz zur weiteren Erleichterung der Sanierung von Unternehmen (ESUG)	München 慕尼黑大学	2012	Prof. Horst Eidenmüller	Herbert Utz

(续表)

Name 姓名	Titel der Dissertation 论文题目	Universität 授予大学	Jahr 年份	Betreuer 导师	Verlag 出版社
He Xuxu 贺栩栩 (华东政法大学)	Kontrolle Allgemeiner Geschäftsbedingungen (AGB) und AGB-Klauselgestaltung im Bankgeschäft	München 慕尼黑大学	2012	Prof. Stephan Lorenz	Herbert Utz
Le Sicheng 乐思成	Der Internet-Domainname und die Rechtsfragen bei seiner Verwendung als Kennzeichen: eine vergleichende Darstellung des deutschen und chinesischen Rechts	Bayreuth 拜罗伊特大学	2012	Prof. Ruth Janal	Kovač
Li Lijing 李里晶	Die kollektive Urheberrechtswahrnehmung durch Verwertungsgesellschaften in der Bundesrepublik Deutschland und in der Volksrepublik China	Frankfurt 法兰克福大学	2012	Prof. Helmut Kohl	Kovač
Liang Sisi 梁思思	Dealing with Anticommons of Genetic Patents in the Biopharmaceutical Industry—The Establishment of Patentpools as a Strategic Solution	München 慕尼黑大学	2012	Prof. Annette Kur	打印装订版
Liu Yang 刘阳 (华南理工大学)	Cost Orientation of the Grid Charge—Legal Comparison of the EU, German and Chinese Energy Laws	Bonn 波恩大学	2012	Prof. Matthias Schmidt-Preuß	AVMpress
Qin Jing 秦静 (中山大学)	DNA-Datenbankgesetzgebung—Eine rechtsvergleichende Analyse unter Berücksichtigung des Spannungsverhältnisses zwischen der Effizienz der Strafverfolgung und den Anforderungen an den Schutz der Privatsphäre	Freiburg 弗莱堡大学	2012	Prof. Thomas Würtenberger	Online

(续表)

Name 姓名	Titel der Dissertation 论文题目	Universität 授予大学	Jahr 年份	Betreuer 导师	Verlag 出版社
Tian Lichun 田丽春	Objektive Grundrechtsfunktionen im Vergleich: Eine Untersuchung anhand des Grundgesetzes und der Europäischen Menschenrechtskonvention	Heidelberg 海德堡大学	2012	Prof. Stephan Kirste	Duncker & Humblot
Wang Qian 王倩（同济大学）	Der Kündigungsschutz nach dem chinesischen Arbeitsvertragsgesetz: eine vergleichende Analyse mit dem deutschen Recht	Bremen 不莱梅大学	2012	Prof. Wolfgang Däubler	Nomos
Wang Ximeng 王茜梦	Betriebs(teil)übergang und Arbeitsverhältniszuordnung	München 慕尼黑大学	2012	Prof. Volker Rieble	Herbert Utz
Xiong Qi 熊琦（武汉大学）	Massenmedien und Strafurteil – Eine rechtsvergleichende normorientierte Forschung zum Phänomen、mediale Verurteilung〉	Freiburg 弗莱堡大学	2012	Prof. Hans-Jörg Albrecht	Duncker & Humblot
Xu Mengyao 徐梦瑶	The Application of the WTO Agreement in China	Tübingen 图宾根大学	2012	Prof. Martin Nettesheim	Online
Yang Jun 杨军（中国政法大学）	Die Realisierbarkeit des Föderalismus in China	HU Berlin 柏林洪堡大学	2012	Prof. Gunnar Folke Schuppert	Nomos
Yu Gaoneng 余高能（西北大学）	Towards more reasonable and effective punishment strategies for bribery: a comparative and behavioral study	Bonn 波恩大学	2012	Prof. Christoph Engel	Kovač

(续表)

Name 姓名	Titel der Dissertation 论文题目	Universität 授予大学	Jahr 年份	Betreuer 导师	Verlag 出版社
Yuan Jia 袁嘉 (四川大学)	Gemeinschaftsunternehmen im europäischen, amerikanischen und chinesischen Kartellrecht	Bonn 波恩大学	2012	Prof. Daniel Zimmer	Kovač
Yuan Li 袁力 (西南政法大学)	Die abstrakte Gestaltung von Sicherheiten als elementarer Ausdruck der Privatautonomie	Göttingen 哥廷根大学	2012	Prof. Christiane Wendehorst	Uni.-Verl. Göttingen
Yuan Zhijie 袁治杰 (北京师范大学)	Wege zum landwirtschaftlichen Privatgrundeigentum. Versuche zur Überwindung des Sozialismus in Russland, Polen, Litauen und China	Frankfurt 法兰克福大学	2012	Prof. Helmut Kohl	Kovač
Zhai Wei 翟巍 (华东政法大学)	Staatliche Wettbewerbsbeschränkungen in Bezug auf Dienstleistungen von allgemeinem wirtschaftlichem Interesse im Rahmen des EU-Kartellrechts	Mainz 美因茨大学	2012	Prof. Meinrad Dreher	Kovač
Zhang Zhi 张志	Liberalisierung, Internationalisierung und Renationalisierung in den Rechtsreformen der Schiedsgerichtsbarkeit: eine vergleichende Untersuchung der Novellierungen des Schiedsverfahrensrechts in Deutschland und der VR China vor dem Hintergrund des UNCITRAL-Modellgesetzes über die internationale Handelsschiedsgerichtsbarkeit	Heidelberg 海德堡大学	2012	Prof. Burkhard Hess	Nomos

（续表）

Name 姓名	Titel der Dissertation 论文题目	Universität 授予大学	Jahr 年份	Betreuer 导师	Verlag 出版社
Zheng Guan 郑观 （浙江大学）	Verhaltenspflichten des Managements der Zielgesellschaft bei feindlichen Übernahmeangeboten: eine ökonomische Analyse des deutschen, amerikanischen und chinesischen Übernahmerechts nach der Prinzipal-Agenten-Theorie	Bonn 波恩大学	2012	Prof. Daniel Zimmer	JWV
Zhu Guang 朱光	Die Trennungsthese und der inklusive Rechtspositivismus	Kiel 基尔大学	2012	Prof. Robert Alexy	Peter Lang
Zhuang Jiayuan 庄加园 （上海交通大学）	Interessenkonflikte wegen des Mangels an Publizität bei der Sicherungsübereignung	Köln 科隆大学	2012	Prof. Hanns Prütting	Peter Lang
Ding Jia 丁佳	Corporate Governance und Kapitalmarktrecht als Bestandteile des chinesischen Systems der Unternehmensüberwachung	Tübingen 图宾根大学	2011	Prof. Heinz-Dieter Assmann	Online
Ding Yong 丁勇 （华东政法大学）	Missbräuchliche Anfechtungsklage im Aktienrecht	München 慕尼黑大学	2011	Prof. Lorenz Fastrich	Peter Lang
He Lihang 何丽行	Die Öffentlich Private Partnerschaft in der rechtlichen Praxis der Volksrepublik China im Vergleich zu Deutschland	München 慕尼黑大学	2011	Prof. Rudolf Streinz	Peter Lang

(续表)

Name 姓名	Titel der Dissertation 论文题目	Universität 授予大学	Jahr 年份	Betreuer 导师	Verlag 出版社
Huang Yuna 黄渝娜	Recoverability of Pure Economic Loss Arising from Ship-Source Oil Pollution	Hamburg 汉堡大学	2011	Prof. Jürgen Basedow	LIT
Jiang Ge 蒋舸 （清华大学）	Das GmbH – Recht in China aus rechtsvergleichender Sicht: Analyse, Kritik und Verbesserungsvorschläge	Univ. des Saarlandes 萨尔大学	2011	Prof. Michael Martinek	Peter Lang
Jiang Long 姜龙 （对外经贸大学）	Abgrenzung der verschiedenen Schadensersatzansprüche nach §§ 280 ff., 311a Abs. 2 BGB	Mainz 美因茨大学	2011	Prof. Dagmar Kaiser	Online
Liu Dongmei 刘冬梅 （中南大学）	Reformen des Sozialleistungsrechts in der Volksrepublik China–Unter besonderer Berücksichtigung der Rolle der Verfassung und des Einflusses internationaler Institutionen	München 慕尼黑大学	2011	Prof. Ulrich Becker	Nomos
Liu Jiaru 刘家汝 （四川大学）	Strafbarkeit der Organmitglieder einer Aktiengesellschaft wegen treuwidrigen Verhaltens in China–unter Berücksichtigung des § 266 StGB im deutschen Recht	Heidelberg 海德堡大学	2011	Prof. Thomas Hillenkamp	Duncker & Humblot
Lou Yu 娄宇 （中国政法大学）	Die soziale Krankenversicherung in der Volksrepublik China im Vergleich zu der deutschen gesetzlichen Krankenversicherung	Frankfurt 法兰克福大学	2011	Prof. Ingwer Ebsen	Peter Lang
Luo Jing 罗静	Die Hypothek: eine rechtsvergleichende Betrachtung im chinesischen und deutschen Recht	Bremen 不来梅大学	2011	Prof. Christoph Ulrich Schmid	Winter Industries

(续表)

Name 姓名	Titel der Dissertation 论文题目	Universität 授予大学	Jahr 年份	Betreuer 导师	Verlag 出版社
Ni Ning 倪宁	Der Schutz des Persönlichkeitsrechts, vor allem bei Arbeitnehmern, in der VR China, verglichen mit dem BGB und AGG	Tübingen 图宾根大学	2011	Prof. Gottfried Schiemann	打印装订版
Wang Xuming 王旭明	Schutz von chemischen und pharmazeutischen Erfindungen in dem neuen chinesischen Patentrecht	München 慕尼黑大学	2011	Prof. Joseph Straus	Herbert Utz
Wang Ying 王莹 (中国人民大学)	Der strafrechtliche Schutz des Urheberrechts: eine vergleichende Untersuchung zum deutschen und chinesischen Strafrecht	Freiburg 弗莱堡大学	2011	Prof. Hans-Jörg Albrecht	Duncker & Humblot
Wang Yuanyuan 王媛媛 (上海立信会计金融学院)	The independence of judges in China and Germany	HU Berlin 柏林洪堡大学	2011	Prof. Ingolf Pernice	Peter Lang
Zeng Jian 曾见 (江苏大学)	Arzthaftungsrecht in China: Grundzüge, Entwicklung und Vergleich mit dem deutschen Recht	Göttingen 哥廷根大学	2011	Prof. Christiane Wendehorst	Online
Zhang Hang 张杭	Rechtsanwendungsprobleme beim Werklieferungsvertrag nach der Schuldrechtsreform und mögliche Konsequenzen für das chinesische Vertragsrecht	Göttingen 哥廷根大学	2011	Prof. Christiane Wendehorst	Sierke
Zhang Shu 张姝	Zivilrechtliche Kodifikationsbemühungen in der Europäischen Gemeinschaft und in der VR China im Vergleich	Göttingen 哥廷根大学	2011	Prof. Christiane Wendehorst	Peter Lang

(续表)

Name 姓名	Titel der Dissertation 论文题目	Universität 授予大学	Jahr 年份	Betreuer 导师	Verlag 出版社
Zuo Jing 左菁 (西南政法大学)	Ein Rechtsvergleich der agrarsozialen Sicherung zwischen der VR China und Deutschland	Köln 科隆大学	2011	Prof. Angelika Nußberger	Kovač
Cao Ci 曹苁	Parteien als Eigentümer von Medien. Am Beispiel ihrer Beteiligung an Presseunternehmen	Tübingen 图宾根大学	2010	Prof. Ferdinand Kirchhof	Peter Lang
Du Xiaofan	Liberalisierung der Dienstleistungen von Versicherern: ein Vergleich des Versicherungsaufsichtsrechts für ausländische Versicherer zwischen China und Deutschland	Bremen 不来梅大学	2010/2011	Prof. Josef Falke	Peter Lang
Cao Jingjing 曹晶晶	Die Durchsetzung von Patenten in China: Verletzungstatbestände, Gerichtsbarkeit, Gerichtsverfahren und die Durchsetzung durch Patenverwaltungsbehörden	München 慕尼黑大学	2010	Prof.Joseph Straus	Carl Heymann
Fu Guangyu 傅广宇 (对外经贸大学)	Das Causaproblem im deutschen Bereicherungsrecht–eine rechtsgeshistorisch Untersuchung	Tübingen 图宾根大学	2010	Prof. Jan Schröder	Peter Lang
He Zan 贺赞 (华南师范大学)	ICJ's Practice on Provisional Measures	Köln 科隆大学	2010	Prof. Bernhard Kempen	Peter Lang
Lei Yong 雷勇 (西南政法大学)	Auf der Suche nach dem modernen Staat. Die Einflüsse der allgemeinen Staatslehre Johann Caspar Bluntschlis auf das Staatsdenken Liang Qichaos	Frankfurt 法兰克福大学	2010	Prof. Michael Stolleis	Peter Lang

(续表)

Name 姓名	Titel der Dissertation 论文题目	Universität 授予大学	Jahr 年份	Betreuer 导师	Verlag 出版社
Li Zhongxia 李忠夏 （中国人民大学）	Die Möglichkeit der föderativen Gleichheit in China: vor dem Hintergrund der deutschen Erfahrung	HU Berlin 柏林洪堡大学	2010	Prof. Ingolf Pernice	Kovač
Liu Hongyan 刘鸿雁	Liner conferences in competition law: a comparative analysis of European and Chinese law	Hamburg 汉堡大学	2010	Prof. Jürgen Basedow	Springer
Shou Shuning 寿舒宁	Die Zinsschranke im Unternehmensteuerreformgesetz 2008: Zur Frage ihrer Vereinbarkeit mit dem Verfassungs-, Europa- und Abkommensrecht	München 慕尼黑大学	2010	Prof. Moris Lehner	C.H.Beck
Sun Lifeng 孙立峰	Vermögensbindung in der GmbH im chinesischen und deutschen Recht	HU Berlin 柏林洪堡大学	2010	Prof. Christine Windbichler	Peter Lang
Wu Mei 吴玫	Die Reform des chinesischen Beweisrechts vor dem Hintergrund deutscher und US-amerikanischer Regelungsmodelle	Heidelberg 海德堡大学	2010	Prof. Burkhard Hess	Peter Lang
Xie Limin 谢立敏	Versicherungsrecht der VR China: eine deutsch-chinesische Rechtsvergleichung mit besonderem Schwerpunkt auf Versicherungsvertragsrecht	Frankfurt 法兰克福大学	2010	Prof. Manfred Wandt	VVW
Yu Wenguang 喻文光 （中国人民大学）	Praktische Erfahrung und rechtliche Probleme mit Public Private Partnership in der Verkehrsinfrastruktur in Deutschland und China am Beispiel des privatfinanzierten Straßenbaus	Frankfurt 法兰克福大学	2010	Prof. Ingwer Ebsen	Peter Lang

(续表)

Name 姓名	Titel der Dissertation 论文题目	Universität 授予大学	Jahr 年份	Betreuer 导师	Verlag 出版社
Yu Xinmiao 于馨淼（同济大学）	Substitution des Antidumpingrechts durch extraterritoriale Anwendung des EG-Wettbewerbsrechts	Göttingen 哥廷根大学	2010	Prof. Gerald Spindler	Peter Lang
Zhang Qingbo 张青波（中南财经政法大学）	Juristische Argumentation durch Folgenorientierung: die Bedeutung der juristischen Argumentation für China	Frankfurt 法兰克福大学	2010	Prof. Ulfrid Neumann	Nomos
Zhang Yan 张巽（中国人民大学）	Volk, Autorität und Grundrechte: eine diskurstheoretische Untersuchung	Kiel 基尔大学	2010	Prof. Robert Alexy	Nomos
Zheng Haiming 郑海明	Finanzierungsleasing beweglicher Anlagegüter in Deutschland und China. Eine rechtsvergleichende Untersuchung unter Einbeziehung internationaler Regelungen	Bayreuth 拜罗伊特大学	2010	Prof. Stefan Leible	Kovač
Zhou Lulu 周露露（广州大学）	Chinesisches Verbraucherschutzrecht: systematische Diskussion des chinesischen Verbraucherschutzrechts und das deutsche Recht als Ausgangsbasis	Münster 明斯特大学	2010	Prof. Reiner Schulze	Kovač
Chen Zheng 陈征（中国政法大学）	Neues Steuerungsmodell und Verfassung: Analyse des Neuen Steuerungsmodells sowie dessen Vereinbarkeit mit dem deutschen Grundgesetz und mit der chinesischen Verfassung	Hamburg 汉堡大学	2009	Prof. Ulrich Ramsauer	Cuvillier
Dong Yiliang 董一梁	Zusammenschaltung in der Telekommunikationsregulierung der VR China	Hamburg 汉堡大学	2009	Prof. Ernst-Joachim Mestmäcker	Nomos

(续表)

Name 姓名	Titel der Dissertation 论文题目	Universität 授予大学	Jahr 年份	Betreuer 导师	Verlag 出版社
Fan Wen 樊文（中国社科院法学所）	Kriminelle Karrieren-Straftaten, Sanktionen und Rückfall	Freiburg 弗莱堡大学	2009	Prof. Hans-Jörg Albrecht	Duncker & Humblot
Huang Zhe 黄喆（东南大学）	Zur Lehre von der Geschäftsgrundlage nach altem und neuem Recht	Göttingen 哥廷根大学	2009	Prof. Jürgen Costede	Peter Lang
Jiao Li 焦莉	Der Einfluss des deutschen BGB auf das chinesische Zivilgesetzbuch von 1929	Kiel 基尔大学	2009	Prof. Alexander Trunk	打印装订版
Liu Jing 刘静	Internationales Vertragsrecht in China	Jena 耶拿大学	2009	Prof. Stefan Leible	打印装订版
Ouyang Sufang 欧阳苏芳（北方工业大学）	Gesamthypothek und Gesamtgrundschuld nach dem BGB	Passau 帕绍大学	2009	Prof. Ulrich Manthe	Kovač
Shen Hengliang 沈恒亮	Das Absonderungsrecht in der Insolvenz: Erfahrungen aus Deutschland und die Praxis in China	Regensburg 雷根斯堡大学	2009	Prof. Peter Gottwald	Peter Lang
Wang Yanke 王艳柯	Unternehmenssanierung durch Insolvenzplan nach deutschem und chinesischem Insolvenzrecht: unter besonderer Berücksichtigung der Bildung von Gläubigergruppen	Freiburg 弗莱堡大学	2009	Prof. Dieter Leipold	Peter Lang
Wei Jia 魏佳（嘉兴学院）	Die Scheidung und ihre Folgen in China im Vergleich mit dem deutschen Recht	Münster 明斯特大学	2009	Prof. Reiner Schulze	Kovač

(续表)

Name 姓名	Titel der Dissertation 论文题目	Universität 授予大学	Jahr 年份	Betreuer 导师	Verlag 出版社
Yang Meng 杨萌（暨南大学）	Die Strafbarkeit der Vorbereitungshandlung des Delikts nach dem deutschen und chinesischen StGB	München 慕尼黑大学	2009	Prof. Bernd Schünemann	Peter Lang
Yu Ling 喻玲（湖南大学）	Der Irreführungs- und Verwechslungsschutz im deutschen und chinesischen Wettbewerbsrecht	Bayreuth 拜罗伊特大学	2009	Prof. Ansgar Ohly	Nomos
Zhang Chengguo 张陈果（上海交通大学）	Kollektiver Rechtsschutz nach dem deutschen Unterlassungsklagengesetz (UKlaG)	Frankfurt 法兰克福大学	2009	Prof. Peter Gilles	Cuvillier
Zhang Heming 章贺铭	Leistungsstörungen beim Unternehmenskauf: ein Rechtsvergleich zwischen Deutschland und China	Jena 耶拿大学	2009	Prof. Elisabeth Koch	JWV
Chen Zhaoxia 陈兆霞	Probleme der europäischen Fusionskontrolle nach der Reform der FKVO: eine rechtsvergleichende Untersuchung der Fusionskontrolle in der EU und den USA und ihre Auswirkungen auf das chinesische Antimonopolgesetz	Frankfurt 法兰克福大学	2008	Prof. Eckard Rehbinder	Kovač
Ding Xiaochun 丁晓春	Der einfache Eigentumsvorbehalt im deutschen und chinesischen Recht	Frankfurt 法兰克福大学	2008	Prof. Manfred Wolf/Helmut Kohl	Kovač
Hu Xiaoyuan 胡晓媛（华东政法大学）	Eigentumsvorbehalt im deutschen und chinesischen Recht: eine rechtsvergleichende Darstellung	Bayreuth 拜罗伊特大学	2008	Prof. Volker Wiese	Kovač

(续表)

Name 姓名	Titel der Dissertation 论文题目	Universität 授予大学	Jahr 年份	Betreuer 导师	Verlag 出版社
Jiang Baiguo 蒋白果	Symbiotische Rechtsstrukturen in der chinesischen Automobilindustrie	Marburg 马尔堡大学	2008	Prof. Erich Schanze	Duncker & Humblot
Liu Ping 刘萍	Die Veränderung der Umstände im chinesischen Zivilrecht	Passau 帕绍大学	2008	Prof. Ulrich Manthe	Kovač
Liu Xuelin 刘雪琳	Das Recht der Arbeitnehmererfindung Bundesrepublik Deutschland und Volksrepublik China im Vergleich	Trier 特里尔大学	2008	Prof. Rolf Birk	Kovač
Wang Zhen 王桢	Die Steuerung des Technologietransfers in der Volksrepublik China	Göttingen 哥廷根大学	2008	Prof. Peter-Tobias Stoll	Online
Xiao Huifang 肖慧芳	Die gesetzliche Unfallversicherung in der Volksrepublik China in vergleichender Perspektive zum Recht der gesetzlichen Unfallversicherung in Deutschland	Frankfurt 法兰克福大学	2008	Prof. Ingwer Ebsen	Shaker
Xu Defeng 许德风 (北京大学)	Die Rechtsstellung von dinglich gesicherten Gläubigern im Unternehmensinsolvenzverfahren: Eine vergleichende Untersuchung zum deutschen, US-amerikanischen und chinesischen Recht	München 慕尼黑大学	2008	Prof. Horst Eidenmüller	Duncker & Humblot
Xu Yixiang 徐以祥 (西南政法大学)	Implementing Climate Protection in the Legal System of China: The International and National Legal Frameworks and the case of road transportation	Tübingen 图宾根大学	2008	Prof. Martin Nettesheim	Online
Yin Sheng 殷盛	Die Reform des aktienrechtlichen Anfechtungsrechts in und nach dem UMAG	Leipzig 莱比锡大学	2008	Prof. Tim Drygala	Kovač

(续表)

Name 姓名	Titel der Dissertation 论文题目	Universität 授予大学	Jahr 年份	Betreuer 导师	Verlag 出版社
Zhao Xiuju 赵秀举（上海交通大学）	Nicht-Geldvollstreckung in Deutschland, England und China	Bayreuth 拜罗伊特大学	2008	Prof. Wolfgang Brehm	Kovač
Zhou Cui 周翠（浙江大学）	Einstweiliger Rechtsschutz in China und im europäischen Justizraum: Deutschland, Großbritannien, Frankreich und die Niederlande	Heidelberg 海德堡大学	2008	Prof. Burkhard Hess	Nomos
Gao Fei	Der Schutz ausländischer Investitionen in der Volksrepublik China	Osnabrück 奥斯纳布吕克大学	2007	Prof. Albrecht Weber	Online
Ji Hailong 纪海龙（北京大学）	Haftungsfragen im freien Dienstvertrag	Göttingen 哥廷根大学	2007	Prof. Christiane Wendehorst	Uni.-Verl. Göttingen
Jiao Meihua 焦美华	Immaterieller Schaden und Schadensersatz im deutschen und chinesischen Recht	Osnabrück 奥斯纳布吕克大学	2007	Prof. Christian von Bar	V&R
Li Chengliang 李承亮（武汉大学）	Die Zahlung der fiktiven Herstellungskosten gemäß § 249 Abs. 2 S. 1 BGB: insbesondere zur Abrechnung der Substanzschäden an Kraftfahrzeugen	München 慕尼黑大学	2007	Prof. Alfons Bürge	Herbert Utz
Ma Qian 马倩	Sachmängel beim Unternehmenskauf: eine rechtsvergleichende Untersuchung nach chinesischem und deutschem Recht	Univ. des Saarlandes 萨尔大学	2007	Prof. Helmut Rüßmann	Kovač

(续表)

Name 姓名	Titel der Dissertation 论文题目	Universität 授予大学	Jahr 年份	Betreuer 导师	Verlag 出版社
Tian Jie 田洁	Die alternative Streitbeilegung: eine vergleichende Untersuchung zwischen deutschem und chinesischem Recht	Regensburg 雷根斯堡大学	2007	Prof. Peter Gottwald	Kovač
Tu Changfeng 涂长风	Abstrakte Verfügungen und kausale Verpflichtungen?: über die Bedeutungslosigkeit der Einordnung eines Rechtsgeschäftes als Verfügungs- oder Verpflichtungsgeschäft für die Frage nach seiner Abstraktion oder Kausalität	Bonn 波恩大学	2007	Prof. Thomas Rüfner	Nomos
Wei Wu 魏武	Die Rolle des Anklägers eines internationalen Strafgerichtshofs	Freiburg 弗莱堡大学	2007	Prof. Albin Eser	Peter Lang
Xiao Jun 肖军 (武汉大学)	Das Prinzip der Nichtdiskriminierung in einem künftigen multilateralen Investitionsabkommen	Univ. des Saarlandes 萨尔大学	2007	Prof. Werner Meng	Nomos
Xie Libin 谢立斌 (中国政法大学)	Chinesisches und deutsches Wirtschaftsverfassungsrecht	Hamburg 汉堡大学	2007	Prof. Rolf Stober	CarlHeymann
Zhu Jingwen 朱静文	Die staatliche Infrastrukturgarantie für die als Wirtschaftsunternehmen geführten Eisenbahnen des Bundes in Deutschland; zugleich eine rechtsvergleichende Gegenüberstellung zu dem Recht des Eisenbahnwesens in der Volksrepublik China	München 慕尼黑大学	2007	Prof. Peter Badura	Herbert Utz

(续表)

Name 姓名	Titel der Dissertation 论文题目	Universität 授予大学	Jahr 年份	Betreuer 导师	Verlag 出版社
Zhu Ling 朱玲（香港理工大学）	Compulsory Insurance and Compensation for Bunker Oil Pollution Damage	Hamburg 汉堡大学	2007	Prof. Jürgen Basedow	Springer
Ding Ling 丁凌	Delisting in Deutschland und China	Göttingen 哥廷根大学	2006	Prof. Alexander Bruns	Kovač
Hu Xiaojing 胡晓静（吉林大学）	Rechtsfragen der chinesischen Corporate Governance; auf Grundlage eines Vergleichs zwischen Deutschland und China	Köln 科隆大学	2006	Prof. Barbara Dauner-Lieb	Peter Lang
Huang Shuwen 黄树稳	Rechtsfragen der Einführung des Wertpapierdarlehens in China aus der Perspektive des deutschen Rechts	Köln 科隆大学	2006	Prof. Norbert Horn	Peter Lang
Tang Lei 唐磊	Anwaltsverträge im deutsch-chinesischen Rechtsvergleich	HU Berlin 柏林洪堡大学	2006	Prof. Thomas Raiser	Shaker
Yang Haijiang 杨海江	Jurisdiction of the Coastal State over Foreign Merchant Ships in Internal Waters and the Territorial Sea	Hamburg 汉堡大学	2006	Prof. Rainer Lagoni	Springer
Zhang Fang	Die Zustellung des Mahnbescheids im Mahnverfahren als Mittel der Verjährungshemmung	Hamburg 汉堡大学	2006	Prof. Frank Peters	Kovač
Zhang Xuezhe 张学哲（中国政法大学）	Das verbraucherschützende Widerrufsrecht nach §§ 355 ff. BGB und seine Aufnahme in das chinesische Recht	HU Berlin 柏林洪堡大学	2006	Prof. Hans-Peter Benöhr	wvb

(续表)

Name 姓名	Titel der Dissertation 论文题目	Universität 授予大学	Jahr 年份	Betreuer 导师	Verlag 出版社
Bai Jiang 白江	Erwerb eigener Geschäftsanteile im Recht der Gesellschaft mit beschränkter Haftung	HU Berlin 柏林洪堡大学	2005	Prof. Thomas Raiser	wvb
Chi Ying 迟颖（中国政法大学）	Verschulden bei Vertragsverhandlungen im chinesischen Recht	Passau 帕绍大学	2005	Prof. Ulrich Manthe	Kovač
Huang Hui 黄卉（北京大学国际法学院）	Das Rechtssystem des Banküberweisungsverkehrs in der VR China	HU Berlin 柏林洪堡大学	2005	Prof. Hans-Peter Schwintowski	De Gruyter
Jiang Qingyun 江清云	Court Delay and Law Enforcement in China: Civil process and economic perspective	Hamburg 汉堡大学	2005	Prof. Hans-Bernd Schäfer	Springer
Li Guang 李光	Arbeitsverhältnisse chinesischer Arbeitnehmer in Deutschland	Freiburg 弗莱堡大学	2005	Prof. Manfred Löwisch	Kovač
Liu Qingwen 刘青文（南京大学）	Die Rechtsfolgen nach der Ausübung des Widerrufs- und Rückgaberechts bei Verbraucherverträgen	Göttingen 哥廷根大学	2005	Prof. Christiane Wendehorst	Sierke
Liu Yitong 刘懿彤（北京师范大学）	Internationale Heirat, Scheidung und Adoption nach dem Recht der VR China in vergleichender Betrachtung mit dem deutschen und europäischen Recht	HU Berlin 柏林洪堡大学	2005	Prof. Axel Flessner	Verlag für Standesamtswesen
Liu Zuowei 刘祚沩	Das chinesische internationale Erbrecht: gestern-heute-morgen	Münster 明斯特大学	2005	Prof. Heinrich Dörner	M-Press

(续表)

Name 姓名	Titel der Dissertation 论文题目	Universität 授予大学	Jahr 年份	Betreuer 导师	Verlag 出版社
Wang Guiqin 王贵勤 (中国劳动关系学院)	Territoriale Streitfragen im südchinesischen Meer unter besonderer Berücksichtigung des Status der Spratly-Islands	Marburg 马尔堡大学	2005	Prof. Gilbert Gornig	Tectum
Wang Hongliang 王洪亮 (清华大学)	Grundpfandrechte in Deutschland und China	Freiburg 弗莱堡大学	2005	Prof. Rolf Stürner	Peter Lang
Yang Ji 杨继	Das Vertretungssystem der Aktiengesellschaft: ein Rechtsvergleich zwischen der Bundesrepublik Deutschland und der Volksrepublik China	Frankfurt 法兰克福大学	2005	Prof. Helmut Kohl	Kovač
Yu Xun 俞迅	Schadensersatzanspruch im Urheberrecht: eine vergleichende Betrachtung des chinesischen und deutschen Rechts	Göttingen 哥廷根大学	2005	Prof. Christiane Wendehorst	Sierke
Zhu Lijun 主力军 (上海社科院法学所)	Die Börsenprospekthaftung der börsennotierten Aktiengesellschaft: eine vergleichende Untersuchung zum Recht des Kapitalmarktes unter Berücksichtigung des deutschen Rechts, des US-amerikanischen Rechts und des chinesischen Rechts	Augsburg 奥古斯堡大学	2005	Prof. Thomas Möllers	Herbert Utz
Zong Xuzhi 宗绪志	Rechtsfragen chinesisch-deutscher Ehen	Osnabrück 奥斯纳布吕克大学	2005	Prof. Christian von Bar	Online
Chen Weizuo 陈卫佐 (清华大学)	Rück- und Weiterverweisung (Renvoi) in staatsvertraglichen Kollisionsnormen	Univ. des Saarlandes 萨尔大学	2004	Prof. Michael Martinek	Peter Lang

(续表)

Name 姓名	Titel der Dissertation 论文题目	Universität 授予大学	Jahr 年份	Betreuer 导师	Verlag 出版社
Cheng Gang 程岗	Die Anwendbarkeit des Bürgerlichen Gesetzbuches auf den modernen elektronischen Vertragsabschluss im Internet	Mainz 美因茨大学	2004	N/A	Online
Ding Qiang 丁强 (中国政法大学)	Die Produktionshaftung nach deutschem und chinesischem Recht	Münster 明斯特大学	2004	Prof. Heinz Holzhauer	LIT
Du Hailong 杜海龙	Haushaltsuntreue aus deutscher und chinesischer Sicht: eine vergleichende Darstellung der Strafbarkeit der rechtswidrigen Verwendung öffentlicher Mittel in Deutschland und China	München 慕尼黑大学	2004	Prof. Bernd Schünemann	Online
Luo Li 罗莉 (中国人民大学)	Verwertungsrechte und Verwertungsschutz im Internet nach neuem Urheberrecht; Vergleich des internationalen, europäischen, deutschen und US–amerikanischen Rechts	Köln 科隆大学	2004	Prof. Norbert Horn	C.H.Beck
Qi Xiaokun 齐晓琨 (南京大学)	Zivilrechtlicher Ehrenschutz in Deutschland und China; eine Untersuchung über den Hintergrund der Unterschiede	Frankfurt 法兰克福大学	2004	Prof. Gunther Teubner	Kovač
Qiao Wenbao 乔文豹	Organstreit zwischen Aufsichtsrat und Vorstand in der Aktiengesellschaft; ist die Entwicklung des Kontrollmechanismus in der AG auch für die Volksrepublik China wünschenswert?	Göttingen 哥廷根大学	2004	Prof. Hans–Martin Müller–Laube	Sierke

(续表)

Name 姓名	Titel der Dissertation 论文题目	Universität 授予大学	Jahr 年份	Betreuer 导师	Verlag 出版社
Zhang Shuanggen 张双根 (北京大学)	Das Publizitätsprinzip und der rechtsgeschäftliche Mobilarerwerb	HU Berlin 柏林洪堡大学	2004	Prof. Thomas Raiser	wvb
Zhao Liang 赵亮	Die Reform des Rechts der Sonderprüfung nach § 142 ff. AktG	HU Berlin 柏林洪堡大学	2004	Prof. Thomas Raiser	Shaker
Zhen Tong 甄童	Das Bodenrecht der VR China	Passau 帕绍大学	2004	Prof. Ulrich Manthe	Kovač
Zhou Mei 周梅 (南京大学)	Der Herausgabeanspruch aus mittelbarem Besitz	Passau 帕绍大学	2004	Prof. Ulrich Manthe	Kovač
Zhu Yan 朱岩 (中国人民大学)	Rechtsvergleich der Inhaltskontrolle von AGB in Deutschland und Formularklauseln in China; Weiterentwicklung des chinesischen Formularklausel-Rechts unter Heranziehung des deutschen AGB-Rechts	Bremen 不来梅大学	2004	Prof. Rolf Knieper	Peter Lang
Ge Yongping 葛勇平 (河海大学)	Hongkong und die Europäische Union. Auch ein Beitrag zur Völkerrechtssubjektivität und Vertragsabschlusskompetenz	Marburg 马尔堡大学	2003	Prof. Gilbert Gornig	Görich und Weiershäuser
Liu Fei 刘飞 (中国政法大学)	Die gerichtliche Verwaltungskontrolle als Entwicklungsfaktor des chinesischen Verwaltungsrechts: eine vergleichende Untersuchung zwischen China und Deutschland	Köln 科隆大学	2003	Prof. Stefan Muckel	Hänsel-Hohenhausen

(续表)

Name 姓名	Titel der Dissertation 论文题目	Universität 授予大学	Jahr 年份	Betreuer 导师	Verlag 出版社
Qin Ruiting 秦瑞亭 （南开大学）	Parteiautonomie: eine rechtsvergleichende Untersuchung; Versuch zur Entwicklung einer Gerechtigkeitsjurisprudenz im IPR	Frankfurt 法兰克福大学	2003	Prof. Eckard Rehbinder	Peter Lang
Shi Ping 石平 （西南政法大学）	Die Prinzipien des chinesischen Vertragsrechts: eine rechtsvergleichende Untersuchung aus deutscher Sicht	Gießen 吉森大学	2003/2005	Prof. Günter Weick	Online/Peter Lang
Wu Yue 吴越 （西南政法大学）	Rechtsfragen der Unternehmensgruppen und transnationalen Gesellschaften in China: eine Untersuchung im Lichte des deutschen Konzernrechts	Frankfurt 法兰克福大学	2003	Prof. Michael Bothe	Kovač
Xu Haoming 许浩明 （中国政法大学）	Zur Geschichte und zum Wesen des modernen Verbraucherschutzrechts	Münster 明斯特大学	2003	Prof. Bernhard Großfeld	LIT
Zhou Xingsheng 周兴生 （西北政法大学）	Zur Rezeption des deutschen UWG in China in linguistischer Sicht und unter Berücksichtigung der kulturellen Bezige	Hannover 汉诺威大学	2003	Prof. Bernd Oppermann	Univ.-verl. Halle-Wittenberg
Fang Xiaomin 方小敏 （南京大学）	Länder ohne Marktwirtschaft im Antidumpingrecht der EG: unter besonderer Berücksichtigung der Praxis gegenüber China	Göttingen 哥廷根大学	2002	Prof. Ulrich Immenga	Peter Lang
Sun Jing 孙静	Rechtsschutz bei der Vergabe öffentlicher Aufträge in China und Deutschland: eine rechtsvergleichende Untersuchung	Freiburg 弗莱堡大学	2002	Prof. Uwe Blaurock	Kovač

(续表)

Name 姓名	Titel der Dissertation 论文题目	Universität 授予大学	Jahr 年份	Betreuer 导师	Verlag 出版社
Sun Jun 孙珺 (河海大学)	Die Internationale Handelsschiedsgerichtsbarkeit in der Bundesrepublik Deutschland und in der Volksrepublik China–Eine historische und rechtliche Betrachtung	Marburg 马尔堡大学	2002	Prof. Gilbert Gornig	Kovač
Du Jia 杜佳	Die Produkthaftung in der Bundesrepublik Deutschland und in der Volksrepublik China	Trier 特里尔大学	2001	Prof. Peter Marburger	Tectum
Gao Xujun 高旭军 (同济大学)	Vermögensvermischung als Haftungstatbestand im Recht der Gesellschaft mit beschränkter Haftung	HU Berlin 柏林洪堡大学	2001	Prof. Thomas Raiser	Shaker
Han Chifeng 韩赤风 (北京师范大学)	Das Recht der Werbung in der Volksrepublik China im Vergleich zum deutschen Recht	München 慕尼黑大学	2001	Prof. Gerhard Schricker	Herbert Utz
Ye Feng 叶峰	Das chinesische Gesetz über Partnerschaftsunternehmen im Vergleich zum deutschen Recht	München 慕尼黑大学	2001	Prof. Andreas Heldrich	Peter Lang
Zhang Lian 张里安 (武汉大学)	Allgemeine Geschäftsbedingungen von Unternehmen der öffentlichen Hand	Trier 特里尔大学	2001	Prof. Bernd von Hoffmann	Der Andere Verlag
Qiao Rongde 谯荣德	Das Recht des unlauteren Wettbewerbs in China im Vergleich zu Deutschland	München 慕尼黑大学	2000	Prof. Gerhard Schricker	Carl Heymann

(续表)

Name 姓名	Titel der Dissertation 论文题目	Universität 授予大学	Jahr 年份	Betreuer 导师	Verlag 出版社
Liu Xiaohai 刘晓海（同济大学）	Rechtsschutz von Unternehmensgeheimnissen: vergleichende Untersuchung zum Schutzniveau des chinesischen Rechts im Vergleich mit dem deutschen und amerikanischen Recht	Hamburg 汉堡大学	1999	Prof. Marian Paschke	Peter Lang
Ma Weihua 马卫华（山西大学）	Die Bankenaufsicht in der VR China und in der Bundesrepublik Deutschland – eine rechtsvergleichende Analyse	Regensburg 雷根斯堡大学	1999	Prof. Friedhelm Hufen	Euro-China-Blatt
Shi Wei 史伟	Chinesische und deutsche Kreditsicherheiten: eine vergleichende Untersuchung des chinesischen und deutschen Kreditsicherungsrechts	Regensburg 雷根斯堡大学	1999	Prof. Ingo Koller	Tectum
Guo Guang 郭光	Rechtsfragen der Gründung und des Betriebs von Joint Ventures in der Volksrepublik China	Köln 科隆大学	1998	Prof. Norbert Horn	De Gruyter
Zhou Lujia 周潞嘉	Zur Rezeption des "inneren Systems" des deutschen Privatrechts in der Volksrepublik China	Hamburg 汉堡大学	1998	Prof. Hein Kötz	Peter Lang
Fan Jianhong 范剑虹（澳门大学）	Rechtsgrundlagen und Kontrollstruktur der Arbeitgeberkündigung nach den Grundsätzen deutscher Verhältnismäßigkeit und chinesischer beilegungsimmanenter Schiedsentscheidung	Freiburg 弗莱堡大学	1997	Prof. Manfred Löwisch	Peter Lang
Ma Lin 马琳（中南财经政法大学）	Innerchinesisches Kollisionsrecht unter besonderer Berücksichtigung des Erb- und Familienrechts–im Vergleich mit innerdeutschem Kollisionsrecht	Hamburg 汉堡大学	1997	Prof. Ulrich Drobnig	Shaker

(续表)

Name 姓名	Titel der Dissertation 论文题目	Universität 授予大学	Jahr 年份	Betreuer 导师	Verlag 出版社
Liu Xiaolin	Die Entwicklung des Rechts der Kreditwirtschaft in der VR China unter besonderer Berücksichtigung der Finanzierung der Industrie durch die Bank: 1949–1989	Hamburg 汉堡大学	1996	Prof. Ulrich Drobnig	Peter Lang
Shao Jiandong 邵建东 (南京大学)	Unternehmensgruppen und Zusammenschlußkontrolle in China: empfiehlt sich eine Regelung nach deutschem Modell?	Göttingen 哥廷根大学	1996	Prof. Uwe Blaurock	Peter Lang
Su Yingxia 苏颖霞 (西北政法大学)	Die vertragsgemäße Beschaffenheit der Ware im UNCITRAL-Kaufrecht im Vergleich zum deutschen und chinesischen Recht	Bonn 波恩大学	1996	Prof. Wolfgang Freiherr Marschall von Bieberstein	LIT
Zheng Xiaoqing 郑晓清	Risikoverteilung im Verhältnis der Vertragsstörung unter besonderer Berücksichtigung der Gefahrtragung beim Kauf nach chinesischem Recht, deutschem Recht und UN-Kaufrecht	Göttingen 哥廷根大学	1996	Prof. Uwe Blaurock	打印装订版
Zhu Guolin 朱国林	Zivilrechtlicher Umweltschutz in der Bundesrepublik Deutschland und in der Volksrepublik China	Trier 特里尔大学	1996	Prof. Peter Marburger	打印装订版
Wei Zhi 韦之 (广西师范大学)	Der Urheberrechtsschutz in China: mit Hinweisen auf das deutsche Recht	München 慕尼黑大学	1995	Prof. Gerhard Schricker	V. Florentz

（续表）

Name 姓名	Titel der Dissertation 论文题目	Universität 授予大学	Jahr 年份	Betreuer 导师	Verlag 出版社
Liu Hanfu 刘汉富 （国家法官学院）	Geschichte und Aufgabe der beschränkten Haftung im deutschen Recht	Münster 明斯特大学	1994	Prof. Bernhard Großfeld	LIT
Xu Guojian 徐国建	Anwendungsprobleme des chinesischen internationalen Kaufrechts	Hamburg 汉堡大学	1994	Prof. Ulrich Magnus	Peter Lang
Zhang Xi 张曦	Die Rechtsmängelhaftung des Verkäufers nach UN-Kaufrecht – im Vergleich mit deutschem, englischem, US-amerikanischem und Haager Einheitlichem Kaufrecht	Tübingen 图宾根大学	1994	Prof. Heinz-Dieter Assmann	打印装订版
Cheng Jianying 程建英 （中国政法大学）	Marktbeherrschende Staatsunternehmen in der Volksrepublik China: Rechtsstellung und Reform	Hamburg 汉堡大学	1993	Prof. Ernst-Joachim Mestmäcker	Nomos
Wang Weida 王维达 （同济大学）	Die Rolle des Wirtschaftsverwaltungsrechts für die ökonomische Entwicklung der VR China im Vergleich zur Bundesrepublik Deutschland: zur Funktion des Wirtschaftsverwaltungsrechts als Steuerungsinstrument	Speyer 施派尔行政学院	1993	Prof. Rainer Pitschas	打印装订版
Wang Xiaoye 王晓晔 （中国社会科学院法学所）	Monopole und Wettbewerb in der chinesischen Wirtschaft: eine kartellrechtliche Untersuchung unter Berücksichtigung der US-amerikanischen und deutschen Erfahrungen bei der Fusionskontrolle	Hamburg 汉堡大学	1993	Prof. Ernst-Joachim Mestmäcker	Mohr Siebeck

(续表)

Name 姓名	Titel der Dissertation 论文题目	Universität 授予大学	Jahr 年份	Betreuer 导师	Verlag 出版社
Zhang Meiying 张美英 （北京大学）	Entwicklung und Struktur des Strafvollzugswesens in China und in Deutschland – Eine vergleichende Analyse	Tübingen 图宾根大学	1992	Prof. Hans-Jürgen Kerner	打印装订版
Zhao Hang 赵杭	Das auf internationale Schuldverträge mit Staatsunternehmen anwendbare Recht: unter besonderer Berücksichtigung des deutschen und chinesischen Internationalen Privatrechts	Mannheim 曼海姆大学	1992	Prof. Egon Lorenz	Peter Lang
Zheng Wei 郑伟 （华东政法大学）	Objekt und Subjekt der Unterschlagung: eine rechtsvergleichende Studie mit dem Schwerpunkt auf chinesischem und deutschem Recht	Passau 帕绍大学	1992	Prof. Martin Fincke	打印装订版
Li Haidong 李海东	Die Prinzipien des internationalen Strafrechts: eine vergleichende Untersuchung zwischen dem internationalen Strafrecht der Volksrepublik China und dem der Bundesrepublik Deutschland	Freiburg 弗莱堡大学	1991	Prof. Hans-Heinrich Jescheck	Centaurus
Zhang Ying 张颖 （南京大学）	Die Wettbewerbsbeschränkung als zentrales Tatbestandsmerkmal des § 1 GWB	Göttingen 哥廷根大学	1990	Prof. Ulrich Immenga	打印装订版
Wang Yanfeng 王延风	Die "Allgemeinen Grundsätze des Zivilrechts der Volksrepublik China" vom 1.1.1987 und das Bürgerliche Gesetzbuch der Bundesrepublik Deutschland: eine rechtsvergleichende Untersuchung	Münster 明斯特大学	1989	Prof. Otto Sandrock	打印装订版

图书在版编目(CIP)数据

德国法学与当代中国 / 卜元石著. —北京:北京大学出版社,2021.7
ISBN 978-7-301-32224-6

Ⅰ.①德… Ⅱ.①卜… Ⅲ.①法学—研究—德国 Ⅳ.①D951.6

中国版本图书馆 CIP 数据核字(2021)第 109359 号

书　　　名	德国法学与当代中国
	DEGUO FAXUE YU DANGDAI ZHONGGUO
著作责任者	卜元石　著
责 任 编 辑	刘文科　沈秋彤
标 准 书 号	ISBN 978-7-301-32224-6
出 版 发 行	北京大学出版社
地　　　址	北京市海淀区成府路 205 号　100871
网　　　址	http://www.pup.cn　http://www.yandayuanzhao.com
电 子 信 箱	yandayuanzhao@163.com
新 浪 微 博	@北京大学出版社　@北大出版社燕大元照法律图书
电　　　话	邮购部 010-62752015　发行部 010-62750672
	编辑部 010-62117788
印 刷 者	大厂回族自治县彩虹印刷有限公司
经 销 者	新华书店
	965mm×1300mm　16 开本　29.25 印张　417 千字
	2021 年 7 月第 1 版　2021 年 10 月第 2 次印刷
定　　　价	69.00 元

未经许可,不得以任何方式复制或抄袭本书之部分或全部内容。
版权所有,侵权必究
举报电话:010-62752024　电子信箱:fd@pup.pku.edu.cn
图书如有印装质量问题,请与出版部联系,电话:010-62756370